AI를 몰라도 AI로 돈 벌 수 있다

생성형 AI

개정판

프롬프트 디자인

실무

프롬프트 디자이너 1급 자격 필독서

한국생성형AI연구원

한국소프트웨어기술인협회

(주)광문각출판미디어

머리말

지금 생성형 AI는 변화와 혁신을 거듭하며 상상을 초월하는 혁명을 이루어가고 있습니다. PC와 스마트폰 앱(웹)스토어의 많은 앱이 GPT스토어로 대체될 것입니다. 특히 이미지와 영상 분야에서는 AI를 못 다루면 큰 어려움을 겪게 될 것입니다. 이미 콘텐츠 생성, 데이터 분석, 디지털 마케팅, 프로그래밍 분야에서는 AI를 잘 다루는 사람과 그렇지 못한 사람과의 격차가 벌어지기 시작했습니다.

이러한 변화의 중심에는 '프롬프트 디자인엔지니어링'이 자리 잡고 있습니다. 프롬프트 디자인prompt design은 생성형 AI를 효과적으로 활용하기 위한 중요한 도구로 자리매김하고 있으며, 이는 단순히 기술을 사용하는 방법을 넘어서 우리가 생각하고 문제를 해결하는 방식에 지대한 영향을 미치고 있습니다.

이러한 변화를 감지한 생성형AI혁신연구원이하 '연구원'은 2023년 8월 《프롬프트 디자인》이란 책을 집필하고, 프롬프트 디자이너 2급 자격 인증을 시작했습니다. 그리고 많은 사람이 이 책과 자격증을 통해 AI 활용 능력을 키워 가면서 본인의 분야에서 핵심 인재가 되고 있습니다. 그러면서 현장에서 실무적으로 활용할 전문 지식과 문제 해결 능력을 키울 업드레이드된 전문서를 요구하기에 이르렀습니다.

이에 연구원은 이러한 현장의 시대적 요구에 부응하여 프롬프트 디자인의 실질적인 실무 지식과 활용법을 제공하기 위해 연구를 시작하여 본 교재를 집필하게 되었습니다. 연구원은 전문가들과 함께 매주 토론을 진행하며, 비즈니스 현장에서 직접 활용할 수 있는 실무 지식을 연구하고, 이를 바탕으로 프롬프트 디자인의 고급 지식과 실무 능력을 키우는 방법을 개발하였습니다. 특히, 2급 자격증 취득자의 증가 추이를 반영하여, 실제 업무에 적용할 수 있는 실무 지식과 이에 대한 방법론을 체계화하였습니다.

이에 따라 이 책은 프롬프트 디자인 실무의 핵심 가이드라인부터 시작하여 실제 비즈니스 현장에서 직면하는 다양한 문제들을 해결할 수 있는 구체적이고 실용적인 프롬프트 디자인 기법을 소개합니다. 즉 1부에서는 '생성형 AI 효율적인 활용법'을 통해 프롬프트 디자인의 심화 지식을 다루며, 2부에서는 '생성형 AI로 업무 자동화와 혁신'을 주제로, 실제 업무 현장에서의 적용 사례와 문제 해결 방법을 심도 있게 탐구합니다.

이 책을 통해 여러분은 생성형 AI를 실무에 적용하는 방법을 체득하고, 프롬프트 디자인을 통한 업무 생산성 향상과 창의적 문제 해결 능력을 개발할 수 있을 것입니다. 아울러 프롬프트 디자이너 1급 자격 취득도 가능할 것입니다. 연구원은 이 책이 개인과 조직에게 실질적인 가치를 제공하고, 더 나아가 사회의 건강한 발전에 이바지할 수 있기를 바랍니다.

본 책의 집필에 참여해 주신 연구원 전문가분들과 직간접적으로 참여해 주신 박은미 박사, 주방현 대표, 윤명희 이사에게 깊이 감사드립니다. 아울러 졸고가 양서가 되도록 최선을 다해 주신 광문각의 박정태 대표님과 임직원분들께도 감사드립니다. 그리고 이 책의 집필 과정에 생성형 AI가 많은 도움을 주었음 을 밝힙니다.

이 책을 통해 프롬프트 디자인의 실무 세계로 여러분을 안내할 수 있어 매우 기쁩니다. 저희 연구원과 함께 생성형 AI 기술의 빠른 발전에 발맞추어 가시기 바랍니다. 프롬프트 디자인 능력도 지속적인 개선과 업데이트가 필요하기 때문입니다. 이 책은 그 시작점이 되어 줄 것입니다. 여러분의 열정과 도전, 연구원 전문가들의 헌신이 만나 여러분의 지속적인 역량 강화는 물론 국가 경제 발전에도 이바지할 수 있기를 진심으로 바랍니다.

2024. 12. 20

한국생성형AI연구원

AI 활용 프롬프트 디자이너(AIPD) 자격검정 시행 안내

AI 활용 프롬프트 디자이너(AIPD)는 ChatGPT와 같은 생성형 AI 로부터 사용자가 원하는 고품질 응답을 효과적으로 도출하기 위해 지시사항인 프롬프트를 최적화하여 조합, 설계함으로써 AI 활용을 선도하는 핵심 전문가입니다

■ 자격 명칭 및 목표

● 프롬프트 디자이너 (PD: Prompt Designer)/총 2개 등급

■ 자격 특징 및 관리 기관

● 자격기본법 제17조 및 동법 시행령 제23조에 의한 등록 민간자격
● 국가직무능력표준(NCS) 기반 자격 - 20.정보통신 - 01.정보기술 - 07.인공지능
● (문제출제) 프롬프트 디자인 관련 전문가 등으로 구성된 출제위원회
● (자격발급) 전자신문사, 한국소프트웨어기술인협회 공동
● (검정시행) 한국지식재산서비스협회

■ 검정 기준

● 1급 : 생성형 AI 사용 지식과 이를 업무에 활용할 수 있는 중고급 수준의 능력 유무
● 2급 : 생성형 AI 사용 지식과 이를 업무에 활용할 수 있는 초중급 수준의 능력 유무

■ 응시 대상 및 응시 자격

▶ 생성형 AI 관련 전문 기업, 일반 기업체, 대학, 공공기관, 연구소 등 생성형 AI 활용 업무 종사(예정)자 및 관심자로서
● (1급) 아래 요건 中 어느 하나에 해당하는 자
  - AIPD 2급 자격검정 합격 후 자격 등록 · 자격증 발급을 완료한 자

- <u>AI 관련 업무 종사경력 2년 이상인 자</u>

- <u>AI 및 AI 활용 분야 석사학위 이상 소지자</u>

   * 경력 인정 응시 희망자는 AI 관련 업무 종사내용과 기간이 명시된 경력증빙 서류를 제출하여야 하며 경력인정 기준일은 시험 실시일로함
   * 학위 인정 응시 희망자는 AI 및 AI 활용 분야 석사학위 이상 학위증명서를 제출하여야 하며 컴퓨터공학 및 경영정보학 관련 학문 분야의 석사학위 이상 소지자를 포함함

● (2급) AI 활용 업무에 관심 있는 누구나 (제한없음)

■ 검정 세부 사항(검정과목/방법/유형/문항 수/합격기준 등)

검정내용 및 등급	검정 과목		방법	문제 유형	문항수	점수	시간	합격/등급 (부여)기준
(1급) 생성형 AI 활용 및 응용	- 1과목 : 생성형 AI의 효율적인 활용법		필기	객관식	30문항	30×5= 150점	120분	800점 만점 800점~700점 PH 699점~650점 PM 649점 ·600점 PL 599점~500점 IH 499점~400점 IM 399점~ F
			필기	단답형	10문항	10×10= 100점		
	- 2과목 : 생성형 AI로 업무 사동화와 혁신		실기	실습형	8문항 중 6문항	550점		
(2급) 생성형 AI 사용 및 응용	1. 생성형 AI 활용법과 프로그래밍		필기	객관식	25문항	25×4= 100점	60분	과목별 100점 만점에 50점 이상, 평균 70점 이상 시 합격
	2. 생성형 AI로 업무 생산성 향상		필기	객관식	25문항	25×4= 100점		
	3. 비즈니스 응용의 생산성 향상		필기	객관식	25문항	25×4= 100점		

* CBT(Computer Based Testing) 방식에 의한 비대면 온라인 시험
* 1급 등급 : PH(Professional High), PM(Professional Mid), PL(Professional Low), IH(Intermediate High), IM(Intermediate Mid), F(Fail)

■ 검정 수수료(응시료) / 자격 등록 · 자격증 교부비용(자격 취득비용)

- 1급 : 100,000원 / 80,000원
- 2급 : 50,000원 / 80,000원

※ 원서접수 기간 내 접수 취소시 : 100% 환불

  검정시행일 3일전까지 접수 취소시: 50%환불

  검정시행일 2일전부터 검정시행일 : 접수 취소 및 환불 불가

■ 단체 우대(사전 협의 요망)

- 20인 이상 단체는 검정 수수료(응시료) 20% 할인
- 20인 이상 단체는 원하는 일정에 수시검정 시행 가능

■ 2025년 정기검정 일정

- 자격검정위원회 사이트 참조(https://www.ipedu.kr)

■ 수험서

- (1급) "생성형 AI 프롬프트 디자인 실무(생성형AI혁신연구원 지음, 광문각 출판)"
- (2급) "생성형 AI 프롬프트 디자인(생성형AI연구회 지음, 광문각 출판)"

    "생성형AI 프롬프트 디자이너 2급 문제집(생성형AI연구회 지음, 광문각 출판)"

  ※ 전국 온/오프라인 서점에서 구매 가능

■ 문의 및 담당

- 프롬프트 디자이너 자격검정위원회 운영사무국

  (T. 02-3789-0607, kaips@kaips.or.kr)

※ 본 계획은 일정 등 상황에 따라 변동 가능함

목차

제1부 생성형 AI 효율적인 활용 방법   15

제1장 생성형 AI 프롬프트 디자인 가이드라인   16

제1절 효과적인 프롬프트 디자인의 핵심 원칙과 구성 요소   16

제2절 성공적인 프롬프트 디자인을 위한 전략   19

제3절 생성형 AI 프롬프트 디자인의 체계화   21

제4절 멀티모달의 이해와 생성형 AI의 진화   26

제2장 생성형 AI의 확장: 마이GPTs, 랭체인   38

제1절 채팅 서비스를 넘어, 생성형 AI 모델의 확장   38

제2절 진정한 No-Code, 마이GPTs와 GPTStore   41

제3절 RAG 소개   47

제3장 AI의 효과적인 활용을 위한 지혜와 통찰력   60

제1절 AI의 활용을 위한 개인 · 업무 · 리더십 다차원적 접근   60

제2절 AI와의 효과적인 상호작용을 위한 개인의 역량   61

제3절 AI를 효과적으로 활용하기 위한 업무 영역과 직무 65

제4절 AI를 효과적으로 적용하기 위한 기업 조직 변화와 리더십 70

제4장 생성형 AI 활용을 통한 창의적 문제 해결 역량 79

제1절 창의적 문제 해결의 중요성과 개념 79

제2절 창의적 문제 해결 능력을 향상하는 방법 80

제3절 창의적 문제 해결 능력의 측정과 개발 82

제4절 생성형 AI와 창의적 문제 해결 방법론인 디자인 씽킹 활용 84

제5절 결과물의 지속적인 선순환 과정을 통한 인간의 창의적 역량 강화 87

제6절 생성형 AI를 활용한 창의적 문제 해결 전략 89

제5장 생성형 AI 지원 프로그래밍 활용 역량 99

제1절 생성형 AI와 프로그래밍 언어 99

제2절 생성형 AI와 기초 파이썬 101

제3절 AI 활용을 강화하는 API와 파이썬과의 연동 108

제4절 API를 활용한 AI의 활용 사례 112

제6장 윤리적 책임을 고려한 생성형 AI의 활용　　　　118

　　제1절 생성형 AI의 윤리적 고려사항　　　　118

　　제2절 윤리적 책임을 갖는 프롬프트 디자인　　　　119

　　제3절 생성물 제작 과정에서의 윤리적 고려 사항　　　　124

　　제4절 책임 있는 생성형 AI의 활용　　　　127

제2부 생성형 AI로 업무 자동화와 혁신　　　　135

제7장 경영정보 기반 의사결정의 중요성, AI를 통한 정부 전략　　　　136

　　제1절 경영정보 기반의 의사결정　　　　136

　　제2절 의사결정과 정보의 관계　　　　139

　　제3절 생성형 AI를 활용한 정보 전략　　　　142

　　제4절 챗GPT 활용 실습 단계　　　　151

제8장 인공지능을 활용한 전략적 계획 및 의사결정　　　　168

　　제1절 전략적 계획과 의사결정에서의 AI의 활용　　　　168

제2절 이론적 내용   169

제3절 AI의 지원(역할)   174

제4절 프롬프트 디자인 내용   176

제5절 종합 정리   183

제9장 보고서 작성 효율화를 위한 AI   214

제1절 보고서 작성의 중요성과 AI의 활용   214

제2절 보고서 작성의 기초   215

제3절 AI 기반 보고서 작성에서의 데이터 분석과 처리   218

제4절 보고서 작성에 활용되는 생성형 AI 기능   219

제5절 보고서 작성을 위한 주요 AI 유형과 GPT 모델   221

제6절 프롬프트 디자인과 적용   222

제7절 AI의 발전과 보고서 작성의 미래   224

제10장 전사적 마케팅 측면에서 AI 프롬프트 디자인 활용   248

제1절 전사적 마케팅과 AI 활용   248

제2절 전사적 마케팅에서 생성형 AI 활용 사례   252

제3절 멀티모달 AI 활용 실습   259

제4절 전사적 마케팅 분야의 프롬프트 디자인   262

제5절 결론(종합 정리)   265

제11장 AI를 활용한 평가 및 등급 부여   290

제1절 기업의 평가 업무와 AI 도입 필요성   290

제2절 AI를 활용한 자동 평가의 현주소   293

제3절 평가 효율화를 위한 인간과 AI의 협업 모델   295

제4절 AI 활용한 평가에서의 고려 사항   297

제12장 통계 및 데이터 분석을 위한 AI   313

제1절 과학적 경영에서의 AI 소개   313

제2절 비즈니스에서의 통계 및 데이터 분석 기초   314

제3절 비즈니스에서 통계 방법과 AI 통합의 중요성   326

제4절 결론(종합정리): 통계 분석 관련 AI 구현시의 발전 방향   328

제13장 협업과 소통을 위한 AI   345

　제1절 AI를 활용한 내외부 협업, 팀 미팅 및 소통 지원 전략   345

　제2절 메시지, 이메일, 통·번역을 위한 AI 기반 소통 고도화 사례 및 실습   354

　제3절 스케줄링 및 조정을 위한 AI 도구   363

　제4절 myGPTs 활용 지식 데이터베이스 구축   364

　제5절 종합 정리   367

제14장 법 제도와 규정(가이드라인) 생성 및 평가 자동화를 위한 AI   387

　제1절 AI를 통한 법 제도 준수 및 리스크 관리 전략   387

　제2절 법 제도와 규정 준수의 이해   388

　제3절 평가 업무의 중요성과 AI의 활용   388

　제4절 GPT를 활용한 기업의 인사규정 작성   390

　제5절 GPT를 활용한 보안 규정 작성   394

　제6절 GPT를 활용한 기업 윤리가이드 작성   396

　제7절 모니터링 및 평가 자동화   398

　제8절 결론 및 시사점   403

제15장 교육훈련 효과 극대화를 위한 AI 활용   419

제1절 AI 기반 교육훈련 극대화에 관한 통찰   419

제2절 교육훈련 효과 극대화를 위한 기초   421

제3절 교육훈련 효과 극대화를 위한 AI 활용   423

제4절 최근 업데이트 기능을 활용한 생성형 AI의 교육훈련 강화 방안   425

제5절 프로세스별 AI 활용 범위와 프롬프트 디자인 설계 예시   426

제6절 [실습] 프로세스별 프롬프트 디자인 결과 도출   429

제7절 교육훈련 극대화를 위한 생성형 AI 활용의 유의사항   440

[부록] 각 장의 실습문제 관련 데이터 파일   467

저자소개   468

제1부

생성형 AI
효율적인 활용 방법

생성형 AI 프롬프트 디자인 가이드라인

제1장에서는 "생성형 AI 프롬프트 디자인 가이드라인"을 주제로 다루며, AI를 비즈니스 혁신에 활용하기 위한 목적에서부터 프롬프트 디자인의 기획, 표준 프레임워크framework 구축, 지속적인 학습 및 피드백feedback을 통한 결과의 개선 및 구조화에 대해 체계적으로 설명한다. 또한, 멀티모달 및 생성형 AI의 최신 동향과 실제 적용 사례를 통해 이 분야의 미래 전망과 가능성을 살펴볼 수 있다.

1. 효과적인 프롬프트 디자인의 핵심 원칙과 구성 요소

1) 프롬프트 디자인의 핵심 원칙

프롬프트 디자인에 있어서 명확성과 구체성, 그리고 창의성과 유연성은 마치 요리를 할 때의 필수 재료와도 같다. 이 핵심 원칙들을 잘 따르면 AI와의 대화가 마법처럼 변화하는 걸 볼 수 있다.

먼저 효과적인 프롬프트 디자인prompt design의 기초인 명확성Clarity과 구체성부터 살펴보자. 명확성과 구체성이 없다면, 사용자의 요청은 마치 안개 속에서 헤매는 것과 같다이웅규, 2023.11.7. AI는 정확히 무엇을 해야 할지 추측만 할 뿐이다. 예를 들어, "흥미로운 이야기를 써 줘"라고 요청하는 것은 매우 모호하다. AI는 어떤 장르genre의 이야기를 원하는지, 이야기의 길이는 얼마나 되어야 하는지, 또 어떤 요소를 포함해야 하는지 알 수가 없다.

AI에게 "흥미로운 이야기" 대신 "우주를 배경으로 한, 주인공이 우주 해적과 싸우는 단편 소설을 써 줘. 이야기는 500단어로 제한하고, 주인공은 용감하면서도 유머 감각이 있어야 해"라고 요청한다면, 결과는 훨씬 더 구체적이고, 당신이 원하는 바에 가까울 것이다.

다음으로 다양한 상황에 맞는 디자인 요소로서 창의성과 유연성에 대해 살펴보자. 창의성과 유연성은 프롬프트를 다양한 상황에 맞춰 조정할 수 있게 해 준다. 이는 AI가 단순히 지시에 따르는 것을 넘어, 상황에 맞는 창의적인 답변을 제공할 수 있도록 돕는다. 예를 들어, "비가 오는 날에 할 수 있는 실내 활동"에 대한 프롬프트는 단순히 목록을 나열하는 것이 아니라 날씨, 계절, 그리고 사용자의 선호도를 고려한 맞춤형 활동을 제안할 수 있다.

만약 가족과 함께하는 주말을 계획하고 있다면, "주말에 가족과 할 수 있는 활동을 추천해 줘"라고 요청하는 대신, "5세와 8세 아이가 있는 가족을 위한, 비 오는 주말에 집에서 할 수 있는 창의적인 활동을 추천해 줘. 재료는 집에 있는 것들로만 사용할 수 있어야 해"라고 요청할 수 있다. 이렇게 하면 AI는 더 창의적이고 구체적인 대안을 제안할 수 있다.

이러한 프롬프트 디자인 원칙을 따르면, AI와의 상호작용은 마치 새로운 차원으로 이동하는 것 같은 경험을 제공할 것이다. AI는 단순히 명령을 수행하는 기계가 아니라, 사용자의 요구와 상황을 이해하고 그에 맞는 창의적인 해결책을 제시하는 파트너가 될 것이다. 명확하고 구체적인 지시 그리고 상황에 맞는 창의적인 프롬프트 디자인을 통해 사용자는 AI가 진정한 잠재력을 발휘하는 것을 볼 수 있다.

2) 효과적인 프롬프트 디자인을 위한 구성 요소

프롬프트 디자인을 할 때는 마치 요리를 할 때처럼 여러 재료와 조리법을 알아야 한다.

각 재료는 프롬프트의 요소들이고, 조리법은 이 요소들을 어떻게 조합할지에 대한 디자인 방법이다. 프롬프트 만들기의 '레시피recipe'를 살펴보면, 콘텍스트context 이해하기, 목표 설정방향성 제시, 스타일style과 톤tone의 조화, 대상 분석누구를 위한 프롬프트인가, 답변 형식정보의 제시 방법 등이라 할 수 있다ChatGPT 4, 2024.02.12.

(1) 콘텍스트 이해하기

콘텍스트context는 마치 요리의 배경이다. 어떤 상황에서 요리하느냐에 따라 재료나 조리법이 달라진다. 프롬프트에서 콘텍스트를 이해한다는 것은 대화의 배경, 상황 그리고 필요를 파악하는 것이다. 예를 들어, 친구에게 쓰는 메시지message와 업무 메일mail은 콘텍스트가 달라서 단어 선택부터 문장 구성까지 달라야 한다.

(2) 목표 설정: 방향성 제시

목적과 목표를 설정하는 것은 여행지를 정하고 어떻게 갈지 결정하는 것과 비슷하다. 목적은 "왜 이 프롬프트를 만드는가?"에 대한 답이고, 목표는 "이 프롬프트를 통해 구체적으로 얻고 싶은 것이 무엇인가?"에 대한 답이다. 명확한 목표가 있어야 효과적으로 사용자에게 메시지를 전달할 수 있다.

(3) 스타일과 톤의 조화

스타일Style과 톤tone은 요리에서의 향신료 같은 것이다. 같은 재료로도 어떤 향신료를 쓰느냐에 따라 맛이 달라진다. 메시지를 전달할 때도 마찬가지다. 진지한 내용일수록 공손하고 정중한 톤을, 친근감을 주고 싶을 때는 더 캐주얼casual하고 가벼운 톤을 사용하면 좋다.

(4) 대상 분석: 누구를 위한 프롬프트인가

요리할 때 누구를 위해 요리하는지 알아야 하듯, 프롬프트를 만들 때도 대상을 알아야 한다. 어린이를 위한 책을 쓴다면 쉽고 재미있게, 전문가를 위한 보고서라면 더 전문적인 언어를 사용해야 한다. 대상에게 맞게 프롬프트를 설계하는 것이 중요하다.

01. 생성형 AI 프롬프트 디자인 가이드라인

02. 생성형 AI의 활용: 미드저니, 챗GPT5, 챗봇

03. AI의 혁명적인 활용을 위한 지혜와 통찰력

04. 생성형 AI 활용을 통한 창의력 단계 해결 역량

05. 생성형 AI 지원 프로그램 활용 역량

06. 윤리적 책임을 고려한 생성형 AI의 활용

(5) 답변 형식: 정보의 제시 방법

마지막으로, 정보를 어떤 형식으로 제시할지 결정하는 것은 요리를 어떻게 내놓을지 결정하는 것과 비슷하다. 정보를 목록으로 나열할지, 이야기 형식으로 설명할지 결정하는 것이다. 정보를 효과적으로 전달하기 위해 가장 적합한 형식을 선택해야 한다.

각각의 요소를 이해하고 적절히 조합하는 것이 효과적인 프롬프트를 만드는 열쇠이다. 예를 들어, 기술 관련 정보를 비전문가에게 전달하려면 콘텍스트를 고려하여 쉽고 친근한 톤으로 설명하고, 명확한 목표를 가지고 정보를 단계별로 나열하는 것이 좋다.

이러한 원칙을 따르면, 의도한 메시지를 정확하고 효과적으로 전달할 수 있을 것이다. 최적의 프롬프트 작성은 실제로 많은 연습과 경험을 필요로 한다. 여러 방법을 시도해 보며 자신만의 스타일을 발전시켜 나가야 한다.

2. 성공적인 프롬프트 디자인을 위한 전략

성공적인 프롬프트 디자인은 사용자와 AI 사이의 효과적인 커뮤니케이션communication을 가능하게 하는 것을 말한다. 이는 사용자의 의도와 요구를 정확히 이해하고, 그에 따라 적절하고 유용한 반응을 생성하는 AI의 능력에 기반한다. 이를 위한 전략으로는 역할과 콘텍스트 매칭matching, 구체적 예시를 통한 설명, 간결성의 미학, 질문의 열림과 폐쇄 등을 들 수 있다.

1) 역할과 콘텍스트 매칭

프롬프트의 역할과 그것이 사용될 콘텍스트의 매칭은 마치 키key와 자물쇠의 관계와 같다. 적절한 키를 선택해야 문을 열 수 있듯이 프롬프트도 상황에 맞게 디자인되어야 한다생성형AI연구회 2, 2024.

여행 앱을 위한 프롬프트를 만든다고 가정해 보자. 사용자가 "가족 여행지 추천"을 요청했을 때, 이 프롬프트는 사용자의 위치, 예산, 여행 선호도 등을 고려하여 제안해야 한다. 이런 정보가 뒷받침되지 않는다면, 제안은 너무 일반적이어서 실제 여행에 도움이 되지 않을 수 있다.

2) 구체적 예시를 통한 설명

구체적인 예시를 제공하는 것은 복잡한 아이디어를 전달할 때 브릿지bridge 역할을 한다. 예시는 이론을 실제 상황에 적용하는 방법을 보여 준다.

예를 들어, "효과적인 커뮤니케이션"을 가르치는 AI 교육 프로그램에서, 단순히 "명확하게 말해야 합니다"라고 지시하는 대신, 실제 대화 예시를 들며 어떻게 명확한 커뮤니케이션을 달성할 수 있는지 보여 주는 것이 훨씬 이해하기 쉽다.

3) 간결성의 미학

간결성은 프롬프트 디자인에서 정보를 명료하게 전달하는 데 필수적이다. 긴 설명은 사용자는 물론 AI의 주의를 분산시킬 수 있다. 원하는 결과는커녕 전혀 엉뚱한 방향을 제시할 수 있다.

예를 들어, "이메일 작성 방법"을 설명하는 AI 튜토리얼tutorial에서 각 단계를 간결하고 명확하게 설명하면 AI는 쉽게 이해할 수 있다. "주제를 명확하게 하세요" 대신 "주제: 회의 일정 조정 요청"과 같이 구체적이고 간결한 예를 제시하는 것이 좋다.

4) 질문의 열림과 폐쇄

통상적인 프롬프트를 디자인할 때에는 열린 질문이 더 나은 결과를 생성한다고 한다. 그러나 경우에 따라 달라질 수 있다. 즉 열린 질문은 창의적 사고를 유도하며, 사용자가 더 깊이 사고하고 탐색하도록 한다. 반면 폐쇄적 질문은 구체적인 답변을 얻는 데 유용하다생성형 AI연구회, 2023.

예를 들어, AI와의 대화에서 "당신의 취미는 무엇입니까?"열린 질문와 "당신의 취미가 독서입니까?"폐쇄적 질문는 매우 다른 대화를 유도한다. 첫 번째 질문은 사용자로 하여금 다양한 답변을 고민하게 하며, AI는 그에 따라 더 맞춤화된 대화를 이어갈 수 있다.

이러한 네 가지 전략은 성공적인 프롬프트 디자인을 위한 핵심이다. 역할과 콘텍스트의 이해, 구체적 예시의 사용, 간결성의 유지, 그리고 적절한 질문 유형의 선택은 모두 AI와 인간 사이의 효과적인 커뮤니케이션을 위해 필수적이다. 이 원칙들을 따름으로써 사용자는 AI를 통해 더 풍부하고 의미 있는 결과를 도출할 수 있게 된다.

결국, 성공적인 프롬프트 디자인을 위해 고려해야 할 생성형 AI 프롬프트 디자인 전략은 사용자에게 매우 중요한 주제라는 점을 인식해야 한다.

3. 생성형 AI 프롬프트 디자인의 체계화

1) 생성형 AI 프롬프트 디자인 프로세스 개요

생성형 AI를 보다 효과적으로 활용하기 위해서는 프롬프트 디자인과 관련하여 문제 정의부터 프롬프트 최적화까지의 전반적인 프로세스를 보다 체계화할 필요가 있다. 문제 정의부터 프롬프트 설계, 테스트 및 피드백, 개선 및 반복 등의 프롬프트 디자인 프로세스를 정리하면 [표 1-1]과 같다.

[표 1-1] 프롬프트 디자인 개발 과정

단계		주요 활동	결과물
문제 정의		• 해결하고자 하는 문제를 명확히 정의 • 핵심 문제 또는 목표 식별 예) 특정 고객 문의 유형에 대한 응답을 최적화하는 문제 정의	명확하고 간결한 문제 설명
프롬프트 설계	조사 및 분석	• 명확하고 구체적인 프롬프트를 작성하여 AI 모델이 올바른 결과를 도출할 수 있도록 함 • 고객 문의에 대한 구체적인 질문과 지침을 포함하는 프롬프트 작성 • 맥락을 분석하고 필요한 데이터 수집 예) 고객의 요구, 목표, 제약 조건 등을 수집하고 분류	신속한 개발을 위한 주요 통찰력 및 요구 사항
	목표 설정	• 프롬프트가 달성해야 하는 구체적인 결과를 정의함	즉각적인 성과를 위해 정의된 성공 기준 또는 지표
	아이디어	• 잠재적인 프롬프트 구조에 대해 브레인스토밍	즉각적인 아이디어와 변형 목록
	신속한 프로토타이핑	• 초기 프롬프트 버전 초안 작성	다양한 관점과 톤을 사용한 프롬프트 초안
테스트 및 피드백		• 설계된 프롬프트를 테스트하고, 사용자의 피드백을 수집하여 개선 예) 프롬프트를 실제 고객 서비스 환경에서 테스트하고, 고객의 반응을 분석 • AI 모델을 사용하여 프롬프트를 테스트함 • 생성된 결과물의 품질 평가	신속한 성과와 개선이 필요한 부분에 대한 피드백
개선 및 반복	최적화	• 피드백을 기반으로 프롬프트를 지속적으로 개선하고 최적화 예) 고객의 피드백을 반영하여 프롬프트를 수정하고, 다시 테스트함 • 피드백과 결과를 바탕으로 프롬프트 구체화	프롬프트 최종 버전의 최적화
	배포	• 의도된 사용 사례에 맞게 프롬프트 구현	실수요자에게 프롬프트 배포
	평가	• 목표 대비 즉각적인 성과 검토	향후 개선을 위한 성능 보고서 및 통찰력

2) 생성형 AI 프롬프트 디자인 과정

위와 같은 일련의 과정을 단계별로 설명하면 다음과 같다.

첫 번째 단계는 문제 정의 단계이다. 이 단계에서는 프롬프트가 해결할 문제나 필요를 정

제1부 생성형 AI 효율적인 활용 방법

01. 생성형 AI 프롬프트 디자인 가이드라인
02. 생성형 AI의 확장: 마이GPTs, 플러그인
03. AI의 효과적인 활용을 위한 지혜와 통찰력
04. 생성형 AI 활용을 통한 창의력 문제 해결 학습
05. 생성형 AI 지원 코드 그래밍 활용 역량
06. 윤리적 책임을 고려한 생성형 AI의 활용

의한다. 예를 들면, 고객 서비스 응답을 개선하거나 대화에서 AI 모델이 맥락을 더 잘 이해하도록 만드는 문제를 정의하는 것이다. 이와 관련한 프롬프트 작업은 다음과 같다.

- 이해관계자들과 협의하여 문제나 필요를 명확히 함
- 문제 발생 배경이나 환경을 이해함
- 작업과 관련된 제약 사항을 파악함

이러한 작업을 통하여 도출한 산출물은 명확하고 구체적인 문제 정의 관련 보고서가 작성되며, 이는 프롬프트의 목적을 구체적으로 설명하는 역할을 한다.

프롬프트 개발과정의 두 번째 단계는 조사 및 분석이다. 주요 활동으로는 문제와 관련된 모든 데이터를 분석하고 관련된 맥락을 파악하는 것이다. 여기에는 대상 사용자 분석, 기존 솔루션 검토, 프롬프트가 작동할 시스템예: AI 모델, 데이터셋 등의 이해가 포함된다. 관련한 프롬프트 작업은 다음과 같다.

- 사용자 조사를 통해 요구 사항이나 문제점을 파악함
- 유사한 이전 프롬프트를 분석하여 효과적인 부분과 문제점을 식별함
- 기술적 및 비즈니스적 제약 사항예: 모델의 한계, 프롬프트 길이, 어조을 수집함

이 과정에서 얻은 결과물은 '핵심 인사이트Insight'로서 프롬프트 설계에 도움이 된다. 여기에는 사용자 기대치, 어조 가이드 라인, 고려해야 할 기능들이 포함된다.

세 번째 단계는 목표 설정이다. 프롬프트가 달성해야 할 명확하고 구체적인 목표를 설정한다. 이 목표는 프롬프트의 효과를 평가하는 기준이 된다. 관련 프롬프트 작업은 다음과 같다.

- 프롬프트가 달성해야 할 결과를 정의함예: AI가 특정 범위 내에서 응답을 생성하고, 형식을 유지하며 정확한 정보를 제공하는 것.
- 목표를 더 큰 비즈니스나 프로젝트 목표와 연계시킴

이 단계의 결과물은 프롬프트 개발의 성공 기준이 된다. 이는 프롬프트가 성공적으로 작동했는지 판단하는 데 사용되는 측정 가능한 결과가 되기 때문이다.

네 번째 단계는 아이디어 구상이다. 이 단계에는 프롬프트 개발과정에서 가장 중요한 창의적인 작업을 하는 과정이 포함된다. 주요 활동은 프롬프트 구조에 대한 다양한 아이디어를 구상하는 것이다. 각기 다른 프롬프트는 다른 결과를 낳기 때문에 여러 접근 방식을 실험하는 것이 중요하다. 관련 프롬프트 작업은 다음과 같다.

- 다양한 프롬프트 구조예: 질문 기반, 지시 기반, 시나리오 기반를 탐구함
- 다른 스타일과 어조가 결과에 어떤 영향을 미치는지 고려함
- 각 버전이 이전 단계에서 설정한 목표와 일치하는지 확인.

이 단계에서의 결과물은 '프롬프트 아이디어 목록'을 작성하는 데 도움이 된다. 이는 이후 단계에서 테스트할 수 있는 다양한 언어적, 구조적 변형을 포함한다.

다섯 번째 단계는 프롬프트 프로토타입 작성이다. 이 단계의 주요 활동은 초기 버전의 프롬프트를 작성하는 것이다. 이는 문제와 해결책에 대한 이해 수준에 따라 간단하게 작성되거나 정교하게 작성될 수 있다. 관련 작업은 다음과 같다.

- 다양한 아이디어를 기반으로 여러 버전의 프롬프트를 작성함
- 다른 표현 방식이나 질문 유형, 모델에 대한 지시사항 등을 고려하여 변형된 프롬프트를 만듦

이 단계의 결과물은 '프롬프트 프로토타입 세트'가 만들어지며, 이를 테스트하고 평가할 준비도 이루어진다.

여섯 번째 단계는 테스트 및 반복 단계이다. 주요 활동은 초기 프롬프트를 개발한 후, 그것들이 원하는 결과를 얼마나 효과적으로 생성하는지 테스트하는 것이다. 테스트는 샌드박스 환경이나 실제 환경에서 수행될 수 있다. 관련 작업은 다음과 같다.

- 해당 AI 모델이나 시스템에서 프롬프트를 실행함
- 출력물에 대한 피드백을 수집하거나 내부 평가를 기반으로 분석함
- 프롬프트가 기대에 미치지 못하는 부분을 파악함

이 과정에서 산출된 '피드백과 성능 데이터'를 수집하여, 프롬프트의 성능을 향상할 수 있는 부분을 식별한다.

일곱 번째 단계는 최적화 단계이다. 주요 활동은 테스트에서 얻은 피드백을 바탕으로 프롬프트를 개선하는 것이다. 이 과정은 여러 번 반복될 수 있으며, 테스트와 최적화를 거듭하여 최적의 성능을 도출한다. 관련 작업은 다음과 같다.

- 문제점으로 확인된 부분을 수정하여 표현 방식이나 구조를 개선함
- 프롬프트 출력물이 초기 목표와 성공 기준에 맞게 조정되도록 함
- 필요시 테스트를 반복하여 최상의 성능을 확보함

이 단계의 결과물은 '최적화된 프롬프트'로, 원하는 성과 기준을 충족하고 높은 품질의 결과를 생성할 수 있다.

여덟 번째 단계는 배포 단계이다. 최종 프롬프트가 완성되면, 이를 실제 사용자에게 배포한다. 이는 고객 서비스 시스템, 콘텐츠 제작 도구, 또는 기타 AI 기반 응용 프로그램일 수 있다. 관련 작업은 다음과 같다.

- 프롬프트를 사용될 시스템이나 모델에 통합함
- 배포 후 프롬프트가 지속적으로 목표를 달성하는지 모니터링함

이 단계에서는 '배포된 프롬프트'가 실제로 사용되며, 결과를 생성하는 역할을 한다.

마지막 단계는 평가 단계이다. 마지막 단계에서의 주요 활동은 배포 후 프롬프트의 성능을 검토하고, 장기적인 효과성을 평가하는 것이다. 이 과정에서 추가적인 개선이나 조정이 필요할 수 있다. 관련 작업은 다음과 같다.

- 장기적인 성능 데이터 수집
- 초기 목표 및 성공 기준과 성과 비교
- 추가 최적화나 재설계가 필요한지 파악

이 단계에서 작성되는 산출물은 '성능 보고서'로서 프롬프트가 목표를 얼마나 잘 달성했는지 기록하고, 향후 개선을 위한 인사이트Insight를 제공한다.

이러한 단계별 절차를 통해 프롬프트는 보다 정교하게 디자인될 것이고 이를 통해 AI는 더욱 사용자가 필요로 하는 품질높은 결과물을 생성하게 될 것이다.

2) 더 나은 결과물을 도출할 때 유의할 사항

다음은 사용자가 AI와의 지속적인 학습 및 피드백을 통한 더 나은 결과물을 도출하는 유의 사항에 대한 설명이다Kim et. al, 2022; Lo, 2023.

(1) **개인정보 보호**: 사용자 데이터 수집 및 분석 시 개인정보 보호에 유의해야 한다.
(2) **투명성과 신뢰성**: 프롬프트 디자인 프레임워크의 작동 방식과 데이터 사용에 대한 투명성을 유지하고 신뢰성 있는 결과를 제공해야 한다.
(3) **공정성**: 다양한 사용자의 요구사항을 고려하여 프롬프트 디자인 내용을 개선하고 평가해야 한다
(4) **지속적인 개선**: 결과물에 대한 피드백을 수집하고 프롬프트 디자인 프레임워크를 지속적으로 개선하는 문화를 유지해야 한다.

4. 멀티모달의 이해와 생성형 AI의 진화

1) 멀티모달(Multimodal) AI 도구 및 플랫폼

멀티모달 AI는 텍스트text, 이미지image, 오디오audio 등 다양한 데이터 유형을 결합하여 복잡한 문제를 해결하고, 높은 수준의 통찰력과 예측력을 제공하는 첨단 인공지능 기술이다. 현대의 멀티모달 AI 시스템은 비단 데이터의 종류만 다양할 뿐 아니라, 그 처리 능력 또한 탁월하여 각종 비디오video, 오디오, 음성, 이미지, 텍스트, 그리고 전통적인 수치 데이터를 통합하여 더욱 정교한 분석과 예측을 가능하게 한다제러미하워드, 실뱅거거, 2021.

시장에는 이미 오픈에이아이OpenAI의 GPT-4, 달리 3DALL·E 3과 같은 혁신적인 멀티모달 AI

도구와 플랫폼이 존재하며, 이들은 각각 텍스트 생성과 이미지 생성 분야에서 놀라운 성능을 자랑한다. GPT-4는 자연어 처리를 기반으로 한 고객 서비스, 콘텐츠 생성, 데이터 분석 등 다양한 분야에서의 응용이 가능하며, 특히 챗봇 개발에 있어 고객의 질문을 정확히 이해하고 적절한 답변을 제공하는 능력이 뛰어나다. 반면 DALL·E 3는 사용자의 입력에 기반하여 관련 이미지를 생성함으로써 광고, 제품 디자인 등의 분야에서 큰 활약을 보인다류한석, 2023.8.27..

이와 더불어 멀티모달 AI는 전에는 상상할 수 없었던 방식으로 우리의 작업 영역을 혁신한다. 예컨대 특정 차량의 파손된 전면부 사진 하나만으로도, 해당 차량의 보험 상품을 식별하고, 피해 정도를 예측한 뒤, 담당자와 고객에게 사고 접수와 처리를 신속하게 진행할 수 있게 하는 것이 가능해졌다.

'버텍스 에이아이Vertex AI'와 같은 통합 AI 플랫폼은 사용자가 다양한 AI 모델을 손쉽게 구축하고 관리할 수 있도록 지원하며, 이는 데이터 처리, 모델 학습, 그리고 모델 배포 등의 과정을 자동화하여, 사용자의 효율성을 극대화한다. 이처럼 멀티모달 AI 도구 및 플랫폼을 선택할 때는 사용자의 목표와 필요 그리고 각 도구의 고유한 특성과 기능을 심도 있게 고려해야 한다. 올바른 도구의 선택은 사용자가 자신의 목표를 보다 효과적으로 달성하는 데 결정적인 역할을 하기 때문이다.

2) 멀티모달 생성형 AI 도구

멀티모달 생성형 AI 활용에 대해 가장 많이 사용되는 도구들을 도구명, 요약 설명, 활용 분야에 따라 정리한 표는 다음과 같다.

[표 1-2] 멀티모달 생성형 AI 대표적인 도구

도구명	요약 설명	활용 분야
GPT-3, GPT4 (오픈AI)	고급 자연어 처리 기능을 갖춘 언어 모델로, 텍스트를 생성하고 이해하는 데 사용	텍스트 생성, 대화형 AI, 번역, 내용 요약
DALL-E (오픈AI)	텍스트 설명을 기반으로 고해상도 이미지를 생성하는 AI 모델	이미지 생성, 디자인, 광고 콘텐츠 제작

구글 딥드림 (Google DeepDream)	이미지 데이터를 변환하여 추상적이고 예술적인 시각 효과를 생성하는 도구	이미지 예술화, 시각적 콘텐츠 개선
IBM 왓슨 (IBM Watson)	다양한 데이터 형식을 처리하고 분석할 수 있는 AI 플랫폼으로, 비즈니스 분석 및 고객 서비스에 활용	데이터 분석, 고객 서비스 자동화, 의사 결정 지원
어도비 센세이 (Adobe Sensei)	크리에이티브 클라우드 및 마케팅 클라우드 제품에 통합된 Adobe의 AI 및 머신러닝 기술	이미지 및 비디오 분석, 자동화된 디자인, 개인화된 마케팅
텐서플로우 (TensorFlow)	Google에서 개발한 오픈 소스 머신러닝 라이브러리로, 다양한 AI 모델 개발에 사용	머신러닝 모델 개발, 컴퓨터 비전, 자연어 처리
미드저니 (Midjourney)	미드저니는 텍스트 기반 입력을 사용하여 상세하고 독창적인 이미지를 생성하는 AI 이미지 생성 도구	창의적인 디자인, 예술 작업, 시각적 아이디어 개발
캔바 (Canva)	다양한 템플릿, 이미지, 아이콘, 폰트 등을 제공하여 누구나 쉽게 디자인 작업	소셜미디어 그래픽, 프레젠테이션, 포스터, 문서
딥아트 (DeepArt)	사용자가 업로드한 사진에 다양한 예술적 스타일을 적용	사진을 예술 작품으로 변환
일레븐 랩스 (ElevenLabs)	음성 합성, 음성 클로닝, 개인화된 음성 생성	목소리 생성 및 변환
D-ID	사진과 음성을 AI로 합성하여 실시간으로 움직이는 영상을 생성	인화된 비디오 메시지, 교육 자료, 마케팅 콘텐츠 등 제작
브루 (VREW)	사용자 친화적인 인터페이스를 갖춘 무료 영상 편집 도구	강의나 인터뷰 영상 편집

이 외에도 찰스 리버 어낼리틱Charles River Analytics, 알레프 알파Aleph Alpha, 알바 헬스Alva Health, 시페오Shippeo, 헌트 에이아이Haut AI, 주버나 쎄로퓨틱스Juvena Therapeutics, 모바일오디티MobileODT 등의 회사들도 멀티모달 AI 기술을 제공하고 있다. 이러한 도구와 플랫폼은 다양한 유형의 데이터를 처리하고 분석하는 데 사용되며, 이를 통해 더 정확한 결정을 내리고 통찰력 있는 결론을 도출하거나 실제 문제에 대해 더 정밀한 예측을 하는 데 도움을 준다.

이들 기업의 멀티모달 AI 영역에서의 지속적인 혁신과 개발은 획기적인 애플리케이션과 서비스를 위한 길을 열어 주고 있다. 이들의 기여는 산업별 운영을 혁신할 뿐만 아니라 사용자 상호작용 및 참여에 대한 새로운 표준을 설정하고 있다. AI 환경이 계속 진화함에 따라 기술의 미래를 형성하고 일상생활에 통합하는 데 있어 이러한 주요 플레이어player의 역할은 여전히 중요하고 영향력이 있다. 멀티모달 AI를 발전시키려는 그들의 노력은 복잡한 문제를 직관적이고 사용자 중심적인 문제로 전환하는 이 기술의 잠재력을 입증한다.

3) 멀티모달 AI의 특성 및 사용법

멀티모달 AI 도구 및 플랫폼은 데이터 유형, 확장성, 통합 용이성 등 다양한 요소를 고려하여 특정 마케팅 목표에 적합한 도구를 선택하는 데 도움을 준다. 예를 들어, GPT-4는 복잡한 지시 사항을 이해하고 해결하는 능력을 바탕으로 사용자 맞춤형 콘텐츠 생성, 고객 서비스 챗봇 개발, 장문의 문서 작성 및 분석 등에 활용될 수 있다. DALL·E 3는 사용자의 아이디어를 시각적으로 구현하고, 창의적인 이미지 생성, 제품 디자인, 마케팅 자료 제작 등에 사용될 수 있다.

멀티모달 AI는 다양한 데이터 유형을 결합하여 인간의 인식을 더욱 밀접하게 모방함으로써 더욱 세밀하고 뉘앙스 있는 환경이나 상황에 대한 인식을 가능하게 한다. 이러한 도구와 플랫폼은 마케팅, 고객 서비스, 콘텐츠 생성 등 다양한 분야에서 혁신적인 솔루션을 제공할 수 있다.

3) 멀티모달 AI의 미래 전망과 가능성

멀티모달 AI는 텍스트, 이미지, 동영상, 생체 신호 등 다양한 데이터 유형을 동시에 처리하고 학습하는 인공지능 기술로, 그 사용 가능성은 매우 다양하다. 이 기술은 의료 진단, AI 챗봇, AI 가상 비서, 자율주행 차량, 유통 서비스 등 다양한 분야에서 활용될 것으로 예상된다. 특히 자동차 업계에서는 자율주행 기술의 핵심 요소로, 의료계에서는 질병의 초기 진단 및 원격 진료에 크게 이바지할 것으로 보인다.

이러한 기술은 오픈소스 커뮤니티open source community에서 주도되고 있으며, 이는 독점 시스템을 능가하는 혁신과 발전의 순환을 만들어 낼 잠재력을 가지고 있다. 또한, 이 기술은 사회 구조와 경제 전반에 큰 변화를 가져올 것으로 예상하며, 새로운 가치와 기회를 창출할 가능성을 내포하고 있다.

그러나 멀티모달 AI의 발전은 '딥페이크deepfake[1]'와 같은 가짜 콘텐츠 생성 및 편향된 학습 데이터로 인한 부정적인 결과물 생성 등의 위험을 수반한다. 이러한 위험을 관리하기 위해 AI 거버넌스governance 운영 방안에 대한 지속적인 논의가 필요하다. 즉 이 기술은 높은 잠재력이 있지만, 적절한 규제와 거버넌스 방안을 마련하는 것이 필수적이다. 따라서 멀티모달 AI의 미래는 이러한 잠재력과 위험을 모두 고려한 균형 있는 발전 방향에서 찾아질 것으로 기대가 된다.

---

1) 딥페이크(Deepfake)란, 인공지능 기술인 딥러닝(deep learning)과 '가짜'를 의미하는 단어인 페이크(fake)의 합성어로, 인공지능 기술을 이용하여 진위 여부를 구별하기 어려운 가짜 이미지나 영상물을 뜻한다. 딥페이크라는 단어가 등장한 시기는 2017년으로, 미국 온라인 커뮤니티 Reddit의 한 회원이 기존 영상에 유명인의 얼굴을 입혀 가짜 콘텐츠를 게재한 데서 유래되었다. 이후 온라인 커뮤니티와 SNS를 중심으로 급속히 확산된 딥페이크 콘텐츠는 최근 DeepFaceLab, Faceswap 등 오픈소스 형태의 영상 합성 제작 프로그램이 배포되면서 더욱 성행하고 있다.

※ 문제: 객관식 5문항, 단답형 5문항

【객관식 문제】

1. 다음 중 프롬프트 디자인의 핵심 요소가 아닌 것은 무엇인가?

① 명확성(Clarity)

② 전체 맥락을 이해할 수 있는 상황을 제공

③ 창의적 제약을 가할 필요가 없음

④ 프롬프트 디자인의 반복(Iteration)

정답: ③

해설: 효과적 프롬프트 디자인을 위한 5가지 핵심 사항 중 하나는 프롬프트 디자인에 창의적 제약을 가할 필요가 있다는 것이다. 창의적 제약을 가하면 상상력이 풍부하고 집중된 결과를 얻기 때문이다. 생성형 AI에 특정 주제의 시詩를 생성토록 요청하면 더욱 매력적인 콘텐츠를 생성하는 것이 대표적이다.

2. 다음 중 프롬프트 디자인의 기획 전략 추진 시 해당하지 않는 것은 무엇인가?

① 사용자 경험에 초점을 맞춘 AI 프롬프트 디자인 기획

② 특정 분야에만 적용할 수 있는 AI 프롬프트 디자인 기획

③ 신뢰성과 투명성을 갖춘 AI 프롬프트 디자인 기획

④ 개인정보 보호와 윤리적인 측면을 고려한 AI 프롬프트 디자인 기획

정답: ②

해설: 앞으로의 AI 프롬프트 디자인 기획은 다음의 전략으로 추진해야 하는데, ②항과 같이 특정 분야가 아닌 다양한 분야에 적용할 수 있는 AI 프롬프트 디자인 기획이 필요하다. 미래에는 AI가 사람들의 일상생활뿐만 아니라 기업에서 다양한 역할을 수행할 것으로 예상되기 때문

이다. 그래서 AI 프롬프트 디자인 기획은 교육, 의료, 예술 등 다양한 분야에 적용할 수 있는 유연성을 갖추어야 한다.

3. 다음 중 프롬프트 디자인의 표준 프레임워크의 주요 구성 요소에 해당하지 않는 것은 무엇인가?

① 사용자에 관한 이해　　　　　② 일관성

③ 명확성　　　　　　　　　　　④ 경직성

정답: ④

해설: 표준 프레임워크의 주요 구성 요소에 대한 내용 중 ④항과 같이 사용자의 다양한 베드락에 대응하기 위해 프롬프트는 유연성을 가져야 한다. 사용자의 다양한 베드락 및 질문에 대응할 수 있는 다양한 응답을 제공해야 한다.

4. 프롬프트 디자인 프레임워크를 통해 도출한 결과물의 지속적인 학습 및 피드백을 통한 평가는 사용자 경험을 지속해서 향상하고 프롬프트 디자인 프레임워크에 의해 도출된 결과물의 질을 향상하는 데 중요한 유의사항이다. 다음 중 이러한 유의사항으로 적절하지 않은 것은 무엇인가?

① 개인정보 보호: 사용자 데이터 수집 및 분석 시 개인정보 보호에 유의해야 한다.

② 투명성과 신뢰성: 프롬프트 디자인 프레임워크의 작동 방식과 데이터 사용에 대한 투명성을 유지하고 신뢰성 있는 결과를 제공해야 한다.

③ 공정성: 다양한 사용자의 베드락을 고려하여 프롬프트 디자인 프레임워크을 개선하고 평가해야 한다.

④ 지속적인 개선보다 상황별 마무리: 결과물에 대한 피드백을 수집하고 프롬프트 디자인 프레임워크를 지속적으로 개선하기보다는 그때그때 상황에 맞춰 마무리한 다음에 진행해야 한다.

정답: ④

해설: 프롬프트 디자인 프레임워크를 통해 도출한 결과물의 지속적인 학습 및 피드백을 통한 평가는 사용자 경험을 지속해서 향상하고 프롬프트 디자인 프레임워크에 의해 도출된 결과물의 질을 향상하는 데 중요하다. 아래는 이를 위한 유의 사항 중 ④항은 지속적인 개선이 중요하다.

5. 다음 중 체계적인 프롬프트 디자인 프로세스의 주요 활동이 잘못 연결된 것은 무엇인가?

단계		주요 활동
문제 정의		① 해결하고자 하는 문제를 명확히 정의
프롬프트 설계		② 명확하고 구체적인 프롬프트를 작성하여 AI 모델이 올바른 결과를 도출할 수 있도록 함
테스트 및 피드백		③ 설계된 프롬프트를 테스트하고, 사용자의 피드백을 수집하여 개선
개선 및 반복	최적화	④ 프롬프트를 실제 고객 서비스 환경에서 테스트하고, 고객의 반응을 분석

정답: ④

해설: 최적화 과정은 고객의 피드백을 반영하여 프롬프트를 수정하고, 다시 테스트하는 등의 피드백을 기반으로 프롬프트를 지속적으로 개선하고 최적화하는 것을 의미한다.

【단답형 문제】

1. 다음 (   )에 들어갈 용어는 무엇인가?

> 지속적 개선 주기를 통해 생성형 AI 결과가 사용자의 요구 사항에 더 잘 부합하도록 보장할 수 있는 것을 (   )라 한다.

정답: 피드백 루프(Feedback Loop)

해설: 피드백 루프Feedback Loop는 지속적 개선 주기를 통해 생성형 AI 결과가 사용자의 요구 사항에 더 잘 부합하도록 보장할 수 있다.

2. 다음 (   )에 들어갈 용어는 무엇인가?

> (   )는 텍스트, 이미지, 오디오 등 다양한 데이터 유형을 결합하여 복잡한 문제를 해결하고, 높은 수준의 통찰력과 예측력을 제공하는 첨단 인공지능 기술이다.

정답: 멀티모달 AI

해설: 멀티모달 AI는 텍스트, 이미지, 오디오 등 다양한 데이터 유형을 결합하여 복잡한 문제를 해결하고, 높은 수준의 통찰력과 예측력을 제공하는 첨단 인공지능 기술이다.

3. 다음 (   )에 들어갈 용어는 무엇인가?

> 멀티모달 AI의 발전은 (   )와 같은 가짜 콘텐츠 생성 및 편향된 학습 데이터로 인한 부정적인 결과물 생성 등의 위험을 수반한다.

정답: 딥페이크(deepfake)

해설: 딥페이크Deepfake란, 인공지능 기술인 딥러닝deep learning과 '가짜'를 의미하는 단어인 페이크fake의 합성어로, 인공지능 기술을 이용하여 진위 여부를 구별하기 어려운 가짜 이미지나 영상물을 뜻한다.

4. 다음 (   )에 들어갈 용어는 무엇인가?

> 체계적인 프롬프트 디자인 프로세스는 크게 문제 정의, (   ), 테스트 및 피드백, 개선 및 반복 등의 과정으로 정리할 수 있다.

정답: 프롬프트 설계

해설: 체계적인 프롬프트 디자인 프로세스는 문제 정의부터 프롬프트 설계, 테스트 및 피드백, 개선 및 반복 등의 과정으로 정리할 수 있다

5. 다음 (   )에 들어갈 각각의 용어는 무엇인가?

> 성공적인 프롬프트 디자인은 사용자와 AI 사이의 효과적인 (   )을 가능하게 하는 것을 말한다. 이는 사용자의 의도와 요구를 정확히 이해하고, 그에 따라 적절하고 유용한 반응을 생성하는 AI의 능력에 기반한다. 이를 위한 전략으로는 역할과 콘텍스트 매칭, 구체적 예시를 통한 설명, 간결성의 미학, 질문의 (   ) 등을 들 수 있다.

정답: 커뮤니케이션(communication), 열림과 폐쇄

해설: 성공적인 프롬프트 디자인은 사용자와 AI 사이의 효과적인 커뮤니케이션communication을 가능하게 하는 것을 말한다. 이를 위한 전략으로는 역할과 콘텍스트 매칭matching, 구체적 예시를 통한 설명, 간결성의 미학, 질문의 열림과 폐쇄 등을 들 수 있다.

참고 문헌

- 김홍민(2023.12.26.). [ET 단상] 미래 세대를 위한 혁신적인 생성형 AI 프롬프트 디자인 전략. 전자신문.

- 류한석(2023.8.27.). 챗GPT 다음?... 텍스트·이미지·음성 연결하는 '멀티모달 AI' 뭐길래. 주간조선.

- 보스턴컨설팅그룹(2018.9.14). 비즈니스 세계에서의 인공지능 활용, 현실로 다가오다. https://bcgblog.kr/artificial-intelligence-in-business-gets-real/.

- 생성형AI연구회(2023). 생성형 AI 프롬프트 디자인. 서울: 광문각출판미디어.

- 생성형AI연구회(2024). 개정판 생성형 AI 프롬프트 디자인. 서울: 광문각출판미디어.

- 이웅규(2023.11.7.). 프롬프트 디자인의 5가지 핵심 요소. 전자신문.

- 인공지능신문(2024.2.11.). 구글 AI 챗봇 바드, '제미나이'로 변신!... GPT-4 뛰어넘는 울트라 모델 기반 '제미나이 어드밴스드' 출시. https://www.aitimes.kr.

- 제러미하워드, 실뱅거거 저, 김지은, 박찬성 역(2021). fastai와 파이토치가 만나 꽃피운 딥러닝-박사 학위 없이 AI를 폼나게 구현하는 법. 한빛미디어.

- Burström, T., Parida, V., Lahti, T., & Wincent, J.(2021). AI-enabled business-model innovation and transformation in industrial ecosystems: A framework, model and outline for further research. Journal of Business Research, 127, 85-95.

- Butler, T.(2020). What's Next in the Digital Transformation of Financial Industry?. IT Professional, 22(1), 29-33.

- ChatGPT3.5(2024.2.10.). "자동화된 평가지표." OpenAI의 ChatGPT3.5를 이용하여 생성 또는 작성함. https://chat.openai.com.

- ChatGPT3.5(2024.2.11.). "AIPRM." OpenAI의 ChatGPT3.5를 이용하여 생성 또는 작성함. https://chat.openai.com.

- ChatGPT3.5(2024.2.9.). "생성형 AI 프롬프트 디자인의 표준 프레임워크." OpenAI의 ChatGPT3.5를 이용하여 생성 또는 작성함. https://chat.openai.com.

- ChatGPT 4(2024.02.12.). "프롬프트 디자인." OpenAI의 ChatGPT4를 이용하여 생성 또는 작성함. https://chat.openai.com.

- Enholm, I. M., Papagiannidis, E., Mikalef, P., & Krogstie, J.(2022). Artificial intelligence and business value: A literature review. Information Systems Frontiers, 24(5), 1709-1734.

- https://jiva.ai/

- https://www.aimesoft.com/

- https://www.analyticsinsight.net/5-best-multimodal-ai-tools-for-2024/
- https://www.multimodal.dev/
- https://www.techtarget.com/searchenterpriseai/definition/multimodal-AI
- https://www.ventureradar.com/keyword/multimodal
- https://www.ventureradar.com/keyword/multimodal
- Kim, E., Yoon, H., Lee, J., & Kim, M.(2022). Accurate and prompt answering framework based on customer reviews and question-answer pairs. Expert Systems with Applications, 203, 117405.
- Lo, L. S.(2023). The CLEAR path: A framework for enhancing information literacy through prompt engineering. The Journal of Academic Librarianship, 49(4), 102720.
- Wang, Z., Li, M., Lu, J., & Cheng, X.(2022). Business Innovation based on artificial intelligence and Blockchain technology. Information Processing & Management, 59(1), 102759.
- Widayanti, R., & Meria, L.(2023). Business modeling innovation using artificial intelligence technology. International Transactions on Education Technology, 1(2), 95-104.

생성형 AI의 확장: 마이GPTs, 랭체인

1. 채팅 서비스를 넘어, 생성형 AI 모델의 확장

1) 생성형 AI의 외부 확장 프로그램의 필요성

현재 생성형 AI의 기술적 토대를 이루고 있는 대규모 언어 모델LLM은 특정 시점까지의 데이터로 학습되는데, 이 때문에 모델이 해당 시점 이후의 정보를 알지 못한다. 따라서 새로운 데이터를 주입하면 모델이 최신 정보를 반영하고 이해할 수 있게 된다.

생성형 AI는 다양한 출처에서 수집된 데이터로 학습되지만, 특정 분야나 시장에 대한 상세 정보는 누락될 수 있다. 특정 기업의 내부 데이터베이스나 최신 연구 결과와 같은 정보를 생성형 AI에 제공하면 더 정확하고 상세한 정보를 제공할 수 있다. 정확도와 신뢰성을 향상시키기 위해 새로운 데이터를 모델에 반영하는 것은 일반적인 접근이 되어가고 있다. 특히 기술, 정치, 경제 등 변화가 빠른 분야에서 중요하다.

이렇게 새로운 데이터를 주입하는 기능을 통해 생성형 AI는 다양한 상황과 요구 사항에 더 잘 대응할 수 있다. 이를 통해 모델을 다양한 용도로 활용하고, 사용자의 특정 요구 사항에 맞게 조정할 수 있는 유연성을 제공한다.

2) 외부 프로그램과 데이터로 생성형 AI를 확장하는 방법

생성형 AI의 LLM 학습 과정에서 포함되지 않은 지식을 외부 프로그램과 데이터로 주입하여 생성형 AI의 지식 베이스를 확장하는 방법은 [표 2-1]에서 볼 수 있듯이, 두 가지가 있다.

[표 2-1] 생성형 AI의 확장 방식 비교

구분	마이GPTs	랭체인
개념	사용자의 특정 데이터를 기반으로 맞춤형 GPT 모델을 생성하는 서비스	언어 모델, 데이터베이스, API 등 다양한 AI 구성 요소를 조합하여 복잡한 애플리케이션을 구축하는 프레임워크
기능	사용자 데이터를 기반으로 특정 분야에 대한 맞춤형 대응 생성	언어 모델, 데이터베이스, API 등의 AI 구성 요소를 결합하여 복합적인 문제 해결
적용 범위	사용자 맞춤형 모델을 통한 특화된 문제 해결	여러 AI 기술을 통합하여 복잡한 문제 해결 및 사용자 경험 개선
사용자 경험	사용자의 데이터에 기반한 맞춤형 모델로 개인화된 사용자 경험 제공	여러 AI 구성 요소를 조합하여 고도화된 맞춤형 사용자 경험 제공
활용 사례	특정 연구 주제에 대한 심층적인 분석, 맞춤형 대화 및 콘텐츠 제작 등	사용자 정의 데이터베이스 접근, 복합적인 문제 해결, AI 기반 애플리케이션 개발 등
개발 및 관리	사용자 또는 조직이 자체 데이터를 제공하여 맞춤형 모델을 생성, 주로 사용자 데이터에 기반하여 학습	개발자가 필요에 따라 다양한 AI 구성 요소를 선택, 조합하여 맞춤형 애플리케이션을 구축

(1) 마이GPTs(myGPTs)

사용자는 생성형 AI에 특정 주제나 분야에 관련된 데이터를 포함하는 파일을 업로드할 수 있다. 이 파일은 텍스트 문서, PDF, 데이터베이스 등 다양한 형식일 수 있다. 업로드된 파일은 모델이 참조할 수 있는 추가적인 정보 소스로 활용된다. 그렇게 하면 모델이 업로드된 파일의 내용을 분석하고 기존 학습 결과에 통합한다. 이 과정에서 모델은 파일의 내용을 이해하고 관련 키워드나 개념을 식별한다. 결과적으로 모델은 업로드된 파일에서 제공하는 정보를 바탕으로 더 정확하고 상세한 답변을 생성할 수 있게 된다. 예를 들어, 특정 연구 논문에 대한 질문에 답변할 때 모델은 업로드된 논문의 데이터를 참조하여 더 정확한 정보를 제공할 수 있다.

여기에서 기술하는 마이GPTs에 PDF 파일을 업로드하는 것도 프롬프트에 콘텍스트를 제공하는 예시이다. 이 과정은 사용자가 특정 주제나 분야에 관한 데이터가 담긴 PDF 파일을 마이GPTs에 업로드함으로써 시작된다. 업로드된 PDF는 모델에 추가적인 정보 소스를 제공하며, 이를 통해 모델은 사용자의 질문이나 요청에 더 정확하고 상세한 답변을 생성할 수 있다. 예를 들어, 사용자가 연구 논문에 관한 질문을 할 때, 모델은 업로드된 논문의 PDF 내용을 참조하여 더 심층적인 답변을 제공한다. 이러한 방식은 모델의 범용성과 사용자 경험을 향상시키는 효과적인 방법이며, 마이GPTs의 활용도를 높이는 중요한 요소로 작용한다.

(2) 랭체인(LangChain)

이 방법은 외부 데이터 소스에 저장된 지식을 활용하여 언어 모델이 답변을 생성하게 하는 기법이다. 질문이 들어오면, 모델은 외부 데이터 소스에서 관련 있는 텍스트를 검색한 후, 이를 바탕으로 답변을 생성한다. 이 방식은 이미 학습한 모델을 갱신할 필요가 없기 때문에 사용이 편리하고 새로운 정보를 효과적으로 추가할 수 있다.

RAG는 외부 데이터 소스에서 적절한 텍스트를 검색하여 언어 모델이 답변을 생성하는 방식을 사용한다. 예를 들어, 특정 주제에 관한 질문이 있을 때, 관련된 외부 데이터 소스에서 정보를 검색하고, 이 정보를 바탕으로 답변을 생성한다. 이는 모델의 기존 설정값을 변경하지 않고도 새로운 정보를 모델에 부가할 수 있는 효과적인 방법이다. 랭체인은 특히 데이터베이스나 PDF 파일과 같은 외부 소스에서 정보를 추출하고, 이를 언어 모델의 답변 과정에 통합하여 사용자에게 더 정확하고 심층적인 정보를 제공한다.

또 다른 챗GPT 확장 수단인 챗GPT 플러그인 베타 서비스가 2023년 3월에 공개된 이후약 1,000여 개까지 플러그인이 등록되었다. 그러나 2024년 3월 19일부터 해당 서비스는 종료되었다[1]. 실제로 OpenAI의 공지 이전부터 플러그인 서비스 공급자 중 상당수는 다음 절에서 다룰 GPTs로 이전Migration했거나 이전하겠다고 밝히곤 했다. 이는 GPTs가 출시될 때부터 플러그인의 유사 기능으로 언급된 바 있어 GPTs에 흡수될 것으로 예견되었던 부분이다.[2]

---

1) 출처: OpenAI 홈페이지 '24.2.25, "Winding down the ChatGPT plugins beta"
2) 출처: OpenAI 홈페이지 '23.11.6, "Introducing-GPTs"

제1부 생성형 AI 효율적인 활용 방법

01. 앙양한 AI 프롬프트 디자인 가이드라인

02. 앙양한 AI의 혁신: 마이GPTs, 함께인

03. AI의 효과적인 활용을 위한 지혜와 통찰력

04. 앙양한 AI 활용을 통한 창의력 문제 해결 역량

05. 앙양한 AI 시대의 프로 크리에이터 활용 역량

06. 윤리적 책임을 고려한 앙양한 AI의 활용

이렇듯 기술적 진보가 급격히 이루어질 생성형 AI 영역에서는 플러그인과 같은 유사 서비스가 단기간에 나타났다가 사라지곤 할 것이므로 트렌드를 예의주시하면서 대응이 필요한 부분이다. 그러나 GPTs는 출시 4개월 만에 300만 개가 넘는 GPT가 만들어져 이미 시장에 안착한 서비스로 볼 수 있다.

2. 진정한 No-Code, 마이GPTs와 GPTStore

노코드No-Code는 복잡한 프로그래밍 언어를 몰라도 사용자가 직접 애플리케이션을 개발할 수 있는 기술이다. 이는 프로그래밍에 대한 전문 지식이 없는 일반 사용자들도 쉽게 접근할 수 있도록 하는 데 중점을 두고 있다. 노코드의 중요성은 기술적 장벽을 크게 낮추어 더 많은 사람이 디지털 혁신에 참여할 수 있게 하는 데 있다. 이를 통해 기존에는 전문가나 개발자들만이 할 수 있었던 작업들을 일반 사용자도 수행할 수 있게 되었다.

노코드는 사용자가 직관적인 인터페이스를 통해 애플리케이션을 구축하고, 비즈니스 로직을 쉽게 구현할 수 있게 해줌으로써 기술의 대중화를 촉진한다. 이러한 접근성은 혁신의 속도를 높이고, 다양한 분야에서의 창의적인 해결책을 가능하게 한다. 이는 AI 기술의 민주화를 촉진하고, 개인과 커뮤니티가 자신들의 필요에 맞는 맞춤형 솔루션을 개발할 수 있게 한다. 따라서 노코드는 단순히 기술적 편의성을 넘어서 산업적, 경제적 파급 효과가 예상된다.강송희 외, 2021

1) 마이GPTs(myGPTs)의 의미와 응용

마이GPTs 서비스의 의미는 노코드의 개념을 AI 기술에 적용했다는 점에서 중요성이 더욱 강조된다. 이는 AI 기술의 개인화와 맞춤화를 가능하게 하여 기존에는 전문가나 개발자만이 접근할 수 있었던 영역을 일반 대중에게도 열어 준다. 이러한 변화는 일반인들이 자신

의 데이터를 활용하여 고유한 GPT를 생성하고, 그것이 가족, 커뮤니티 또는 특정 취미와 관련된 질의응답 시스템으로 활용될 수 있음을 의미한다.

GPTs가 생성되는 과정에서 개인화된 데이터를 기반으로 한 맞춤형 상호작용이 가능해짐으로써 특정 분야의 전문 지식을 가진 가상의 개인이나 조력자를 만들 수 있다. 이는 사용자 경험을 획기적으로 변화시킬 것으로 예상된다.

또한, 이러한 개인화된 GPTs는 궁극적으로 디지털 상품으로서의 가치를 지니게 되어, 유사한 앱스토어에서 애플리케이션을 사고파는 것처럼 거래될 수 있는 새로운 시장을 형성할 수 있다. 이는 새로운 형태의 경제 활동을 창출하며, 개인 또는 기업들에게 수익 창출의 기회를 제공한다.

이 과정에서 GPTs의 증가는 네트워크 효과를 일으켜 사용자 기반을 확대하고, 이는 다시 GPTs 사용을 더욱 촉진하는 긍정적인 순환을 만들어 낸다. 이로 인해 AI 기술의 민주화가 가속화될 것이다.

마지막으로, 마이GPTs 서비스는 기술적 장벽을 낮추어 AI 기술을 더 넓은 범위의 사용자들에게 접근 가능하게 만들 것이다. 이는 기존의 프로그래밍 지식이 필요했던 AI의 복잡성을 해소하고, 각자의 필요에 따라 AI를 사용할 수 있는 길을 열어주고 있다.

2) 마이GPTs 생성하기

마이GPTs를 생성하는 방법을 단계별로 설명하면 다음과 같다.

(1) OpenAI의 챗GPT 웹사이트에 접속한다.

(2) 메뉴에서 'GPT 탐색Explore'를 선택한 후 작업창이 바뀌면 '+만들기검정버튼'을 클릭한다.

(3) 마이GPT 생성 작업 창이 나오면, GPT 생성 프로세스를 시작한다.

(4) 만들기Create 방식과 구성Configure 방식 중 선택적으로 새 GPT를 만들기 위한 지침이나 요청을 빌더에 전달한다. 만들기 방식은 대화식으로 구성 방식은 기획 방식으로 프롬프트를 저장하도록 한다.

[표 2-2] 만들기 방식 vs 구성 방식의 비교

만들기 방식 vs 구성 방식		
GPT 빌더에서는 만들기 방식과 구성 방식 두 가지 방법 중 하나로 GPT를 생성할 수 있다.		
기능 / 방식	만들기(Create) 방식	구성(Configure) 방식
주 목적	새로운 GPT 생성	기존 GPT의 세부 설정 조정 및 추가 기능 설정
사용자 입력	메시지 박스를 통한 지시 입력	GPT의 이름, 설명 변경 및 세부 설정 조정
상호작용 방식	미리보기 패널을 통한 실시간 상호작용 및 수정	GPT의 현재 상태에 따라 추가적인 질문 및 답변을 통한 설정
이하의 설명에서는 구성 방식으로 마이GPTs를 생성하는 방법을 기술한다.		

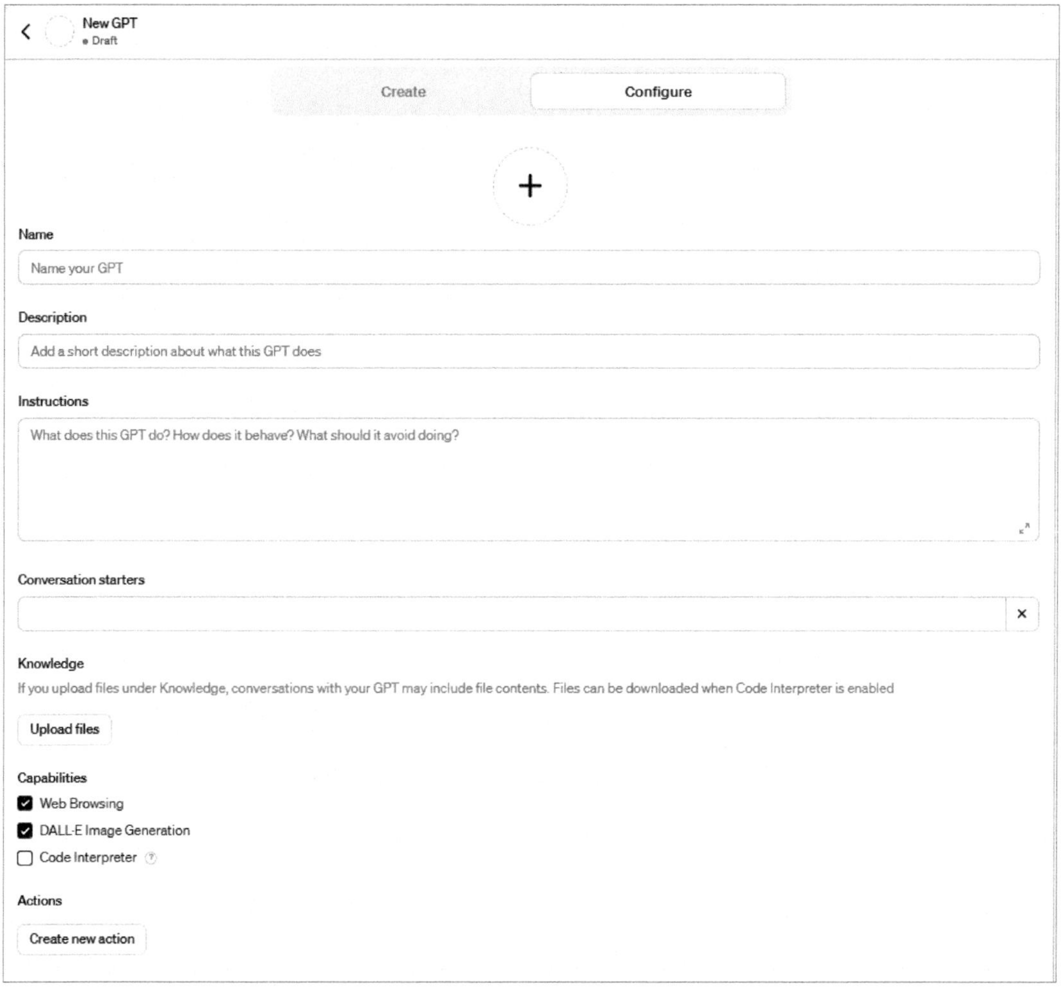

[그림 2-1] 마이GPTs 구성 화면

(5) **로고 생성**: GPT 빌더에 GPT용 이미지 생성을 요청하거나 직접 이미지를 업로드한다.

(6) **지침**Instruction: GPT의 작동 방식, 기능 및 피해야 할 특정 행동에 대한 자세한 지침이나 가이드라인을 제공

(7) **대화 스타터**Prompt Starters: 사용자가 대화를 시작하기 위한 프롬프트의 예시를 제공

(8) **지식**Knowledge: 파일을 업로드하여 GPT가 참조할 수 있는 콘텍스트를 제공[3]

(9) **기능**Capabilities: 웹 브라우징, DALL-E 이미지 생성 및 고급 데이터 분석 사용을 설정하는 경우에는 GPT가 해당 기능을 추가적으로 수행

(10) **작업**Custom Actions: 외부의 서비스를 API[4]를 통해 사용할 수 있는 기능으로써 챗GPT 플러그인과 유사

(11) 오른쪽에 있는 미리보기 옵션을 통해 생성된 GPT를 테스트해 본다.

(12) 최종적으로 'Save'를 선택하면 생성한 GPT가 사용자의 메뉴로 추가된다.

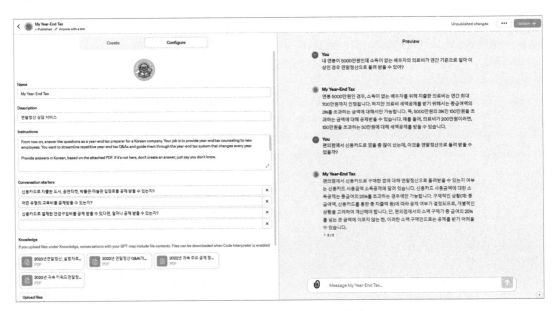

[그림 2-2] 마이GPTs 예시 상세 화면

---

3) 2024년 1월 현재 20개까지 파일 업로드 가능 (출처: Creating a GPT | OpenAI Help Center)

4) API는 'Application Programming Interface'의 약자로, 소프트웨어나 시스템이 가진 기능을 외부 프로그램이나 개발자가 사용할 수 있도록 제공하는 매개체

3) GPT스토어(GPTStore)에 마이GPTs 출시 방법

GPT스토어는 사용자가 개발한 GPT 모델을 공유하고 거래할 수 있는 플랫폼이다. 이는 개인 또는 기업이 자신들만의 특화된 GPT 모델을 만들고, 이를 GPT스토어에 업로드하여 판매하거나 다른 사용자와 공유할 수 있는 시스템을 제공한다. GPT스토어의 도입으로 GPT 모델의 개발과 활용이 대중화되며, 다양한 분야에서 맞춤형 인공지능 솔루션을 쉽게 접할 수 있게 된다. 이는 기술적 장벽을 낮추어 더 많은 사람이 인공지능 기술을 활용할 수 있는 길을 열어 주며, 새로운 형태의 디지털 경제 생태계를 창출하는 효과를 가진다. GPT스토어는 사용자들이 자신의 지식과 경험을 바탕으로 고유한 GPT 모델을 개발하고, 이를 통해 새로운 가치를 창출할 수 있는 기회를 제공한다.

앞에서 설명한 '2) 마이GPTs 생성하기'까지의 과정을 통해 만든 myGPT를 아래의 방법으로 GPT스토어에 출시할 수 있다.

(1) 빌더 프로필을 프로필 설정이나 GPT 편집 시 'Update' 패널을 통해 확인하고, 이름이나 웹사이트 도메인으로 확인한다.

(2) 'Everyone' 옵션을 선택하여 GPT를 게시할 수 있다. 'Anyone with a link' 옵션을 선택한 GPT는 스토어에 표시되지 않는다.

(3) 사용자 피드백을 받고자 한다면 빌더 프로필에서 'Receive feedback emails'를 선택한다.

(4) 게시된 모든 GPT는 리뷰 과정을 거친다. 'Anyone with a link'로 설정된 GPT는 즉시 접근 가능하다.

(5) 공유 설정을 변경하여 스토어에서 GPT를 삭제할 수 있다.

(6) 게시된 GPT는 모든 Plus 사용자에게 사용 가능하며, 무료 사용자는 보기만 할 수 있다.

이상의 정보는 2024년 2월 현재 OpenAI Help Center에서 확인한 것으로, 이후 수익화 등 추가적인 업데이트가 예정되어 있다.

[참고 자료]

GPT스토어는 2024년 1월 10일에 정식으로 출시되었다. 이 플랫폼은 사용자가 다양한 GPT 모델을 발견하고 사용할 수 있게 한다. 이 모델들은 OpenAI와 커뮤니티 멤버들에 의해 제작되어, 다양한 용도와 맞춤화를 가능하게 한다. 현재 GPT스토어에는 대략 15만 9천개의 공개 GPT가 등록되어 있으며, OpenAI에 따르면 3백만 개 이상의 커스텀 GPT가 생성되었다고 한다. 이 스토어는 작성, 생산성, 연구 및 분석, 프로그래밍, 교육, 생활 방식 등의 다양한 카테고리를 포함한다. [표 2-3]은 업무 자동화에 도움이 되는 GPT를 예시로 정리한 것이다.

[표 2-3] 업무 자동화에 도움이 되는 GPTs

GPT 이름	기능	사용 사례	장점
Canva	디자인 생성 및 추천	포스터, 인스타그램 이미지 등 디자인	사용자가 원하는 스타일의 디자인을 쉽게 생성
InVideo	비디오 생성	기업 비디오, 상품 소개 비디오 등	사용자 지정 콘텐츠에 맞는 비디오 빠르게 생성
Creative Writing Coach	글쓰기 지원 및 피드백 제공	글쓰기 연습, 피드백 필요 시	구체적인 피드백과 조언 제공
Diagrams	다이어그램 및 도식 생성	프로세스 시각화 및 설명, 기업의 약력 시각화 등	복잡한 아이디어나 데이터 명확하게 시각화
AI PDF	PDF 문서 분석 및 요약	중요 내용 추출 및 정리	대량의 문서 빠르게 분석 및 중요 정보 추출
Prompt Perfect	질문에 대한 답변 제공	특정 주제에 대한 깊이 있는 정보 필요 시	정교하고 세부적인 정보 제공
Consensus	논문 검색 및 분석	특정 연구 보고서 작성 및 학문적 주제 연구 시	관련 논문의 주요 결론과 정보 신속 제공
Image Generator	이미지 생성	초상화, 미래 도시 이미지 생성 등	단순한 설명으로 복잡한 이미지 생성 가능

GPT스토어는 아직은 초창기라 앱스토어의 초창기처럼 부족한 부분이 있다. 그러나 엄청난 속도로 빠른 진화를 할 것이기에 GPT스토어는 점차 우리에게 필요한 서비스를 제공할 것이다. GPT스토어가 계속 업데이트되는 것에 대해서도 지속적인 학습이 요구된다.

3. RAG 소개

1) RAG(LangChain)의 필요성과 핵심 기능

챗GPT와 같은 생성형 AI 서비스는 사용자와의 대화 상태를 저장하지 않으므로 대화의 이전 메시지를 기억하지 못한다. 기록을 유지하고 AI에 컨텍스트를 제공하는 것은 개발자의 책임이다. 기존 정보가 새로운 대화에서 컨텍스트를 다시 가져오기 위해 영구 데이터베이스에 저장되어야 할 수도 있다. 그래서 AI에 단기 및 장기 메모리를 추가하는 것이 필요하다.

또 다른 생성형AI 서비스의 문제 중 하나는 다양한 시나리오에 대해 특화된 여러 모델을 사용해야 한다는 것이다. 이는 감정 분석, 분류, 질문 답변, 요약 등 다양한 작업에 대해 각각 다른 접근 방식이 필요할 수 있다는 의미하는데, 이는 복잡성 증가, 효율성 저하, 답변의 일관성 유지 어려움, 유연성 부족 등 여러 가지 어려움을 야기한다.

RAG는 아래와 같은 참조데이터 확짱 기능으로 위에 언급한 문제점을 해소하는 토대를 제공한다.

- **외부 데이터 소스와의 통합:** 랭체인이 제공하는 RAG 기능은 생성형 AI의 답변을 외부 데이터 소스와 결합한다. 이를 통해 AI 학습 데이터에 포함되지 않은 최신 또는 특정 분야의 정보에 대해 더 정확하고 관련성 높은 답변을 제공할 수 있다. 이는 답변의

예측 가능성을 높이는 데 이바지한다.

- **모듈화된 접근 방식:** 랭체인은 다양한 작업에 대해 특화된 모듈을 제공한다. 이를 통해 특정 시나리오에 맞게 생성형 AI의 성능을 최적화할 수 있으며, 이는 답변의 일관성과 정확성을 향상시킨다.

- **사용자 정의 가능성:** 랭체인은 사용자가 특정 요구 사항에 맞게 시스템을 조정할 수 있도록 지원한다. 이는 다양한 시나리오에 맞춰 생성형 AI의 성능을 최적화하는 데 유용하다.

- **자동화와 효율성:** 랭체인의 자동화된 프로세스와 통합된 인터페이스는 작업 효율성을 높이고 시간을 절약할 수 있게 해 준다. 이는 전체적인 시스템의 예측 가능성과 안정성을 향상하는 데 이바지한다.

2) RAG와 랭체인의 관계

RAGRetrieval Augmented Generation를 번역하면 '검색 증강 생성'이라고 할 수 있다. 그러나 소통에 혼선을 줄 수 있어 영문 약어를 사용한다. RAG는 언어 모델과 정보 검색 시스템을 결합하여 질의응답 및 생성 작업을 수행하는 접근 방식이다. RAG는 질문에 대한 답변을 생성할 때 관련 정보를 동적으로 검색하여 이를 활용한다. RAG는 언어 모델이 자체 지식만으로는 충분하지 않을 때 외부 정보를 효과적으로 활용할 수 있다. RAG는 질의응답, 문서 요약, 대화 생성 등의 작업에 사용될 수 있다.

이에 비해 랭체인Langchain은 대화형 AI 에이전트를 구축하기 위한 오픈소스 프레임워크이다. 랭체인은 대화 흐름, 문서 검색, 질의 응답, 지식 베이스 통합 등 대화형 AI 시스템의 핵심 구성 요소를 제공한다. 랭체인은 모듈식 설계를 통해 개발자가 필요에 따라 다양한 구성 요소를 선택하고 조합할 수 있다. 랭체인은 언어 모델과 같은 AI 구성 요소를 쉽게 통합할 수 있는 추상화된 인터페이스를 제공한다.

따라서 랭체인과 RAG는 서로 밀접한 관계를 가질 수 있다. 랭체인은 대화형 AI 시스템 구축을 위한 프레임워크로, 다양한 구성 요소들을 제공한다. 이 중에는 정보 검색 및 질의 응답 기능과 관련된 모듈들이 포함되어 있다. 랭체인에서 제공하는 정보 검색 관련 모듈들은 RAG 구현에 유용하게 활용될 수 있다.

예를 들어, 랭체인의 문서 검색Document Retrieval 모듈, 지식 베이스 통합Knowledge Base Integration 모듈 등은 RAG 시스템에서 필요한 정보 검색 기능을 구현하는 데 활용될 수 있다. 따라서 개발자는 랭체인에서 제공하는 다양한 모듈을 활용하여 RAG 시스템을 보다 효과적으로 구축할 수 있다. 이를 통해 두 프레임워크 간의 시너지 효과를 얻을 수 있다.

(1) RAG 구성과 구현

랭체인은 RAG를 구현하는 데 필요한 모듈들을 제공한다. 이를 통해 RAG는 사용자의 요구에 적절히 응답하기 위해 외부 데이터 소스에 저장된 지식을 언어 모델에 주입할 수 있다. RAG의 구현 내용과 절차는 다음과 같다.

랭체인은 아래와 같은 모듈로 구성되어 있다.

- **Document Loading**문서 로딩: URL, PDF 또는 데이터베이스에서 문서를 로드
- **Splitting**분할: 문서를 더 작은 세그먼트로 분할하여 처리 및 저장을 용이하게 함.
- **Storage**저장: 분할된 세그먼트를 벡터 저장소에 저장하여 나중에 빠르게 검색할 수 있도록 함.
- **Vector Store**DB: 임베딩된 텍스트를 저장하는 역할
- **Retrieval**검색: 시스템에 질문이나 쿼리가 제기되면 내용과 맥락에 기반하여 관련된 세그먼트를 검색
- **Output**출력: 검색된 세그먼트는 언어 모델을 위한 프롬프트로 사용되어 답변을 생성하고 사용자에게 제공

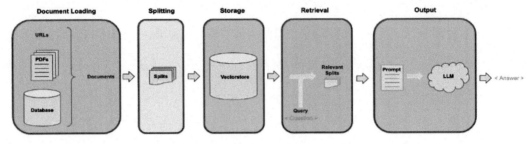

[그림 2-3] 랭체인의 구성

자료: 랭체인 홈페이지

사용자의 질문이 들어오면, RAG는 벡터 스토어에서 저장된 임베딩 정보 중 적합한 텍스트를 검색하여 이를 언어 모델의 프롬프트와 결합하여 최종 답변을 생성한다.

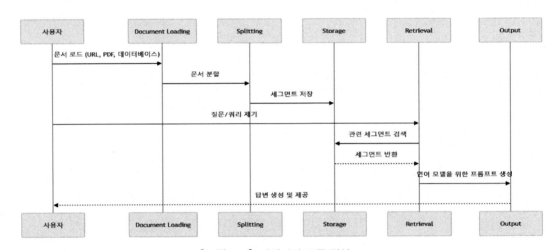

[그림 2-4] 랭체인의 구동 절차

자료: 랭체인 홈페이지의 텍스트 설명을 그림으로 표현

① **사용자 질문 수신:** 프로세스는 사용자로부터 질문이나 쿼리를 받아 시작된다. 이 질문은 RAG 시스템에 입력되며, 이 시스템은 질문의 내용을 분석하여 관련된 정보를 검색하는 데 사용한다.

② **임베딩 정보 검색:** RAG 시스템은 먼저 벡터 스토어에 저장된 임베딩 정보를 검색한다. 벡터 스토어는 다양한 문서나 데이터 소스에서 추출된 정보를 벡터 형태로 저장한 데이터베이스이다. 이 데이터베이스는 문서의 내용을 수치적 형태로 변환하여 저장하므로 시스템은 사용자의 질문과 관련된 내용을 빠르고 효율적으로 찾을 수 있다.

③ **적합한 텍스트 선택**: 검색 과정에서 시스템은 사용자의 질문과 가장 관련성이 높은 텍스트 세그먼트를 선택한다. 이 선택 과정은 다양한 알고리즘과 기계학습 모델을 사용하여 최적의 결과를 도출한다.

④ **언어 모델 프롬프트 생성**: 선택된 텍스트는 언어 모델의 프롬프트로 사용된다. 이 프롬프트는 언어 모델이 답변을 생성하는 데 필요한 초기 입력 정보를 제공한다.

⑤ **답변 생성**: 언어 모델은 제공된 프롬프트를 기반으로 답변을 생성한다. 이 과정에서 모델은 문맥, 문법, 그리고 주어진 데이터를 고려하여 자연스러운 언어 형태의 답변을 만들어 낸다.

⑥ **사용자에게 답변 제공**: 생성된 답변은 사용자에게 제공된다. 이 답변은 사용자의 원래 질문에 대한 직접적인 대답이 될 수도 있고, 관련 정보를 제공하는 형태일 수도 있다.

이러한 과정을 통해 RAG 시스템은 기존의 언어 모델에 외부 데이터 소스의 정보를 통합하여 보다 정확하고 유용한 답변을 생성할 수 있다. 이는 특히 언어 모델이 학습 과정에서 포함하지 않은 최신 또는 특정 분야의 데이터에 대해 질문할 때 유용하다.

(2) RAG의 응용 예시: RAG기반 약물 처방전 상담 챗봇 Use Case

아래 이미지는 의료 상담에서 환자의 개인 정보를 사용하여 생성형 AI를 활용하는 과정, 특히 RAGRetrieval-Augmented Generation 접근 방식을 설명하고 있으며, 주요 요소들은 다음과 같다.질문에 대한 답변을 생성하는 과정으로 구성되어 있으며, 주요 요소들은 다음과 같습니다.

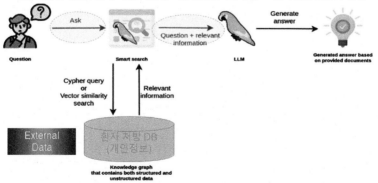

[그림 2-5] 헬스케어 응용 예시: 환자 개인정보로 생성형 AI를 증강

① **질문**Ask: 환자가 약물 처방 전에 상담을 위해 질문을 던진다. 이 질문은 상담을 통해 얻고자 하는 정보나 환자의 상태에 대한 내용이 될 수 있다.

② **질문 + 관련 정보 전송**: 환자의 질문이 시스템에 입력되고, 관련된 정보가 함께 추가되어 전달된다. 이는 AI 모델이 질문의 맥락을 이해하는 데 필요한 정보를 제공하기 위함이다.

③ **스마트 검색** Smart Search: 질문과 관련된 정보를 바탕으로 외부 데이터와 환자 처방 데이터베이스에서 필요한 정보를 검색한다. 이 단계에서는 Cypher 쿼리 또는 벡터 유사성 검색Vector Similarity Search이 사용된다. Cypher 쿼리는 그래프 데이터베이스에서 관련 데이터를 찾는 데 사용되고, 벡터 유사성 검색은 벡터화된 질문과 유사한 정보를 검색하는 데 활용된다.

④ **환자 처방 DB**개인정보: 환자와 관련된 개인 정보와 처방 이력이 저장된 데이터베이스이다. 이 데이터는 구조화된 데이터와 비구조화된 데이터를 모두 포함하는 지식 그래프 형태로 관리된다. 스마트 검색을 통해 이 데이터베이스에서 필요한 정보를 추출한다.

⑤ **관련 정보 추출 및 전송**: 스마트 검색을 통해 얻어진 관련 정보가 다시 질문과 함께 전달된다. 이는 AI 모델이 답변을 생성하는 데 필요한 정보를 보다 구체적으로 제공하여 응답의 정확성을 높인다.

⑥ **LLM**Large Language Model: 대규모 언어 모델이 질문과 검색된 관련 정보를 바탕으로 답변을 생성한다. 생성형 AI 모델은 사용자에게 적합한 답변을 제공하기 위해 주어진 정보를 종합하여 응답을 만든다.

⑦ **답변 생성**Generate Answer: AI 모델이 문서 기반의 정보를 바탕으로 생성된 답변을 출력한다. 이는 사용자에게 최종적으로 전달되는 답변으로, 환자의 질문에 대한 신뢰성 있는 정보를 포함한다.

이 절차를 통해 환자의 개인 정보와 외부 데이터를 안전하게 결합하여 RAG 방식을 통한 맞춤형 의료 상담이 가능하게 된다.

이외에도 Chat PDF는 RAG 기능을 활용하여 사용자가 업로드한 PDF 파일과 관련된 질문에 답변을 제공하는 어플리케이션이다[5]. 사용자가 PDF 파일을 업로드하면, Chat PDF는 해당 파일의 내용을 기반으로 질문에 답변한다. 이 과정에서 외부 데이터 소스에서 적절한 텍스트를 검색하여 언어 모델의 프롬프트와 결합하는 방식으로 작동한다.

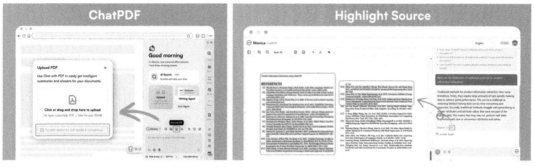

[그림 2-6] 헬스케어 응용 예시: 환자 개인정보로 생성형 AI를 증강

Chat PDF의 핵심 기능은 외부 데이터 소스에 저장된 지식을 언어 모델에 주입하는 것이다. 예를 들어 사용자가 사내 규정을 담은 PDF를 업로드하고 그 원인에 대해 질문하면, Chat PDF는 PDF 내용을 분석하여 관련 정보를 찾아 규정에 따라가는 답변을 생성한다. 이는 랭체인의 RAG 기능을 통해 이루어지며, 외부 데이터 소스에서 검색된 텍스트와 언어 모델의 결합을 통해 보다 정확하고 관련성 높은 답변을 제공하고 있다.

랭체인과 PDF와 같은 사용자 데이터의 결합은 매우 유용한 정보를 제공한다. 사용자는 특정 주제에 대한 자세한 정보를 얻기 위해 데이터 파일을 업로드하고 관련 질문을 할 수 있으며, 랭체인은 해당 파일의 내용을 기반으로 한 답변을 제공한다. 이는 랭체인이 RAG 기능을 활용하여 외부 데이터 소스의 정보를 언어 모델에 효과적으로 통합하는 방식으로 이루어진다. 이러한 접근 방식은 사용자에게 보다 정확하고 심층적인 답변을 제공하며, 특히 학습 데이터에 포함되지 않은 최신 또는 특정 분야의 정보에 대해 더 잘 대응할 수 있다.

---

5) https://github.com/ArmaanSeth/ChatPDF

※ 문제: 객관식 5문항, 단답형 5문항

【객관식 문제】

1. RAG를 사용하는 주된 이유는 무엇인가?
   ① 게임 개발에만 필요한 기능
   ② 전문적인 이미지 편집 기능을 제공하기 위해
   ③ 챗GPT에 외부 데이터 소스나 기능을 연결하여 기능을 확장하기 위해
   ④ 음악을 새롭게 작곡하기 위해

정답: ③

해설: RAG 시스템은 챗GPT의 기능을 넘어서는 외부 데이터에 접근할 수 있도록 만들어 사용자가 더 다양한 작업을 수행할 수 있게 한다.

2. 마이GPTs를 통해 가능해진 작업의 예시는 무엇이 있는가?
   ① 책 페이지 자동 넘기기
   ② 블로그 포스팅 글쓰기 자동화
   ③ 자율운전
   ④ 종이 인쇄물 자동 배포

정답: ②

해설: 마이 GPTs는 글쓰기, PPT 만들기 등 반복적인 일을 노코드로 자동화하여 저장해 둠으로써 언제나 필요할 때 불러와 유사한 작업을 쉽게 할 수 있도록 하여 효율성을 높여준다.

3. 마이GPTs 서비스의 중요한 특징 중 하나는 무엇인가?

① 고도의 프로그래밍 지식 요구

② AI 기술의 노코드(nocode) 접근 방식 제공

③ 단일 언어 모델만 지원

④ 전문가 사용자만을 위한 서비스

정답: ②

해설: 마이GPTs는 AI 기술을 일반 대중에게도 접근 가능하게 만드는 노코드 접근 방식을 제공한다. 이는 사용자가 복잡한 코딩 없이도 개인화된 GPT 모델을 생성하고 활용할 수 있게 함으로써 AI 기술의 개인화와 맞춤화를 가능하게 한다.

4. 마이GPTs를 통해 생성된 개인화된 GPTs를 활용 가능한 응용 분야는 무엇인가?

① 고고학 문서를 새롭게 발굴

② 특정 취미나 커뮤니티 관련 질의응답 시스템

③ 수학 문제 해결에만 사용 가능

④ 비디오 게임 개발 전용으로 특화된 서비스만 가능

정답: ②

해설: 마이GPTs를 통해 사용자는 자신의 데이터를 활용하여 고유한 GPT를 생성할 수 있으며, 이는 가족, 커뮤니티 또는 특정 취미와 관련된 질의응답 시스템으로 활용될 수 있다. 이러한 개인화는 사용자에게 맞춤형 상호작용을 제공하며, 특정 분야에 대한 전문 지식을 가진 가상의 조력자 생성을 가능하게 한다.

5. 랭체인(LangChain)의 주요 기능은 무엇인가?

    ① 음성 인식 소프트웨어 개발

    ② 언어 모델을 조합하고 사용하기 위한 프레임워크 제공

    ③ 비디오 게임 개발

    ④ 웹사이트 디자인 자동화

정답: ②

해설: 랭체인은 다양한 언어 모델과 기능을 하나의 플랫폼에서 통합하여 사용할 수 있게 함으로써 개발자와 연구자가 언어 기반 애플리케이션을 더 쉽게 개발하고 실험할 수 있도록 설계되었다. 이는 언어 모델의 조합과 활용을 간소화하여 다양한 언어 처리 작업을 지원한다.

【단답형 문제】

1. 마이GPT를 만들기 위해서는 (　　　)과 구성 방식 중 선택적으로 새 GPT를 만들기 위한 지침이나 요청을 빌더에 전달한다. (　　　)은 대화식으로 구성 방식은 기획 방식으로 프롬프트를 저장하도록 한다.

정답: 만들기 방식

해설: 마이GPT를 만들기 위해서는 만들기 방식과 구성 방식 중 선택적으로 새 GPT를 만들기 위한 지침이나 요청을 빌더에 전달한다. 만들기 방식은 대화식으로 구성 방식은 기획 방식으로 프롬프트를 저장하도록 한다.

2. 사용자가 개인화된 GPT 모델을 생성하고 관리할 수 있는 플랫폼을 (　　　)라 한다.

정답: 마이GPTs

해설: 이 플랫폼을 통해 사용자는 자신만의 데이터로 학습된 모델을 만들어, 특정 작업이나 콘텐츠 생성에 사용할 수 있다. 이는 개인화된 인공지능 경험을 제공한다.

3. 최근 각광받는 랭체인의 (　　) 기능을 사용하는 주요 목적은 AI의 답변 생성에 외부 데이터 소스를 결합하는 것이다.

정답: RAG(Retrieval-Augmented Generation)

해설: 랭체인의 RAG 기능은 생성형 AI가 학습 데이터에 포함되지 않은 최신 또는 특정 분야의 정보에 접근할 수 있도록 외부 데이터 소스와의 결합을 가능하게 한다. 이는 AI가 더 정확하고 관련성 높은 답변을 제공할 수 있게 하여, 답변의 예측 가능성을 높이는 데 이바지한다.

4. 랭체인에서 다양한 작업에 특화된 (　　) 방식의 이점은 특정 시나리오에 맞게 생성형 AI의 성능을 최적화할 수 있다는 것이다.

정답: 모듈(화)

해설: 랭체인은 다양한 작업에 대해 특화된 모듈을 제공한다. 이 모듈화된 접근 방식을 통해 개발자는 특정 시나리오에 최적화된 성능을 제공하는 생성형 AI를 구축할 수 있으며, 이는 답변의 일관성과 정확성을 향상시키는 데 도움이 된다.

5. 랭체인을 사용하는 과정에서 자동화된 프로세스와 통합된 (　　　)가 중요한 이유는 작업 효율성을 높이고 시간을 절약할 수 있기 때문이다.

정답: 인터페이스

해설: 랭체인의 자동화된 프로세스와 통합된 인터페이스는 사용자가 더 적은 노력으로 복잡한 통합 작업을 수행할 수 있게 한다. 이는 전체 시스템의 작업 효율성을 높이고, 예측 가능성과 안정성을 향상시키는 데 기여한다.

참고 문헌

- 강송희, 이현승, 유호석(2021). 디지털 전환을 촉진하는 NoCode와 RPA, SPRi
- 랭체인 블로그(2024). 랭체인 차세대 프레임워크.
- 랭체인 홈페이지(2024). 랭체인 소개.
- 랭체인 홈페이지(2024). 사용 사례.
- https://blog.langchain.dev/langchain-v0-1-0/
- https://lifearchitect.ai/timeline/
- https://python.langchain.com/docs/get_started/introduction
- https://python.langchain.com/docs/use_cases/question_answering
- https://www.ciokorea.com/column/305341
- MSV, Janakiram(2023). LLM과 함께 뜨는 중… 개발자를 위한 '랭체인' 안내서.
- Thompson, Alan(2024). Timeline of AI and language models.

AI의 효과적인 활용을 위한 지혜와 통찰력

1. AI의 활용을 위한 개인·업무·리더십 다차원적 접근

현대 비즈니스 환경에서 인공지능AI 기술의 급속한 발전은 조직과 개인에게 전례 없는 기회와 도전을 제공하고 있다. 특히 생성형 AI는 그 범위와 잠재력 면에서 주목할 만한 진전을 보이며, 다양한 산업 분야에서 혁신의 촉매제로 자리 잡아가고 있다. 생성형 AI는 텍스트 생성, 데이터 분석, 시각적 콘텐츠 제작 등 여러 영역에서 놀라운 성과를 보여 주며, 업무 프로세스의 효율성을 개선하고 결과의 질을 높이는 데 이바지하고 있다. 이러한 기술의 발전은 개인의 업무 영역의 변화뿐만 아니라 기업 조직의 변화와 리더십의 새로운 접근 방식을 요구하고 있다.

이번 챕터는 생성형 AI 기술을 효과적으로 활용하기 위해 필요한 개인의 역량, AI를 활용하여 생산성을 높일 수 있는 업무 영역, 그리고 AI를 효과적으로 적용하기 위한 기업 조직변화와 리더십에 관해 논의한다. 이를 통해 생성형 AI가 업무 환경에 미치는 영향을 이해하고, 이러한 기술을 자신의 업무와 조직에 어떻게 통합할 수 있을지에 대한 통찰을 얻을 수 있을 것이다.

2. AI와의 효과적인 상호작용을 위한 개인의 역량

1) 생성형 AI가 기존의 기술과 다른 점

생성형 인공지능AI의 급속한 발전은 직업 세계와 개인 역량에 대한 우리의 이해를 근본적으로 변화시키고 있다. 이 기술은 단순히 작업 수행 방식을 개선하는 것을 넘어, 업무 환경에서 요구되는 역량과 직업의 본질 자체를 재정의하고 있다. 이러한 본질 변화는 직업 대체에 대한 논의로 이어져 왔는데, 자동화와 신기술이 수많은 일자리를 대체할 것이라는 주기적인 경고는 경제 문헌에서 반복되는 주제라 할 수 있다. 나아가 최근에는 AI에 따른 직업의 변화 양상도 연구되고 있다Acemogl &. Autor, 2011 ; Brynjolfsson & McAfee, 2014 ; Frey & Osborne, 2017.

컴퓨터는 사전에 프로그래밍이 된 명령을 수행하는 데 매우 뛰어났으며, 명확한 규칙으로 정의될 수 있는 작업에서 유용했다Autor, 2014. 이에 따라 컴퓨터는 데이터 입력, 회계, 조립 라인 작업과 같은 일상적인 업무를 처리하는 데 있어 근로자의 필요성을 대체하며, 이러한 업무의 임금에 부정적인 영향을 미쳤다Acemoglu and Autor, 2011. 한편으로는 컴퓨터의 이러한 활용은 동시에 특정 근로자들에 대한 수요 증가를 가져왔다. 특히 분석적 사고, 복잡한 문제 해결, 창의적 기획과 같은 고도의 지적 역량을 요구하는 업무 분야에서 근로자에 대한 수요가 증가했다. 예를 들어, 소프트웨어 개발, 시장 분석, 그리고 디지털 콘텐츠 제작과 같은 분야에서 근로자에 대한 수요가 증가했다.

생성형 AI는 기존의 컴퓨터 기술과는 달리, 사용자의 입력을 바탕으로 새로운 콘텐츠를 '창조'할 수 있는 능력을 갖추고 있다. 이는 텍스트, 이미지, 음악 등 다양한 형태의 콘텐츠 생성에 활용될 수 있으며, 창의적인 작업에 AI를 적용할 가능성을 열어 줌으로써 데이터 입력, 회계, 조립라인 작업과 같은 컴퓨터가 잘 해왔던 일상적인 업무의 처리뿐만 아니라 다른 형태의 업무들에서 변화를 가져오고 있다.

대표적으로 기존의 컴퓨터와 생성형 AI가 다른 점이 있다면 생성형 AI는 복잡한 작업을 수행하기 위해 명시적인 지침을 필요로 하지 않는다는 점이다Brynjolfsson, & Raymond, 2023. 예를 들어, 고객에게 제품 배송 지연을 알리는 이메일을 작성하라는 요청을 받았을 때, 생성형

AI 도구는 공감적이면서도 전문적인 내용의 메시지를 생성할 수 있다. 이는 모델이 이러한 상황에서 고객 서비스 커뮤니케이션의 사례를 다수 접했기 때문이다. 중요한 점은 특정 상황에서 어떤 어조가 적절한지 명시적으로 지정하지 않았거나 '공감적' 또는 '전문적'과 같은 어조가 무엇을 의미하는지 정의하지 않았음에도 불구하고 모델이 자동으로 이러한 출력을 생성한다는 것이다. 실제로 '적절하게' 의사소통하는 능력은 그 능력을 가진 사람들조차도 완벽하게 설명할 수 없는 능력이다. 대신 사람들은 경험을 통해 적절한 의사소통 방법을 학습하며, 이 과정에서 무의식적인 규칙을 적용한다.

이러한 '암묵적 지식'은 직장 안팎에서 인간이 수행하는 대부분의 작업의 기반이 된다 Brynjolfsson, & Raymond, 2023. 생성형 AI가 암묵적 지식을 습득할 수 있다는 사실은, 이 기술이 단순한 작업 수행을 넘어서 전략적 사고와 분석을 수행할 수 있는 잠재력을 지니고 있음을 보여준다. 예를 들어, 생성형 AI는 재무제표를 해석하고, 그에 기반한 전략적 평가를 제공하는 설득력 있는 비즈니스 사례 분석을 생성하는 데 사용될 수 있다. 이러한 능력은 특히 기업의 결정 과정에서 중요한 전략적 사고를 AI에 의존하여 수행할 수 있음을 시사한다.

2) 생성형 AI로 인해 달라지는 개인의 역량

이러한 새로운 생성형 AI의 기술적 특징은 개인에게는 단순히 생성형 AI 도구를 잘 활용하는 것을 넘어서는 파급 효과를 가져오고, 기존의 역량의 체계를 무너뜨리는 것도 가능하다. 실제로 한 연구에 따르면 AI 지원을 통해 상담원의 생산성이 향상되는 것이 관찰되었는데, AI 도구의 활용으로 상담원은 시간당 성공적으로 해결하는 채팅 수를 14% 증가시킬 수 있었다 Brynjolfsson, & Raymond, 2023.

[그림 3-1]은 이러한 생산성 향상의 효과를 생성형 AI 도입 전후로 다양한 상황에서 비교한 그림이다. 이 연구에서 주목할 만한 점은 숙련도가 낮고 경험이 적은 상담원의 경우, 시간당 해결할 수 있는 문제 수가 34% 증가하는 등 모든 생산성 지표에서 현저한 개선을 보였다. AI 도구 사용을 통해 신입 상담원이 경험 곡선을 따라 더 빠르게 진행할 수 있으며, 이는 신입 상담원이 6개월 이상 경험을 쌓은 상담원보다 더 나은 성과를 낼 수 있음을 의미한다. 즉 상담원으로서

숙련을 통해 길러야 하는 암묵적인 역량이 생성형 AI를 통해 보조되어 향상되는 것이다.

결과적으로 생성형 AI 시대는 개인 역량의 재정의를 요구한다. 그러나 이런 새로운 역량은 생성형 AI의 도구들을 단순히 잘 활용하는 것에 그치지 않는다. 한 연구에 따르면, 인공지능 역량을 갖춘 직원은 그렇지 않은 직원에 비해 연봉을 40% 더 많이 받을 수 있는 것으로 나타났다Stephany & Teutloff, 2024. 그러나 이 연구는 단순히 AI 기술 자체를 보유하는 것보다 AI 기술을 다양한 다른 기술과 결합하는 것이 더 큰 가치를 창출한다는 사실을 강조한다. 따라서 더 높은 연봉과 경쟁력 있는 역량을 얻기 위한 비결은 '상보성'에 있다고 할 수 있다. 이는 AI 기술과 비AI 기술을 결합할 수 있는 능력, 즉 창의적 사고, 비판적 분석, 팀워크와 같은 인간 중심의 역량과 기술적 능력을 동시에 발전시키는 것을 의미한다.

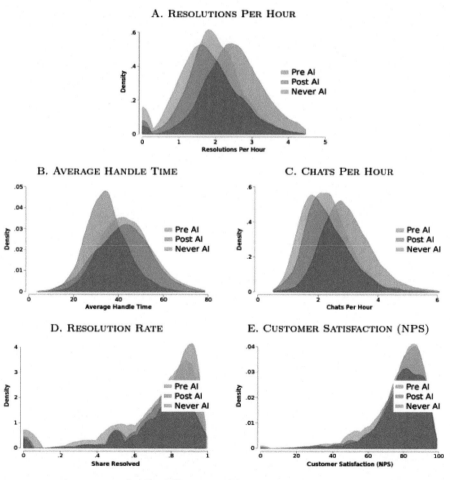

[그림 3-1] AI 도입 전후의 생산성 변화

출처: Brynjolfsson, & Raymond, 2023

3) 생성형 AI와의 협업과 비판적 사고의 중요성

생성형 AI 시대에 우리가 필요한 역량은 바로 협업의 역량이라 할 수 있으며, 때로는 AI의 품질이 기대에 미치지 못할 수도 있다는 점을 인지해야 한다. 이를 우리가 일상에서 자주 사용하는 내비게이션 예시로 살펴보면, 내비게이션의 안내에 따라 빠르고 효율적으로 목적지에 도달하는 이들이 있는 반면, 내비게이션이 도로 상황을 판단해 제시하는 우회 경로에도 불구하고 기존의 길을 고집하여 오히려 늦어지는 경우도 있다. 심지어 지리에 익숙한 택시 기사들 사이에서는 내비게이션이 오히려 더 먼 길을 안내한다고 느끼는 경우도 있다.

한편, 택시 기사들은 내비게이션이 추천하지 않는 골목골목으로 운전해 목적지에 더 빠르게 도착하는 경우도 있고, 새로 생긴 도로에 대한 업데이트가 늦어진 경우 내비게이션이 성능을 다하지 못한다는 것을 생각해 보면 단순히 내비게이션만 따라서는 최적의 시간으로 목적지에 도달하기는 어렵다. 결국 운전자와 내비게이션의 상호작용이 가장 빨리 목적지에 도달하는 방법이다. 내비게이션과 같은 가장 단순한 AI도 그러한데, 하물며 생성형 AI에 있어서는 개인의 역량과 상호작용의 결과는 더 크게 나타날 것이다.

이러한 사례들은 AI 기술을 활용할 때 단순히 기술에 의존하는 것이 아니라 상황을 종합적으로 판단하고, 때로는 인간의 경험과 지식을 AI의 정보와 결합하여 최적의 결정을 내리는 능력이 중요함을 보여 준다. 이는 생성형 AI와의 상호작용에 있어, 기술적인 이해뿐만 아니라 인간의 직관, 경험, 창의성이 어떻게 보완적으로 작용할 수 있는지에 대한 이해를 요구한다. 즉 AI 시대에 요구되는 새로운 역량은 AI 도구들을 단순히 잘 활용하는 것을 넘어서 AI와 인간의 역량이 서로를 보완하며 시너지를 내는 방법을 모색하는 것에 있다.

알파고와 이세돌의 대결 이후, 바둑계에서 일어난 혁명적 변화는 생성형 AI 시대에 필요한 새로운 역량의 중요성을 강조한다. 알파고와 이세돌의 대결 이후, 바둑계에서 일어난 혁명적 변화는 생성형 AI 시대에 필요한 새로운 역량의 중요성을 강조한다. '묻지마 3-3' 전략의 등장과 그 후의 바둑 이론과 전략에 대한 재검토는, 인공지능이 기존의 고정관념을 파괴하고 새로운 가능성을 탐색할 수 있는 힘을 가지고 있음을 증명한다. 이러한 사례는 인공지능과의 상호작용을 통해 얻을 수 있는 역량이 단순한 기술 사용 능력을 넘어서는 것임을 시사한다.

01. 생성형 AI 프롬프트 디자인 가이드라인

02. 생성형 AI의 확장: 마이GPTs, 랭체인

03. AI의 효과적인 활용을 위한 지혜의 통찰력

04. 생성형 AI 활용을 통한 창의적 문제 해결 역량

05. 생성형 AI 기반 프로그래밍 활용 역량

06. 윤리적 책임을 고려한 생성형 AI의 활용

생성형 AI 시대의 새로운 역량은, AI와 함께하는 역량, 즉 AI 도구를 활용하여 기존 방식에 의문을 제기하고, 산업 전반의 고정된 관념에서 벗어나 재설계하는 능력을 포함한다. 이는 단순히 자동화를 넘어서 효율성을 극대화하고, 새로운 학습 방법을 개발하며, 빠르게 변화하는 환경에 적응하는 능력을 의미한다.

3. AI를 효과적으로 활용하기 위한 업무 영역과 직무

1) 생성형 AI가 적용되는 업무 영역

생성형 AI는 우리가 업무를 수행하는 방식에 혁명을 가져왔지만, 모든 분야에서 동일한 효과를 내는 것은 아니다. 이러한 AI 기술이 특히 효과적인 분야를 정확히 파악하고 활용하는 것이 비즈니스 환경에서 성공의 열쇠로 떠오르고 있다. BCG와 하버드 경영대학원의 연구에 따르면, 창의적 제품 혁신에서는 생성형 AI를 활용할 때 성과가 눈에 띄게 향상되지만, 비즈니스 문제 해결 분야에서는 오히려 성과가 감소했다BCG, 2023. 이는 AI의 적용이 모든 영역에서 효과적이지 않을 수 있음을 의미하며, AI를 적절하고 효율적으로 통합하는 것이 중요함을 강조한다.

이와 같이 AI의 활용은 각 분야의 특성과 요구에 맞춰 이루어져야 한다. McKinsey2023는 생성형 AI가 활용될 수 있는 여러 업무 영역들을 밝힌 바 있다. 대표적으로 마케팅과 영업 부문에서는 개인화된 마케팅과 소셜미디어 콘텐츠 제작에 생성형 AI가 큰 강점을 보인다. 운영 부문에서는 반복적이고 예측 가능한 작업을 자동화함으로써 효율성을 극대화할 수 있으며, IT와 엔지니어링 분야에서는 코드 작성과 문서화 작업을 가속화하여 개발 프로세스를 간소화하며, 위험 관리 및 법률 분야에서는 방대한 데이터를 분석하여 복잡한 문제를 해결하는 데 AI를 활용할 수 있다.

따라서 기업은 AI가 강력한 성과를 낼 수 있는 업무 영역을 식별하고, 그에 맞는 전략을 수립하는 데 집중해야 한다. AI 기술을 단순히 도입하는 것을 넘어서, 기술이 갖는 특성을 이해하고 비즈니스 목표에 맞게 조율하는 것이 필요하다. 이는 AI의 장점을 극대화하고, 동시에 기존 역량과의 상호작용을 통해 새로운 가치를 창출하는 길로 이끈다.

[표 3-1] 생성형 AI 활용 분야

분야	활동	설명
마케팅 및 영업	마케팅 및 영업 복사본 작성	텍스트, 이미지, 비디오를 포함한 마케팅 및 영업 콘텐츠 작성(예: 소셜 미디어 콘텐츠 또는 기술 영업 콘텐츠 생성)
	제품 사용자 가이드 생성	특정 산업(예: 의약품 또는 소비자 제품)에 종속된 제품 사용자 가이드 생성
	고객 피드백 분석	온라인 텍스트와 이미지에서 중요한 주제 요약 및 추출
	영업력 향상	위험 식별, 추가 제품 제안 또는 성장과 유지에 기여하는 최적의 고객 상호작용 식별
	판매 지원 챗봇 생성/개선	잠재 고객이 제품을 이해하고 선택할 수 있도록 돕는 기술적 제품 이해를 포함한 판매 지원 챗봇 생성 또는 개선
운영	고객 지원 챗봇 생성/개선	제품에 대한 질문을 해결하고 관련 교차 판매 리드 생성
	생산 오류 식별	이미지에서 생산 오류, 이상 현상 및 결함 식별하여 문제에 대한 근거 제공
	고객 서비스 효율화	프로세스 자동화 및 에이전트 생산성 증가
	관심 조항 식별	벌금 또는 가치가 있는 항목을 비교 문서 분석을 통해 식별
IT/엔지니어링	코드 및 문서 작성	개발 가속화 및 확장을 위한 코드 및 문서 작성(예: 간단한 자바스크립트 표현을 파이썬으로 전환)
	데이터 테이블 자동 생성/완성	맥락 정보를 제공하면서 데이터 테이블 자동 생성 또는 자동 완성
	합성 데이터 생성	구조화되지 않은 제한된 입력으로 기계학습 모델 훈련 정확도 향상을 위한 합성 데이터 생성
위험 관리 및 법률	법적 문서 작성 및 검토	계약서와 특허 신청서를 포함한 법적 문서들을 초안하고 검토하는 작업
	규제 문서의 변경 사항 요약	대규모 규제 문서 내의 변경 사항을 요약하고 주요 부분을 강조
	법적 문서에 대한 질문 응답	공공 및 민간 회사 정보를 포함한 법적 문서들로부터 생기는 질문에 대한 답변 제공

인사(HR)	인터뷰 질문 작성 지원	후보자 평가를 위한 인터뷰 질문을 만드는 것을 돕는 작업, 회사의 기능, 철학, 산업에 맞춤화
	자체 HR 기능 제공	직원 온보딩이나 고용 조건, 법률, 규정 등에 대한 자동화된 질의응답 또는 전략적 조언을 포함한 HR 기능의 자동화
직원/사용자 최적화	직원 커뮤니케이션 최적화	이메일 응답 자동화, 텍스트 번역, 문체나 단어 선택의 톤 변경을 통한 커뮤니케이션 최적화
	비즈니스 프레젠테이션 생성	텍스트 프롬프트에 기반한 비즈니스 프레젠테이션 작성, 텍스트로부터 시각화 포함
	요약본 생성	텍스트, 슬라이드, 온라인 비디오 미팅 등에서 요약본 생성
	사내 지식 데이터 검색 및 질문 응답 기능 활성화	회사의 인트라넷 및 학습 콘텐츠 등 사내 지식 데이터에 대한 검색 및 질의응답 기능 가능
	자동화된 회계 및 문서 추출	자동 이메일 오프너, 고속 스캐너, 머신러닝 및 지능형 문서 인식을 사용한 회계 및 문서 추출 자동화

출처: McKinsey (2023)

2) 적용이 쉬운 업무 영역의 특성

그렇다면 생성형 AI가 잘 적용되는 업무의 특성은 무엇인가? 컴퓨터가 특정 규칙에 의해 프로그래밍된 명령을 수행하는 역할을 효과적으로 수행했던 것처럼 생성형 AI도 그 특성을 지닌 분야에서 두각을 나타낸다.

먼저 풍부한 데이터가 있는 업무에 잘 적용될 수 있다. 데이터 풍부성은 생성형 AI의 강점을 극대화하는 요소이다. 대량의 데이터를 효율적으로 분석하고 학습함으로써 AI는 복잡한 패턴을 인식하고 예측할 수 있으며, 이를 통해 더욱 정교하고 세련된 산출물을 창출한다. 예를 들어, 대규모의 소비자 행동 데이터를 분석하여 개인화된 마케팅 전략을 세우거나, 시장의 변화를 예측하여 기업의 전략적 결정에 기여할 수 있다. 또한, 의료 분야에서는 다양한 환자 데이터를 기반으로 질병의 패턴을 분석하고, 개인 맞춤형 치료 방안을 제시하는 등의 활동에서도 그 가능성이 탐색되고 있다.

다음으로는 반복적인 패턴을 보이는 업무이다. 재무, 운영, 생산 등의 분야에서도 반복적인 패턴의 분석과 예측은 AI의 중요한 기능 중 하나다. AI는 이러한 분야에서의 반복 작업

01. 생성형 AI 프롬프트 디자인 가이드라인

02. 생성형 AI의 확장: 마이GPTs, 플러그인!

03. AI의 효과적인 활용을 위한 직종과 능력

04. 생성형 AI 활용을 통한 창의적 문제 해결 역량

05. 생성형 AI 시대의 모든 그래밍 활용 역량

06. 윤리적 책임을 고려한 생성형 AI의 활용

을 자동화하고, 예측 가능한 결과를 제공함으로써 업무의 효율성을 향상시킨다. 예측 모델을 통해 재고 관리, 수요 예측, 가격 조정 등의 업무에 획기적인 변화를 가져오며, 이는 비용 절감과 리소스 최적화로 이어진다.

마지막으로 창의성이 요구되는 분야, 특히 마케팅 캠페인이나 디자인, 콘텐츠 생성 분야에서는 생성형 AI의 잠재력이 더욱 돋보인다. AI는 이미지, 텍스트, 비디오 등 다양한 형태의 미디어 콘텐츠를 창출하여 사용자 경험을 풍부하게 하고, 새로운 브랜딩 전략을 개발하는 데 이바지한다. AI가 생성한 콘텐츠는 인간의 창의력을 보완하며, 때로는 전혀 새로운 아이디어와 접근 방식을 제시하기도 한다.

이처럼 생성형 AI는 데이터가 풍부하고, 반복적인 패턴이 존재하며, 창의적인 산출물이 요구되는 분야에서 그 진가를 발휘한다. 기존의 데이터와 사용자의 가이드를 받아들여 창의적인 산출물을 만들어 낼 수 있는 능력은, AI가 단순한 도구를 넘어 혁신적인 파트너로 자리매김할 수 있다.

3) 직무능력 개발을 위한 AI 활용 방법

현대 직업 세계는 끊임없이 변화하는 기술 환경의 영향을 받으며, 이러한 변화는 개인의 경력 발전과 직무 수행 방식에 직접적인 영향을 미친다. 기술의 급속한 발전은 새로운 직업 기회를 창출하는 동시에 기존의 많은 직업을 변화시키거나 필요 없게 만들 수 있다. 이에 따라 지속 가능한 경력을 구축하고 현재 및 미래의 직업 시장에서 경쟁력을 유지하기 위해서는 개인이 자신의 직무 능력을 지속적으로 향상시키고 새로운 기술에 적응하는 것이 필수적이다.

AI 기술은 이러한 직무 능력 향상 과정에서 중요한 역할을 할 수 있다. AI는 맞춤형 학습 경험을 제공하여 개인의 학습 효율을 극대화할 수 있으며, 실시간 데이터 분석, 피드백, 그리고 가상 환경에서의 시뮬레이션을 통해 실질적인 학습 결과를 제공한다. 예를 들어, AI 기반 학습 플랫폼은 사용자의 학습 진행 상황과 선호도를 분석하여 개인화된 학습 자료와 과정을 제안할 수 있다. 이를 통해 사용자는 자신의 속도에 맞추어 학습할 수 있고 필요한 직무 기술을 보다 효과적으로 습득할 수 있다.

또한, AI는 가상현실VR과 증강현실AR 기술과 결합하여 실제 업무 환경을 모사한 학습 경험을 제공함으로써 사용자가 직접적인 경험을 통해 더 심도 깊게 학습할 수 있게 한다. 예를 들어, 의료 분야에서는 AI와 VR을 활용해 수술 시뮬레이션을 진행함으로써 의료 전문가들이 실제 수술에 대비해 기술을 연습하고 숙련도를 높일 수 있다.

한편, NCS의 여러 체계 중 10대 직업기초능력은 모든 직무 분야에서 공통적으로 요구되는 기본적인 역량을 포함하며, 이는 개인이 직업 세계에서 성공적으로 자리 잡기 위해 필수적인 기술과 지식, 태도를 담고 있다. 이러한 역량에는 문제 해결, 의사소통, 자기 개발, 정보 활용, 기술 활용, 대인관계, 수리 활용, 문서 이해, 자원 관리, 안전 및 보건 등이 포함된다.

AI 기술의 발전은 이러한 직업기초능력의 향상에 혁신적인 방법을 제공한다. AI를 활용함으로써 개인은 자신의 역량을 보다 효과적이고 효율적으로 개발할 수 있게 되며, 이는 궁극적으로 직업 성공과 경력 발전에 기여한다. AI 기술은 개인화된 학습 경로 제공, 실시간 피드백, 가상 시뮬레이션, 데이터 분석 등을 통해 다양한 직업기초능력을 강화할 수 있는 다채로운 접근 방식을 제공한다. 이와 같이 AI 기술의 적용은 NCS의 10대 직업기초능력 향상을 위한 새로운 지평을 열며, 개인과 조직 모두에게 이점을 제공한다. 아래 표는 이러한 NCS 10대 직업 기초능력 향상을 위한 AI 활용 방법에 대한 구체적인 예시와 방안을 소개한다[표 3-2] 참조.

[표 3-2] NCS 10대 직업기초능력 향상을 위한 AI 활용 방법

직업기초능력	AI를 통한 향상 방법
문제 해결 능력	AI 기반 시뮬레이션과 예측 모델링 활용
의사소통 능력	AI 음성인식 기능과 문장 유사도 알고리즘 활용
자기 개발 능력	AI 기반 학습 플랫폼 제공
정보 활용 능력	데이터 분석 및 가공 AI 도구 활용
기술 활용 능력	새로운 소프트웨어 도구 및 플랫폼의 AI 학습
대인관계 능력	AI 기반의 행동 분석 도구 사용
수리 활용 능력	AI를 활용한 교육 앱과 플랫폼 사용
문서 이해 능력	자연어 처리 기술(NLP)을 활용한 문서 분석
자원 관리 능력	AI 기반의 프로젝트 관리 도구 사용
안전 및 보건 능력	AI 기술을 활용한 안전 교육 시뮬레이션과 위험 예측

AI의 이러한 활용은 개인이 끊임없이 변화하는 기술 환경에 빠르게 적응하고, 자신의 직업적 역량을 지속적으로 개발하며, 최신 기술 트렌드를 반영한 신규 직무 기술을 습득할 수 있게 한다. 이는 결국 개인의 경력 발전에 긍정적인 영향을 미치며, 현대 직업 세계에서 필요한 지속 가능한 경력 구축을 가능하게 한다. AI 기술을 활용한 학습과 직무 능력 향상은 이제 선택이 아닌 필수가 되었으며, 이를 통해 개인은 미래의 변화에 유연하게 대응하고, 직업 세계에서의 자신의 위치를 강화할 수 있다.

4. AI를 효과적으로 적용하기 위한 기업 조직 변화와 리더십

1) 생성형 AI와 기업 전략

생성형 AI의 출현은 단순히 개인의 역량 강화에 그치지 않고 기업의 업무 프로세스에 근본적인 변화를 가져오고 있다. 이 변화는 조직 차원으로 확대되어 기업들이 새로운 기술의 파급 효과를 극대화하기 위한 전략적 접근을 필요로 한다. 조직이 생성형 AI를 도입하여 정보를 활용해 경쟁 우위를 확보하는 방법에 대한 관심이 증가하고 있는데, 생성형 AI의 도입에 있어 여러 고려 요소가 필요하다는 점이 드러나고 있다. 생성형 AI의 잠재력은 조직 내에서 널리 채택되고 적절히 활용될 때 비로소 완전히 발휘될 수 있다. 따라서 새로운 기술의 채택에 관한 이전 연구에서 강조된 바와 같이 조직적 수용과 통합의 중요성이 부각된다.

MIT의 보고서2023에 따르면, 생성형 인공지능AI의 도입과 구현은 조직에 있어 결코 쉬운 일이 아니다. 최근 발표된 이 보고서는 1,000명의 경영진을 대상으로 한 설문조사 결과를 통해 이 점을 명확히 보여 준다. 조사 결과에 따르면, 거의 모든 조직이 생성형 AI가 비즈니스에 중대한 영향을 미칠 것이라고 믿고 있음에도 불구하고 생성형 AI 사용 사례를 완전히 배포한 조직은 9%에 불과하다. 이는 생성형 AI의 잠재력을 인식하고 있음에도 불구하고 실제로 이를 효과적으로 도입하고 활용하는 데에는 많은 장벽이 존재한다는 것을 의미한다.

따라서 조직이 생성형 AI의 도입과 활용에서 실질적인 성과를 달성하기 위해서는 명확한 전략이 필수적이다. 전략 수립 과정에서 우선적으로 고려해야 할 요소 중 하나는 바로 데이터이다. 생성형 AI를 통합하는 모든 기업은 기술이 특히 능숙한 영역에서 상당한 효율성 향상을 실현할 수 있다. 그러나 여러 기업이 유사한 작업 세트에 이 기술을 적용할 경우, 실험 참가자들 사이에서 관찰된 패턴과 유사하게 조직 간 평준화 효과를 초래할 수 있다. 이에 따라 차별화를 이루는 핵심 요소 중 하나는 대량의 고품질 기업별 데이터를 활용하여 생성형 AI 모델을 미세 조정하는 능력이 될 것이다. 이 과정은 단순한 작업이 아니며, 모든 기업이 독점 데이터를 효과적으로 관리하는 데 필요한 고급 데이터 인프라를 갖추고 있는 것은 아니므로 이에 대한 고려가 중요하다고 할 수 있다.

다음으로 생성형 AI의 성공적인 도입을 위해 기술 통합 전략의 수립은 필수적이다. 이 과정에서 기존의 시스템과 프로세스에 생성형 AI를 어떻게 효율적으로 통합할지에 대한 명확한 계획이 필요하다. 통합 전략은 기술적 호환성, 데이터 흐름의 최적화, 그리고 사용자 인터페이스의 사용 용이성을 고려해야 한다. 예를 들어, 고객 서비스 분야에서 생성형 AI를 활용하는 경우 기존의 고객 관계 관리CRM 시스템과의 통합을 통해 고객 데이터를 실시간으로 분석하고, 맞춤형 응답을 생성하여 서비스 효율성을 높일 수 있다. 또한, 마케팅 부서에서는 생성형 AI를 활용해 개인화된 콘텐츠를 생성하고, 이를 기존의 콘텐츠 관리 시스템CMS과 통합하여 캠페인을 자동으로 배포할 수 있다.

2) 생성형AI 도입을 위한 리더십

리더십은 생성형 AI 전략의 수립과 실행에 있어 중추적인 역할을 수행한다. 이러한 역할을 효과적으로 수행하기 위해서는 리더들이 생성형 AI를 활용하여 조직에 어떤 사업 가치를 창출할 수 있는지 명확히 이해하고, 이 방향성을 조직 내부에 전달하는 것이 중요하다. 리더십은 변화에 대한 비전을 제시하고, 이를 조직의 전략적 목표와 연결하여 직원들이 변화의 필요성과 기대되는 결과를 이해할 수 있도록 해야 한다.

또한, 리더십은 직원들이 생성형 AI를 도입함으로써 겪게 될 변화에 대한 부담감을 줄이고, 새로운 기술을 적극적으로 수용할 수 있도록 지원하는 역할도 매우 중요하다. 이를 위해 리더는 교육 및 개발 프로그램을 통해 직원들에게 필요한 지식과 기술을 제공하고, AI 도입으로 인한 긍정적인 변화를 강조해야 한다. 리더의 지원과 격려는 직원들이 생성형 AI와 같은 새로운 기술에 대해 열린 마음을 가지고, 이를 자신의 업무에 효과적으로 통합할 수 있는 동기를 부여한다.

결론적으로 리더십은 조직이 생성형 AI를 성공적으로 도입하고 활용하는 데 필수적인 요소이다. 리더들은 생성형 AI의 사업 가치를 명확히 이해하고, 이를 조직 전체와 공유하여 모든 직원이 변화를 수용하고 적극적으로 참여할 수 있도록 해야 한다. 이 과정에서 리더의 역할은 단순히 기술 도입을 지시하는 것을 넘어서 변화를 이끌고 조직 내 혁신을 촉진하는 것으로, 조직이 디지털 변혁의 시대에 성공적으로 대응하고 지속 가능한 성장을 이루는 데 결정적인 기여를 한다.

※ 문제: 객관식 5문항, 단답형 5문항

【객관식 문제】

1. 생성형 AI의 도입과 활용에서 실질적인 성과를 달성하기 위해 필요한 전략적 요소와 거리
   가 먼 것은?
   ① 데이터의 풍부성
   ② 기술 통합 전략
   ③ 리더십의 지원
   ④ 사용자의 개성

정답: ④

해설: 생성형 AI의 성공적인 도입과 활용을 위해서는 데이터의 풍부성, 기술 통합 전략의 수립, 그
리고 리더십의 적극적인 지원이 필요하다.

2. 생성형 AI 기술을 효과적으로 활용하기 위해 필요한 개인의 역량 중 하나는 무엇인가?
   ① 단순 기억력
   ② 반복적인 작업 수행 능력
   ③ 창의적 사고와 비판적 분석
   ④ 수동적 정보 수집

정답: ③

해설: 생성형 AI 시대에는 AI 도구들을 단순히 잘 활용하는 것을 넘어서 창의적 사고와 비판적 분
석 능력을 통해 AI와 인간의 역량이 서로를 보완하며 시너지를 내는 것이 중요하다.

3. 생성형 AI의 도입과 발전이 직업 세계에 미친 영향에 대한 설명으로 가장 적절한 것은 무엇인가?

① 생성형 AI는 주로 데이터 입력과 회계 작업에만 영향을 미치며, 창의적인 업무에는 적용되지 않는다.

② 생성형 AI는 단순히 기존의 컴퓨터 기술을 대체하는 것으로, 업무 환경에서 요구되는 역량의 변화는 미미하다.

③ 생성형 AI의 발전은 업무 환경에서 요구되는 역량과 직업의 본질 자체를 재정의하고, 창의적인 작업에 AI를 적용할 가능성을 열어 준다.

④ 생성형 AI 기술은 고도의 지적 역량을 요구하는 업무 분야에서의 근로자 수요를 감소시키며, 이러한 분야에서 AI의 활용은 제한적이다.

정답: ③

해설: 생성형 AI의 발전은 업무 환경에서 요구되는 역량과 직업의 본질 자체를 재정의하고, 창의적인 작업에 AI를 적용할 가능성을 열어 준다.

4. 생성형 AI가 사용자가 명시적으로 지시하지 않은 상황에서도 '공감적' 또는 '전문적'과 같은 적절한 어조의 의사소통을 자동으로 생성할 수 있는 능력은 어떤 유형의 지식을 바탕으로 한 것인가?

이 유형의 지식은 사람들이 경험을 통해 배우며, 직장 안팎에서 수행하는 대부분의 작업의 기반이 된다.

① 명시적 지식

② 암묵적 지식

③ 데이터 지식

④ 프로그래밍 지식

정답: ②

해설: 생성형 AI가 적절한 어조의 의사소통을 자동으로 생성할 수 있는 능력은 암묵적 지식을 바탕으로 한다. 암묵적 지식은 경험을 통해 습득된, 명시적으로 표현하기 어려운 지식이며, 사람들이 일상적으로 사용하지만 명확하게 규정할 수 없는 다양한 규칙과 패턴에 대한 이해를 포함한다.

5. 생성형 AI 시대에 개인의 역량을 재정의하고 더 높은 연봉과 경쟁력 있는 역량을 얻기 위한 핵심 요소는 AI 기술과 어떤 기술을 결합할 수 있는 능력인가?

> 이는 창의적 사고, 비판적 분석, 팀워크와 같은 인간 중심의 역량과 기술적 능력을 동시에 발전시키는 것을 의미한다.

① 기술 전문성   ② 관리 능력

③ 상보성   ④ 정보 기술

정답: ③

해설: AI 시대에 중요한 역량은 AI 기술과 비AI 기술을 결합할 수 있는 '상보성'이다. 이는 기술적 능력뿐만 아니라 창의적 사고, 비판적 분석, 팀워크와 같은 인간 중심의 역량을 포함하여 다양한 기술과 지식을 융합하여 새로운 가치를 창출할 수 있는 능력을 의미한다.

【단답형 문제】

1. 생성형 AI를 도입할 때 조직이 고려해야 할 첫 번째 요소는 고품질의 (　)이다.

정답: 데이터

해설: 생성형 AI를 성공적으로 적용하기 위해서는 대량의 고품질 데이터가 필요하다. 이 데이터를 통해 AI 모델은 학습하고 더 정확하고 유용한 출력을 생성할 수 있다. 따라서 조직이 생성형 AI의 잠재력을 최대한 활용하려면 우선적으로 고품질의 데이터 확보와 관리 전략을 수립해야 한다.

2. 조직이 생성형 AI의 도입과 활용에서 실질적인 성과를 달성하기 위해서는 명확한 (　　) 이 필수적이다.

정답: 전략

해설: 생성형 AI를 도입하고 활용하는 과정에서 성공을 달성하기 위해서는 체계적이고 명확한 전략이 필요하다. 이 전략은 기술의 적용 범위, 목표, 기대 효과, 통합 방법 등을 포함해야 하며, 조직의 목표와 일치해야 한다.

3. 컴퓨터는 사전에 프로그래밍된 명령을 수행하는 데 매우 뛰어났으나, 생성형 AI는 기존의 컴퓨터 기술과 달리 사용자의 입력을 바탕으로 새로운 (　　)을(를) 창출할 수 있는 능력을 갖추고 있다.

정답: 콘텐츠 또는 내용물

해설: 생성형 AI는 사용자의 입력을 바탕으로 텍스트, 이미지, 음악 등 다양한 형태의 새로운 콘텐츠를 창조하는 능력을 갖고 있다. 이는 AI 기술이 단순한 데이터 처리나 분석을 넘어서 창의적이고 혁신적인 작업을 수행할 수 있음을 의미한다.

4. 생성형 AI 시대의 새로운 역량은 AI 도구를 활용하여 기존 방식에 의문을 제기하고, 산업 전반의 고정된 관념에서 벗어나는 (　　)을(를) 포함한다.

정답: 비판적 사고

해설: 생성형 AI시대의 새로운 역량은, AI와 함께하는 역량, 즉 AI 도구를 활용하여 기존 방식에 의문을 제기하고, 산업 전반의 고정된 관념에서 벗어나는 비판적 사고를 포함한다.

5. AI는 맞춤형 학습 경험을 제공하여 개인의 (   )을(를) 극대화할 수 있으며, 실시간 데이터 분석, 피드백, 그리고 가상 환경에서의 시뮬레이션을 통해 실질적인 학습 결과를 제공한다.

정답: 학습 효율

해설: AI는 맞춤형 학습 경험을 제공하여 개인의 학습 효율을 극대화할 수 있으며, 실시간 데이터 분석, 피드백, 그리고 가상 환경에서의 시뮬레이션을 통해 실질적인 학습 결과를 제공한다.

참고 문헌

- Acemoglu, D., & Autor, D. (2011). Skills, tasks and technologies: Implications for employment and earnings. In Handbook of labor economics (Vol. 4, pp. 1043-1171). Elsevier.
- Agrawal, P. K. (2023). Towards adoption of generative AI in organizational settings. Journal of Computer Information Systems, 1-16.
- Autor, D. H. (2014). Skills, education, and the rise of earnings inequality among the "other 99 percent". Science, 344(6186), 843-851.
- BCG (2023). How People Can Create—and Destroy—Value with Generative AI. https://www.bcg.com/publications/2023/how-people-create-and-destroy-value-with-gen-ai
- Brynjolfsson, E., & McAfee, A. (2014). The second machine age: Work, progress, and prosperity in a time of brilliant technologies. WW Norton & Company.
- Brynjolfsson, E., Li, D., & Raymond, L. R. (2023). Generative AI at work (No. w31161). National Bureau of Economic Research.
- Frey, C. B., & Osborne, M. A. (2017). The future of employment: How susceptible are jobs to computerisation?. Technological Forecasting and Social Change, 114, 254-280.
- McKinsey (2023). Generative AI is here: How tools like ChatGPT could change your business. https://www.mckinsey.com/capabilities/quantumblack/our-insights/generative-ai-is-here-how-tools-like-chatgpt-could-change-your-business
- MIT (2023). Generative AI deployment: Strategies for smooth scaling.
- Stephany, F., & Teutloff, O. (2024). What is the price of a skill? The value of complementarity. Research Policy, 53(1), 104898.
- Zhu, K., Dong, S., Xu, S. X., & Kraemer, K. L. (2006). Innovation diffusion in global contexts: determinants of post-adoption digital transformation of European companies. European journal of information systems, 15, 601-616.

01. 앙상블 AI 프롬프트 디자인 가이드라인

02. 앙상블 AI의 혁신: 마이GPTs, 챗체인

03. AI의 효과적인 활용을 위한 지혜와 통찰력

04. 앙상블 AI 활용을 통한 창의적 문제 해결 역량

05. 앙상블 AI 기반 고도화 게임 활용 역량

06. 윤리적 책임을 고려한 앙상블 AI의 활용

Chapter 04
생성형 AI 활용을 통한 창의적 문제 해결 역량

1. 창의적 문제 해결의 중요성과 개념

1) 창의성과 문제 해결 능력의 중요성

창의성과 문제 해결 능력은 인간이 새로운 아이디어나 방법을 창출하고, 문제를 해결하기 위한 능력이다. 이 능력은 인간이 더 나은 삶을 살기 위해 필수적인 역할을 한다. 그래서 창의성은 새로운 아이디어나 방법을 창출하고 이를 현실에 적용할 수 있는 능력이라고 한다. 이는 새로운 문제나 도전에 대해 적극적으로 대처할 수 있게 하며, 미래를 예측하고 새로운 방향으로 나아갈 수 있는 역량을 갖추게 한다.

따라서 조직이나 팀 또는 개인이 갖게 되는 문제 해결 능력은 새로운 문제에 직면했을 때 그 문제를 이해하고 해결하는 데 크게 도움이 된다. 또한, 조직이나 팀 또는 개인이 다양한 상황에서 적극적이고 창의적인 해결책을 찾아내어 효과적으로 문제를 해결할 수 있도록 한다. 그런 점에서 창의성과 문제 해결 능력은 조직이나 팀 또는 개인이 새로운 상황과 도전을 극복하며, 더 나은 삶을 위해 노력하는 데 매우 중요한 역할을 한다한국트리즈협회, 2021.

2) 창의적 문제 해결의 개념

창의적 문제 해결creative problem solving이란 어떤 문제를 해결하기 위한 창의적 해결법을 만들어 내는 정신적 과정을 말한다. 이것은 문제 해결을 위한 특별한 형태로 어떤 도움을 받기보다는 독립적으로 문제를 해결해 나가는 과정을 깨닫고 실천하게 함으로써 습득하게 한다. 결국 창의적 문제 해결은 문제나 도전에 대한 독특하고 혁신적인 해결책을 만드는 과정이란 점이다송태란·이정현, 2019. 기존의 방식이 아닌 기발한 아이디어가 필요하다. 그것은 다르게 생각하고, 무엇이 최선인지 알아내고, 다른 각도에서 사물을 보고, 새로운 기회를 포착하거나 아이디어를 생성하는 것의 조합을 포함한다.

그래서 이 장은 독자들이 생성형 AI 활용을 통한 창의적 문제 해결 역량을 키우기 위해 상상력과 창의성이 중요하다는 점을 이해하고, 이를 통해 문제를 해결할 방법에 대해 고민하도록 유도할 것이다. 세상의 기술과 산업의 발전은 지속하여 진행되고 있으며, 이에 맞춰 개인과 기업, 사회 전체도 지속해서 발전해야 한다. 따라서 이 장은 AI 기술을 활용하여 창의적으로 문제를 해결하고자 하는 비즈니스 리더, 개발자, 그리고 연구자들에게 귀중한 가이드라인을 제공할 것이다.

2. 창의적 문제 해결 능력을 향상하는 방법

사실 창의적 문제 해결 능력은 개인적인 능력으로서, 이를 향상하기 위해서는 다양한 방법들이 제시되고 있다. 여기서는 창의적 문제 해결 능력을 향상하기 위한 몇 가지 방법을 설명하고자 한다.

1) 문제 해결 과정 연습하기

문제 해결 과정을 지속하여 연습함으로써 문제가 발생하거나 과제가 주어진 상황에서 빠르고 효과적으로 해결할 수 있는 능력을 키울 수 있다. 이를 위해서는 새로운 문제를 만들어 내고, 해결하는 것을 반복하는 것이 필요하다. 문제 해결 과정은 문제 파악, 문제 분석, 대안 도출, 해결책 선택 및 구현, 평가 단계로 구성된다.

2) 창의적인 사고 방법 연습하기

창의성을 키우기 위해서는 창의적인 사고 방법을 연습해야 한다. 예를 들면, 연상 능력을 키우는 것이 중요한데, 이를 위해서는 관련 없는 물건 간의 연결고리를 찾는 연습을 할 수 있다. 또한, 다양한 시각에서 문제를 바라보는 것이 필요하다.

3) 적극적인 태도 유지하기

창의성과 문제 해결 능력을 키우기 위해서는 적극적인 태도를 유지하는 것이 중요하다. 새로운 아이디어idea를 받아들이고, 실험하며, 실패에 대해서도 긍정적인 태도를 유지해야 한다. 이를 위해서는 새로운 경험과 도전을 계속해서 적극적으로 수행하고, 그 결과에 대해서 학습하며 개선해 나가는 것이 필요하다.

3. 창의적 문제 해결 능력의 측정과 개발

1) 창의적 문제 해결 능력의 측정 방법

창의적 문제 해결 능력은 주관적인 개념이기 때문에 정확한 측정이 어렵다. 하지만 이를 측정하기 위해 다양한 방법들이 개발되었다.

(1) 표준화된 테스트와 검사
창의적 문제 해결 능력을 측정하기 위해 표준화된 테스트test와 검사를 사용하는 때도 있다. 예를 들면, 토론, 케이스 스터디case study, 롤플레잉role playing, 그리고 그림 그리기 등 다양한 활동을 수행하며 창의성과 문제 해결 능력을 측정하는 표준화된 테스트들이 있다.

(2) 자기 보고 측정
자기 보고 측정은 창의적 문제 해결 능력을 측정하기 위해 사용되는 다른 방법이다. 이 방법은 개인이 자신의 창의적 문제 해결 능력에 대해 직접 평가하게 된다. 이러한 방법은 주관적이고 부정확할 수 있으나 대부분 다른 측정 방법과 함께 사용된다.

2) 창의적 문제 해결 능력을 개발하는 교육과 훈련

창의적 문제 해결 능력을 측정하는 방법 외에도 이러한 능력들을 개발하기 위한 교육과 훈련도 있다. 이러한 교육과 훈련은, 예를 들면 브레인스토밍Brainstorming, 문제 해결 훈련, 그리고 창의적 사고 기법을 가르치는 것 등이 있다.

이와 같은 창의적 문제 해결 능력을 개발하는 교육과 훈련 방법을 구체화하여 정리하면 다음과 같다.

첫째, 문제 해결 과정의 이해 및 연습이다. 창의적 문제 해결 능력을 키우기 위해 먼저 문제 해결 과정을 이해하고 연습하는 것이 중요하다. 학습자들에게 문제 해결 절차를 소개하고 각 단계를 실제 문제에 적용하도록 유도해야 한다. 문제를 정의하고 분석하며, 가능한 해결책을 도출하고 평가하는 등의 단계를 반복적으로 실습하여 학습자들이 문제 해결에 필요한 기본적인 기술을 습득하도록 지도한다.

둘째, 창의적 사고와 아이디어 발전을 위한 활동이다. 창의적 문제 해결을 위해서는 창의적 사고와 아이디어 개발이 필수적이다. 학습자들에게 다양한 창의적 사고 기법을 소개하고 이를 활용한 문제 해결 활동을 제공한다. 즉 위에서 제시한 그림 그리기, 아이디어 브레인스토밍idea brainstorming, 롤플레잉, 시각적인 상상력을 자극하는 활동 등을 통해 창의성을 촉진하고 아이디어를 발전시키는 기회를 제공할 필요가 있다.

셋째, 협력과 팀워크team work를 강화하는 프로젝트project 기반 학습이 필요하다. 창의적 문제 해결 능력은 협력과 팀워크가 필수적이다. 학습자들에게 협력적이고 효과적인 팀을 구성하고 문제를 해결하는 프로젝트를 수행하도록 유도할 필요가 있다. 프로젝트 기반 학습을 통해 학습자들은 서로 다른 관점과 아이디어를 공유하고 토론하며, 협력과 의사소통 능력을 향상시키면서 문제를 해결하는 방법을 습득하게 된다.

이러한 교육과 훈련 방법을 통해 창의적 문제 해결 능력을 키우고 학습자들이 현실적인 문제에 대해 창의적이고 효과적으로 대응할 수 있도록 지원해야 한다.

이러한 교육과 훈련을 통해 개발되는 창의적 문제 해결 능력은 다양한 분야에서 발휘될 수 있다. 예를 들면, 미술, 음악, 글쓰기, 과학, 수학 등에서의 창의적 문제 해결 능력의 개발은 다른 분야에서도 유용하게 적용할 수 있다. 따라서 이러한 분야에서의 교육과 훈련도 창의적 문제 해결 능력을 개발하는 데 도움이 될 수 있다는 점을 명심해야 한다.

4. 생성형 AI와 창의적 문제 해결 방법론인 디자인 씽킹 활용

1) 생성형 AI와 창의적 문제 해결 방법론인 디자인 씽킹

AI 기술의 급속한 발전에 따라 응용 분야도 확대되고 있다. 특히 '생성형 AIGenerative AI'는 인간 지능을 모방해 데이터data 기반으로 새로운 콘텐츠cntents를 만들어 내는 기술로 주목받는다. 최근 챗GPTchatGPT를 시작으로 이미지image, 사운드sound, 텍스트text 등 다양한 분야로 확장되며 관심이 높아지고 있다. 생성형 AI의 발전으로 우리가 만드는 콘텐츠나 제품, 서비스는 점점 더 AI에 의해 만들어질 가능성이 커지고 있으며, 기술 발전에 따라 AI가 인간의 능력을 대체할 것이라는 우려도 존재한다신인류, 2023.

이러한 기술의 발전에도 디자인 씽킹Design Thinking의 중요성은 여전하다. 디자인 씽킹은 문제 해결과 창의력, 사용자 중심의 접근 방식을 강조하는 것으로, 이는 AI의 한계와 문제점을 극복하는 데 중요한 역할을 할 수 있다. 그래서 생성형 AI와 디자인 씽킹의 관계와 중요성에 대해 고민해 볼 필요가 있다.

일반적으로 디자인 씽킹은 문제 해결과 창의적 아이디어 도출에 중점을 둔 방법론으로, 사용자 중심 접근 방식을 통해 문제를 해결하고 창의 아이디어를 찾아가는 과정이다. 디자인 씽킹은 사용자 요구와 공감을 기반으로 아이디어를 도출함으로써 기업이 직면한 새로운 문제를 해결하는 데 중요한 역할을 한다. 그러므로 디자인 씽킹은 '창의력'과 '문제 해결 능력'이라는 점에서 생성형 AI와 공통점을 갖고 있다김태형, 2023.4.10.

그런데 창의적 문제 해결에는 혁신적인 아이디어와 발상력이 필요하다. 이것은 생성형 AI와 디자인 씽킹이 모두 가진 공통된 능력이다. 두 분야 모두 사용자 참여를 지원하는 방식으로 접근해 변화와 혁신을 끌어낸다. 이를 통해 사용자 요구에 초점을 맞춰 문제를 해결할 수 있다.

먼저 창의력 관점에서 살펴보면, 생성형 AI는 대량의 데이터를 학습하고 기계학습 알고리즘algorithm을 통해 새로운 아이디어나 결과물을 만들어 낸다. 이 과정에서 AI는 기존의 패턴pattern이나 경험에 국한되지 않고, 독창적 솔루션Solution을 제안할 수 있다. 그러나 생성형 AI의 창의력은 학습한 데이터와 알고리즘에 영향을 받기 때문에 완전한 창의력을 발휘하

01. 영업형 AI 프롬프트 디자인 가이드라인

02. 영업형 AI의 출발: 마이GPTs, 캠페인!

03. AI의 효과적인 활용을 위한 저작과 출력력

04. 영업형 AI 활용을 통한 창의적 문제 해결 역량

05. 영업형 AI 시대 도구 기대와 활용 역량

06. 우리가 책임져 가능한 영업형 AI의 활용

기는 어렵다AWS Machine Learning blog, 2022.5.24.

반면에 디자인 씽킹은 다양한 아이디어 도출과 실험으로 창의적인 문제 해결을 추구한다. 디자인 씽킹은 인간의 감성과 직관에 의존해 독특한 아이디어를 만들어 내며, 사용자 요구와 가치를 고려한 창의적인 해결책을 제시하는 접근 방식이기 때문이다김태형, 2023.4.10.

따라서 두 접근 방식이 결합한다면 생성형 AI의 데이터 기반 창의력과 디자인 씽킹의 인간 중심적 창의력이 상호작용해 더 큰 창의력을 발휘할 것으로 기대된다. 일례로 생성형 AI가 디자인 씽킹 과정에서 아이디어 후보군을 제공하고, 생성형 AI의 결과물에 디자인 씽킹이 인간의 감성과 사용자 경험을 더하면 더욱 창의적인 해결책을 만들어 낼 수 있다. 이러한 시너지를 통해 두 분야가 서로 보완하면 더 나은 결과물을 창출할 것이다.

결국 앞으로 생성형 AI와 디자인 씽킹의 상호작용은 혁신적인 결과물을 만들어 내는 데 결정적인 역할을 할 것으로 보인다. 그리고 이미 이 둘의 결합은 융합 서비스를 통해 창의력과 기술의 경계를 넘어 더 나은 방식으로 우리의 삶을 변화시키는 데 다양한 제품과 서비스를 제공할 수 있다는 가능성을 보여 주고 있다.

이제 우리에게 중요한 것은 단순히 '창의적인 문제 해결'이 아니라 인간의 직관과 감성을 기반으로 한 디자인 씽킹이 생성형 AI와 함께 더욱 가치 있는 결과물을 만들도록 이끌어 주는 것이다. 그리고 그 과정에서 인간과 기술이 상호 보완적으로 발전하며 더 나은 미래를 만들어 갈 수 있도록 생성형 AI와 디자인 씽킹이 함께 성장하고 발전하는 방향을 적극적으로 모색해야 한다익스퍼트 인사이트, 2024.

2) 생성형 AI와 디자인 씽킹과의 시너지 극대화

문제 해결 능력에 대한 정의는 학문 분야에 따라 조금씩 다르지만, 일반적으로는 해결책을 찾기 위해 더 높은 인지 과정을 처리하는 힘을 의미한다. 국가직무능력표준NCS에서는 문제 해결 능력을 필수 직업 역량으로, 문제 상황에서 개인이나 조직이 당면한 문제를 인지하고 창의적이고 논리적인 사고를 통해 적절하게 대응할 수 있는 능력이라고 규정하고 있다. 즉 합리적인 판단과 창의력, 의사결정 능력을 바탕으로 한다고 볼 수 있다. 따라서 문제 해

결 능력은 미래 사회의 불확실성 및 다양한 상황 대처에 필요한 핵심 능력 가운데 하나다.

디자인 씽킹에서의 문제 해결 능력은 사용자 중심 접근 방식으로 문제를 발견하고, 창의적인 솔루션을 제안해서 문제를 해결하는 것을 의미한다. 일반적으로 디자인 씽킹은 사용자 요구와 기존 경험을 바탕으로 문제를 정의하고, 다양한 아이디어를 도출해서 시제품프로토타입, prototype을 제작하고 테스트하는 과정을 거친다. 이 과정에서 디자인 씽킹은 문제를 해결하기 위한 창의력과 혁신을 강조한다. 특히 인간의 감성과 사용자 경험 중심으로 사용자인 인간에게 더욱 적합한 해결책을 찾아내는 것을 핵심으로 한다.

반면 생성형 AI의 문제 해결 능력은 기계학습 알고리즘을 이용하여 대량의 데이터를 분석하고 패턴을 찾는 데 초점을 맞춘다. 그 과정에서 데이터의 편차나 한계로 문제를 완벽하게 해결하기 어려울 수 있지만, 긍정적 관점에서 보면 생성형 AI는 예측, 추천 등 다양한 문제 해결 과정에서 새로운 솔루션을 제안한다.

또한, 복잡한 문제에 대한 아이디어 또는 솔루션의 최적화 등 인간이 도출하기 어려웠던 결과를 만들어 낼 수도 있다. 따라서 디자인 씽킹과 생성형 AI의 문제 해결 능력은 서로 보완적인 관계를 형성할 수 있다. 예를 들면, 디자인 씽킹은 사용자 중심 접근을 통해 문제를 발견하고 해결책을 제시할 수 있으며, 생성형 AI는 데이터 기반 분석을 통해 문제의 원인과 패턴을 찾아내는 것이다.

이를 통해 제품 개발, 서비스 디자인, 조직 문화 개선, 교육 등 다양한 분야에서 디자인 씽킹과 생성형 AI는 함께 활용될 수 있을 것으로 기대된다. 그리고 이러한 접근 방식은 문제 해결 능력을 향상할 뿐만 아니라 미래를 만드는 데 필요한 협업, 소통 능력 등과 같이 사회 전반에 걸친 질적·양적 변화를 끌어내는 데도 도움이 될 수 있을 것이다.

물론 디자인 씽킹과 생성형 AI는 각각의 고유한 특징이 있다. 그러나 공통점과 차이점은 혁신적인 문제 해결과 창의성 영역에 대한 메커니즘mechanism 및 방식 차이에서 비롯된다고 할 수 있다. 따라서 이러한 공통점과 차이점을 잘 이해하고 활용하는 것은 새로운 미래에 대응하기 위한 문제 해결 능력 향상에 상당히 중요하다.

결과적으로 창의력과 마찬가지로 이 두 가지 방식을 결합하면 생성형 AI의 데이터 기반 분석력과 디자인 씽킹의 인간 중심적 접근 방식이 상호 보완재로 작용해서 더 효과적인 문제 해결을 이룰 수 있다. 앞으로 우리에게 필요한 것은 이러한 협력을 통해 더 나은 문제 해결 능력을 발휘하는 것이다.

5. 결과물의 지속적인 선순환 과정을 통한 인간의 창의적 역량 강화

생성형 AI를 통해 얻은 결과물을 지속해서 선순환하는 과정에서 인간의 창의적인 문제 해결 역량은 더욱 강화된다. 일부에서는 생성형 AI의 도움을 받아 도출한 창의적 산출물이 인간의 창의성 발전에 도움이 안 된다고도 하지만, 사용자가 생성형 AI를 활용한 창의적 문제 해결을 하는 데 있어서 도움이 되는 것은 사실이다. 그래서 생성형 AI를 작업의 유능한 보조 도구로 보며, 인간의 창의성과는 다른 관점의 결과물을 도출하면, 이 결과물에 인간의 또 다른 창의성이 부가하여 새로운 관점의 접근법으로 창의적 결과물을 만들어 내는 선순환의 과정을 거치게 된다. 이러한 선순환 과정이 반복되면서 인간의 창의적 역량 또한 강화되면서 도출된 결과물의 질이 더욱더 좋아진다는 사실이다.

현재 생성형 AI가 글쓰기, 그리기, 작곡 등 다양한 창의적 분야에서 인상적인 성과를 내고 있지만, 이는 학습한 데이터와 패턴에 기반한다. 즉 생성형 AI는 새로운 조합을 생성하지만, 완전히 새로운 개념이나 아이디어를 창출하는 데 한계가 있다. 그런 면에서 인간의 창의적인 문제 해결 역량이 기본적으로 필요하다는 점을 반드시 인식해야 한다.

또한, 생성형 AI 이용자는 반드시 생성형 AI가 산출한 결과물을 독창적이면서도 유의미한 것인지 확인하고 점검해 봐야 한다. 생성형 AI가 생산한 산출물이 가짜 정보일 수도 있고, 딥페이크deepfake일 수도 있다는 점에서 이용자는 반드시 결과물을 다시 점검해 봐야 한다는 것이다KCA 한국방송통신전파진흥원, 2019.

한편, 인간의 창의성은 사회·문화적 배경, 경험, 감정, 직관 등 복잡한 요소에 기반하며, 이는 생성형 AI가 아직 충분히 모방하거나 이해하기 어려운 영역이라는 점이다. 인간의 창의성은 상상력과 직관에 기반한 새로운 개념 창조와 깊은 공감과 영감을 필요로 하기에 생성형 AI가 이러한 인간의 감정이나 주관적 경험을 완전히 이해하거나 모방하기 어렵다. 따라서 생성형 AI의 창의성은 인간의 창의성과 다른 형태로 나타난다고 보는 것이 바람직하다 BenevolentAI 웹사이트, 2020.7.12.

생성형 AI의 창의성을 인간의 창의성 연구 기준으로 설명하기는 쉽지 않아 보인다. 이런 점 때문에 생성형 AI의 창의적 산출물을 설명하기 위해 계산 창의성Computational Creativity이라는 용어가 사용된다. 인간의 창작물을 모방하는 작업을 수행하는 생성형 AI는 일정 수준 이상의 창의적 결과물을 생성할 수 있는 '창의적 능력'을 가지고 있다. 예를 들면, 이미지 생성과 같은 특정 작업Task을 수행하는 생성형 AI는 그 기술 수준에 따라 인간의 그림이나 사진을 그럴듯하게 만들 수 있는 창의적 책임Creative Responsibility을 갖고 있다.

생성형 AI의 '정량화된 창의성'은 기술 발전과 함께 지속해서 향상될 수 있다. 이는 문학, 미술, 음악 등 다양한 창작 영역에서 더 복잡하고 정교한 데이터 학습, 정교한 패턴 인식 및 창의적 조합 생성을 가능하게 할 것이기 때문이다. 이러한 발전은 새로운 형태의 예술 작품과 아이디어 생성을 증가시키고, 인간과 기계의 협업을 강화할 것이다.

이로 인해 생성형 AI는 인간의 창의력을 보조하고 증강하며, 창의적 작업의 범위와 깊이를 확장하는 데 이바지할 수 있다. 예술가나 디자이너에게 과학적이고 수학적인 관점에서의 아이디어를 제공하여 영감을 주는 역할을 하게 될 것이기 때문이다.

정량화된 창의적 산출물을 생산하는 생성형 AI는 결과물 생성을 넘어, 기존 아이디어를 새로운 방식으로 결합하는 조합적Combinatorial 창의성, 개념적 공간을 확장하는 탐험적 Exploratory 창의성, 완전히 새로운 개념의 표현을 요구하는 변혁적Transformational 창의성을 모방하여 창작물을 생산한다김태형, 2023.4.23.

인간의 창의적인 문제 해결 역량이 생성형 AI와의 상호작용을 통해서 인간의 창의성은 지속해서 발전하고 개인 역량을 강화할 것이다. 즉 생성형 AI는 시간이 오래 걸리는 데이터 분석이나 초기 아이디어 생성 과정을 자동화하는 등 창작 과정을 효율적으로 만들어 인간이 더 복잡하고 창의적인 작업에 집중할 수 있게 한다. 이는 창작 과정의 생산성을 높이고, 창작자가 더 깊이 있는 작업에 몰두할 수 있게 만든다.

그래서 생성형 AI는 인간에게 새로운 영감과 아이디어를 제공할 수 있으며, 예술, 문학, 디자인, 음악 등 다양한 분야에서 새로운 스타일과 형식을 탄생시킬 수 있다. 이를 통해 생성형 AI와의 상호작용은 인간의 창의적 사고방식을 확장할 수 있다. 생성형 AI가 제시하는 비전통적이고 예상치 못한 아이디어나 접근법은 유용하지 않을 수 있기도 하지만 사용자에게 기존의 사고 틀을 넘어서도록 도전하게 만들 수 있다. 이는 창의적 사고의 경계를 확장하고, 새로운 창작 방식을 탐색하는 데 이바지할 것이다.

6. 생성형 AI를 활용한 창의적 문제 해결 전략

1) AI 활용을 통한 창의적 문제 해결 과정

현대 사회는 4차 산업혁명, 코로나 팬데믹Corona Pandemic 여파, 그리고 생성형 AI의 등장까지 급격한 환경 변화를 겪고 있다. 이러한 역동적인 상황에서 AI가 수많은 복잡한 문제를 해결할 수 있는 실행 가능하고 효과적인 접근 방식 중 하나라는 것이 점점 더 분명해지고 있다.

생성형 AI의 출현은 패러다임paradigm의 변화를 가져왔고, 업무 수행 방식이나 비즈니스 환경에 큰 영향을 미쳤다. 새로운 시대에는 새로운 인재상 교육이 필요하다. 생성형 AI를 효율적으로 활용하면 업무 자동화를 통해 업무 시간을 단축할 수 있고, 더 많은 창의적인 콘텐츠를 생성해낼 수도 있다. 다만 이 기술을 어떻게 업무에 적용하고 활용하는가는 개인의 역량에 달려 있다.

예를 들면, ChatGPT의 경우 질문에 따라 생성되는 결과물이 달라지기 때문에 단순한 지식 검색보다는 어떻게 질문할 것인가가 더 중요한 역량이 되었다. 결국 기술 발달에서 학습의 민첩성과 어떻게 활용하고 어떻게 질문할 것인가에 따른 창의적인 역량이 더욱 중요해졌다.

포브스Forbes가 선정한 대한민국 50대 부자 스타트업Startup 기업가들은 창의성, 공감, 트렌드 센싱Trend Sensing[1], 본질 이해, 자신 자각, 행동 지속, 협업이라는 7가지 공통 마인드를 가지고 있다. 이러한 키워드는 5단계 AI 활용을 통한 창의적 문제 해결 과정을 통해 향상할 수 있느냐 없느냐 하는 역량과 밀접하게 일치한다. AI 활용을 통한 창의적 문제 해결 과정을 지속해서 학습함으로써 개인은 문제 해결 능력을 높이고 시대에 맞는 인재상이 될 수 있다.

AI 활용을 통한 창의적 문제 해결 과정을 설명하면 다음과 같다방준성, 2023.12.27.

AI 활용을 통한 창의적 문제 해결 과정은 사람 중심으로 맥락상의 문제를 발견하고 해결

---

1) "트렌드 세터(trend setter)"라는 용어가 있다. 마케팅에서 자주 인용되는 단어로 "시대의 풍조나 유행 등을 조사하는 사람, 선동하는 사람"이란 뜻이다. 더 정확히 표현하면 의식주와 관련된 각종 유행을 창조하고 대중화하는 사람 혹은 기업을 일컫는다. 한마디로 라이프&스타일에 깊은 관심을 갖고 있는 사람들이다. 이처럼 최근 기업에서는 시장과 고객의 변화에 대한 다양하고 복잡한 정보를 민감하게 파악하고 문제 해결 관점과 미래 비즈니스 관점으로 분석·활용하는 능력이 필요해졌는데, 이것이 트렌드 센싱이다. 그래서 기업들이 고객·소비·사업·기술 트렌드 등 경영 환경 변화를 분석하고, 이에 효과적으로 대응할 방안을 지속해서 연구한다.

하는 과정으로 일반적으로 5단계의 과정으로 이루어진다.

먼저 첫 번째 단계는 공감의 단계이다. 소비자가 공감하지 못하는 서비스나 제품은 소비자에게 외면당하고 매출로 이어질 수가 없다. 관찰과 집단을 통해 소비자의 요구needs 및 인사이트insight를 발견하고 소비자 조사research 및 시대에 공감할 트렌드 리서치trend research를 통해서 이루어진다. 이를 통해 생성형 AI가 공감할 수 있는 '프롬프트prompt'를 더욱 명확하게 할 필요가 있다.

공감은 초기 단계에서 AI 활용을 통한 창의적 문제 해결 과정의 초석으로서 중추적인 역할을 한다. 공감을 촉진하는 효과적인 방법은 관찰 및 인터뷰, 체험과 같은 몰입형 경험을 통한 것이다. 그러나 이러한 방법은 개인의 편견이나 경험의 정도에 따라 달라질 수 있으며 개인의 지식과 경험으로도 제한될 수 있다.

이러한 문제를 보완하기 위해 데이터 기반 공감 접근 방식을 활용할 수 있다. 소셜 분석, 평판 분석 및 텍스트 마이닝Text Mining[2]과 같은 기술을 활용하여 포괄적인 고객 관련 데이터를 수집할 수 있다. 이 데이터 기반 접근 방식은 소비자 요구에 대한 보다 객관적인 이해를 제공할 뿐만 아니라 소비자와 공감할 수 있는 통찰력을 키울 수 있다. 더욱 객관적인 데이터를 통합함으로써 소비자가 공감하는 감성적인 요소를 찾아낼 수 있도록 돕고, AI 활용을 통한 창의적 문제 해결 과정의 한계점을 보완하고 효율성을 높일 수 있다. 가장 쉽게 빅데이터big data로부터 소비자와 공감할 수 있는 데이터를 수집할 방법으로 빅카인즈bigkinds, https://www.bigkinds.or.kr가 있는데, 이러한 분석을 추천한다.

두 번째 단계는 문제 정의의 단계이다. 공감 단계에서 얻은 소비자에 관한 객관적인 사실을 바탕으로 문제를 해석하고 정의해야 한다. 창의적인 아이디어 도출을 위해서는 소비자에 관한 명확한 문제 정의가 선행되어야 한다.

세 번째 단계는 아이디어 도출이다. 직관, 통찰, 창의력을 통해 확산적 사고와 수렴적 사고를 향상하여 자유로운 아이디어를 발산한다.

네 번째 단계는 프로토타입prototype 디자인이다. 짧은 시간 내에 추상적인 아이디어를 직관적이고 시각적으로 구체화하는 단계이다. 시제품 등이 나오기 전 시각적 사고의 원형체를

---

2) 텍스트 마이닝은 정형 및 비정형 데이터를 자연어 처리 방식(Natural Language Processing)과 문서 처리 방법을 적용하여 유용한 정보를 추출하여 가공하는 것을 목적으로 하는 기술을 의미하기도 한다.

01. 챗GPT와 AI 프롬프트 디자인 가이드라인

02. 챗GPT와 AI의 확장: 마이GPTs, 챗봇AI

03. AI의 혁명적인 활용을 위한 지혜와 통찰력

04. 생성형 AI 활용을 통한 창의적 문제 해결 요령

05. 생성형 AI 기반 도구 디자인 활용 역량

06. 윤리적 책임을 고려한 생성형 AI의 활용

보여주는 것이다.

마지막은 테스트 및 평가이다. 프로토타입이 잘 구현되었는지, 문제없이 작동하는지, 아이디어는 충분히 반영되었는지를 확인하면서 시뮬레이션simulation을 통해 지속해서 수정하고 개선하는 단계이다.

AI 활용을 통한 창의적 문제 해결 과정의 5단계는 필요에 따라 전체 과정이 반복될 수 있으며 순서가 바뀌거나 거꾸로 진행될 수도 있다.

2) 독특한 콘텐츠 아이디어 생성을 위한 AI 활용

AI 기반 콘텐츠 아이디어 도구는 콘텐츠 제작자가 새로운 아이디어를 생각해 내는 방식에 혁명을 일으켰다. AI 알고리즘은 많은 양의 데이터를 분석하여 패턴과 트렌드를 식별하고 독특하고 관련성이 높으며 매력적인 콘텐츠 아이디어를 제안할 수 있다. AI를 활용하여 독특하고 창의적인 콘텐츠 아이디어를 생성하는 데 도움을 받을 방법은 다음과 같다.

(1) 소셜미디어 동향 분석

소셜미디어 플랫폼social media platform은 매일 엄청난 양의 데이터를 생성한다. AI 알고리즘은 이 데이터를 분석하여 가장 인기 있는 주제, 해시태그hashtag[3] 및 키워드keyword를 식별할 수 있다. 소셜미디어 트렌드를 모니터링하면 타겟target 고객과 관련된 콘텐츠 아이디어를 얻을 수 있다.

예를 들면, 패션 블로그fashion blog를 운영하는 경우 AI 기반 도구를 사용하여 인스타그램Instagram 데이터를 분석하여 최신 패션 트렌드를 파악할 수 있다. 이를 통해 일반인이 관심을 두는 것과 일치하는 새로운 콘텐츠 아이디어를 생각해 내는 데 도움이 될 수 있다.

---

3) 해시태그(hashtag)는 인스타그램, 트위터 등 소셜 네트워크 서비스(SNS)에서 사용되는 메타데이터 태그로, 해시 기호(#) 뒤에 특정 단어를 쓰면 그 단어에 대한 글을 모아 분류해서 볼 수 있다.

(2) 검색어 분석

검색엔진은 콘텐츠 아이디어를 생성하는 데 사용할 수 있는 귀중한 데이터의 또 다른 소스sources이다. AI 기반 콘텐츠 아이디어 도구는 검색어를 분석하여 틈새시장과 관련된 가장 인기 있는 주제와 키워드를 식별할 수 있다.

예를 들면, 음식 블로그를 운영하는 경우 AI 기반 도구를 사용하여 음식과 관련된 검색어를 분석할 수 있다. 이를 통해 소비자들이 검색하는 내용과 일치하는 새로운 콘텐츠 아이디어를 생각해 내는 데 도움을 받을 수 있다.

(3) 콘텐츠 수준 식별

AI 알고리즘은 기존 콘텐츠를 분석하여 콘텐츠 전략의 수준을 식별할 수 있다. 기존 콘텐츠에서 다루지 않는 주제를 파악함으로써 이러한 공백을 메울 새로운 콘텐츠 아이디어를 생각해 낼 수 있다.

예를 들면, 여행 블로그를 운영하는 경우 AI 기반 도구를 사용하여 기존 콘텐츠를 분석하여 아직 다루지 않은 주제를 식별할 수 있다. 이를 통해 여행 소비자와 관련된 새로운 콘텐츠 아이디어를 생각해 내는 데 도움을 받을 수 있다.

(4) 헤드라인 생성

AI 알고리즘은 콘텐츠를 분석하여 눈길을 끌고 관심을 끄는 헤드라인headline을 생성할 수 있다. AI 기반 헤드라인 생성기를 사용하면 클릭과 공유에 최적화된 헤드라인을 만들 수 있다.

예를 들면, 뉴스 웹사이트News Website를 운영하는 경우 AI 기반 헤드라인 생성기를 사용하여 소셜미디어 공유에 최적화된 헤드라인을 만들 수 있다. 이를 통해 도달 범위와 참여도를 높일 수 있다.

결론적으로, AI 기반 콘텐츠 아이디어 도구를 통해 타깃 고객에게 관련성이 있고 매력적이며 최적화된 고유 콘텐츠 아이디어를 생성하는 데 도움을 받을 수 있다. AI의 힘을 활용하면 경쟁에서 앞서고 소비자의 공감을 불러일으키는 콘텐츠를 만들 수 있다.

※ **문제: 객관식 5문항, 단답형 5문항**

【객관식 문제】

1. 다음 중 창의적 문제 해결 능력을 개발하는 교육과 훈련 방법에 해당하지 않는 것은 무엇인가?

① 문제 해결 과정의 이해 및 연습

② 창의적 사고와 아이디어 발전을 위한 활동

③ 협력과 팀워크(team work)를 강화하는 프로젝트(project) 기반 학습 필요

④ 끊임없는 교육과 평가 체계 마련으로 성과 척도 개발

정답: ④

해설: ① 문제 해결 과정의 이해 및 연습, ② 창의적 사고와 아이디어 발전을 위한 활동, ③ 협력과 팀워크team work를 강화하는 프로젝트project 기반 학습 필요들은 창의적 문제 해결 역량을 개발하는 교육과 훈련 방법이다. 그런데 위 ④번은 관계없는 답변이다.

2. 다음 중 창의적 문제 해결 능력을 향상하려는 방법에 해당하지 않은 것은 무엇인가?

① 적극적인 태도 유지하기

② 창의적인 사고 방법 연습하기

③ 전문적이고 특정한 시각에서 바라보기

④ 문제 해결 과정 연습하기

정답: ③

해설: 창의적인 사고 방법을 연습하기 위해서는 다양한 시각에서 문제를 바라보는 것이 필요하다.

3. 다음 중 창의적 문제 해결 능력의 측정 방법에 해당하는 것은 무엇인가?

① 타인에 의한 평가 측정

② 자율적인 테스트와 검사

③ 자기 보고 측정

④ 그림 그리기 자동화

정답: ③

해설: 창의적 문제 해결 능력을 측정하기 위해 사용되는 방법은 표준화된 테스트와 검사, 자기 보고 측정 등이다. 자기 보고 측정 방법은 개인이 자신의 창의적 문제 해결 능력에 대해 직접 평가하게 된다. 이러한 방법은 주관적이고 부정확할 수 있으나 대부분 다른 측정 방법과 함께 사용된다.

4. 다음 중 표준화된 테스트와 검사에 해당하지 않는 것은 무엇인가?

① 토론

② 케이스 스터디(case study)

③ 롤 플레잉(role playing)

④ 마인드맵 그리기

정답: ④

해설: 토론, 케이스 스터디case study, 롤 플레잉role playing, 그림 그리기 등 다양한 활동을 수행하며 창의성과 문제 해결 능력을 측정하는 표준화된 테스트들이 있다.

5. 다음 중 AI 활용을 통한 창의적 문제 해결 과정에 해당하는 것은 무엇인가?

① 공유의 단계

② 문제 정의의 단계

③ 성과 배분의 단계

④ 아이디어 디자인 단계

정답: ②

해설: AI 활용을 통한 창의적 문제 해결 과정은 ① 공감의 단계, ② 문제 정의의 단계, ③ 아이디어 도출, ④ 프로토타입 디자인, ⑤ 테스트 및 평가이다.

【단답형 문제】

1. 다음 빈칸에 들어갈 공통적인 용어는 무엇인가?

> (   )과(와) 문제 해결 능력은 인간이 새로운 아이디어나 방법을 창출하고, 문제를 해결하기 위한 능력이다. 이 능력은 인간이 더 나은 삶을 살기 위해 필수적인 역할을 한다. 그래서 (   )은(는) 새로운 아이디어나 방법을 창출하고 이를 현실에 적용할 수 있는 능력이라고 한다.

정답: 창의성

해설: 창의성과 문제 해결 능력은 조직이나 팀 또는 개인이 새로운 상황과 도전을 극복하며, 더 나은 삶을 위해 노력하는 데 매우 중요한 역할을 한다.

2. 인간의 감성과 직관에 의존해 독특한 아이디어를 만들어 내며, 사용자 요구와 가치를 고려한 창의적인 해결책을 제시하는 접근 방식

정답: 디자인 씽킹(design thinking)

해설: 인간의 감성과 직관에 의존해 독특한 아이디어를 만들어 내며, 사용자 요구와 가치를 고려한 창의적인 해결책을 제시하는 접근 방식은 디자인 씽킹이다.

3. (   )은(는) 콘텐츠 아이디어를 생성하는 데 사용할 수 있는 귀중한 데이터의 또 다른 소스(sources)이다. AI 기반 콘텐츠 아이디어 도구는 검색어를 분석하여 틈새시장과 관련된 가장 인기 있는 주제와 키워드를 식별할 수 있다.

정답: 검색엔진

해설: 예를 들면, 음식 블로그를 운영하는 경우 AI 기반 도구를 사용하여 음식과 관련된 검색어를 분석할 수 있다. 이를 통해 소비자들이 검색하는 내용과 일치하는 새로운 콘텐츠 아이디어를 생각해 내는 데 도움을 받을 수 있다.

4. 다음의 업무를 하는 사람을 무엇이라고 칭하는가?

> 마케팅에서 자주 인용되는 단어로 "시대의 풍조나 유행 등을 조사하는 사람, 선동하는 사람"이란 뜻이다. 더 정확히 표현하면 의식주와 관련된 각종 유행을 창조하고 대중화하는 사람 혹은 기업을 일컫는다. 한마디로 라이프&스타일에 깊은 관심을 갖고 있는 사람들이다.

정답: 트렌드 세터(trend setter)

해설: 트렌드 세터는 최근 기업에서 시장과 고객의 변화에 대한 다양하고 복잡한 정보를 민감하게 파악하고 문제 해결 관점과 미래 비즈니스 관점으로 분석·활용하는 능력이 있는 사람이고, 이들이 하는 일이 트렌드 센싱이다. 그래서 기업들이 고객·소비·사업·기술 트렌드 등 경영 환경 변화를 분석하고, 이에 효과적으로 대응할 방안을 지속적으로 연구한다.

5. 다음의 빈칸에 공통적으로 들어갈 용어는 무엇인가?

> (   )에 대한 정의는 학문 분야에 따라 조금씩 다르지만, 일반적으로는 해결책을 찾기 위해 더 높은 인지 과정을 처리하는 힘을 의미한다. 국가직무능력표준(NCS)에서는 (   )을 필수 직업 역량으로, 문제 상황에서 개인이나 조직이 당면한 문제를 인지하고 창의적이고 논리적인 사고를 통해 적절하게 대응할 수 있는 능력이라고 규정하고 있다.

정답: 문제 해결 능력

해설: 문제 해결 능력은 미래 사회의 불확실성 및 다양한 상황 대처에 필요한 핵심 능력 가운데 하나이다.

참고 문헌

- 김태형(2023.4.10). [김태형의 디자인씽킹Ⅱ]<50>생성형 AI와 디자인 씽킹의 상호작용(1). 전자신문.
- 김태형(2023.4.23). [김태형의 디자인씽킹Ⅱ]<51>생성형 AI와 디자인 씽킹의 상호작용(2). 전자신문.
- 방준성(2023.12.27). 인간의 창의성에 대한 인공지능의 도전. 과학영재교육원 뉴스레터.
- 송태란·이정현(2019). IT CookBook, 문제 해결력을 키우는 디자인 씽킹. 서울: 한빛아카데미.
- 신인류(2023). 생성형 AI, 새로운 기회와 도전. 전자책 : e퍼플.
- 유용한 국내외 생성형 AI 서비스 리스트 모음(2023.12.17.). https://brunch.co.kr/@futureagent/917.
- 익스퍼트 인사이트(2024). http://www.expertinsight.co.kr
- 한국트리즈협회(2021). Triz Level 1: 창의적 문제 해결 이론과 사례. 서울: GS인터비전.
- AWS Machine Learning blog(2022.5.24.). Enhance sports narratives with natural language generation using Amazon SageMaker.
- BenevolentAI 웹사이트(2020.7.12.). Use of machine learning in the diagnosis and treatment of neurodegenerative diseases.
- Bloomberg(2021.2.7). "AI is becoming a weapon in the battle against pests", Owensboro Messenger-Inquirer.
- ChatGPT3.5(2023.5.22). "창의적 문제 해결." OpenAI의 ChatGPT3.5를 이용하여 생성 또는 작성함. https://chat.openai.com.
- ChatGPT3.5(2024.2.2.). "고객서비스 시스템 구축." OpenAI의 ChatGPT3.5를 이용하여 생성 또는 작성함. https://chat.openai.com.
- ChatGPT3.5(2024.2.3.). "신제품 개발." OpenAI의 ChatGPT3.5를 이용하여 생성 또는 작성함. https://chat.openai.com.
- DALLE-2(2024.2.9.). https://labs.openai.com/e/acyPeDRCemKBexPCeXVfFgpv.
- descript 웹사이트 내 overdub 상품 소개 페이지(2024). https://www.descript.com/overdub.
- elegant(2023.9.29.). 8 Best AI Video Generators in 2023.
- KCA 한국방송통신전파진흥원(2019). 딥페이크 기술의 빛과 그림자. 2019 미디어 이슈&트렌드 (12월호) 트렌드 리포트. vol.26, 29-40.
- Narrativa(2021.7.19.). How NLG improves the online sports betting experience.
- NarSUM(2022.10.10.). Soccer Game Summarization using Audio Commentary, Metadata, and Captions.

01. 역량있는 AI 프롬프트 디자인 가이드라인

02. 역량있는 AI의 활용: 마이GPTs, 캔바이

03. AI의 효과적인 활용을 위한 지혜와 통찰력

04. 역량있는 AI 활용을 통한 창의적 문제해결 역량

05. 역량있는 AI 지원 프로그래밍 활용 역량

06. 윤리적 책임을 고려한 역량있는 AI의 활용

Chapter 05 생성형 AI 지원 프로그래밍 활용 역량

1. 생성형 AI와 프로그래밍 언어

1) 프로그래밍 능력의 필요성

생성형 AI, 그중에서도 챗GPT와 같은 혁신적인 기술을 보다 잘 사용하기 위해서는 프로그래밍 역량을 갖출 필요가 있다. 이는 단순히 복잡한 문제를 해결하거나 자동화된 시스템을 구축하는 기본 도구와 언어를 넘어서 AI와의 상호작용을 극대화하고, 그 출력을 미세 조정하여 진정으로 맞춤화된 결과를 얻을 수 있기 때문이다.

이를 위해서는 API라는 개념을 알아야 한다. API는 외부 프로그램이나 서비스와 통신할 수 있게 해주는 중요한 방법이다. 프로그래밍 언어에 대한 깊은 이해는 이러한 통신 과정을 설정하고, AI를 활용한 다양한 프로젝트와 애플리케이션 개발의 기반이 된다. 예를 들어, API를 사용하여 특정 텍스트를 생성형 AI에 제출하고, AI가 처리한 후의 응답을 받아볼 수 있다. 이 과정은 데이터 처리와 사용자 정의 입력을 포함하여, 개발자가 AI 모델에게 보다 명확한 지시를 내리고, 그에 따른 더 정밀하고 유용한 결과를 얻을 수 있게 해준다.

프로그래밍 역량은 또한 생성형 AI를 통해 얻은 결과를 개선하고 맞춤화하는 데 중요한 역할을 한다. 사용자는 프로그래밍을 통해 AI의 출력을 분석하고, 필요에 따라 조정하거나

변형할 수 있다. 이는 AI가 제공하는 정보를 보다 효과적으로 활용하고, 특정 목적이나 요구에 맞게 커스터마이징 할 수 있게 한다.

마지막으로, 프로그래밍 역량은 AI와의 상호작용을 자동화하고 시간과 자원을 절약하는 데에도 도움을 준다. 스크립트 작성, 애플리케이션 개발, 시스템 통합과 같은 기술은 반복적인 작업을 최소화하고, AI의 효율성을 극대화한다. 이러한 자동화는 특히 대규모 데이터를 처리하거나 복잡한 시스템을 관리할 때 더욱 중요하다.

어떤 프로그래밍 언어를 배워야 하는가?

생성형 AI, 특히 챗GPT를 활용하기 위해 필요한 프로그래밍 역량에 관해 이야기했다면, 이제 구체적으로 어떤 프로그래밍 언어를 배워야 하는지에 대해 살펴볼 필요가 있다. 시장에는 다양한 프로그래밍 언어가 존재하며, 각각은 특정 분야에서 더 유리한 특성을 보이기 때문이다. 예를 들어, 자바스크립트JavaScript는 웹 개발에, 자바Java는 안드로이드 애플리케이션 개발에, C#은 게임 개발에 주로 사용된다. 하지만 생성형 AI와 같은 데이터 과학 및 머신러닝 프로젝트에 있어서는 파이썬Python이 가장 널리 추천되는 언어이다.

파이썬은 그 유연성, 간결성 및 읽기 쉬운 문법으로 인해 데이터 과학자와 개발자 사이에서 매우 인기가 높다. 또한, 강력한 라이브러리와 프레임워크, 예를 들어 넘파이NumPy, 판다스Pandas, 텐서플로우TensorFlow, 파이토치PyTorch[1] 등을 포함하여 데이터 분석, 머신러닝, 딥러닝 프로젝트를 위한 방대한 지원이 이루어지고 있다. 이러한 도구들은 개발자가 데이터 처리, 모델 훈련, 알고리즘 구현과 같은 복잡한 작업을 보다 쉽게 수행할 수 있게 해 준다.

---

1) **넘파이(NumPy):** 과학 계산을 위한 기본 패키지로, 다차원 배열 객체와 배열 조작을 위한 다양한 도구를 제공한다. 선형 대수, 푸리에 변환, 난수 생성 등 복잡한 수학적 연산을 쉽게 수행할 수 있게 돕는다.
판다스(Pandas): 데이터 분석 및 조작을 위한 라이브러리로, 테이블 형태의 데이터를 쉽게 처리할 수 있는 DataFrame 객체를 중심으로 한다. 데이터 정제, 변환, 집계 등의 작업을 간단하고 효율적으로 할 수 있도록 설계되었다.
텐서플로우(TensorFlow): 구글에 의해 개발된 오픈소스 머신러닝 라이브러리로, 데이터 플로우 그래프를 사용하여 복잡한 머신러닝 모델을 구축하고 훈련시킬 수 있다. 딥러닝 연구와 프로덕션 모두에 널리 사용된다.
파이토치(PyTorch): 페이스북에 의해 개발된 오픈소스 머신러닝 라이브러리로, 특히 딥러닝에 적합하다. 동적 계산 그래프를 지원하여 모델을 더 유연하게 설계할 수 있게 한다. 연구자와 개발자 사이에서 인기가 높다.

01. 생성형 AI 프롬프트 디자인 가이드라인

02. 생성형 AI의 확장: 마이GPTs, 챗봇!

03. AI의 효과적인 활용을 위한 지혜와 통찰력

04. 생성형 AI 활용을 통한 창의적 문제 해결 역량

05. 생성형 AI 시대의 미래 그리고 활용 역량

06. 윤리와 책임을 고려한 생성형 AI의 활용

더욱이 파이썬은 초보자에게도 배우기 쉬운 언어로 알려져 있어 프로그래밍을 처음 시작하는 사람들이 AI 프로젝트에 쉽게 접근할 수 있도록 한다. 이 언어의 직관적인 문법은 새로운 개발자가 프로그래밍의 기초를 빠르게 이해하고 실제 프로젝트에 적용하는 데 도움을 준다. 결과적으로 파이썬은 생성형 AI를 포함한 다양한 혁신적인 기술 프로젝트를 위한 기반을 제공한다.

파이썬을 사용하는 또 다른 이점은 오픈AI가 파이썬을 사용하여 생성형 AI 기술, 특히 챗GPT와 같은 모델을 활용하는 방법에 대해 광범위한 지원을 제공하기 때문이다. 이는 공식 문서와 API, 그리고 다양한 튜토리얼을 통해 나타난다. 오픈AI는 또한 공식 문서를 통해 파이썬 코드 예제를 제공하여 개발자가 오픈AI API를 어떻게 사용할 수 있는지에 대한 구체적인 가이드를 제공한다. 이 문서는 API의 기본 사용법부터 고급 기능까지 다양한 주제를 다루며, 사용자가 파이썬을 사용하여 AI 모델을 효과적으로 활용할 수 있도록 돕는다.

앞서 생성형 AI를 활용하기 위한 프로그래밍 역량의 중요성과 필요한 프로그래밍 언어로서 파이썬의 가치를 살펴보았다. 다음 장에서는 파이썬과 생성형 AI의 결합을 더욱 심화하여 탐구하고, API의 기본 개념과 파이썬에서 오픈AI API를 활용하는 방법을 소개한다. 마지막으로, 실제 AI를 활용한 프로젝트 사례들을 살펴볼 것이다. 뉴스 번역과 요약, 데이터 분석 등의 사례를 통해 API와 파이썬을 활용한 생성형 AI의 실질적인 적용 방법을 탐구한다.

2. 생성형 AI와 기초 파이썬

1) 구글 코랩(Colab)을 활용한 파이썬 시작

파이썬은 그 간결한 문법과 강력한 라이브러리 지원 덕분에 프로그래밍 초보자와 전문

가 모두에게 인기 있는 언어이다. 특히 데이터 과학, 머신러닝, 웹 개발 등 다양한 분야에서 활용되고 있다. 하지만 모든 이용자가 파이썬을 자신의 컴퓨터에 직접 설치하고 환경을 설정하는 데에는 어려움을 겪을 수 있으며, 이를 위해 파이썬을 쉽게 활용할 수 있는 몇 가지 방안을 소개한다.

1. **Repl.it**: 사용자 친화적인 인터페이스와 다양한 프로그래밍 언어를 지원한다. 웹사이트에 접속하여 계정을 만든 후, 파이썬 환경을 선택하고 코드를 작성한 다음, 실행 버튼을 클릭하면 코드가 실행된다.

2. **구글 코랩**Google Colab: 구글 드라이브와의 연동, 노트북 형식의 인터페이스를 제공한다. 구글 계정으로 로그인한 후 새 노트를 만들고, 파이썬 코드를 작성하여 셀별로 실행할 수 있다. 데이터 과학 및 머신러닝 프로젝트에 특히 유용하다.

3. **파이썬 애니웨어**PythonAnywhere: 웹 기반 IDE, 파일 저장 및 호스팅 기능, 다양한 라이브러리 지원을 통해 어디서든 파이썬 프로젝트를 실행할 수 있다. 계정을 만들고, 새 파일을 생성하여 파이썬 코드를 작성한 다음 실행한다.

4. **주피터 노트북**Jupyter Notebook: 과학 및 데이터 분석 프로젝트에 적합한 노트북 형식을 제공한다. 코드와 텍스트를 함께 작성할 수 있어 학습 과정에서 매우 유용하다.

이러한 옵션들 중에서도 여기서는 코랩을 활용하기로 한다. 코랩은 사용의 용이성, 높은 접근성, 구글 드라이브와의 탁월한 연동성 때문에 특히 초보자에게 추천된다. 별도의 설치 과정 없이 바로 파이썬 프로그래밍을 시작할 수 있는 이점이 있다.

코랩을 시작하는 방법은 다음과 같은 간단한 단계로 요약할 수 있다.

1. **구글 계정 로그인**: 코랩을 사용하기 위해서는 구글 계정이 필요하다. 구글 계정으로 코랩https://colab.research.google.com/에 접속한다.

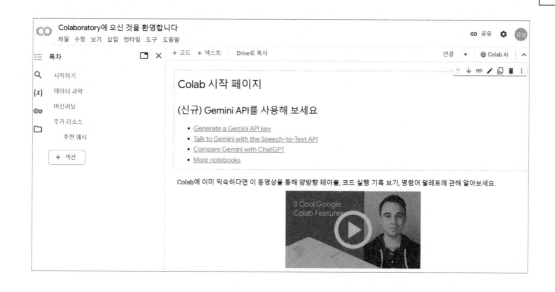

2. **새 노트북**[2] **생성**: 코랩 홈페이지에서 '새 노트북' 버튼을 클릭한다. 이는 새로운 파이썬 노트북을 생성하며, 바로 코드를 작성할 수 있는 환경이 준비된다.

3. **노트북 실행**: 새 노트북을 클릭하면 화면에는 코드를 작성할 수 있는 회색 박스코딩 영역와 코드 실행 결과를 표시하는 영역이 나타난다. 회색 박스 안에 있는 세모 모양의 아이콘은 코딩을 실행시키는 버튼이다. 이 버튼을 클릭하면 코딩 영역에 작성한 코드가 실행되고, 바로 다음의 결과 표시 영역에 그 결과가 나타난다.

---

2) 노트북은 코드, 시각화, 텍스트를 하나의 문서에서 실행하고 표시할 수 있는 대화형 환경을 의미한다. 이는 연구, 데이터 분석, 기계학습 프로젝트 등에서 코드를 작성하고 결과를 즉시 볼 수 있게 해주며, 설명과 함께 프로젝트를 문서화하는 데에도 유용하다.

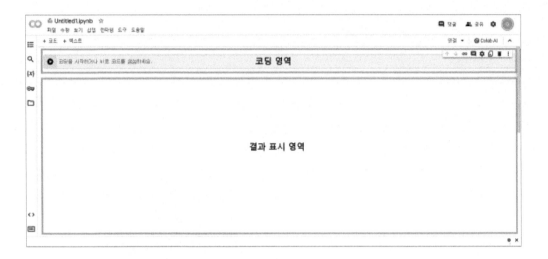

4. **코드 작성 및 실행**: 생성된 노트북에서는 파이썬 코드를 셀cell 단위로 작성할 수 있다. 코드를 작성한 후에는 셀 왼쪽의 실행 버튼재생 모양 아이콘을 클릭하거나 단축키Ctrl+Enter 를 사용하여 코드를 실행한다.

코랩에서 코드를 실행하는 방법을 연습하기 위해 아주 간단한 파이썬 코드를 실행해 보자. 예를 들어, 'Hello, World!'를 출력하는 코드를 사용할 수 있다. 이는 프로그래밍 학습에서 가장 기본적인 예제 중 하나이다. 코딩 영역에 다음 코드를 입력한 후, 세모 모양의 실행 버튼을 클릭해 보자.

```
print("Hello, World!")
```

이 코드를 실행하면 결과 표시 영역에 "Hello, World!"라는 문구가 출력된다. 이는 코랩이 잘 작동하고 있으며, 사용자가 제대로 코드를 입력하고 실행시킬 수 있음을 나타낸다. 이와 같은 간단한 연습을 통해 사용자는 코랩 환경에 익숙해지고, 더 복잡한 코드를 작성하고 실행하는 기초를 마련할 수 있다.

01. 왕초보 AI 프롬프트 디자인 가이드라인

02. 왕초보 AI의 혁신: 마이GPTs, 챗봇에!

03. AI의 효과적인 활용을 위한 지혜와 통찰력

04. 왕초보 AI 활용을 통한 창의적 문제 해결 역량

05. 왕초보 AI 지원 도구 그래밍 활용력

06. 윤리와 책임을 고려한 왕초보 AI의 활용

5. **파일 저장 및 공유**: 작업한 노트북은 자동으로 구글 드라이브에 저장된다. '파일' 메뉴를 통해 다양한 형식으로 다운로드하거나 '공유' 버튼을 사용하여 다른 사용자와 공유할 수 있다.

2) 객체와 변수

파이썬에서 객체와 변수를 이해하는 것은 프로그래밍의 기초를 배우는 데 매우 중요하다. 객체는 파이썬 프로그래밍에서 데이터나 기능을 포함하는 모든 것을 말한다. 예를 들어, 숫자 10, 문자열 "안녕하세요", 리스트 [1, 2, 3] 모두 파이썬에서는 객체이다.

변수는 이러한 객체를 참조하는 이름이다. 변수를 사용하면 데이터에 이름을 붙여서 쉽게 참조하고 데이터를 관리할 수 있다. 예를 들어, number = 10이라는 코드에서 number는 변수이고, 10은 숫자 객체이다. 이렇게 number라는 이름을 통해 10이라는 값을 사용할 수 있다.

변수를 사용함으로써 프로그램에서 데이터를 효율적으로 저장하고, 필요할 때마다 불러와서 사용할 수 있다. 이는 파이썬 프로그래밍의 가장 기본적인, 하지만 매우 강력한 개념 중 하나이다.

그렇다면 코랩에서 간단한 파이썬 코드를 통해 변수를 만들고 그 변수의 값을 변화시켜 보자.

1. 먼저, 코랩의 코딩 영역회색 박스에 'number = 10'이라고 입력한다. 이 코드는 'number'라는 이름의 변수에 10이라는 값을 할당한다.

```
number = 10
```

2. 변수에 값을 할당했으니, 이제 그 값을 출력해 보자. 바로 다음 줄에 'print(number)'라고 입력하고 실행 버튼회색 박스 안의 세모 모양을 클릭한다. 이 코드는 'number' 변수에 저장된 값을 출력한다.

```
print(number)
```

3. 이제 'number' 변수의 값을 변경해 보자. 'number = 12'라고 입력하여 변수에 새로운

값을 할당한다.

```
number = 12
```

4. 변경된 값을 확인하기 위해 다시 'printnumber'라고 입력하고 실행한다. 이번에는 12가
출력될 것이다.

```
print(number)
```

3) 기초 문법: For문, 조건문, 함수

이제 파이썬에서의 for문, if문, 그리고 함수 선언에 대해 알아보자. 이러한 개념들은 프로
그래밍에서 가장 기본이 되는 요소들이다.

For문은 반복 작업을 할 때 사용된다. 예를 들어, 1부터 5까지의 숫자를 출력하고 싶다면
for문을 사용하여 간단히 할 수 있다. 코드는 다음과 같이 작성된다.

```
for i in range(1, 6):
    print(i)
```

이 코드는 '1'부터 '5'까지의 숫자를 차례대로 출력한다. 'range(1, 6)'은 1부터 6 전까지의
숫자를 생성하고, 'for'문은 이 범위의 각 숫자에 대해 루프를 실행한다.

If문은 조건에 따라 다른 작업을 수행하고 싶을 때 사용된다. 예를 들어, 어떤 숫자가 짝
수인지 확인하고 싶다면 if문을 사용하여 확인할 수 있다.

```
number = 4
if number % 2 == 0:
    print("짝수이다")
else:
    print("홀수이다")
```

이 코드는 'number' 변수의 값이 짝수인 경우 "짝수이다"를, 그렇지 않은 경우 "홀수이다"를 출력한다. '%' 연산자는 나머지를 계산하는데, 여기서는 'number'를 2로 나눈 나머지가 0인지 확인하여 짝수 여부를 판단한다.

함수 선언은 반복되는 작업을 하나의 블록으로 만들고 싶을 때 유용하다. 예를 들어, 두 숫자를 더하는 간단한 함수를 만들어 보자.

```
def add(a, b):
    return a + b
```

이 함수는 두 매개변수 'a'와 'b'를 받아서 이들의 합을 반환한다. 함수를 사용하려면 다음과 같이 호출하면 된다.

```
result = add(3, 4)
print(result)
```

이 코드는 '3'과 '4'를 'add' 함수에 전달하고 반환된 합 '7'을 출력한다. 이러한 기본적인 프로그래밍 구조를 이해하고 사용하는 것은 파이썬 프로그래밍의 핵심이다. For문과 if문, 함수 선언을 통해 복잡한 프로그램도 단계별로 나누어 처리할 수 있다.

3. AI 활용을 강화하는 API와 파이썬과의 연동

1) API의 기본 개념과 활용 이점(접근성과 편리성, 확장성 등)

API Application Programming Interface는 소프트웨어 간의 상호작용을 가능하게 하는 도구와 규약의 집합이다. API를 활용하면 한 프로그램이 다른 프로그램의 기능이나 데이터를 사용할 수 있게 되며, 이는 개발 과정에서 매우 중요한 역할을 한다.

만약 여러분이 고급 레스토랑에 앉아 있다고 상상해 보자. 메뉴판을 펼쳐 보고 맛있어 보이는 요리를 선택하면 서버가 주문을 받아 주방에 전달한다. 그 후 주방장은 세심하게 요리를 준비하여 서버를 통해 여러분에게 전달하고, 여러분은 서버가 가져다준 맛있는 요리를 즐길 수 있다. 이 상황에서 서버는 고객에게 메뉴를 소개하고 고객이 선택한 요리를 주방에 알린다. 그리고 주방에서 준비된 요리를 다시 고객에게 가져다준다. 이 과정에서 서버는 고객과 주방 사이의 소통을 책임진다. 마찬가지로 API는 소프트웨어 세계에서 비슷한 역할을 한다. API는 사용자프로그램가 사용할 수 있는 명령 목록메뉴을 제공하고, 사용자의 요청주문을 받아 다른 응용 프로그램주방과 상호작용하여 필요한 결과요리를 전달한다. 간단히 말하자면, API는 서로 다른 프로그램들이 상호작용할 수 있도록 도와주는 중개자 역할을 수행한다.

API의 가장 큰 장점 중 하나는 접근성이다. API를 통해 개발자는 복잡한 기능을 직접 구현하지 않고도 외부 서비스의 기능을 쉽게 사용할 수 있다. 예를 들어, 날씨 정보를 제공하는 외부 서비스의 API를 사용하면 해당 서비스가 수집한 날씨 데이터에 쉽게 접근하여 자신의 애플리케이션에 통합할 수 있다.

또한, API는 편리성을 제공한다. API는 일반적으로 잘 문서화되어 있어 개발자가 어떻게 사용해야 하는지 명확하게 이해할 수 있다. 또한, API 요청을 통해 필요한 데이터나 기능을 손쉽게 요청하고 응답을 받을 수 있으며, 이 과정은 대부분의 프로그래밍 언어에서 간단하게 구현할 수 있다.

확장성도 API의 중요한 이점이다. API를 사용하면 기존의 애플리케이션에 새로운 기능을 추가하거나 외부 서비스와의 연동을 통해 애플리케이션의 기능을 확장할 수 있다. 이는

01. 생성형 AI 프롬프트 디자인 가이드라인

02. 생성형 AI의 확장: 마이GPTs, 라쎄인

03. AI의 효과적인 활용을 위한 지혜와 통찰력

04. 생성형 AI 활용을 통한 정의적 문제 해결 역량

05. 생성형 AI 지원 프로 그래밍 활용 역량

06. 윤리적 책임을 고려한 생성형 AI의 활용

개발자가 자신의 서비스를 더 유연하고 다양하게 발전시킬 수 있게 해준다.

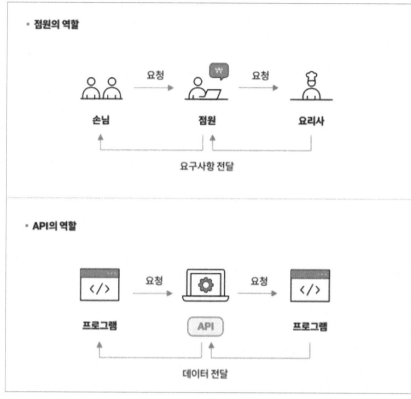

출처: https://blog.wishket.com/api란-쉽게-설명-그린클라이언트/

2) 파이썬에서 오픈AI API 활용(API 키 받기, API 참조, 응답 처리 및 활용)

파이썬에서 오픈AI API를 사용하기 위한 첫 번째 단계는 API 키를 받는 것이다. API 키는 사용자가 오픈AI의 서비스에 접근할 수 있도록 허가하는 고유한 식별자이다. 이를 위해 오픈 AI 웹사이트https://openai.com/에 방문하여 계정을 생성한 후, API 섹션으로 이동해 API 키를 신청한다. 받은 API 키는 API 호출 시 인증 목적으로 사용되므로 안전하게 보관해야 한다.

오픈AI 웹사이트에 로그인하면 다음과 같은 화면이 나오는데, 여기서 API를 선택한다. 이후에 메뉴에서 API Keys를 선택하면 API를 받을 수 있다.

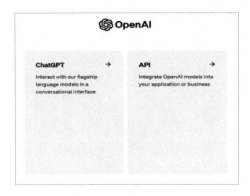

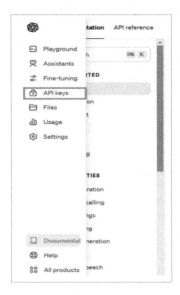

API Key는 다음과 같은 형태로 주어진다.

sk-fake12345GzYj7OyKkVOyVwvP3BlbFJ6JrRVflxN4UWulXZQ

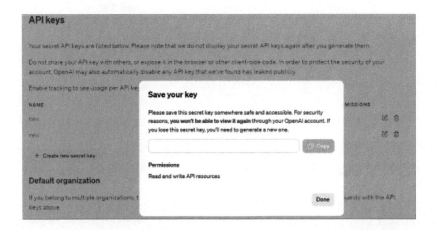

파이썬에서 오픈AI API 활용하기 위해 먼저 필요한 라이브러리를 설치해야 한다. 코랩을 사용하는 경우, 새 노트북을 열고 첫 번째 셀에 다음 코드를 입력하여 'openai' 라이브러리를 설치한다.

```
!pip install openai
```

이 코드는 파이썬 패키지 관리자인 pip을 사용하여 오픈AI 라이브러리를 코랩 환경에 설치하는 명령이다. 설치가 완료되면 다음과 같이 나오고, 오픈AI API를 사용할 준비가 된 것이다.

```
!pip install openai

Collecting openai
  Downloading openai-1.11.0-py3-none-any.whl (226 kB)
                                            226.0/226.0 kB 4.8 MB/s eta 0:00:00
Requirement already satisfied: anyio<5,>=3.5.0 in /usr/local/lib/python3.10/dist-packages (from openai) (3.7.1)
Requirement already satisfied: distro<2,>=1.7.0 in /usr/lib/python3/dist-packages (from openai) (1.7.0)
Collecting httpx<1,>=0.23.0 (from openai)
  Downloading httpx-0.26.0-py3-none-any.whl (75 kB)
                                            75.9/75.9 kB 9.7 MB/s eta 0:00:00
Requirement already satisfied: pydantic<3,>=1.9.0 in /usr/local/lib/python3.10/dist-packages (from openai) (1.10.14)
Requirement already satisfied: sniffio in /usr/local/lib/python3.10/dist-packages (from openai) (1.3.0)
Requirement already satisfied: tqdm>4 in /usr/local/lib/python3.10/dist-packages (from openai) (4.66.1)
Collecting typing-extensions<5,>=4.7 (from openai)
  Downloading typing_extensions-4.9.0-py3-none-any.whl (32 kB)
Requirement already satisfied: idna>=2.8 in /usr/local/lib/python3.10/dist-packages (from anyio<5,>=3.5.0->openai) (3.6)
Requirement already satisfied: exceptiongroup in /usr/local/lib/python3.10/dist-packages (from anyio<5,>=3.5.0->openai) (1.2.0)
Requirement already satisfied: certifi in /usr/local/lib/python3.10/dist-packages (from httpx<1,>=0.23.0->openai) (2023.11.17)
Collecting httpcore==1.* (from httpx<1,>=0.23.0->openai)
  Downloading httpcore-1.0.2-py3-none-any.whl (76 kB)
                                            76.9/76.9 kB 8.8 MB/s eta 0:00:00
Collecting h11<0.15,>=0.13 (from httpcore==1.*->httpx<1,>=0.23.0->openai)
  Downloading h11-0.14.0-py3-none-any.whl (58 kB)
                                            58.3/58.3 kB 7.9 MB/s eta 0:00:00
Installing collected packages: typing-extensions, h11, httpcore, httpx, openai
  Attempting uninstall: typing-extensions
    Found existing installation: typing-extensions 4.5.0
    Uninstalling typing-extensions-4.5.0:
      Successfully uninstalled typing-extensions-4.5.0
```

오픈AI 라이브러리를 설치한 후, API 키를 사용하여 오픈AI 서비스에 접근할 수 있다. 먼저 새로운 코드를 작성하기 위해 셀을 선택하고, 오픈AI 라이브러리를 import하고, 발급받은 API 키를 설정한다.

```python
import os
os.environ["OPENAI_API_KEY"] = "여기에 API키 입력"
```

여기서 'api_key'에 발급받은 API 키를 문자열 형태로 대입한다. 이 과정을 통해 API 요청을 할 때 인증을 수행할 수 있다.

이제 오픈AI API를 사용하여 요청을 보내고 응답을 처리할 수 있다. 예를 들어, 간단한 텍스트 생성 요청을 보내는 코드는 다음과 같다. 'model' 필드에는 사용할 GPT 모델을 지정하고, 'content'에서는 프롬프트를 입력하게 된다.

```python
import openai

# 환경 변수에서 API 키를 가져와 OpenAI API를 설정합니다.
openai.api_key = os.getenv("OPENAI_API_KEY")

# GPT-4o-mini 모델을 사용하여 간단한 대화 생성 예제를 만듭니다.
response = openai.ChatCompletion.create(
    model="gpt-4o-mini",
    messages=[
```

```
        {"role": "user", "content": "안녕! 챗GPT. API를 통해 만나서 반가워."}
    ]
)

# 응답 출력
print(response.choices[0].message["content"])
```

이 코드는 오픈AI의 텍스트 생성 엔진에 "안녕! 챗GPT. API를 통해 만나서 반가워."라는 프롬프트를 보내고, 생성된 텍스트를 출력한다.

4. API를 활용한 AI의 활용 사례

여기서는 오픈AI의 API와 파이썬 코드를 활용해 웹사이트의 내용을 가져와 이를 GPT 모델을 사용하여 요약하는 기능을 구현하는 사례를 통해 활용 방법을 익히고자 한다. 이 과정에서는 먼저 웹사이트의 내용을 수집하고, 해당 내용을 GPT 모델에 전달하여 요약본을 생성하는 단계를 포함한다.

웹사이트 내용을 수집하기에 앞서 위에 제시된 코드를 약간 수정해서 내용을 요약하는 기능을 추가해 보자. 아래 코드에서는 website_content라는 변수를 선언하고 여기에 내용을 넣게 된다. 그리고 API를 통해 이 내용과 함께 요약하라는 명령문을 전달하는 것이다. 코드 내의 #으로 시작하는 부분은 주석으로, 코드의 이해를 돕기 위한 설명이며 실제로는 실행되지 않는다.

```
from openai import OpenAI

# API 키 설정
client = OpenAI(api_key='sk-fake12345GzYj7OyKkVOyVwvP3BlbFJ6JrRVflxN4UWulXZQ')
```

```python
# 웹사이트의 내용을 가정한 텍스트
website_content = "중국 내륙에서 발달한 저기압의 영향으로 새벽부터 전국 곳곳에 비
또는 눈이 예보됐다. 특히 강원도와 경상북도를 중심으로 새벽에 많은 눈이 내릴 것으로
예상된다. 출·퇴근길 교통안전에 각별히 유의해야겠다."

# GPT에 요약 요청
response = openai.ChatCompletion.create(
    model="gpt-4o-mini",
    messages=[
        {"role": "system", "content": "아래 내용을 요약해주세요."},
        {"role": "user", "content": website_content}
    ]
)

# 요약된 결과 출력
print(response.choices[0].message["content"])
```

웹사이트의 내용을 자동으로 수집하고 이를 챗GPT 모델을 사용하여 요약하는 기능을 구현하기 위해서는 웹 크롤링 라이브러리의 도움이 필요하다. Python에서는 BeautifulSoup 와 requests 라이브러리를 주로 사용하여 웹페이지의 HTML을 가져오고, 이로부터 필요한 내용을 추출하는 작업을 수행할 수 있다. 이러한 라이브러리들을 활용하면 웹사이트의 HTML을 자동으로 가져온 후, 그 안에서 필요한 정보를 찾아내고, 이를 GPT 모델에 전달 하여 요약하는 과정을 효율적으로 자동화할 수 있다.

다음은 BeautifulSoup와 requests 라이브러리를 활용하여 웹사이트의 내용을 크롤링하 고, OpenAI API를 통해 해당 내용을 요약하는 과정을 단계별로 설명한 예시 코드이다. 이 코드는 Google Colab 또는 로컬 파이썬 환경에서 실행할 수 있다. 구현을 시작하기 전에 필 요한 라이브러리를 설치하는 것부터 시작한다. 파이썬 환경에서 BeautifulSoup와 requests 라이브러리를 사용하기 위해 다음과 같이 라이브러리를 설치하는 명령어를 실행한다.

```
!pip install beautifulsoup4
!pip install requests
```

이전 방식에서는 웹사이트의 내용을 직접 web_content라는 변수에 할당하여 사용했다면, 이제는 text_content라는 변수를 사용하여 BeautifulSoup 라이브러리를 통해 웹페이지에서 내용을 자동으로 읽어 오게 된다. 이렇게 추출한 내용은 챗GPT 모델에 질문을 던지는데 사용된다. 이 과정을 통해 웹사이트의 내용을 수동으로 복사하고 붙여 넣는 수고로움 없이 자동화된 방식으로 정보를 수집하고, 이를 기반으로 챗GPT 모델에 요약이나 질의응답 등의 요청을 할 수 있게 된다.

```python
import requests
from bs4 import BeautifulSoup
import openai

# API 키 설정
client = OpenAI(api_key='sk-fake12345GzYj70yKkVOyVwvP3BlbFJ6JrRVflxN4UWulXZQ')

# 웹사이트의 URL
url = 'https://n.news.naver.com/mnews/article/003/0012357154'

# 웹사이트의 내용을 가져옴
response = requests.get(url)
soup = BeautifulSoup(response.text, 'html.parser')

# 웹사이트에서 텍스트 내용을 추출 (가상의 예시로, 실제 태그는 사이트마다 다를 수 있음)
text_content = soup.find('div', class_='newsct_article _article_body').get_text()

# OpenAI API를 사용하여 내용 요약
response = openai.ChatCompletion.create(
    model="gpt-4o-mini",
    messages=[
        {"role": "system", "content": "아래 내용을 요약해주세요."},
        {"role": "user", "content": text_content}
    ]
)

# 요약된 결과 출력
print(response.choices[0].message["content"])
```

※ 문제: 객관식 5문항, 단답형 5문항

【객관식 문제】

1. 프로그래밍 능력이 생성형 AI를 활용하는 데 왜 필요한가?

① AI 모델의 효율성을 감소시킨다.

② 복잡한 문제 해결과 AI와의 상호작용을 가능하게 한다.

③ AI의 기능을 제한한다.

④ AI를 덜 창의적으로 만든다.

정답: ②

해설: 프로그래밍 능력은 복잡한 문제 해결, 자동화된 시스템 구축, AI와의 상호작용 극대화 및 AI 출력의 미세 조정을 가능하게 해, 생성형 AI의 모든 잠재력을 발휘할 수 있도록 한다. 프로그래밍 없이는 이러한 잠재력을 완전히 발휘하기 어렵다.

2. 파이썬에서 객체란 무엇인가?

① 데이터나 기능을 포함하지 않는 이름

② 프로그램의 실행 명령

③ 데이터나 기능을 포함하는 모든 것

④ 프로그래밍 언어의 구문

정답: ③

해설: 파이썬에서는 숫자, 문자열, 리스트 등 모든 데이터 타입이 객체로 취급된다. 이는 파이썬의 모든 것이 객체라는 언어의 철학을 반영한다. 객체는 데이터나 기능을 포함하며, 변수는 이러한 객체를 참조하는 데 사용되는 이름이다.

3. 다음 파이썬 코드의 실행 결과를 작성하라.

```
for i in range(1, 6):
    if i % 2 == 0:
        print(i, "짝수")
    else:
        print(i, "홀수")
```

① 1 "짝수" 2 "홀수" 3 "짝수" 4 "홀수" 5 "짝수"

② 1 "홀수" 2 "홀수" 3 "홀수" 4 "홀수" 5 "홀수"

③ 1 "홀수" 2 "짝수" 3 "홀수" 4 "짝수" 5 "홀수"

④ 1 "짝수" 2 "짝수" 3 "짝수" 4 "짝수" 5 "짝수"

정답: ③

해설: 이 파이썬 코드는 1부터 5까지의 숫자를 순회하는 for문과 함께 조건문을 사용하여 각 숫자가 짝수인지 홀수인지를 판별하고 출력한다. range1, 6 함수는 1부터 5까지의 숫자를 생성하며, for문은 이 범위 내의 각 숫자i에 대해 반복 실행된다. if i % 2 == 0 조건문은 i를 2로 나눈 나머지가 0인지를 확인하여 짝수인 경우 printi, "짝수"를 실행하고, 그렇지 않은 경우즉, 홀수인 경우 printi, "홀수"를 실행한다. 따라서, 코드의 실행 결과는 숫자 1부터 5까지 각각 "홀수", "짝수", "홀수", "짝수", "홀수"로 출력된다.

4. 파이썬에서 오픈AI API를 활용하는 순서를 작성하라.

① API 호출 → 오픈AI 라이브러리 설치 → API 키 설정 → 응답 처리

② 오픈AI 라이브러리 설치 → API 호출 → API 키 설정 → 응답 처리

③ 오픈AI 라이브러리 설치 → API 키 설정 → API 호출 → 응답 처리

④ API 키 설정 → 오픈AI 라이브러리 설치 → 응답 처리 → API 호출

정답: ③

해설: 파이썬에서 오픈AI API를 사용하기 위한 첫 단계는 필요한 오픈AI 라이브러리를 설치하는 것이다. 이를 통해 파이썬 코드 내에서 오픈AI API의 기능을 사용할 수 있는 기반을 마련한다. 라이브러리 설치 후, 사용자는 자신에게 발급된 API 키를 코드 내에 설정해야 한다. API 키는 오픈AI 서비스에 대한 접근 권한을 제공하며, 사용자의 요청이 인증되는 데 필수적이다. API 키 설정이 완료되면, 사용자는 오픈AI API를 호출하여 다양한 작업예: 텍스트 생성, 번역, 요약 등을 요청할 수 있다. 마지막으로, API 호출에 대한 응답을 처리하여, 필요한 작업을 수행하거나 결과 데이터를 분석한다. 이 과정은 파이썬을 사용하여 오픈AI API의 강력한 기능을 활용하는 효율적인 방법을 제공한다.

5. 소프트웨어 간의 상호작용을 가능하게 하는 도구와 규약의 집합으로, 한 프로그램이 다른 프로그램의 기능이나 데이터를 사용할 수 있게 하는 것을 (   )라 한다.
① SDK (Software Development Kit)
② IDE (Integrated Development Environment)
③ API (Application Programming Interface)
④ CLI (Command Line Interface)

정답: ③

해설: APIApplication Programming Interface는 다양한 소프트웨어 컴포넌트나 시스템이 서로 상호작용할 수 있도록 설계된 인터페이스이다. 개발자는 이를 통해 한 프로그램의 기능을 다른 프로그램에서 호출하여 사용할 수 있게 되며, 외부 서비스의 데이터를 가져오거나 기능을 실행하는 작업을 훨씬 더 쉽고 효율적으로 수행할 수 있다. API는 복잡한 기능을 직접 구현하지 않고도 이미 개발된 서비스의 기능을 활용할 수 있는 중요한 도구로, 개발 과정을 단순화하고 가속화하는 역할을 한다.

윤리적 책임을 고려한 생성형 AI의 활용

1. 생성형 AI의 윤리적 고려사항

생성형 인공지능이 만들어 내는 데이터나 콘텐츠 등의 결과물은 기존 데이터의 변환과 응용 과정에서 인권 문제, 저작권 침해, 검증되지 않은 정보의 남용, 개인정보 침해 등의 여러 윤리적 문제가 끊임없이 제기되고 있다.

생성형 인공지능은 수많은 데이터를 학습하여 결과물을 산출하는 과정에서 저작권 침해 문제를 일으킨다. 새로운 창작물을 만들어 내면서 기존의 저작권들을 가지고 있는 자료, 이미지, 코드 등의 데이터를 무단으로 사용하는 경우가 생기기 때문이다.

이러한 문제로 생성형 인공지능 개발사가 저작권 침해를 이유로 소송을 당한 적도 있다. 이후 텍스트, 그림, 음원 등 저작권 단체가 생성형 인공지능의 산출물에 대해 지적재산권 보상을 요구하면서 인공지능을 운영하는 기업과 마찰이 빚어지고 있다. 따라서 저작권과 개발사 사이에 보다 근본적인 차원에서 저작권에 대한 법률적 원칙 설정과 윤리적 해결책이 필요한 상황이다.

또한, 생성형 인공지능이 방대한 양의 데이터로부터 패턴을 찾는 지도학습이 잘 이루어지기 위해서 데이터의 정보에 대한 사실 확인이 중요하다. 과거 마이크로소프트의 인공지능 챗봇의 경우 인종 및 성차별, 왜곡, 히틀러 찬양 등 왜곡된 데이터들이 지도학습되면서 서비스를 중단한 일이 있었다. 이뿐만 아니라 우리나라에서도 2020년 출시된 챗봇 이루다가 이용자들의 성희롱, 혐오 표현, 개인정보 유출 등의 문제를 일으키고 서비스가 중단된 일을 우리는 경험했다.

이러한 사례들은 생성형 인공지능의 지도학습에서 도덕적 편견과 문화적 편향성에 오염되지 않은 양질의 데이터들이 생성형 인공지능에 사용되어야 하는 필요성을 제시하고 있다.

따라서 생성형 인공지능의 생성물을 활용하기 전에 다음의 사항을 고려해야 한다국가정보원, 2023.

첫째, 생성형 인공지능의 특성과 원리 파악의 중요성을 인지해야 한다. 생성형 인공지능이 산출해 내는 생성물에 대한 작동 원리와 과정을 이해하고 그에 따른 결과물의 제한성을 이해할 수 있어야 한다.

둘째, 생성형 인공지능의 활용에 있어서 사람이 주체가 되어야 하며 인공지능의 역할은 도구로 활용해야 한다. 생성형 인공지능을 활용할 때 사람 개개인의 윤리적 가치 판단을 생성형 인공지능에 의존하는 질문 방식은 피해야 한다.

셋째, 사실 관계의 진위 여부와 가치관 판단에 따른 명확한 참고 문헌이 반드시 뒷받침되어야 한다. 잘못된 정보를 통한 판단을 피하기 위해 정확한 사실적 정보를 입력하여야 하며 생성형 인공지능의 산출물을 이용하거나 활용할 시에는 반드시 추가적 사실 여부의 검토가 따라야 한다.

2. 윤리적 책임을 갖는 프롬프트 디자인

1) 프롬프트 디자인의 역할

생성형 인공지능은 보고서나 발표 자료뿐만 아니라 코드까지 제공해 주면서 기존보다 훨씬 쉽고 편리하게 정리된 자료를 제공받을 수 있다는 이점 때문에 사용자의 만족도가 점점 높아지고 있다. 하지만 여전히 대부분 사용자는 생성형 인공지능이 가지고 있는 능력을 최대한 활용하고 있지는 않다. 보다 더 나은 생성형 인공지능을 활용하기 위해서는 사용자의 질문, 즉 생성형 인공지능에 입력하는 문장인 프롬프트를 어떻게 사용하느냐에 따라 활용의 정도가 달라질 수 있다.

생성형 인공지능으로부터 원하는 내용에 대해 더 정확한 답변과 세부 정보를 얻기 위해서는 구체적인 프롬프트의 입력이 반드시 필요하다. 생성형 인공지능은 정확하고 구체적인 프롬프트만 제공되면 사용자가 원하는 내용을 생성하기엔 충분한 자료가 준비가 되어 있기 때문이다. 생성형 인공지능을 활용하여 최대한의 효과를 얻으려면 정확하고 구제체적인 프롬프트의 활용이 필수적이다.

실제 정확하고 구체적인 프롬프트의 역할을 확인해 보기 위해 챗GPT를 이용하여 [예시 1]과 [예시 2]를 만들어 보았다.

[예시 1]

[예시 1]과 같이 챗GPT로 영어 번역을 요청하면 정확한 번역이 수행되긴 하지만, 대화형 답변을 기본으로 하는 서비스로 인해 불필요한 문구가 대답에 포함되게 된다.

[예시 2]

이러한 문제를 프롬프트만을 이용해 해결해 보고자 [예시 2]와 같은 프롬프트를 설계해 보았다. [예시 1]과 똑같은 문장에 번역을 요구하지만 [예시 2]에서는 사용자의 요구 사항을 보다 정확하게 입력하였다.

예를 들면, 한 문장씩 번역하고 ( ) 안에 번역문을 넣어 달라는 요구이다. 이를 구체적인 예시로 설명하여 예를 들면, hi라는 영어는 ( ) 안에 안녕이라는 해석을 넣어 달라는 문구를 입력한다. 챗GPT는 사용자가 요구하는 사항을 정확하게 그리고 예시를 통해 구체적으로 이해하고 이를 답변하게 된다. 이로써 프롬프트, 즉 생성형 인공지능인 챗GPT에 질문할 때에는 정확성과 구체성이 포함된 문장이 필요하다는 걸 이해할 수 있다.

생성형 인공지능의 프롬프트를 통해 결과물을 생성할 시 정확성과 구체성을 고려하기 위해 다음의 사항을 주의해야 한다.

첫째, 사용자는 명확하고 구체적인 질문과 단어를 사용해야 한다.

둘째, 결과물 생성에 도움이 되는 필요한 추가 정보를 제공해야 한다.

셋째, 제공받고자 하는 결과물을 명확히 설정한다.

넷째, 프롬프트는 복잡한 문장 구조를 피하고 가능한 한 간결하고 명료하게 작성한다.

다섯째, 프롬프트의 결과가 예상과 다를 시 원하는 결과를 얻을 수 있을 때까지 수정 보완한다.

이러한 사항을 고려한다면 효과적이고 원하는 결과를 얻을 수 있는 프롬프트를 작성할 수 있다.

최근에는 생성형 인공지능의 프롬프트를 관리해 주는 프롬프트 디자이너엔지니어라는 새로운 직업도 생겼다. 프롬프트 디자이너는 복잡한 프롬프트를 간단한 검색어로 만들어 주는 일을 한다. 이용자가 입력한 프롬프트가 보다 정확한 결과물을 낼 수 있도록 관련된 프롬프트를 미리 준비해 두는 역할을 한다.

2) 관리자와 사용자 윤리적 소양

위에서 살펴본 바와 같이 생성형 인공지능을 활용하는 데에는 프롬프트를 잘 활용하는 것만으로 끝나는 것은 아니다. 생성형 인공지능에 의해 생산되는 결과물의 기초가 되는 지식, 즉 데이터의 사실 여부에 대한 판단의 문제가 발생할 수 있다. 생성형 인공지능은 데이터의 수가 많으면 많을수록 기존의 데이터가 모두 사실이라 판정할 수밖에 없다.

결국 생성형 인공지능이 채택하는 데이터는 다수의 데이터에서 확보된 내용일 수밖에 없고, 내용의 사실 여부가 다수결에 의해 결정될 수 있다. 생산된 결과물의 사실 여부에 대한 판단의 필요성도 중시되어야 하지만, 잘못된 데이터의 생산에 대한 검증 또한 중요하다는 걸 고려해야 한다.

따라서 생성형 인공지능의 프롬프트를 활용해 결과물을 생성할 시 사용자는 다음의 사항을 주의해야 한다권용수, 2023.

첫째, 생성형 인공지능에 타인의 저작물을 입력해 얻은 결과물이 기존 저작물과 동일 또는 유사한 경우는 해당 생성물 이용이 저작권 침해로 이어질 가능성이 있음을 분명히 하고 생성형 인공지능의 사용자는 반드시 사용 여부를 밝혀야 한다.

둘째, 생성물을 이용하여 결과물을 전송 또는 공개하게 되는 경우에는 생성물이 기존 저작물과 유사하지 않은지 반드시 조사해야 한다.

셋째, 프롬프트를 통해 기존 저작물, 저작자, 작품명 등 특정 작품만을 학습시킨 인공지
     능의 결과물은 사용하지 않는다.

따라서 사용자는 생성형 인공지능이 만들어 내는 결과물을 그대로 이용하는 것은 최대
한 피하고, 가능하면 결과물을 토대로 수정 보완한 후 결과물을 수용할 필요가 있다.

생성형 인공지능 관리자는 인공지능 시스템의 개발, 관리 및 운영하는 개발자, 엔지니어,
데이터 과학자 등을 말한다. 이들은 사용자와 사회에 대한 책임과 안전성을 보장하며, 기술
의 발전이 윤리적으로 지속 가능할 수 있도록 하여야 한다.

첫째, 생성형 인공지능 관리자는 시스템의 작동 원리와 결정을 명확하게 설명할 수 있어
     야 한다. 사용자와 다른 이해관계자들에게 신뢰를 제공하고 투명성을 유지하는 데
     도움이 되어야 한다.

둘째, 인공지능 관리자는 사용자의 개인정보를 존중하고 보호해야 한다. 개인정보 데이터
     의 수집, 저장, 처리에 관련된 모든 활동은 법적인 규제를 준수하고 사용자의 동의
     를 얻어야 한다.

셋째, 결과물 생성에 필요한 데이터의 명확성을 유지하여야 하며, 편향을 감지하고 최소
     화하기 위해 노력해야 한다. 공정한 결과를 위해 다양한 데이터를 사용하고 특정
     집단에 대한 차별을 방지하는 방안을 마련해야 한다.

넷째, 시스템의 안전성을 보장하고 예측 불가능한 상황에 대비하는 계획을 세워야 한다.
     인공지능의 결과물이 사회에 미치는 영향을 고려하여 부정적인 영향을 최소화하고
     긍정적인 기여를 극대화하기 위해 노력해야 한다.

3. 생성물 제작 과정에서의 윤리적 고려 사항

1) 생성형 인공지능 생성물의 위험성

생성형 인공지능의 결과물을 수용하기 위해서는 무엇보다 학습 데이터에 대한 검증이 먼저 이루어져야 한다. 학습데이터에 관한 분명한 출처를 밝힐 수 있어야 하며, 그 결과를 수용하기 위한 검토가 수반되어야 한다. 이때 학습 데이터에 대한 분석이나 기준 못지않게 중요한 것은 바로 결과물을 수용하기 위한 평가 데이터의 준비와 평가 시스템의 구축이다.

이는 생성형 인공지능의 활용보다 선행되어야 한다. 기존의 데이터를 구분하여 학습용 데이터와 평가용 데이터로 구분하여 활용하는 것이 아니라, 새로운 평가 데이터를 구축하고 시스템을 만들어야 한다.

생성형 인공지능의 결과물이 다양한 방면에서 사용되면서부터 인공지능 윤리에 관심이 높아지고 있다변순용, 2023. 인공지능 윤리는 책임성, 투명성, 알고리즘 편향성을 주요 기준으로 나눌 수 있다. 책임성은 인공지능 시스템의 개발 및 제작과 사용에 대하여 책임을 정하고 피해를 최소화하기 위해 필요하다. 특히 개발 및 제작자는 생성형 인공지능의 결과물에 대해 책임을 질 수 있어야 하고, 이를 위한 예방책을 마련해야 한다. 인공지능의 투명성은 알고리즘의 결정 과정에서 각각의 단계에서 행위를 결정하는 과정과 이유를 알 수 있어야 한다는 것이다. 인공지능 시스템의 알고리즘적 판단과 의사결정은 이제 인간 사회의 가치를 반영하게 됨을 이해하고 알고리즘과 학습 데이터에 숨어 있는 윤리적 요소의 중요성이 사회적 이슈가 되고 있다.

인공지능 시스템 학습에 사용되는 데이터가 사회적 편견과 차별을 학습하면 왜곡은 그대로 인공지능 시스템에 반영되어 결과물에 영향을 줄 수 있다. 이와 같은 사실은 생성형 인공지능을 활용해 결과물을 이용하고자 할 때 편향된 결과를 보여 주는 사례들을 통해 흔히 볼 수 있다. 가령 이미지를 만들어 주는 생성형 인공지능에 'unprofessional한 사람의 이미지'를 요청하였더니 [그림 6-1]과 같이 모두 흑인 남성의 이미지를 제공해 주고 있다. 이러한 사회적 편견과 차별 문제를 해결하려면 알고리즘과 데이터의 확인이 필요하고 이를 검증할 수 있는 기술 체계의 개발이 필요하다.

[그림 6-1] 생성형 AI 결과물의 왜곡 사례
https://blog-ko.superb-ai.com/generative-ai-and-the-data-bias-problem-what-is-data-bias-and-how-can-it-be-solved/

또한, 생성형 인공지능의 운영에는 엄청난 양의 에너지가 소모된다고 알려져 있다.

GPT3의 학습 과정에서만 552톤의 탄소를 배출했다는 보도가 나오기도 했다. 2020년 6월 포브스 기사에 의하면, GPT-2에서의 매개변수는 15억 개에 불과했지만 GPT-3에서는 1,750억 개로 늘어났으며, GPT-3의 학습 과정에서 사용한 전력은 1,287MWh, 이산화탄소 배출량은 552톤에 이른다고 한다. 컴퓨터는 가동할 때 발생하는 열 때문에 물이 필요하다. 인공지능 사용에는 물도 소비된다. 미국 연구진의 발표에 따르면, 챗GPT를 한 번 사용하는 데 25×50개의 문답이 오간다고 가정하면 물 500ml가 소비된다고 한다. 생성형 인공지능은 엄청난 양의 데이터를 수집하는 복잡한 시스템이기 때문에 일반 검색엔진보다 더 많은 에너지를 소비하며 더 많은 탄소 배출량을 가져올 수밖에 없다이재영, 2023.

그래서 환경을 고려하여 효율성을 중시하는 그린 AI의 필요성이 강조되기 시작하였다. 그린 AI로 지속 가능한 발전을 이루기 위해서는 전 세계에 흩어진 데이터를 함께 관리하고 연구하는 것이 중요하다. AI가 효율적으로 데이터를 학습할 수 있도록 매개변수를 수집하고, 불필요한 학습을 줄여 알고리즘의 효율성을 높이고 에너지 효율이 높은 하드웨어를 사용하는 등 탄소 배출을 줄이기 위한 다양한 방법을 동원해야 한다.

앞에서도 설명했듯이 인공지능 개발과 관련해서 인공지능 인증 시스템을 구축하는 것이 선행되어야 하며, 이러한 논의의 필요성에 대한 사회적 인식의 확산이 필요해 보인다.

2) 생성형 인공지능 생성물 제작 과정의 윤리적 고찰

생성형 인공지능 제작 과정에서는 다양한 윤리적 고려 사항이 있다. 다음은 생성형 인공지능을 통해 결과물을 제작하는 과정에서 고려해야 하는 윤리적 사항들이다김민정, 2023.

첫째, 투명성과 설명 가능성이 보장되어야 한다. 의사결정에 투명성이 보장되어야 한다. 인공지능 시스템이 내린 결정의 이유를 사용자나 이해관계자에게 명확하게 전달할 수 있어야 한다. 설명 가능한 인공지능이란 인공지능의 동작 원리를 이해하기 쉽도록 만들어진 시스템을 선택하고, 사용자에게 결과물의 과정을 설명할 수 있어야 한다.

둘째, 편향 최소화와 공정성이 보장되어야 한다. 데이터의 편향성을 줄이기 위해 다양한 출처의 데이터를 사용하여 시스템을 훈련시켜야 한다. 학습된 시스템이 특정 집단에 대해 공정하지 않은 예측을 하고 있다면 보정하는 방안을 고려해야 한다.

셋째, 사용자 개인정보를 보호해야 한다. 안전한 데이터 처리를 기본 원칙으로 하며 사용자의 개인정보는 안전하게 보호되어야 한다. 개인 사생활의 민감 정보에 대해서는 더욱더 데이터 수집과 저장에 법적 규제를 준수해야 하며 반드시 사용자의 동의를 얻어야 한다.

넷째, 안전성과 책임이 보장되어야 한다. 시스템이 예측할 수 없는 환경에서도 안전하게 동작하도록 보장해야 한다. 인공지능 시스템의 이용자를 포함한 모든 관리자에게 윤리적 책임을 이해시키고, 책임을 명확히 할 수 있는 프로세스를 구축해야 한다.

다섯째, 인공지능 결과물에 대한 지속적인 사회적 모니터링과 개선이 보장되어야 한다. 기술이 사회에 미치는 영향을 사전에 평가하고, 부정적인 영향을 최소화하기 위

01. 알아두면 AI 프롬프트 디자인 가이드라인

02. 알아두면 AI의 확장: 마이GPTs, 챗체인!

03. AI의 효과적인 활용을 위한 지혜와 통찰력

04. 알아두면 AI 활용을 통한 창의적 문제 해결 역량

05. 알아두면 AI 기반 프로그래밍 활용 역량

06. 윤리적 책임을 고려한 알아두면 AI의 활용

해 노력해야 한다. 긍정적 영향을 높이고 부정적인 영향을 줄일 수 있는 근본적인 접근이 필요하다.

인공지능 생성물의 결과물에 대한 무조건적 활용에 위험성을 인지하고 윤리적 측면을 모니터링하고 개선에 앞장서야 한다. 관리자는 필요한 경우 시스템을 업데이트해야 하며, 사용자의 피드백을 수용하고 개선하는 절차를 갖추어야 한다. 이러한 윤리적 고려 사항들을 고려하면서 인공지능 시스템을 개발에 따른 기술의 발전과 사회적 책임을 동시에 충족해야 한다.

4. 책임 있는 생성형 AI의 활용

1) 생성형 인공지능 생성물의 이해

생성형 인공지능의 활용을 통해 콘텐츠를 만들거나 보고서를 작성하는 일은 이제 누구나 사용할 수 있을 정도로 일반화되어 있으며 그 분야도 나날이 확장되어 가고 있다. 시각적 콘텐츠를 만드는 데 활용하거나 인공지능을 사용하여 음악적 콘텐츠, 문학적 자료, 혹은 간단한 이야기를 생성할 수 있다. 생성형 인공지능은 사람의 지능을 모방하고 확장하는 기술로 앞으로 많은 변화를 가져올 것이다. 하지만 이러한 기술이 부정적 목적으로 사용될 경우 사회적 혼란을 가중시키는 범죄와 공격을 초래할 수 있다.

따라서 생성형 인공지능을 활용하는 사용자들은 적절한 윤리와 보안 지침을 준수하고 지속적인 모니터링 시스템 구축, 기술적 보안과 사고에 대한 대비 등의 선제적인 조치를 취해야 한다. 생성형 인공지능은 사람을 돕는 도구일 뿐 그 생성물의 활용에 대한 책임은 사람

의 판단에 달려 있다. 생성형 인공지능을 활용하여 보다 다양한 콘텐츠와 기술을 활용하기 위해서는 그에 따르는 윤리적 책임과 의무를 소홀히 해서는 안 된다.

인공지능 생성물의 활용 시 생성형 인공지능의 원리를 이해하고 근본적 한계점을 파악해야 한다. 생성형 인공지능은 언어의 통계적 조합을 보여 주는 거대한 언어 모델로서 근원적 문제점을 안고 있음을 인지하고 생성물의 결과를 수용해야 한다.

2) 생성형 인공지능 생성물의 윤리적 책임과 의무

생성형 인공지능을 이용해서 학습하거나 콘텐츠를 제작하는 과정에서 사실의 검증이 필요하다. 생성형 인공지능이 기초한 언어 모델은 실제나 사실의 모습을 완벽하게 반영할 수 없음을 인지한 후 결과물 생성에 신중하게 활용해야 한다. 또한, 활용 후에는 반드시 참고문헌을 통해 직접 결과물의 사실 관계를 검토해야 한다.

생성형 인공지능을 업무 수행이나 과제 작성 시 가치 판단을 유도하는 질문을 자제해야 한다. 생성형 인공지능은 단순히 언어의 조합에 의한 문장을 출력하는 것이므로 온전한 의미에서 중립적이고 공정한 가치 판단을 내려 줄 수 없음을 인지해야 한다. 생성형 인공지능의 판단은 알고리즘의 설계자나 그것이 의존하는 언어적 데이터들의 특정한 가치 편향성을 반영하고 있다는 사실을 명심해야 한다.

생성형 인공지능에 활용되는 데이터가 개인정보 보호에 문제가 될 수 있음을 고려해야 한다. 생성형 인공지능이 사용자들과의 상호작용을 통한 데이터 확장과 강화학습의 과정에서 개인정보의 침해 문제가 언제든 발생할 수 있음을 인지해야 한다. 개인의 사생활 보호에 대한 고려 없이 생성형 인공지능의 산출물을 위한 정보를 입력할 때 개인적 데이터들이 무작위로 시스템에 수집되고 저장되고 있다는 사실을 알아 두어야 한다.

창작을 필요로 하는 결과물을 작성 및 제출할 때에는 반드시 생성형 인공지능을 이용한 부분에 참고 문헌을 표시해야 한다. 사실 및 가치 판단, 개인정보 보호 등 여러 차원에서 근본적 문제를 가지고 있는 생성형 인공지능이 산출한 정보를 그대로 결과물로 수용할 경우이는 단순한 표절의 문제를 넘어서 다차원적인 윤리적·법적 위반 행위를 저지를 위험성이 있음을 인지해야 한다. 따라서 생성형 인공지능의 창의적 결과물에 대한 활용 방식과 범위를 표시하고 이를 어떻게 검토하고 수정했는지를 밝혀야 한다.

이를 바탕으로 생성형 결과물에 대한 사실 및 근거 확인을 위해 다음의 사항을 체크한다.

첫째, 생성형 인공지능의 결과물의 활용되는 데이터의 근거 및 출처를 확인해야 한다. 생성형 인공지능의 결과물에 기초가 되는 데이터들은 기존의 검증되지 않은 시스템에서도 무작위로 수집되고 추출되어 결과물에 영향을 미칠 수 있다는 사실을 인지하고 결과물에 바탕이 되는 데이터의 근거 및 출처를 확인해야 한다.

둘째, 생성형 인공지능의 결과물이 개인정보 보호에 문제가 될 수 있는지 검토해야 한다. 생성형 인공지능의 결과물에 개인정보 침해 혹은 민감 정보에 관한 데이터가 반영되었는지 사전에 검토해야 한다. 누구에게나 개인정보는 안전하게 보호되어야 한다. 개인 사생활의 민감 정보에 대해서는 더욱더 데이터 수집과 저장에 법적 규제를 준수해야 하며 반드시 사용자의 명시적 동의를 얻어야함을 인지해야 한다.

셋째, 생성형 인공지능의 결과물이 데이터의 편향에 따른 알고리즘의 결과인지 확인해야 한다. 생성형 인공지능의 결과물에 특정 집단의 의견이나 이익을 위한 데이터가 치중되어 반영되지 않도록 하여야 하며, 결과물의 결정에 대한 역추적이 가능하도록 알고리즘의 투명성을 유지해야 한다.

※ 문제: 객관식 5문항, 단답형 5문항

【객관식 문제】

1. 생성형 AI가 사회에 미치는 영향에 대한 고려 없이 사용될 때 발생할 수 있는 문제는 무엇인가?

① 데이터 보안 강화

② 사용자 만족도 향상

③ 저작권 침해 문제

④ 시스템 성능 저하

정답: ③

해설: 생성형 AI가 사회에 미치는 문제점으로는 저작권 침해, 개인정보 침해 등이 있을 수 있다.

2. 프롬프트 디자인의 중요성을 강조하는 이유는 무엇인가?

① 데이터 저장 용량 절약

② 사용자의 정확한 요구 사항 충족

③ AI 시스템의 자가 학습 최적화

④ 인터페이스 디자인 개선

정답: ②

해설: 생성형 인공지능으로부터 애매모호한 답변이 아닌 원하는 내용에 대해 더 집중된 답변과 세부 정보를 얻기 위해서는 정확한 프롬프트의 입력이 반드시 필요하다.

3 생성형 AI 사용 시 고려해야 할 윤리적 책임 중 하나가 아닌 것은?

① 저작권 존중

② 데이터의 사실 확인

③ 개인정보 보호

④ 사용자의 연령 제한

정답: ④

해설: 생성형 AI 사용 시 고려해야 할 윤리적 책임으로는 저작권 보호, 개인정보 보호, 데이터의 사실 여부 판단 등이 있다.

4. 생성형 AI가 학습하는 과정에서 중요한 것으로 강조되지 않은 것은?

① 다양한 데이터 출처 활용

② 학습 데이터의 양적 확대

③ 데이터의 질적 관리

④ 편향성 최소화

정답: ②

해설: 생성형 AI의 학습 과정에는 데이터의 출처와 사실 여부 판단에 대한 질적 관리, 편향성의 최소화가 고려되어야 한다.

5. 생성형 AI의 사용에서 프롬프트 디자이너의 역할은 무엇인가?

① 사용자 인터페이스 개선

② 프롬프트의 효과적인 설계

③ 데이터베이스 관리

④ AI 시스템의 하드웨어 구축

정답: ②

해설: 프롬프트 디자이너가 입력한 프롬프트가 더 정확한 결과물을 낼 수 있도록 관련된 프롬프트를 미리 준비해 두는 역할을 한다.

【단답형 문제】

1. 생성형 AI 사용 시 데이터의 사실 여부에 대한 판단, 저작권 보호, 개인정보 침해 등의 (   )을/를 고려해야 한다. (   ) 안에 적당한 개념은?

정답: 윤리적 문제

해설: 생성형 AI 사용 시 데이터의 사실 여부에 대한 판단, 저작권 보호, 개인정보 침해 등의 윤리적 문제를 고려해야 한다.

2. 생성형 AI의 결과물 사용을 수용하기 위해서는 무엇보다 학습 데이터의 무엇을 찾는 것이 중요한가?

정답: 명확한 출처

해설: 생성형 인공지능의 결과물을 수용하기 위해서는 무엇보다 학습 데이터의 명확한 출처를 밝힐 수 있어야 하며, 그 결과를 수용하기 위한 검토가 수반되어야 한다.

3. 생성형 인공지능인 챗GPT에 질문할 때에는 (   ) 포함된 문장이 필요하다. (   ) 안에 들어갈 개념은?

정답: 정확성과 구체성

해설: 생성형 인공지능인 챗GPT에 질문할 때에는 정확성과 구체성이 포함된 문장이 필요하다.

4. 생성형 AI 결과물의 윤리적 사용을 위한 주요 고려 사항은?

정답: 편향성 최소화

해설: 인공지능 시스템의 학습에 사용되는 데이터가 사회의 편견과 차별이 담겨 있는 경우, 그 왜곡은 그대로 인공지능 시스템에 반영될 수 있다. 따라서 학습되는 데이터의 편향성을 최소화하는 것이 중요하다.

5. 생성형 AI에서 탄소 배출을 줄이기 위해 중요성이 강조된 AI는?

정답: 그린 AI

해설: 인공지능이 불필요한 학습을 줄이고 알고리즘을 효율성을 높이는 등 탄소 배출을 줄이기 위한 그린 AI의 중요성이 강조되기 시작했다.

참고 문헌

- 국가정보원(2023). 챗GPT 등 생성형 AI 활용보안 가이드라인.

- 권용수(2023). 일본의 생성형 AI관련 가이드라인 속 저작권 쟁점, 이슈리포트.

- 김민정(2023). 생성형(generative) AI 시대의 디지털 시민성 함양을 위한 세계시민교육의 과제 검토, 유네스코 이슈 브리프, 1.

- 변순용(2023). 초거대 생성형 인공지능의 윤리적 문제. 중앙대학교 인문콘텐츠연구소, 14.

- 신종호, & 손정은(2021). 대학 교육에서 인공지능 기반 적응형 학습 구현을 위한 교수자 인식 및 요구분석. Journal of Digital Convergence, 19(10).

- 이동국·김황·이은상(2020). 미래교육 촉진자의 역량 도출 및 교육요구도 분석. 학습자중심 교과교육연구, 20(9).

- 이영희·윤지현·홍섭근·임재일·백병부(2018). 미래교육 관련 연구 메타분석을 통한 미래 교육의 방향. 교육 문화연구, 24(5).

- 인천대학교(2021). 학습자를 위한 생성형 인공지능 매뉴얼

- 장성민(2023). 챗GPT가 바꾸어 놓은 작문 교육의 미래 -인공지능 시대, 작문 교육의 대응을 중심으로-. 작문연구, 56(0).

- 정윤경(2023). 챗GPT의 이용과 저작권 쟁점 고찰. 과학기술과법, 14(1).

- 정제영, 조현명, 황재운, 문명현, 김인재 (2023). 챗GPT 교육혁명. 서울:포르체

- 최서원, & 남재현(2019). SW 교육 보조 도구로서의 AI 챗봇 활용. 한국정보통신학회논문지, 23(12).

- Frey, T. (2007). The future of education. Retrieved December, 29, 2011.

- Hall, D. T. and Associates(1996). The Career is Dead-Long Live the Career: A Relational Approach to Careers. San Francisco: Jossey-Bass Publishers.

- Marc Prensky(2018). Education to Better Their World: Unleashing the Power of 21st-Century Kids.

- Paul R. D. & Lames H. W.(2018). 협업지성, 인간과 AI가 힘을 합치다. 하버드 비즈니스리뷰, 7, 8월 합본.

- WEF(2016). New vision for education: Fostering social and emotional learning through technology.

- https://www.lecturernews.com

- https://www.samsungsds.com/kr/insights/future_of_generative_ai_1.html

- https://www.impacton.net/news/articleView.html?idxno=6588

제2부

생성형 AI로
업무 자동화와 혁신

Chapter 07

경영정보 기반 의사결정의 중요성, AI를 통한 정보 전략

1. 경영정보 기반의 의사결정

1) 전략적 의사결정(Strategic Decision-Making)

의사결정Decision-making은 목표 달성을 위해 여러 대안을 도출한 후 그중에서 가장 합리적인 것을 선택하는 것을 말한다. 의사결정은 가치관이나 성격 또는 환경 등에 따라 달라지지만 의사결정의 유형에 따라 좌우 된다Harren,1979. 좁은 의미에서는 본다면 특정한 문제 해결을 위한 대안 선택을 의미하지만, 좀 더 넓은 의미에서는 조직 활동을 성공적으로 수행하기 위해 기업 전반적인 영역에서 결정하는 총체적 관리 과정으로 규정할 수 있다.

전략적 의사결정은 조직의 장기적 성공과 방향성을 결정하는 과정이다. 이러한 결정은 조직의 핵심 목표와 관련이 깊으며, 기업의 고위 경영진에 의해 이루어진다Kenneth C et al.,2020.

전략적 의사결정의 주요 특징과 과정은 다음과 같다.
- **장기적 관점:** 전략적 의사결정은 단기적인 이익보다는 장기적인 조직의 성장과 발전에 중점을 둔다. 이는 시장 진입 전략, 신제품 개발, 사업 다각화 등을 포함할 수 있다.

- **환경 분석**: 외부 환경경쟁, 시장 동향, 기술 발전 등과 내부 환경자원, 역량, 조직 문화 등을 분석하여 기회와 위협을 파악한다.

- **비전과 목표 설정**: 조직의 비전과 장기적 목표를 설정하고, 이를 달성하기 위한 전략을 개발한다. 이 과정에서 조직의 핵심 가치와 목적이 반영된다.

- **전략적 선택**: 여러 전략적 대안 중에서 최적의 선택을 하기 위해 SWOT 분석Strengths, Weaknesses, Opportunities, Threats과 같은 도구를 사용할 수 있다.

- **자원 할당**: 선택된 전략을 실행하기 위해 필요한 자원인력, 자본, 기술 등을 할당한다.

- **실행 계획**: 전략을 구체적인 행동 계획으로 전환하고 실행 단계를 명확히 한다.

- **모니터링과 평가**: 전략의 실행 과정을 지속적으로 모니터링하고 성과를 평가하여 필요한 조정을 한다.

전략적 의사결정은 조직의 미래를 형성하는 중요한 과정이며, 성공적인 전략은 조직이 경쟁 우위를 확보하고 지속 가능한 성장을 이루는 데 기여한다.

2) 전술적 의사결정(Tactical Decision-Making)

전술적 의사결정은 조직의 전략적 목표를 달성하기 위해 중간 관리자 또는 부서 단위에서 이루어지는 구체적이고 단기적인 결정 과정이다. 예를 들어, 예산 할당, 자원 배분, 마케팅 캠페인 등이 포함된다.

전술적 의사결정의 주요 특징과 과정은 다음과 같다.

- **전략적 목표와의 연계**: 전술적 의사결정은 조직의 전략적 목표에 부합하도록 설계된다. 이는 전략적 계획을 실제 작업과 프로젝트로 변환하는 과정이다.

- **단기적 목표 설정**: 전술적 의사결정은 보통 1년 또는 그보다 짧은 기간의 목표를 설정하고 이를 달성하기 위한 구체적인 계획을 수립한다.

- **자원 배분 및 관리**: 필요한 자원인력, 예산, 장비 등을 효율적으로 배분하고 관리하는 것이

중요하다. 이는 프로젝트의 성공적인 실행을 위해 필수적이다.

- **계획과 조정**: 전략적 목표를 달성하기 위한 구체적인 실행 계획을 수립하고, 필요에 따라 조정한다. 이 과정에서 세부적인 작업 분배, 일정 관리, 성과 모니터링 등이 이루어진다.
- **문제 해결과 의사결정**: 전술적 의사결정은 일상적인 문제 해결과 의사결정을 포함한다. 예를 들어, 예산 초과 문제, 프로젝트 지연, 팀 간의 협력 문제 등을 해결하는 데 중점을 둔다.
- **성과 평가**: 단기적 목표 달성 정도를 평가하고, 성과에 대한 피드백을 제공한다. 이는 향후 계획의 조정과 개선에 기여한다.

전술적 의사결정은 조직의 전략적 목표를 실현하기 위한 구체적인 행동과 조치를 결정하는 과정으로, 조직의 전체적인 성공에 중요한 역할을 한다.

3) 운영적 의사결정(Operational Decision-Making)

운영적 의사결정은 조직의 일상적인 활동과 관련된 결정을 의미한다. 이러한 결정은 주로 조직의 하위 관리자나 직원들에 의해 이루어지며, 조직의 일상적인 운영과 직접적으로 관련되어 있다.

운영적 의사결정의 주요 특징과 과정은 다음과 같다.
- **일상적인 업무 관리**: 운영적 의사결정은 조직의 일상적인 업무를 효율적으로 관리하는 데 중점을 둔다. 예를 들어, 직원 스케줄 관리, 재고 관리, 고객 서비스 문제 해결 등이 여기에 해당된다.
- **단기적인 결정**: 이러한 결정은 단기적인 성격을 가지며 즉각적인 결과에 영향을 미친다. 예를 들어, 일일 판매 목표 설정, 긴급 주문 처리, 고객 불만 사항 대응 등이 포함된다.
- **효율성 증대**: 운영적 의사결정은 조직의 효율성을 높이는 데 중요한 역할을 한다. 이는

작업 프로세스의 최적화, 시간 관리, 비용 절감 등을 통해 이루어진다.

- **문제 해결:** 일상적인 운영 과정에서 발생하는 문제를 신속하게 해결하는 데 중점을 둔다. 이는 고객의 요구에 신속하게 대응하고, 운영상의 장애를 최소화하는 데 도움이 된다.
- **직원 참여 및 의사소통:** 운영적 의사결정은 직원들의 참여와 의사소통을 장려한다. 이는 직원들이 자신의 업무에 대한 책임감을 가지고 효과적으로 기여할 수 있도록 한다.

운영적 의사결정은 조직의 일상적인 활동을 원활하게 하고, 고객 만족도를 높이며, 전반적인 조직 성과에 기여하는 중요한 역할을 한다.

2. 의사결정과 정보의 관계

1) 정보를 활용한 의사결정

의사결정과 정보의 관계를 쉽게 설명하면 정보는 의사결정의 기초가 되며, 좋은 정보는 좋은 의사결정으로 이어진다. AI 기술을 활용하면 더 정확하고 유용한 정보를 얻을 수 있어, 의사결정의 질을 크게 향상시킬 수 있다. 이를 통해 더 나은 결과를 얻을 수 있다.

예를 들어, 우리가 쇼핑할 때 어떤 옷을 살지 결정해야 한다고 가정해 보겠다. 이때 다양한 옷에 대한 정보색상, 사이즈, 가격 등를 알고 있다면, 우리는 우리의 취향과 예산에 가장 잘 맞는 옷을 선택할 수 있다. 여기서 정보가 의사결정을 돕는 역할을 한다.

AI 기술을 활용하면 옷에 대한 정보뿐만 아니라 우리의 구매 이력, 선호도 등을 분석하여 우리가 좋아할 만한 옷을 추천해 줄 수 있다. 이처럼 AI는 우리가 가지고 있는 정보를 기반으로 더 정확한 예측을 하고, 우리가 더 좋은 결정을 내릴 수 있도록 도와준다.

결국 정보는 의사결정을 위한 중요한 자원이며, AI는 이 정보를 더욱 풍부하고 정확하게 만들어 의사결정 과정을 지원한다. 좋은 정보를 바탕으로 한 의사결정은 우리가 원하는 결과를 얻는 데 큰 도움이 된다.

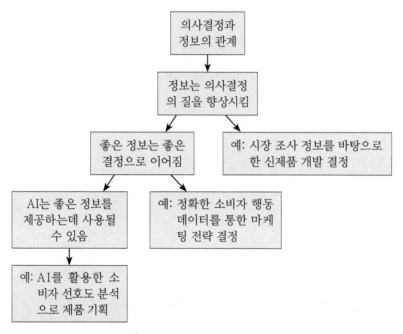

[그림 7-1] 의사결정과 정보의 관계

정보는 [그림 7-1]과 같이 의사결정의 질을 향상시키고 의사결정 과정에서 중요한 역할을 하며, 충분하고 정확한 정보는 더 나은 결정을 내리는 데 기여한다. 또한, 좋은 정보는 좋은 결정으로 이어진다. 정확하고 신뢰할 수 있는 정보는 효과적인 의사결정을 가능하게 하며, 결과적으로 기업의 비즈니스를 성장시키는 데 기여한다.

2) AI를 활용한 정보 제공

AI는 좋은 정보를 제공하는 데 사용될 수 있다. AI 기술은 대량의 데이터 분석을 통해 정확하고 심층적인 정보를 제공할 수 있으며, 이는 의사결정 과정을 지원한다. 예를 들어, 시장 조사 정보를 바탕으로 한 신제품 개발 결정을 한다고 가정했을 때 시장조사를 통해 얻은 정보는 신제품 개발의 방향성을 결정하는 데 도움을 준다.

정보는 정확한 소비자 행동 데이터를 통한 마케팅 전략을 결정하는 데도 도움을 줄 수 있다. 소비자 행동에 대한 데이터 분석을 통해 마케팅 전략을 결정하고, 타겟 마케팅을 실시할 수 있다. 또한, AI 기술을 활용하여 소비자의 선호도와 트렌드를 분석하고, 이를 바탕으로 제품을 기획하는 데 도움을 줄 수 있다.

3) AI 기술을 활용한 의사결정 지원

AI의 활용은 정보의 질을 향상시키고, 이를 통해 더 나은 의사결정을 가능하게 한다. AI 기술은 다음과 같은 방법으로 정보의 질을 향상시키고 의사결정 과정을 지원할 수 있다.

① **데이터 분석의 심화**: AI는 대규모 데이터 세트를 빠르고 효율적으로 분석할 수 있으며, 이를 통해 숨겨진 패턴이나 인사이트를 발견할 수 있다. 예를 들어, 소비자 구매 패턴, 시장의 변화 추세 등을 식별할 수 있다.

② **예측 분석의 활용**: AI는 과거 데이터를 기반으로 미래의 이벤트를 예측하는 데 사용될 수 있다. 이는 재고 관리, 수요 예측, 리스크 관리 등 다양한 분야에서 의사결정을 지원한다.

③ **자동화된 의사결정 지원**: AI는 반복적이고 규칙 기반의 의사결정 과정을 자동화하는 데 사용될 수 있다. 이는 의사결정의 속도를 높이고 인간의 오류를 줄일 수 있다.

④ **개인화된 정보 제공**: AI는 사용자의 행동, 선호도, 이력 등을 분석하여 개인화된 정보나 추천을 제공할 수 있다. 이는 개인 또는 조직에 맞춤화된 의사결정을 가능하게 한다.

⑤ **실시간 정보 처리**: AI는 실시간 데이터 스트리밍을 분석하여 즉각적인 정보를 제공할 수 있다. 이는 급변하는 시장 환경에서 신속한 의사결정을 요구하는 상황에 특히 유용하다.

AI 기술의 발전은 정보의 질을 향상시키고, 의사결정 과정을 혁신적으로 변화시키고 있다. AI를 통해 얻은 고품질의 정보는 조직이 보다 정확하고 효과적인 의사결정을 내리는 데 기여하며, 이는 최종적으로 조직의 성공과 지속 가능성에 긍정적인 영향을 미치게 한다.

3. 생성형 AI를 활용한 정보 전략

생성형 AI를 활용하여 효율적인 정보 접근, 처리 및 고급 정보미래 예측 포함를 통한 의사결정의 품질을 향상시키기 위한 절차와 방법은 다음과 같다정종기, 2023.

1) 데이터 수집 및 통합(Data Collection and Integration)

다양한 출처에서 데이터를 수집한다. 이는 내부 데이터예: 판매 기록, 고객 피드백와 외부 데이터예: 시장 동향, 소셜미디어 데이터를 포함할 수 있다. 데이터 통합을 통해 일관된 데이터 포맷을 확보하고, 데이터의 품질을 관리한다.

데이터 수집 및 통합은 의사결정 과정에서 매우 중요한 단계이다. 이 과정을 상세하게 설명하면 다음과 같다.

① **데이터 수집** Data Collection

- 다양한 출처에서의 데이터 수집: 조직 내부의 데이터예: 재무 보고서, 고객 데이터베이스, 운영 기록와 외부 데이터예: 시장조사 보고서, 공개 데이터 세트, 소셜미디어 데이터를 포함한다.

- 실시간 데이터 스트리밍: 실시간으로 발생하는 데이터예: 온라인 사용자 행동, 센서 데이터를 수집한다.

- 질적 및 양적 데이터: 수치적 데이터뿐만 아니라 텍스트, 오디오, 비디오와 같은 비정형 데이터도 수집한다.

② **데이터 정제 및 전처리** Data Cleaning and Preprocessing

- 데이터 정제: 불완전하거나 오류가 있는 데이터를 정정하고, 중복을 제거한다.

- 데이터 형식화: 다양한 출처에서 온 데이터를 일관된 형식으로 변환한다.

- 데이터 통합: 서로 다른 데이터 소스를 통합하여 통합된 데이터 세트를 생성한다.

③ **데이터 품질 관리** Data Quality Management

- 데이터의 정확성 및 신뢰성 확인: 데이터의 정확성을 검증하고 신뢰할 수 있는 데이터

소스를 확보한다.

- 데이터 보안 및 개인정보 보호: 수집된 데이터의 보안을 유지하고 개인정보 보호 규정을 준수한다.

④ **데이터 저장 및 관리** Data Storage and Management

- 데이터베이스 및 데이터 웨어하우스: 효율적인 데이터 접근과 분석을 위해 데이터베이스 또는 데이터 웨어하우스에 데이터를 저장한다.
- 데이터 거버넌스: 데이터의 표준화, 접근 권한 관리, 데이터 라이프사이클 관리를 포함한 데이터 거버넌스를 수립한다.

이러한 데이터 수집 및 통합 과정은 AI 및 분석 도구가 효과적으로 작동하기 위한 기초를 마련하며, 의사결정의 정확성과 효율성을 크게 향상시킨다. 즉 데이터의 효율적인 수집, 정제, 통합 및 관리를 통해 조직은 보다 정확하고 신뢰할 수 있는 정보에 기반한 결정을 내릴 수 있다.

2) AI 모델 개발 및 훈련(AI Model Development and Training)

생성형 AI 모델을 개발한다. 이는 자연어 처리 Natural Language Processing: NLP, 이미지 인식, 시계열 분석 등을 포함할 수 있다. 수집된 데이터를 사용하여 AI 모델을 훈련시킨다. 모델의 정확도와 신뢰성을 높이기 위해 지속적인 훈련과 조정이 필요하다 정종기, 2021.

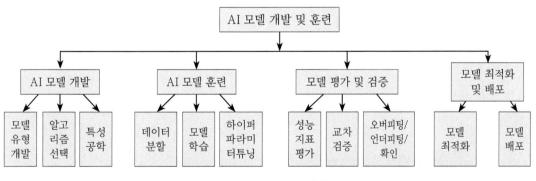

[그림 7-2] AI 모델 개발 및 훈련 절차

AI 모델 개발 및 훈련은 [그림 7-2]와 같이 데이터를 기반으로 의사결정을 지원하는 인공지능 시스템을 구축하는 과정이다. 이 과정을 상세하게 설명하면 다음과 같다.

① **AI 모델 개발**AI Model Development

- 모델 유형 결정: 데이터의 특성과 목표에 따라 적합한 AI 모델 유형을 선택한다. 예를 들어, 분류, 회귀, 클러스터링, 심층학습딥러닝 등 다양한 유형이 있다.
- 알고리즘 선택: 특정 작업에 가장 적합한 알고리즘을 선택한다. 예를 들어, 의사결정 트리, 랜덤 포레스트, 신경망, 서포트 벡터 머신 등이 있다.
- 특성 공학 Feature Engineering : 데이터의 특성을 분석하고, 모델의 성능을 향상시키기 위해 적절한 특성변수을 선택하거나 생성한다.

② **AI 모델 훈련**AI Model Training

- 데이터 분할: 데이터를 훈련 세트와 테스트 세트로 분할한다. 훈련 세트는 모델을 학습시키는 데 사용되며, 테스트 세트는 모델의 성능을 평가하는 데 사용된다.
- 모델 학습: 훈련 데이터를 사용하여 모델을 학습시킨다. 이 과정에서 모델은 데이터의 패턴을 학습하고, 예측 또는 분류를 수행할 수 있게 된다.
- 하이퍼파라미터 튜닝 Hyperparameter Tuning : 모델의 성능을 최적화하기 위해 하이퍼파라미터모델 설정값를 조정한다.

③ **모델 평가 및 검증**Model Evaluation and Validation

- 성능 지표 평가: 정확도, 정밀도, 재현율, F1 점수, ROC 곡선 등 다양한 성능 지표를 사용하여 모델의 성능을 평가한다.
- 교차 검증 Cross-Validation : 모델의 일반화 능력을 평가하기 위해 교차 검증 기법을 사용한다.
- 오버피팅/언더피팅 확인: 모델이 훈련 데이터에 과적합되거나 과소적합되지 않았는지 확인한다.

④ **모델 최적화 및 배포**Model Optimization and Deployment

- 모델 최적화: 모델의 성능을 개선하기 위해 추가적인 튜닝을 수행한다.
- 모델 배포: 개발된 모델을 실제 환경에 배포하여 의사결정 과정에서 활용한다.

AI 모델 개발 및 훈련 과정은 조직의 특정 목표와 요구에 맞게 조정되며, 이를 통해 데이터 기반의 정확하고 효율적인 의사결정을 지원한다.

이 과정을 통해 조직은 데이터 기반의 정확하고 효율적인 의사결정을 지원하는 AI 시스템을 구축할 수 있다.

3) 정보 처리 및 분석(Information Processing and Analysis)

AI 모델을 활용하여 데이터를 처리하고 분석한다. 이는 패턴 인식, 추세 분석, 감정 분석 등을 포함할 수 있다. 데이터에서 유의미한 인사이트를 추출하고, 이를 의사결정에 활용할 수 있는 정보로 전환한다.

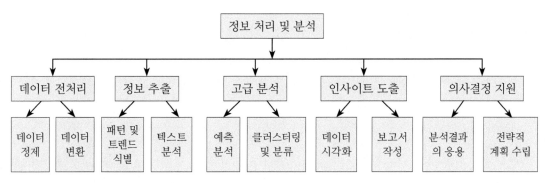

[그림 7-3] 정보 처리 및 분석 절차

정보 처리 및 분석은 [그림 7-3]과 같이 AI 모델을 활용하여 수집된 데이터에서 유용한 정보를 추출하고, 이를 분석하여 의사결정에 활용하는 과정이다. 이 과정을 상세하게 설명하면 다음과 같다.

① **데이터 전처리**Data Preprocessing
- 데이터 정제: 누락된 값, 이상치, 오류 등을 처리하여 데이터의 품질을 향상시킨다.
- 데이터 변환: 데이터를 분석에 적합한 형태로 변환한다. 예를 들어, 범주형 데이터를 수치형으로 인코딩하거나 텍스트 데이터를 토큰화하는 작업이 포함된다.

② **정보 추출**Information Extraction：

- 패턴 및 트렌드 식별: 데이터에서 중요한 패턴, 추세, 상관관계를 식별한다.

- 텍스트 분석: 자연어 처리NLP 기술을 사용하여 텍스트 데이터에서 키워드, 개체명, 감정 등을 추출한다.

③ **고급 분석**Advanced Analytics

- 예측 분석: 미래의 이벤트나 결과를 예측하기 위해 통계적, 기계학습 모델을 사용한다.

- 클러스터링 및 분류: 데이터를 유사한 그룹으로 분류하거나 특정 기준에 따라 분류한다.

④ **인사이트 도출**Insight Generation

- 데이터 시각화: 그래프, 차트, 대시보드를 사용하여 데이터의 인사이트를 시각적으로 표현한다.

- 보고서 작성: 분석 결과를 요약하고 의사결정을 지원하기 위한 보고서를 작성한다.

⑤ **의사결정 지원**Decision Support

- 분석 결과의 응용: 분석 결과를 바탕으로 실질적인 비즈니스 결정을 내린다.

- 전략적 계획 수립: 분석 인사이트를 활용하여 조직의 전략적 계획을 수립하거나 조정한다.

정보 처리 및 분석 과정은 조직이 데이터에서 최대한의 가치를 추출하고, 데이터 기반의 의사결정을 내리는 데 중요한 역할을 한다. 이 과정을 통해 조직은 보다 정확하고 효율적인 의사결정을 할 수 있게 된다.

4) 미래 예측 및 시나리오 분석(Future Forecasting and Scenario Analysis)

AI를 활용하여 미래 예측을 수행한다. 이는 시장 변화, 고객 행동, 수요 예측 등을 포함할 수 있다. 그리고 다양한 시나리오를 분석하여 잠재적인 기회와 위험을 평가한다.

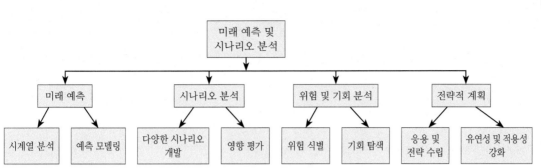

[그림 7-4] 미래 예측 및 시나리오 분석

미래 예측 및 시나리오 분석은 [그림 7-4]와 같이 AI와 데이터 분석을 활용하여 미래의 트렌드, 이벤트, 시장 변화 등을 예측하고, 다양한 미래 시나리오를 분석하는 과정이다. 이 과정을 상세하게 설명하면 다음과 같다.

① **미래 예측**Future Forecasting

- 시계열 분석: 과거 데이터를 기반으로 시간에 따른 패턴을 분석하고, 이를 통해 미래의 추세나 수요를 예측한다.
- 예측 모델링: 통계적, 기계학습 기법을 사용하여 미래의 이벤트나 결과를 예측하는 모델을 개발한다. 예를 들어, 판매량 예측, 주가 변동 예측 등이 있다.

② **시나리오 분석**Scenario Analysis

- 다양한 시나리오 개발: 미래에 발생할 수 있는 다양한 상황을 가정하여 시나리오를 개발한다. 이는 경제적, 정치적, 기술적 변화 등을 고려할 수 있다.
- 영향 평가: 각 시나리오가 조직에 미칠 수 있는 영향을 평가한다. 이는 위험과 기회의 평가를 포함한다.

③ **위험 및 기회 분석**Risk and Opportunity Analysis

- 위험 식별: 미래 예측과 시나리오 분석을 통해 잠재적인 위험을 식별한다.
- 기회 탐색: 미래 시나리오에서 발생할 수 있는 기회를 탐색하고, 이를 활용하는 전략을 수립한다.

④ **전략적 계획 수립**Strategic Planning

- 응용 및 전략 수립: 예측 결과와 시나리오 분석을 바탕으로 조직의 전략적 계획을 수립하거나 조정한다.

• 유연성 및 적응성 강화: 미래의 불확실성에 대응하기 위해 조직의 유연성과 적응성을 강화하는 전략을 개발한다.

미래 예측 및 시나리오 분석은 조직이 미래의 변화에 대비하고 전략적으로 대응할 수 있도록 지원한다. 이 과정을 통해 조직은 더욱 정보에 기반한 의사결정을 내리고 장기적인 성공을 위한 준비를 할 수 있다.

5) 의사결정 지원 시스템 구축(Decision Support System Development)

AI 기반의 의사결정 지원 시스템을 구축한다. 이 시스템은 분석 결과를 바탕으로 의사결정을 지원하는 인터페이스와 도구를 제공한다. 사용자 친화적인 대시보드, 보고서, 알림 시스템 등을 통해 의사결정자에게 중요한 정보를 제공한다.

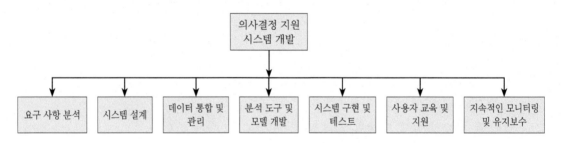

[그림 7-5] 의사결정 지원 시스템 개발 절차

의사결정 지원 시스템 구축은 [그림 7-5]와 같이 조직의 의사결정 과정을 지원하기 위해 설계된 정보 시스템을 개발하는 과정이다. 이 시스템은 데이터 분석, 모델링, 시뮬레이션 등을 통해 의사결정자에게 유용한 정보를 제공하고, 복잡한 문제를 해결하는 데 도움을 준다. 의사결정 지원 시스템 구축의 주요 단계와 요소는 다음과 같다Kenneth C et al.,2020.

① **요구 사항 분석**Requirement Analysis
• 조직의 특정 의사결정 과정을 이해하고, 필요한 기능과 정보 요구 사항을 파악한다.
• 사용자의 요구와 기대를 분석하여 시스템 설계에 반영한다.

② 시스템 설계System Design

- 사용자 인터페이스, 데이터베이스, 모델링 도구 등 시스템의 주요 구성 요소를 설계한다.
- 사용자 친화적이고 직관적인 인터페이스를 개발하여 사용자가 쉽게 정보를 접근하고 분석할 수 있도록 한다.

③ 데이터 통합 및 관리Data Integration and Management

- 다양한 데이터 소스를 통합하고 데이터베이스에 저장한다.
- 데이터의 정확성, 일관성, 신뢰성을 보장하기 위한 데이터 관리 전략을 수립한다.

④ 분석 도구 및 모델 개발Analytical Tools and Model Development

- 데이터 분석, 예측 모델링, 최적화, 시뮬레이션 등을 위한 도구와 모델을 개발한다.
- 복잡한 데이터를 분석하고, 의사결정에 필요한 인사이트를 제공하는 기능을 포함한다.

⑤ 시스템 구현 및 테스트System Implementation and Testing

- 개발된 시스템을 구현하고, 실제 환경에서 테스트를 수행한다.
- 시스템의 성능, 사용자 경험, 오류 및 버그를 확인하고 개선한다.

⑥ 사용자 교육 및 지원User Training and Support

- 사용자가 시스템을 효과적으로 사용할 수 있도록 교육 및 지원을 제공한다.
- 사용자 피드백을 수집하여 시스템을 지속적으로 개선한다.

⑦ 지속적인 모니터링 및 유지 보수Continuous Monitoring and Maintenance

- 시스템의 성능을 지속적으로 모니터링하고, 필요에 따라 유지 보수를 수행한다.
- 시장 변화나 조직의 요구에 따라 시스템을 업데이트하고 개선한다.

의사결정 지원 시스템은 조직의 의사결정을 보다 효율적이고 효과적으로 만들며, 복잡한 문제 해결과 전략적 계획 수립에 중요한 역할을 한다.

6) 지속적인 모니터링 및 개선(Continuous Monitoring and Improvement)

AI 시스템의 성능을 지속적으로 모니터링하고, 필요에 따라 모델을 조정한다.

새로운 데이터와 피드백을 반영하여 시스템을 지속적으로 개선한다. 이러한 절차와 방법을 통해 생성형 AI를 활용하여 정보 접근, 처리 및 고급 정보 분석을 통한 의사결정의 품질을 향상시킬 수 있다.

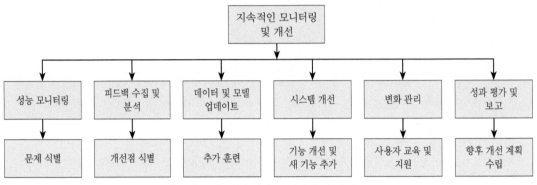

[그림 7-6] 지속적인 모니터링 및 개선

지속적인 모니터링 및 개선은 [그림 7-6]과 같이 의사결정 지원 시스템이나 AI 기반 솔루션의 효과성을 지속적으로 평가하고 개선하는 과정이다. 이 과정은 상세하게 설명하면 다음과 같다.

① **성능 모니터링**Performance Monitoring
- 시스템의 성능 지표를 정기적으로 모니터링 한다. 이는 처리 속도, 정확도, 사용자 만족도 등을 포함할 수 있다.
- 시스템 로그, 사용자 피드백, 오류 보고서 등을 분석하여 문제점을 식별한다.

② **피드백 수집 및 분석**Feedback Collection and Analysis
- 사용자와 이해관계자로부터 피드백을 수집한다. 이는 시스템의 사용성, 기능성, 사용자 경험에 대한 의견을 포함한다.
- 수집된 피드백을 분석하여 시스템의 개선점을 파악한다.

③ **데이터 및 모델 업데이트**Data and Model Updates
- 새로운 데이터, 변경된 시장 조건, 기술 발전 등을 반영하여 데이터 세트와 AI 모델을 정기적으로 업데이트한다.
- 모델의 정확도와 일반화 능력을 향상시키기 위해 추가적인 훈련을 수행한다.

④ **시스템 개선**System Improvement

- 식별된 문제점을 해결하기 위해 시스템의 기능을 개선하거나 새로운 기능을 추가한다.
- 사용자 인터페이스, 데이터 처리 프로세스, 분석 도구 등을 개선하여 사용자 경험을 향상시킨다.

⑤ **변화 관리**Change Management

- 시스템의 변경 사항을 효과적으로 관리하고, 사용자에게 적절한 교육과 지원을 제공한다.
- 조직 내에서의 시스템 변경에 대한 저항을 관리하고, 사용자의 적응을 돕는다.

⑥ **성과 평가 및 보고**Performance Evaluation and Reporting

- 시스템의 성과를 정기적으로 평가하고, 이를 관리자에게 보고한다.
- 성과 평가 결과를 바탕으로 향후 개선 계획을 수립한다.

지속적인 모니터링 및 개선 과정은 시스템이 조직의 변화하는 요구와 시장 조건에 지속적으로 적응하도록 보장하며, 의사결정의 품질과 효율성을 지속적으로 향상시킨다.

4. 챗GPT 활용 실습 단계

1) 콘텐츠 요약 및 추상화 실습 단계

ChatGPT를 사용하여 "콘텐츠 요약 및 추상화" 실습을 하려면 다음과 같은 단계를 따르면 된다.

- **콘텐츠 선택**: 요약 및 추상화를 실습할 콘텐츠를 선택한다. 이것은 뉴스 기사, 학술 논

문, 긴 글, 보고서 등 다양한 형태의 텍스트가 될 수 있다.

- **콘텐츠 분석**: 선택한 콘텐츠를 철저히 읽고 이해한다. 중요한 주제, 아이디어, 주장, 증거 등을 식별한다.
- **요약 작성**: 콘텐츠의 핵심 내용을 간략하게 요약한다. 이때 중요한 정보를 빠뜨리지 않도록 주의하며, 가능한 한 원문의 의미를 충실히 반영해야 한다.
- **ChatGPT 프롬프트 입력**: 작성한 요약을 ChatGPT에 입력하고, 추가적인 정보나 개선 사항에 대해 질문한다. 예를 들어, "이 요약이 콘텐츠의 주요 내용을 잘 반영하고 있는지", "더 추가할 내용이 있는지" 등을 물어볼 수 있다.
- **ChatGPT의 피드백 활용**: ChatGPT가 제공하는 피드백을 바탕으로 요약을 수정하거나 개선한다. ChatGPT는 요약의 완성도를 높이는 데 도움이 될 수 있는 제안을 할 수 있다.
- **추상화 연습**: ChatGPT에 원문의 내용을 바탕으로 새로운 형태의 요약을 생성해 달라고 요청한다. 이를 통해 원문의 내용을 다른 방식으로 표현하는 방법을 배울 수 있다.
- **비교 및 학습**: ChatGPT가 생성한 요약과 자신이 작성한 요약을 비교한다. 이를 통해 요약 기술을 개선하고, 다양한 요약 방식을 이해할 수 있다.

이러한 실습을 통해 콘텐츠 요약 및 추상화 능력을 향상할 수 있으며, ChatGPT는 이 과정에서 유용한 도구로 활용될 수 있다.

2) 검색 효율 개선(프롬프트) 실습 단계

ChatGPT를 활용하여 검색 효율 개선에 관한 실습을 하려면 다음과 같은 단계를 따라 진행할 수 있다.

- **검색 주제 선정**: 검색할 주제를 선정한다. 이는 특정 분야의 지식, 뉴스 이벤트, 학술 주제 등 다양할 수 있다.
- **초기 검색 질의 구성**: ChatGPT에 입력할 초기 검색 질의를 구성한다. 이 질의는 검색

하고자 하는 주제와 관련된 키워드나 질문 형태일 수 있다.

- **ChatGPT를 통한 검색 실행**: 선정한 검색 질의를 ChatGPT에 입력하고 관련 정보를 요청한다. ChatGPT는 해당 질의에 대한 정보를 제공하거나 관련된 내용을 생성한다.

- **결과 분석 및 평가**: ChatGPT가 제공한 정보의 정확성, 관련성 및 완전성을 평가한다. 이를 통해 초기 검색 질의의 효율성을 판단할 수 있다.

- **질의 수정 및 재검색**: 필요한 경우, 검색 질의를 수정하거나 구체화하여 재검색을 수행한다. 이 과정을 통해 보다 정확하고 관련성 높은 결과를 얻을 수 있다.

- **다양한 질의 실험**: 다양한 형태의 질의를 실험하여 ChatGPT의 반응을 관찰한다. 이를 통해 어떤 유형의 질의가 더 효과적인지 파악할 수 있다.

- **결과 정리 및 요약**: 얻은 정보를 정리하고 요약하여 검색 목적에 부합하는지 평가한다.

- **피드백 및 개선**: 실습 과정에서 얻은 경험을 바탕으로 검색 방법을 개선하고 효율적인 검색 전략을 개발한다.

ChatGPT를 활용한 검색 효율 개선 실습은 검색 기술을 향상시키고, AI 기반 도구를 효과적으로 사용하는 방법을 배우는 데 도움이 된다.

3) 미래 예측 인사이트 도출 실습 단계

ChatGPT를 활용하여 "미래 예측 인사이트 도출"하는 실습을 하려면 다음과 같은 단계를 따라 진행할 수 있다.

- **주제 선정**: 미래 예측에 관심 있는 특정 주제를 선정한다. 예를 들어 특정 산업의 미래 동향, 기술 발전, 소비자 행동 변화 등이 될 수 있다.

- **배경 조사**: 선정한 주제에 대한 기존의 연구, 보고서, 뉴스 기사 등을 조사한다.

ChatGPT에 해당 주제에 대한 정보 요청을 하여 관련 데이터와 정보를 수집한다.

- **질의 생성**: 미래 예측과 관련된 구체적인 질문을 생성한다. 예를 들어, "다음 5년간 AI 기술의 주요 발전 방향은 무엇인가요?"와 같은 질문이 될 수 있다.
- **ChatGPT를 통한 인사이트 도출**: 생성한 질문을 ChatGPT에 입력하고 AI가 제공하는 답변을 분석한다.

ChatGPT의 답변을 바탕으로 미래에 대한 인사이트를 도출한다. 도출 결과 평가

- **추가 질문 및 심화 탐구**: ChatGPT의 답변에 대한 추가 질문을 통해 보다 심층적인 인사이트를 탐구한다. 다양한 각도에서 질문을 구성하여 폭넓은 정보를 얻는다.
- **결과 정리 및 분석**평가: ChatGPT로부터 얻은 정보를 정리하고 분석한다. 도출된 인사이트를 바탕으로 미래 전망에 대한 자체적인 해석을 추가할 수 있다.
- **보고서 작성 및 발표**: 실습 과정과 결과를 문서화하여 보고서를 작성한다. 도출된 인사이트와 미래 전망에 대해 발표하거나 토론하여 평가한다.

이러한 실습을 통해 ChatGPT를 활용한 미래 예측 인사이트 도출 능력을 향상할 수 있으며, AI를 활용한 정보 분석 및 해석 능력을 개발할 수 있다.

※ 문제: 난이도 상(20분, 125점), 난이도 중(15분, 100점), 난이도 하(10분, 75점)

【실습 문제】

[문제 1] A회사의 사업 문제 및 해결 방안 도출(난이도 중)

출제 의도(테스트 내용): GPT-4 프롬프트 활용 역량 강화

> [문제]: ChatGPT를 활용해 아래 A회사의 사업 문제 및 해결 방안을 제시하시오.
>
> **상황:** A회사는 건강 관련 제품을 제조 및 판매하는 기업으로, 동남아시아 시장으로의 진출을 계획하고 있다. 그러나 동남아시아 시장의 <u>소비자 행동</u>, <u>경쟁 상황</u>, <u>관련 규제 환경</u>에 대한 정보가 부족하여 어떤 전략으로 시장에 진입해야 할지 결정하기 어려운 상황이다.
>
> [산출물]
>
> ① 동남아시아 건강 관련 제품 시장에 대한 <u>연구 보고서를 요약한 표</u>
>
> ② 동남아시아 시장 진출을 위한 전략적 결정에 대한 인사이트 및 실행 방안을 정리한 표

■ 답안: ChatGPT를 활용하여 다음과 같이 <u>3단계 프롬프트를 사용해 문제를 해결</u>할 수 있다.

■ **프롬프트1:** 역할 부여, 당신은 사업 기획 전문가이면서 해외 시장 개척 전문가입니다.

■ **프롬프트2:** 위에서 제시한 A회사의 상황을 참고하여 동남아시아 건강 관련 제품 시장에 대한 최근 연구 보고서, 소비자 행동 분석, 주요 경쟁 상황, 그리고 관련 규제 환경에 대한 요약을 제공해 주세요. 구분하기 편리하게 표로 작성해 주세요.

[ChatGPT]

동남아시아 건강 관련 제품 시장에 대한 연구 보고서를 요약한 표는 다음과 같습니다. 이 표는 동남아시아 시장의 최근 연구 결과, 소비자 행동 분석, 주요 경쟁 상황, 그리고 관련 규제 환경을 비교하여 제공합니다. 이 정보는 A회사가 동남아시아 시장에 진출하는 데 도움이 될 수 있습니다.

구분	내용
시장 연구 결과	동남아시아 건강 관련 제품 시장은 증가하는 건강 의식과 중산층의 성장으로 인해 확장되고 있습니다. 특히 자연 및 유기농 제품에 대한 수요가 높아지고 있으며, 디지털 마케팅을 통한 제품 홍보가 중요해지고 있습니다.
소비자 행동 분석	동남아시아 소비자들은 건강과 웰빙에 대한 관심이 높으며, 제품의 품질과 안전성을 중요하게 생각합니다. 온라인 리뷰와 소셜 미디어의 영향을 많이 받으며, 친환경적이고 지속 가능한 제품을 선호합니다.
주요 경쟁 상황	시장에는 다양한 지역 및 글로벌 브랜드가 경쟁하고 있습니다. 주요 경쟁자들은 혁신적인 제품 개발, 강력한 브랜드 인지도, 그리고 광범위한 유통 네트워크를 바탕으로 시장점유율을 확대하고 있습니다.
관련 규제 환경	각국의 규제 환경은 매우 다양합니다. 제품의 등록, 라벨링 요구사항, 허가 절차 등이 국가별로 상이하며, 특히 식품 및 건강보조식품에 대한 규제가 엄격합니다. 수입 규제와 관세도 주의 깊게 검토해야 합니다.

이 표를 통해 A회사는 동남아시아 시장의 특성과 동향을 이해하고, 효과적인 시장 진입 전략을 수립할 수 있을 것입니다. 시장 연구와 소비자 행동 분석을 바탕으로 제품 개발 및 마케팅 전략을 조정하고, 경쟁 상황을 면밀히 분석하여 차별화된 가치를 제공해야 합니다. 또한, 각 국가의 규제 환경에 대한 깊은 이해와 준비가 필요합니다.

■ **프롬프트3:** 위 조사된 정보를 바탕으로 동남아시아 시장 진출을 위한 전략적 결정을 내릴 수 있는 인사이트를 도출해 주세요. 구분하기 편리하게 표로 작성해 주세요.

전략적 결정 분야	인사이트 및 실행 방안
제품 현지화와 맞춤화	동남아시아 소비자들의 건강 및 웰빙에 대한 높은 관심과 친환경적, 지속 가능한 제품에 대한 선호도를 고려하여 제품을 현지 시장의 요구와 선호에 맞게 현지화하고 맞춤화해야 합니다. 이는 제품의 품질과 안전성을 강조하고 자연 및 유기농 제품 라인을 확장하는 방식으로 이루어질 수 있습니다.
디지털 마케팅과 소셜 미디어 활용 강화	온라인 리뷰와 소셜 미디어의 영향력이 큰 만큼 디지털 마케팅 전략과 소셜 미디어 채널을 적극 활용하여 브랜드 인지도를 높이고, 소비자와의 직접적인 소통을 강화해야 합니다. 이는 타겟 고객층에 맞는 맞춤형 콘텐츠 제작 및 활동적인 커뮤니티 관리를 포함합니다.
경쟁 분석을 통한 차별화 전략 개발	지역 및 글로벌 경쟁자들과의 경쟁에서 우위를 확보하기 위해 차별화된 제품 개발, 혁신적인 서비스 제공, 강력한 브랜드 스토리텔링을 통한 차별화 전략을 개발해야 합니다. 또한, 강력한 유통 네트워크 구축과 현지 파트너십 개발을 통해 시장 접근성을 강화해야 합니다.

규제 환경에 대한 철저한 이해와 준비	각국의 규제 환경이 상이하므로 제품의 등록, 라벨링, 허가 절차 등에 대한 규제를 면밀히 파악하고 준수해야 합니다. 이는 현지 법률 자문을 통한 사전 준비와 규제 준수를 위한 전략적 계획을 포함합니다.
지속 가능한 비즈니스 모델 구축	사회적, 환경적 책임을 중시하는 지속 가능한 비즈니스 모델을 구축하여 장기적인 브랜드 가치와 사회적 신뢰를 쌓아야 합니다. 이는 친환경 포장재 사용, 지역 사회와의 협력 프로그램 개발 등을 통해 이루어질 수 있습니다.

이러한 인사이트를 바탕으로 전략적 결정을 내리고 실행 계획을 수립함으로써 A회사는 동남아시아 시장에서의 성공적인 진출과 지속 가능한 성장을 도모할 수 있을 것입니다.

[문제 2] 매출 증대 해결 방안 도출(난이도 중)

출제 의도(테스트 내용): GPT-4 정보를 활용한 비즈니스 문제 해결 역량 강화

[문제]: ChatGPT를 활용해 A회사에서 계획한 매출 증대 해결 방안을 제시하시오.

- MZ 세대의 온라인 보석 구매 시 가장 중요하게 생각하는 중요 요소와 그들의 구매 결정에 영향을 미치는 최신 트렌드 조사

- 아래 A회사에서 계획한 매출 증대 해결 방안

상황: A회사는 온라인으로 보석을 판매하는 플랫폼을 운영 중이다. 이 회사는 MZ 세대를 대상으로 한 개인화된 보석 판매를 통해 매출을 두 배 이상 증대시키고자 한다. 그러나 MZ 세대의 구매 선호도와 최신 트렌드를 파악하는 데 어려움을 겪고 있어, 이들을 효과적으로 타겟팅하여 매출 증대를 이룰 수 있는 방법을 찾고자 한다.

[산출물]

① MZ 세대의 온라인 보석 구매 시 가장 중요하게 생각하는 중요 요소 및 최신 트렌드 조사 내용

② A회사에서 계획한 매출 증대 해결을 위한 3단계 실행 방안 내용

(1단계: 시장 조사 및 데이터 분석, 2단계: 타겟팅 전략 및 제품 개발, 3단계: 마케팅 실행 및 고객 참여)

■ **답안:** ChatGPT를 활용하여 다음과 같이 <u>3단계 프롬프트</u>를 사용해 문제를 해결할 수 있다.

■ **프롬프트1:** 역할 부여, 당신은 마케팅 전문가입니다.

■ **프롬프트2:** MZ 세대가 온라인 보석 구매 시 가장 중요하게 생각하는 <u>중요 요소</u>는 무엇이고, 그들의 구매 결정에 영향을 미치는 <u>최신 트렌드</u>는 무엇인가요?

[ChatGPT]

MZ 세대의 온라인 보석 구매 시 가장 중요하게 생각하는 요소와 그들의 구매 결정에 영향을 미치는 최신 트렌드는 다음과 같습니다.

중요 요소

- **개인화와 맞춤형 제품:** MZ 세대는 자신만의 개성과 스타일을 표현할 수 있는 맞춤형 제품에 큰 가치를 둡니다. 보석이나 액세서리를 통해 자신의 독특함을 나타낼 수 있는 옵션을 선호합니다.

- **지속 가능성과 윤리적 생산:** 환경 보호와 사회적 책임에 대한 인식이 높은 MZ 세대는 지속 가능한 방법으로 생산된 제품을 선호합니다. 윤리적으로 채굴된 원석, 재활용 소재 사용, 공정무역 인증 등이 중요한 구매 결정 요인입니다.

- **브랜드 스토리와 가치:** 제품의 품질뿐만 아니라 브랜드가 지닌 스토리와 가치에도 관심이 많습니다. 브랜드가 사회적, 환경적 문제에 어떻게 기여하고 있는지, 그리고 그들의 철학이 구매자의 가치관과 어떻게 일치하는지가 중요합니다.

- **편리한 쇼핑 경험:** 사용하기 쉬운 웹사이트 인터페이스, 빠른 배송 옵션, 간편한 반품 정책 등 온라인 쇼핑의 편리성도 중요한 요소입니다. MZ 세대는 효율적이고 문제없는 쇼핑 경험을 선호합니다.

최신 트렌드

- **가상 피팅 기술:** 증강현실(AR) 기술을 활용한 가상 피팅이 인기를 끌고 있습니다. 이 기술을 통해 소비자는 집에서도 다양한 보석을 자신의 모습에 가상으로 착용해 볼 수 있어 온라인 구매 결정에 큰 도움을 줍니다.

- **소셜미디어와 인플루언서 마케팅:** 소셜미디어에서의 인플루언서와 셀럽의 추천은 MZ

세대의 구매 결정에 큰 영향을 미칩니다. 특히 인스타그램, 틱톡 등에서의 시각적 콘텐츠는 보석과 같은 제품의 매력을 전달하기에 탁월합니다.

- **커스터마이징 옵션:** 자신만의 독특한 보석을 디자인할 수 있는 옵션은 MZ 세대 사이에서 인기가 높습니다. 이는 소비자가 자신의 스타일을 반영한 제품을 가질 수 있게 해주며, 이러한 경험은 구매로 이어지는 강력한 동기가 됩니다.
- **체험 중심의 쇼핑:** 온라인 쇼핑이 단순히 제품 구매를 넘어서는 경험을 제공하는 것도 중요해지고 있습니다. 이는 고객 참여 이벤트, 인터랙티브 콘텐츠 제작 등을 통해 실현될 수 있습니다.

이러한 요소와 트렌드를 이해하고 적극적으로 반영하는 것은 MZ 세대의 온라인 보석 구매 결정에 큰 영향을 미칠 수 있습니다.

■ **프롬프트3:** A회사에서 계획한 매출 증대 해결 방안을 아래 3단계로 제시해 주세요.
1단계: 시장 조사 및 데이터 분석, 2단계: 타겟팅 전략 및 제품 개발,
3단계: 마테팅 실행 및 고객 참여

단계 1: 시장 조사 및 데이터 분석

① **고객 인사이트 확보:** MZ 세대의 구매 선호도, 관심사, 온라인 행동 패턴을 조사합니다. 소셜미디어, 온라인 포럼, 시장조사 보고서 등을 활용해 데이터를 수집합니다.

② **경쟁사 분석:** 동일 시장에서 운영 중인 경쟁사의 전략, 제품 포트폴리오, 가격 정책, 마케팅 전략을 분석합니다. 이를 통해 A회사만의 차별화된 가치 제안을 개발할 수 있습니다.

③ **트렌드 분석:** 최신 패션 및 보석 트렌드, 지속 가능성, 개인화 제품에 대한 선호도 등을 파악합니다. 이러한 트렌드를 제품 개발과 마케팅 전략에 반영합니다.

단계 2: 타겟팅 전략 및 제품 개발

① **세분화 및 타겟팅:** 수집한 데이터를 바탕으로 MZ 세대 내에서도 더 세분화된 타깃 그룹을 정의합니다. 예를 들어, 패션에 민감한 그룹, 지속 가능한 제품을 선호하는

그룹 등으로 나눌 수 있습니다.

② **개인화된 제품 제공:** 맞춤형 보석 제작 서비스를 도입하여 고객이 자신의 스타일과 선호에 맞는 보석을 디자인할 수 있게 합니다. AI 기반 추천 시스템을 개발하여 고객의 이전 구매 이력과 선호도에 기반한 제품을 추천합니다.

③ **브랜드 포지셔닝:** 지속 가능성, 고유한 디자인, 고품질 등 A회사가 선택한 핵심 가치를 명확히 하고, 이를 모든 마케팅 커뮤니케이션에 반영합니다.

단계 3: 마케팅 실행 및 고객 참여

① **디지털 마케팅 강화:** 소셜미디어 광고, 인플루언서 마케팅, SEO, 콘텐츠 마케팅 등을 통해 온라인에서의 가시성을 높입니다. MZ 세대가 자주 사용하는 플랫폼에 초점을 맞춥니다.

② **고객 참여 프로그램:** 소셜미디어 챌린지, 디자인 공모전, 리뷰 공유 보상 등을 통해 고객 참여를 유도합니다. 이를 통해 고객과의 관계를 강화하고 자연스러운 입소문 효과를 노립니다.

③ **피드백과 지속적인 개선:** 고객 피드백을 정기적으로 수집하고 분석하여 제품과 서비스를 지속적으로 개선합니다. 또한, 시장 변화에 민감하게 반응하여 전략을 조정합니다.

[문제 3] AI 산업의 미래 동향, 기술 발전, 소비자 행동 변화에 따른 미래 예측 인사이트 도출
    (난이도 상)

        출제 의도(테스트 내용): **ChatGPT 프롬프트를 활용한 미래 예측 인사이트 도출 역량 강화**

> **[문제]:** ChatGPT를 활용해 <u>AI 산업의 미래 동향</u>, <u>기술 발전</u>, <u>소비자 행동 변화</u>에 따른 미래 예측 인사이트를 도출하시오.
>
> ① 위 주제를 중심으로 <u>기존의 연구</u>, <u>보고서</u>, <u>뉴스 기사</u> 등을 조사하는 프롬프트를 작성하시오
>
> ② 위에서 조사된 정보를 기반으로 미래 예측 인사이트를 도출하는 과정을 단계별로 제시하는 프롬프트를 각각 제시하고 예를 들어 주시오.

③ 위 분석 결과를 바탕으로 우리 회사가 AI 기술을 활용한 인터랙티브 로봇 개발에 있어서 주목해야 할 <u>기술적 측면과 마케팅 전략</u>은 무엇인지 분석하는 프롬프트를 작성하시오.

상황: 우리 회사는 AI 기술을 활용해 대화형 인공지능 로봇을 연구하고 있고 테스트로 대화형 인공지능 로봇을 개발하고 있다.

■ 답안: 다음과 같은 프롬프트를 사용해 미래 예측 인사이트를 도출할 수 있다.

■ **프롬프트1:** 역할 부여, 당신은 리서치 및 미래 예측 전문가입니다.

① <u>정답</u>: AI 산업의 미래 동향, 기술 발전, 소비자 행동 변화에 초점을 맞춘 기존 연구, 보고서, 뉴스 기사 등을 조사하는 프롬프트 작성

■ **프롬프트2:** AI 산업의 미래 동향, 기술 발전 및 소비자 행동 변화에 관한 최근 연구, 보고서, 뉴스 기사를 요약해 주세요.

[ChatGPT]

대화형 인공지능(AI) 로봇의 연구 및 개발은 여러 산업 분야에서 중요한 혁신 동력이 되고 있으며, 이 분야의 미래 동향, 기술 발전, 그리고 소비자 행동 변화에 대한 최근 연구와 보고서, 뉴스 기사들은 다음과 같은 중요한 통찰력을 제공합니다.

산업의 미래 동향

- **서비스 자동화와 개인화:** 서비스 산업, 특히 소매, 의료, 금융 서비스에서 대화형 AI의 도입이 증가하고 있습니다. AI 로봇은 고객 서비스를 자동화하고 개인화하여, 고객 경험을 개선하고 운영 효율성을 높이는 데 기여하고 있습니다.

- **감정 인식 기술의 통합:** AI 로봇이 사용자의 감정과 반응을 인식하고 이해할 수 있게 되면서 더욱 자연스럽고 인간적인 상호작용이 가능해지고 있습니다. 이는 고객 만족도를 높이고, 사용자 경험을 향상시키는 중요한 요소가 되고 있습니다.

- **멀티모달 상호작용의 증가:** 텍스트뿐만 아니라 음성, 시각적 요소, 제스처 등 다양한 입력 및 상호작용 모드를 지원하는 대화형 AI의 개발이 확대되고 있습니다. 이는 사용

자와의 상호작용을 더 풍부하고 효과적으로 만듭니다.

기술 발전

- **자연어 처리(NLP)의 발전:** NLP 기술의 발전으로 대화형 AI는 더 복잡하고 자연스러운 인간의 언어를 이해하고 생성할 수 있게 되었습니다. 이는 AI와의 대화를 더욱 원활하고 효율적으로 만듭니다.
- **기계학습 및 심층학습의 향상:** AI 로봇은 대량의 데이터에서 학습하여 사용자의 선호, 행동 패턴을 예측하고, 개인화된 서비스를 제공할 수 있게 되었습니다. 이는 AI의 응용 범위를 넓히고 있습니다.
- **엣지 컴퓨팅과의 통합:** 데이터 처리와 분석을 클라우드가 아닌 로컬 디바이스에서 수행하는 엣지 컴퓨팅의 적용으로 대화형 AI의 응답 시간이 단축되고 프라이버시 보호가 강화되었습니다.

소비자 행동 변화

- **디지털 비서에 대한 의존 증가:** 일상생활에서 AI 기반 디지털 비서의 사용이 증가하면서 사용자는 정보 검색, 일정 관리, 간단한 작업 수행 등에 AI의 도움을 더 많이 받고 있습니다.
- **프라이버시와 보안에 대한 인식 강화:** 대화형 AI의 사용이 확대됨에 따라 사용자는 개인 데이터의 보호와 AI의 안전한 사용에 대해 더 큰 관심을 가지게 되었습니다.
- **기술 수용성의 증가:** AI 기술에 대한 일반 대중의 인식 개선과 기술에 대한 신뢰 구축으로 다양한 연령대와 배경을 가진 사용자들이 AI 기술을 적극적으로 수용하고 있습니다.

대화형 인공지능 로봇의 연구 및 개발은 계속해서 진화하고 있으며, 이러한 기술적 발전과 산업 동향, 소비자 행동 변화는 향후 몇 년 동안 AI 로봇의 응용 범위와 영향력을 형성하는 데 중요한 역할을 할 것입니다.

② <u>정답</u>: 위에서 조사한 정보를 바탕으로 미래 예측 인사이트를 도출하는 단계별 프롬프트 예시 제공

■ **<u>단계 1: 정보 수집 프롬프트</u>**: 위에서 조사한 정보를 바탕으로 AI 기술을 활용한 인터랙티브 인공지능 로봇에 대한 최신 연구 동향과 소비자의 관심 변화에 대해 알려주세요.

[ChatGPT]

AI 기술을 활용한 인터랙티브 인공지능 로봇에 대한 최신 연구 동향과 소비자의 관심 변화는 다음과 같이 요약할 수 있습니다.

최신 연구 동향

- **감정 인식과 반응:** AI 로봇이 사용자의 감정을 인식하고 적절하게 반응할 수 있는 능력에 대한 연구가 확대되고 있습니다. 이는 헬스케어, 고객 서비스, 교육 등 다양한 분야에서 AI 로봇의 활용 가능성을 높이고 있습니다. 감정 인식 기술은 음성 톤, 얼굴 표정, 심지어 텍스트를 통한 감정 분석을 포함할 수 있습니다.
- **자연어 처리(NLP)의 진화:** 대화형 AI의 핵심 기술인 NLP는 계속해서 발전하고 있으며, 더욱 복잡한 대화, 다양한 언어의 지원, 상황에 맞는 응답 생성 등을 가능하게 하고 있습니다. 최신 연구는 AI가 인간의 언어를 더 깊이 이해하고, 더 자연스러운 대화를 생성할 수 있도록 하는 데 초점을 맞추고 있습니다.
- **멀티모달 상호작용:** 음성, 텍스트, 시각적 요소, 심지어 터치와 같은 다양한 상호작용 모드를 통합하는 AI 로봇 개발에 대한 연구가 증가하고 있습니다. 이는 사용자에게 더 풍부하고 자연스러운 상호작용 경험을 제공하기 위함입니다.
- **지속 가능한 AI 개발:** 에너지 효율적인 AI 모델 개발, 데이터 센터의 탄소 발자국 감소 등 환경에 미치는 영향을 최소화하는 지속 가능한 AI 기술 개발에 대한 관심이 증가하고 있습니다.

소비자의 관심 변화

- **편의성에 대한 기대 증가:** 소비자들은 AI 로봇이 일상생활에서 편의성을 제공할 것으

로 기대하고 있습니다. 예를 들어 가정용 로봇, 개인 비서, 스마트 홈 디바이스 등을 통해 생활이 더 편리해지기를 원합니다.

- **개인화된 경험에 대한 수요:** 소비자들은 자신의 선호와 필요에 맞춘 맞춤형 정보와 서비스를 원합니다. AI 로봇이 개인의 행동 패턴, 선호도를 학습하여 개인화된 콘텐츠와 서비스를 제공할 수 있다는 점에서 큰 관심을 보이고 있습니다.

- **프라이버시와 보안에 대한 우려:** AI 기술의 발전과 함께 개인 데이터의 수집과 처리에 대한 소비자들의 우려도 커지고 있습니다. 따라서 AI 로봇과 관련된 프라이버시 보호 및 데이터 보안 조치에 대한 투명한 정보 제공이 중요해지고 있습니다.

- **윤리적 AI 사용에 대한 인식:** AI의 윤리적 사용, 예를 들어 편향 없는 결정을 내리고, 모든 사용자에게 공정한 서비스를 제공하는 등의 문제에 대한 소비자들의 인식이 높아지고 있습니다. 이는 AI 로봇 개발과 관련된 윤리적 지침과 표준의 필요성을 강조하고 있습니다.

이러한 연구 동향과 소비자의 관심 변화는 AI 기술을 활용한 인터랙티브 인공지능 로봇의 미래 방향성과 개발 전략을 결정하는 데 중요한 기준이 됩니다. 기술 발전과 함께, 사용자의 기대와 우려를 모두 고려하는 것이 중요하며, 이를 통해 더 나은 사용자 경험과 사회적 가치를 제공할 수 있는 AI 로봇을 개발할 수 있을 것입니다.

■ **단계 2: 인사이트 도출 프롬프트:** 수집한 정보를 바탕으로 향후 5년 내 AI 기술과 인터랙티브 로봇 시장의 주요 발전 방향과 예상되는 소비자 행동 변화를 분석해주고 표로 작성해 주세요.

[ChatGPT]
향후 5년 내 AI 기술과 인터랙티브 로봇 시장의 발전 방향 및 예상되는 소비자 행동 변화를 표로 정리하면 다음과 같습니다.

분야	주요 발전 방향	예상되는 소비자 행동 변화
기술 발전	- 감정 인식 기술의 고도화 - 자연어 처리(NLP)의 진화 - 멀티모달 상호작용의 증가 - 지속 가능한 AI 개발 - 개인화 및 맞춤형 서비스의 향상	- AI 로봇에 대한 신뢰 증가 - 다양한 언어 및 문화적 배경을 가진 사용자들의 포용 - 에너지 효율 및 환경 영향에 대한 인식 증가
산업 동향	- 헬스케어 및 의료 서비스의 AI 통합 - 교육 분야에서의 맞춤형 학습 경험 제공 - 고객 서비스 자동화의 확대 - 가정용 AI 로봇 및 개인 비서의 보급	- 건강 관리 및 웰빙에 대한 AI 의존도 증가 - 학습 및 교육에 AI 활용도 증가 - 생활 편의성과 효율성 추구 - 가정 내 AI 로봇과의 상호작용 증가
소비자 행동	- AI 기술에 대한 수용성 증가 - 프라이버시 및 보안에 대한 우려 해결 - 윤리적 AI 사용에 대한 인식 강화 - 개인화된 서비스에 대한 기대 상승	- AI 기술과의 상호작용 빈도 증가 - 보안 및 프라이버시 보호 기능에 대한 요구 증가 - 윤리적 기업에 대한 선호도 상승 - 개인 맞춤형 제품 및 서비스에 대한 수요 증가

■ **단계 3: 전략 제안 프롬프트** : 위 분석 결과를 바탕으로 우리 회사가 AI 기술을 활용한 인터랙티브 로봇 개발에 있어서 주목해야 할 기술적 측면과 마케팅 전략은 무엇인가요?

[ChatGPT]

위 분석 결과를 바탕으로 AI 기술을 활용한 인터랙티브 로봇 개발에 있어서 주목해야 할 기술적 측면과 마케팅 전략을 다음과 같이 제안합니다.

기술적 측면

• **감정 인식과 처리 능력 강화:** 사용자의 감정을 인식하고 이에 적절히 반응할 수 있는 AI 로봇 개발에 집중합니다. 이를 통해 사용자와의 자연스러운 상호작용을 가능하게 하여 사용자 경험을 크게 개선할 수 있습니다.

• **고도화된 자연어 처리(NLP):** 대화의 맥락을 이해하고, 더 자연스러운 대화를 생성할 수 있는 NLP 기술에 투자합니다. 다양한 언어와 방언을 지원하여 글로벌 시장에서의 접근성을 높입니다.

• **멀티모달 상호작용의 통합:** 음성, 텍스트, 시각적 요소 등 다양한 상호작용 모드를 통

합하여 사용자에게 더 풍부한 상호작용 경험을 제공합니다. 사용자가 선호하는 상호작용 방식을 선택할 수 있도록 합니다.

- **지속 가능한 AI 개발:** 에너지 효율이 높고, 환경에 미치는 영향이 적은 AI 모델 개발에 주력합니다. 이는 기업의 지속 가능성 목표에 기여하고, 환경에 대한 소비자의 우려를 해소하는 데 도움이 됩니다.

마케팅 전략

- **개인화 및 맞춤형 마케팅:** 소비자의 선호와 필요에 맞춘 개인화된 마케팅 전략을 실행합니다. AI 로봇이 제공할 수 있는 맞춤형 서비스와 경험을 강조하여 소비자의 관심을 끌고 구매를 유도합니다.
- **프라이버시와 보안 강조:** AI 기술과 관련된 프라이버시 보호 및 데이터 보안 조치에 대해 투명하게 소통합니다. 소비자의 신뢰를 구축하고, 보안에 대한 우려를 해소하기 위해 노력합니다.
- **소비자 참여 증대:** 소셜 미디어, 포럼, 온라인 커뮤니티 등을 활용하여 소비자와의 상호작용을 증대시킵니다. 사용자 피드백을 적극적으로 수집하고, 제품 개발과 마케팅 전략에 반영합니다.
- **윤리적 AI 사용 강조:** AI 기술의 윤리적 사용과 사회적 책임을 강조하는 마케팅 메시지를 개발합니다. 소비자가 윤리적 기업을 선호하는 경향을 활용하여 브랜드 이미지를 강화합니다.

이러한 기술적 측면과 마케팅 전략은 AI 기술을 활용한 인터랙티브 로봇 개발 및 출시 과정에서 기업이 경쟁력을 갖추고, 시장에서 성공적으로 자리 잡는 데 중요한 역할을 할 것입니다. 기술 혁신과 소비자의 기대에 부응하는 전략적 접근이 필요합니다.

이러한 프롬프트를 통해 AI 산업의 미래 동향, 기술 발전, 소비자 행동 변화에 대한 깊이 있는 분석과 미래 예측 인사이트를 도출할 수 있으며, 이를 바탕으로 전략적 의사결정을 내리는 데 도움을 줄 수 있다.

참고 문헌

- 정종기, "150가지 사례와 함께 쉽게 활용하는, 인공지능 비즈니스", 형설이엠제이, 2021.09
- 정종기, "ChatGPT 업무. 비즈니스 활용 전략", 형설이엠제이, 2023.07
- Harren, V. A. (1979). A model of career decision making for college students. Journal of Vocational Behavior, 14(2), 119-133.
- Kenneth C et al., "Management Information Systems: Managing the Digital Firm", 역자, 김우주 외, 시그마프레스, 2020.10

Chapter 08 인공지능을 활용한 전략적 계획 및 의사결정

1. 전략적 계획과 의사결정에서의 AI의 활용

전략적 계획과 의사결정은 기업의 장기적 성공을 위해 필수적인 과정이다. 이는 기업이 시장 변화에 효과적으로 대응하고, 경쟁 우위를 확보하며, 목표 달성을 위한 명확한 경로를 설정하는 데 도움을 준다. 전략적 계획은 조직의 비전, 목표를 설정하고, 이를 달성하기 위한 전략을 개발하는 과정을 포함한다. 의사결정은 이러한 전략을 실제 행동으로 옮기는 과정에서 발생하는 선택의 순간이다. 제9장은 독자들이 AI 기술의 중요성을 이해하고, 이를 비즈니스 환경에 통합하여 경쟁력을 강화하는 방법에 대해 고민하도록 돕는다. 또한, 이 장에서는 AI의 역할과 미래 비즈니스 전략에의 적용을 중심으로, AI와 관련된 기본적인 개념부터 심화된 응용까지 다룰 예정이다.

- **현대 비즈니스 세계에서의 AI:** 이 장에서는 인공지능AI이 현대 비즈니스 세계에서 차지하는 중요한 위치와 전략적 의사결정에 미치는 광범위한 영향을 강조한다. AI의 급격한 발전은 비즈니스 모델, 운영 프로세스, 시장 접근 방식에 혁신적인 변화를 가져오고 있다.
- **비즈니스 전략과 의사결정의 변화:** AI 기술의 발전이 비즈니스 전략 수립과 의사결정 과정에 어떠한 변화를 가져왔는지를 소개한다. 빅데이터의 활용, 예측 분석, 자동화된

의사결정 시스템 등은 기업이 더욱 효율적이고 정확하게 의사결정을 내리는 데 중요한 역할을 한다.

- **AI의 역할 탐색:** 독자들이 AI의 역할을 이해하고, 이를 자신의 비즈니스 전략에 어떻게 적용할 수 있는지를 탐색하는 기회를 제공한다. 이를 통해 독자들은 AI가 제공하는 다양한 가능성을 인지하고, 이를 기반으로 혁신적인 비즈니스 솔루션을 개발할 수 있을 것이다.

2. 이론적 내용

1) 전략적 계획 및 의사결정의 중요성

비즈니스 현장에서 전략적 계획과 의사결정은 기업의 장기적 성공을 위해 필수적이며 기업이 시장 변화에 효과적으로 대응하고, 경쟁 우위를 확보하며, 목표 달성을 위한 명확한 경로를 설정하는 데 도움을 준다. 전략적 계획은 조직의 비전, 목표를 설정하고, 이를 달성하기 위한 전략을 개발하는 과정을 포함하며 의사결정은 이러한 전략을 실제 행동으로 옮기는 과정에서 발생하는 선택의 순간이다.

(1) 비즈니스 현장에서의 준비와 업무 처리

전통적으로 기업들은 시장조사, SWOT 분석강점, 약점, 기회, 위협 분석, PEST 분석정치적, 경제적, 사회적, 기술적 분석과 같은 도구를 활용하여 전략적 계획을 수립하고 의사결정을 내린다. 이러한 분석을 통해 기업은 외부 환경을 평가하고, 내부 역량을 분석하며, 전략적 목표를 설정하고 이를 달성하기 위한 구체적인 전략을 개발한다.

(2) 기본적인 방법론과 의사결정 기법

전략적 의사결정에는 여러 가지 방법론과 기법이 적용되었다. 예를 들어, 비용－편익 분석, 리스크 분석, 시나리오 계획 등은 특정 전략이나 결정의 잠재적 결과를 평가하는 데 사용되었다. 또한, 의사결정 트리, 매트릭스 분석 등은 복잡한 결정 상황에서 옵션을 비교하고 최적의 선택을 도출하는 데 도움을 주었다.

(3) AI의 역할

AI 기술의 등장은 전략적 계획과 의사결정 과정에 혁신적인 변화를 가져왔다. AI와 머신러닝 알고리즘은 대량의 데이터를 신속하게 분석하고, 패턴을 식별하며, 예측 모델을 생성할 수 있다. 이를 통해 기업은 더 정확하고 신속한 의사결정을 내릴 수 있으며, 복잡한 시장 환경에서 전략적 기회를 포착할 수 있다. AI는 또한 리얼타임 데이터 분석을 통해 시장 동향과 소비자 행동의 변화를 즉각적으로 감지하고, 이에 기반한 전략적 조치를 취할 수 있는 능력을 기업에 제공한다.

2) AI와 전략적 의사결정

의사결정 과정에서 AI가 어떻게 중요한 인사이트와 분석을 제공하는지 설명하고자 한다. 인공지능이 데이터 분석, 위험 예측, 자동화된 의사결정 프로세스를 통해 전략적 의사결정을 어떻게 강화하는지 설명을 통해 전략적 의사결정에서의 AI의 역할을 소개한다.

(1) AI와 데이터 분석의 역할

인공지능AI은 대량의 데이터에서 유의미한 패턴과 트렌드를 식별함으로써 비즈니스 의사결정에 혁신을 가져온다. 예를 들어, AI가 소비자 데이터를 분석하여 선호도와 구매 행동을 예측하고, 이를 바탕으로 마케팅 전략을 개선할 수 있다. 또한, AI는 시장의 다양한 변화를 실시간으로 감지하고, 이를 통해 기업이 더 빠르고 정확하게 대응할 수 있도록 돕는다. 이러한 AI의 데이터 분석 능력은 경쟁사 분석, 시장 동향 예측, 그리고 새로운 비즈니스 기회 발굴에도 중요한 역할을 한다.

(2) AI를 통한 위험 예측

AI는 비즈니스 위험을 예측하고 전략적으로 대응하는 데 핵심적인 역할을 한다. 예를 들어, 금융 분야에서 AI는 시장 변동성을 분석하여 투자 리스크를 관리하는 데 도움을 준다. 공급망 관리에서도 AI는 물류 지연, 재고 부족, 수요 변화 등의 위험을 예측하고, 이에 대한 최적의 대응 전략을 수립한다. 이러한 AI의 위험 예측 기능은 기업이 불확실한 시장 환경에서 더욱 견고한 의사결정을 할 수 있도록 지원한다.

(3) 자동화된 의사결정 프로세스

AI는 의사결정 프로세스의 자동화를 통해 비즈니스의 효율성과 정확성을 향상한다. 예를 들어, AI는 고객 서비스 분야에서 사용자의 문의에 자동으로 응답하고, 이를 통해 서비스 품질을 개선한다. 또한, 인벤토리 관리에서 AI는 재고 수준을 실시간으로 모니터링하고, 필요에 따라 자동으로 주문을 조절한다. 이처럼 AI의 자동화 기능은 기업이 더욱 민첩하고 정확한 의사결정을 할 수 있도록 도와준다.

3) AI 기반 환경 분석

AI를 사용하여 시장과 환경 분석을 수행하고 전략을 기획하는 방법을 제시한다. 경쟁 분석, 시장 트렌드 예측, 소비자 행동 분석 등 AI가 환경 분석과 전략기획에 기여할 수 있는 다양한 방법을 소개한다. AI 도구를 활용한 실제 환경 분석 사례를 통해 이론을 실제로 적용하는 방법을 소개한다.

(1) 경쟁 분석

AI의 경쟁 분석 능력은 기업이 경쟁사의 전략, 제품, 시장 점유율을 심층적으로 이해하는 데 중요한 역할을 한다. 예를 들어, AI가 고급 분석을 통해 경쟁사의 제품 개발 동향과 마케팅 전략을 파악하고, 이를 바탕으로 자사의 전략을 조정할 수 있다.

- **사례**: 대형 소매업체는 AI를 활용하여 경쟁사의 가격 변동, 프로모션 활동을 분석하고, 실시간으로 자사의 가격 전략을 조정하여 시장 점유율을 높였다.

(2) 시장 트렌드 예측

AI는 소비자 요구, 기술 변화, 산업 동향을 예측하는 데 핵심적인 역할을 한다. AI 분석을 통해 시장의 미래 동향을 예측하고, 이를 기반으로 전략적 계획을 수립한다.

- **사례**: 한 기술 회사는 AI를 사용하여 새로운 기술 트렌드를 식별하고, 이를 바탕으로 R&D 투자 방향을 결정했다. 이로 인해 시장 변화에 빠르게 대응하고 혁신적인 제품을 출시할 수 있었다.

(3) 소비자 행동 분석

AI는 소비자 행동, 선호도, 구매 패턴을 분석하여 마케팅 전략에 혁신을 가져온다. AI는 다양한 소비자 데이터를 분석하여 개인화된 제품 추천, 마케팅 캠페인 최적화 등을 수행한다.

- **사례**: 온라인 패션 소매업체는 AI를 활용하여 고객의 구매 이력과 행동 데이터를 분석하고, 개인화된 제품 추천을 제공하여 매출을 증가시켰다.

4) 창의적 아이디어 도출

AI가 비즈니스 기획 및 전략 개발에 있어서 창의적 사고와 혁신을 어떻게 촉진하는지 탐구한다. 비즈니스에 자주 활용되는 프레임워크에 대해서도 소개한다. AI를 활용한 혁신적인 아이디어 생성 방법과 비즈니스 프레임워크 적용 사례를 제공하여 독자가 AI의 가능성을 이해할 수 있도록 한다.

(1) AI를 활용한 아이디어 생성

AI가 비즈니스 아이디어 생성에 기여하는 방법을 이해해야 한다. AI는 대규모 데이터 분석을 통해 새로운 시장 기회를 식별하고, 이를 기반으로 혁신적인 제품 개발 아이디어를 제시한다. 예를 들어, 소비자 구매 데이터와 트렌드를 분석하여, 소비자의 미충족 수요를 파악하고, 이를 바탕으로 새로운 제품 개념을 제안할 수 있다.

- **사례:** IBM의 왓슨Watson은 레시피 생성에 AI를 활용하여 새로운 맛 조합을 제안하였고, 요리 분야에서 창의적인 아이디어를 제시했다.

(2) 혁신적인 비즈니스 프레임워크

AI가 전통적인 비즈니스 모델을 혁신하는 방법을 탐구해야 한다. AI는 고객의 니즈와 행동 패턴을 분석하고 기존에는 고려되지 않았던 새로운 서비스 모델을 제안한다.

- **사례:** 스포티파이Spotify는 AI를 활용하여 개인화된 음악 추천을 제공하였고, 이를 통해 사용자 경험을 혁신하고 사용자 참여도를 높였다.

(3) AI와 창의성의 결합

AI가 예술과 디자인 분야에서 어떻게 창의성을 촉진하는지 이해해야 한다. AI는 다양한 데이터를 분석하여 새로운 예술 작품과 디자인을 창출하며, 이를 통해 전통적인 창작 방식을 혁신한다.

- **사례:** 구글Google의 딥드림DeepDream은 AI를 이용해 독특한 예술 이미지를 생성함으로써 예술계에 새로운 창작 방식을 제시했다.

3. AI의 지원(역할)

여기에서는 'AI의 지원역할'을 소개하기 위해, AI가 비즈니스에서 수행하는 다양한 역할에 초점을 맞출 것이다. 이는 AI가 기업 운영과 전략 수립에서 어떻게 핵심적인 지원을 제공하는지를 강조할 것이다. 주요 내용으로는 AI의 데이터 처리 및 분석 능력, 비즈니스 프로세스 자동화, 고객 서비스 개선, 비즈니스 위험 관리, 그리고 마케팅 전략 수립에서의 AI 역할 등을 다룰 예정이다. 각각의 부분에서 AI가 기업에 실질적인 가치를 어떻게 제공하는지 심도 있게 설명하고, 실제 사례를 통해 이러한 역할들이 어떻게 현실에 적용되는지를 보여줄 것이다.

1) 의사결정 과정의 AI

데이터 분석에서 인사이트 도출에 이르기까지, AI가 전략 계획과 의사결정을 지원하는 다양한 방식을 소개한다. AI가 의사결정 과정에서 제공하는 심층적 인사이트와 데이터 분석의 역할을 강조한다. AI가 전략 계획을 수립하고 의사결정을 내리는 데에 어떻게 핵심적인 역할을 하는지에 대한 구체적인 예시와 방법론을 제공한다.

(1) 데이터 기반 의사결정

AI는 방대한 양의 데이터에서 중요한 인사이트를 추출하여 의사결정 과정에 중요한 정보를 제공한다. 예를 들어, AI는 시장 동향, 소비자 행동, 경쟁사 활동 등의 데이터를 분석하여 비즈니스 전략을 수립하는 데 필요한 통찰력을 제공한다. 이를 통해 기업은 더 정확하고 신속한 결정을 내릴 수 있다.

(2) 전략 계획 수립에서의 AI 역할

AI는 시장 변화를 예측하고 이를 바탕으로 장기적인 전략적 목표를 설정하는 데 기여한다. AI는 다양한 시나리오 분석을 통해 가능한 미래 상황을 예측하고, 이를 통해 기업이 전략적인 의사결정을 내릴 수 있도록 돕는다.

(3) 의사결정 프로세스의 자동화

AI는 의사결정 프로세스를 자동화하여 비즈니스 운영의 효율성을 향상시킨다. 예를 들어, 재고 관리, 가격 결정, 고객 서비스 등의 영역에서 AI가 데이터 분석을 기반으로 자동화된 결정을 내릴 수 있다.

2) 데이터 기반 의사결정에서 AI의 적용 사례

AI가 데이터 주도 의사결정 프로세스를 어떻게 지원하는지, 특히 예측 분석, 고객 세분화, 재고 관리 등에서의 적용 예를 제공한다. 데이터 기반 의사결정에서의 AI 적용 확장과 관련하여 AI의 예측 분석, 고객 세분화, 재고 관리 등의 적용 사례를 좀 더 광범위하게 다루어 AI의 다양한 활용 가능성을 탐구한다. 실제 비즈니스 사례를 통해 AI가 의사결정을 어떻게 개선하고 전략을 효과적으로 수립하는 데 도움을 주는지를 분석한다.

(1) 예측 분석에서의 AI 활용

AI를 통한 예측 분석은 비즈니스 의사결정에 필수적이다. AI는 시장 동향, 소비자 수요, 제품 수명주기 등을 예측하는 데 중요한 역할을 한다. 예를 들어, AI는 판매 데이터, 고객 행동, 시즌별 추세를 분석하여 미래의 수요를 예측하고, 이를 기반으로 재고 관리 전략을 최적화한다.

(2) 고객 세분화

AI는 다양한 고객 데이터를 분석하여 특정 시장 세그먼트를 식별한다. 이를 통해 기업은 타겟 마케팅 전략을 더욱 효과적으로 수립하고, 고객 참여도를 높일 수 있다. AI는 구매 이력, 온라인 행동 패턴, 고객 반응 데이터 등을 분석하여 맞춤형 마케팅 캠페인을 제안한다.

(3) 재고 관리의 자동화

AI는 재고 관리에서 핵심적인 역할을 한다. AI 시스템은 실시간으로 재고 수준을 추적하고, 판매 추세와 수요 변화를 분석하여 필요한 재고 조정을 자동으로 수행한다. 이는 재고 부족이나 과잉을 방지하고, 운영 비용을 절감하는 데 도움을 준다.

4. 프롬프트 디자인 내용

프롬프트 디자인 내용은 프롬프트 디자인 기법과 프롬프트 디자인 사례로 나누어 설명한다.

1) 프롬프트 디자인 기법

사용자와 AI 간의 상호작용을 최적화하기 위한 효과적인 프롬프트 디자인 기법을 제시한다. 구체적인 사례와 함께 다양한 유형의 AI 시스템에서 프롬프트를 어떻게 구성해야 하는지를 설명한다.

(1) 프롬프트 디자인의 기본 원리

프롬프트 디자인의 핵심은 명확하고 구체적인 지시를 통해 AI가 정확한 의도를 파악하도록 하는 것이다. 예를 들어, 의사결정 지원 시스템에 "시장 동향에 따른 제품 수요 변화 분석"과 같이 구체적인 요청을 제공하면, AI는 관련 데이터를 분석하여 보다 정확한 인사이트를 제공할 수 있다.

- 프롬프트 예시:

"최근 3개월간의 소셜미디어 데이터를 분석하여, 주요 경쟁사에 대한 소비자 감정 변화를 보고해 주세요."

"다음 분기의 공급망 비용 최적화를 위한 전략 분석을 제공해 주세요."

"경쟁사의 최근 제품 출시가 우리 시장 점유율에 미치는 영향을 평가해 주세요."

"새로운 시장 진입 전략을 위한 소비자 트렌드 분석 보고서를 생성해 주세요."

"우리 기업의 지속 가능성 목표 달성을 위한 혁신적인 방안을 제시해 주세요."

"직원 만족도 향상을 위한 내부 정책 개선안을 분석해 주세요."

"기술 혁신이 우리 산업에 미치는 장기적 영향을 분석해 주세요."

"고객 서비스 프로세스 개선을 위한 AI 기반 솔루션을 추천해 주세요."

"재무 성과 개선을 위한 비용 절감 전략을 제안해 주세요."

"다가오는 규제 변화가 비즈니스 운영에 미칠 영향을 분석해 주세요."

"신제품 개발을 위한 시장 기회 분석을 실시해 주세요."

(2) 다양한 AI 시스템에서의 프롬프트 디자인

다양한 AI 시스템에서의 프롬프트 디자인은 각 시스템의 기능과 목적에 따라 달라진다. 예를 들어, 전략기획을 위한 AI 시스템에는 "경쟁사 분석을 통한 시장 점유율 증대 전략 제안"과 같은 프롬프트가 효과적이다.

- 프롬프트 예시:

"다가오는 분기에 대한 시장 분석을 기반으로, 효과적인 마케팅 전략을 수립해 주세요."

"새로운 고객 세그먼트 타깃팅을 위한 데이터 분석을 제공해 주세요."

"직원 교육 프로그램의 효과성 평가를 위한 분석 보고서를 작성해 주세요."

"제품 리콜 위험을 최소화하기 위한 품질 관리 전략을 개발해 주세요."

"시장 진입 장벽을 분석하여 새로운 비즈니스 기회를 식별해 주세요."

"고객 피드백을 분석하여 제품 개선 방안을 제시해 주세요."

"브랜드 이미지 강화를 위한 소셜미디어 전략을 개발해 주세요."

"인력 배치 최적화를 위한 분석을 실시해 주세요."

"운영 효율성을 개선하기 위한 자동화 전략을 제안해 주세요."

"경쟁사의 혁신 동향을 분석하여 우리의 R&D 전략에 반영해 주세요."

"고객 충성도 증진을 위한 서비스 개선 방안을 제시해 주세요."

"최근 출시된 제품의 소비자 반응을 분석하여, 다음 제품 개발 전략에 대한 권장 사항을 제공해 주세요."

2) 응용 프롬프트 디자인 사례

효과적인 프롬프트 디자인 기법을 위한 프롬프트 최적화 전략, 시장 분석을 위한 AI 활용법, 데이터 기반 의사결정 과정에서 AI 활용 사례 등에 대해 유용한 프롬프트를 소개한다.

(1) 시장 분석을 위한 프롬프트 디자인

시장 동향, 경쟁사 분석, 고객 세분화 등을 위한 프롬프트 디자인 방법을 탐구한다. 실제 비즈니스 사례를 통해 이러한 프롬프트가 어떻게 시장 분석에 활용될 수 있는지를 소개한다. 시장 분석을 위한 프롬프트 디자인은 경쟁 환경을 이해하고 전략적 기회를 식별하는 데 중요하다. 이를 위해 경쟁사의 제품 출시, 시장 동향, 고객 선호도 등을 분석하는 프롬프트를 설계한다.

프롬프트 디자인을 할 때 싱글턴Single turn 프롬프트와 멀티턴Multiturn 프롬프트 사용은 목적과 상황에 따라 달라진다. 싱글턴 프롬프트는 하나의 프롬프트로 목표한 결과물을 받아내고자 하는 방법으로 단일 질문이나 명령으로 구성되며, 간단하고 직접적인 상황에서 효과적이다. 반면 멀티턴 프롬프트는 생성형 AI와 여러 번의 대화를 통해 결과물을 미세하게 조정하여 나가는 방식으로 대화형 세션에서 여러 차례의 질문과 대답을 포함하여 복잡한 정보를 추출하거나, '단계적Step by Step'으로 상세한 대화를 진행할 때 사용된다. 싱글턴은 신속한 정보 접근에 유리한 반면, 멀티턴은 사용자와의 상호작용을 깊이 있게 만들어 문맥적 이해를 높이는 데 장점이 있다. 따라서 상황과 목적에 따라 적절한 유형의 프롬프트를 선택하는 것이 중요하다.

- 프롬프트 예시:

  - 싱글턴:

    "최근 6개월 동안 경쟁사 A의 신제품 출시가 우리 시장 점유율에 미친 영향을 분석해 주세요."

  - 멀티턴 세트:

    "경쟁사 A의 최근 제품 출시 목록을 제공해 주세요."

    "이 제품들이 시장에서 어떤 반응을 받았는지 분석해 주세요."

    "이러한 반응이 우리 제품 전략에 미칠 영향을 평가해 주세요."

(2) 데이터 기반 의사결정 프롬프트

데이터 분석을 통한 의사결정 개선을 위한 프롬프트 디자인 전략을 다룬다. 실제 비즈니스 상황에서 데이터 기반 의사결정을 지원하는 프롬프트 디자인 사례를 제시한다. 아래 프롬프트는 의사결정과 전략기획에 관련된 것이다. 데이터 기반 의사결정을 위한 프롬프트는 비즈니스의 의사결정 과정을 강화한다. 이를 위해 판매 데이터, 고객 피드백, 시장 동향 등을 분석하여 의사결정을 지원하는 프롬프트를 구성한다.

- 프롬프트 예시:

  - 싱글턴:

    "지난 분기의 판매 데이터를 기반으로 다가오는 분기의 판매 전략을 제안해 주세요."

  - 멀티턴 세트:

    "지난 분기의 판매 데이터를 요약해 주세요."

    "이 데이터에서 식별된 주요 추세는 무엇인가요?"

    "이 추세를 바탕으로 다음 분기의 판매 전략을 개발해 주세요."

[표 8-1] 다양한 비즈니스 상황에 따른 프롬프트 예시

상황	싱글턴 프롬프트	멀티턴 프롬프트 셋
고객 이탈률 감소	"최근 6개월 동안 고객 이탈률 증가의 원인을 분석해 주세요."	"지난 6개월간의 고객 이탈 데이터를 제공해 주세요." "이탈 원인에 대한 분석을 해 주세요." "이탈률을 감소시키기 위한 전략적 조치를 제안해 주세요."
신제품 개발	"현재 시장 트렌드를 바탕으로 신제품 개발 아이디어를 제안해 주세요."	"최근 시장 트렌드를 요약해 주세요." "이 트렌드를 활용한 신제품 개발 아이디어를 제공해 주세요." "해당 제품의 시장 가능성을 평가해 주세요."
비용 절감	"운영 비용을 절감할 수 있는 방안을 분석해 주세요."	"현재 운영 비용 구조를 분석해 주세요." "가장 비용이 많이 드는 부분을 식별해 주세요." "이 부분에서 비용을 줄일 수 있는 구체적인 방법을 제안해 주세요."
브랜드 인지도 향상	"브랜드 인지도를 향상시킬 수 있는 마케팅 전략을 제안해 주세요."	"현재 브랜드 인지도 수준을 분석해 주세요." "인지도가 낮은 원인을 분석해 주세요." "인지도를 향상시킬 수 있는 마케팅 전략을 개발해 주세요."
직원 만족도 향상	"직원 만족도를 높이기 위한 내부 정책 개선안을 제안해 주세요."	"현재 직원 만족도 수준을 분석해 주세요." "만족도가 낮은 주요 원인을 파악해 주세요." "만족도를 향상시킬 수 있는 구체적인 정책 변경안을 제시해 주세요."
고객 서비스 개선	"고객 서비스 프로세스를 개선하여 고객 만족도를 높이는 방안을 제안해 주세요."	"현재 고객 서비스 프로세스를 분석해 주세요." "서비스 프로세스에서 문제점은 무엇인지 식별해 주세요." "이 문제점을 해결할 수 있는 개선안을 제시해 주세요."
신시장 진입 전략	"새로운 시장 X에 대한 진입 전략을 제안해 주세요."	"시장 X에 대한 기본 정보와 현재 시장 동향을 분석해 주세요." "이 시장에 진입하기 위한 주요 장애물은 무엇인가요?" "이 장애물을 극복하기 위한 구체적인 전략을 제시해 주세요."
위기 관리 계획	"현재 경제 상황에 대한 위기관리 계획을 수립해 주세요."	"현재 경제 상황의 주요 위험 요소를 분석해 주세요." "이러한 위험에 대응하기 위한 전략적 접근법은 무엇인가요?" "이 접근법을 실행하기 위한 단계별 계획을 제시해 주세요."
지속 가능성 전략	"지속 가능한 비즈니스 모델을 개발해 주세요."	"지속 가능성에 대한 현재 시장의 요구사항을 분석해 주세요." "이 요구사항을 충족하는 비즈니스 모델은 어떤 것인가요?" "이 모델을 구현하기 위한 구체적인 전략을 제안해 주세요."
인수 합병 전략	"잠재적 인수 대상 회사에 대한 분석 및 전략을 제시해 주세요."	"잠재적 인수 대상 회사 목록을 제공해 주세요." "각 회사의 재무 상태와 시장 위치를 분석해 주세요." "가장 유망한 인수 후보와 그 이유를 설명해 주세요."
디지털 전환 전략	"회사의 디지털 전환을 위한 전략을 수립해 주세요."	"현재 비즈니스 프로세스의 디지털화 수준을 분석해 주세요." "디지털 전환을 가속화할 수 있는 기회는 무엇인가요?" "이러한 기회를 활용하기 위한 구체적인 계획을 제시해 주세요."
인재 채용 전략	"다가오는 해의 인재 채용 전략을 개발해 주세요."	"현재 인력 구성과 인재 시장의 동향을 분석해 주세요." "채용해야 할 주요 역량 및 직무는 무엇인가요?" "이러한 직무에 적합한 인재를 채용하기 위한 전략을 제안해 주세요."

(3) 의사결정과 전략기획 또는 사업계획 작성 멀티턴 프롬프트

각각의 멀티턴 프롬프트 세트는 상황별로 다른 의사결정 및 전략 기획을 위한 구체적인 가이드를 제공한다. 이를 통해 사용자는 AI 시스템을 활용하여 복잡한 비즈니스 문제를 효과적으로 해결할 수 있다. 좀 더 복잡한 비즈니스 상황 또는 해결해야 하는 문제에 대해 의사결정과 전략기획 또는 사업계획 작성을 멀티턴 프롬프트 세트로 해결하는 예시를 추가로 제시한다.

- **상황: 신제품 출시 시장 반응 평가**

  "신제품 X에 대한 초기 시장 반응을 분석해 주세요."

  "이 반응이 향후 수개월 내 시장 동향에 어떤 영향을 미칠 것으로 예측되나요?"

  "이 정보를 바탕으로 지속적인 시장 침투 전략을 수립해 주세요."

- **상황: 경쟁사 전략 분석 및 대응**

  "최근 경쟁사 Y의 전략적 움직임을 분석해 주세요."

  "이들의 전략이 우리 사업에 어떤 영향을 미칠 수 있나요?"

  "이에 대응하기 위한 우리의 전략적 조치를 개발해 주세요."

- **상황: 비용 절감 및 운영 효율성 개선**

  "현재 운영 비용의 주요 항목을 분석해 주세요."

  "가장 비효율적인 비용 부문은 무엇이며, 왜 그런가요?"

  "이 부문에서 비용을 절감하고 효율성을 개선할 수 있는 방법을 제안해 주세요."

- **상황: 고객 충성도 향상 전략**

  "현재 고객 충성도 수준을 평가해 주세요."

  "고객 충성도가 낮은 주된 원인을 분석해 주세요."

  "이를 개선하기 위한 구체적인 전략을 수립해 주세요."

- 상황: 기술 혁신의 시장 영향 평가

"최신 기술 혁신 Z가 시장에 미칠 영향을 분석해 주세요."

"이 기술이 우리 사업에 어떤 기회와 위험을 제공할 수 있나요?"

"이 기술을 활용하여 경쟁 우위를 확보하기 위한 전략을 개발해 주세요."

- 상황: 브랜드 개편 전략

"현재 브랜드 이미지에 대한 시장 인식을 분석해 주세요."

"브랜드 이미지를 개선하기 위한 주요 요소는 무엇인가요?"

"이 요소들을 개선하기 위한 브랜드 개편 전략을 수립해 주세요."

- 상황: 새로운 투자 기회 탐색

"현재 시장에서 높은 성장 잠재력을 가진 산업 분야를 식별해 주세요."

"이 분야에 투자할 때 고려해야 할 주요 위험 요소는 무엇인가요?"

"위험을 관리하면서 투자를 최적화할 수 있는 전략을 제안해 주세요."

- 상황: 글로벌 시장 확장

"글로벌 시장 진출에 적합한 국가를 선정해 주세요."

"선정된 국가의 시장 특성과 진입 장벽을 분석해 주세요."

"이러한 장벽을 극복하기 위한 시장 진입 전략을 수립해 주세요."

- 상황: 고객 서비스 혁신

"현재 고객 서비스 프로세스의 문제점을 분석해 주세요."

"고객 만족도를 높일 수 있는 혁신적인 서비스 방안은 무엇인가요?"

"이 방안을 실행하기 위한 구체적인 계획을 수립해 주세요."

- 상황: 신기술 도입 및 적용

"우리 비즈니스에 적용 가능한 최신 기술을 탐색해 주세요."

"이 기술들이 우리 비즈니스에 미칠 장단점을 분석해 주세요."

"선택된 기술을 효과적으로 적용하기 위한 전략적 계획을 수립해 주세요."

각 상황에 대한 멀티턴 프롬프트 세트는 의사결정 및 전략기획 과정에서 AI를 활용하여 구체적인 문제 해결을 지원한다. 이러한 접근은 비즈니스의 다양한 도전과 기회에 대응하는 데 도움이 된다.

5. 종합 정리

이 장의 종합 정리는 AI 기술의 미래 전망과 의사결정의 변화를 논의하며, 실제 비즈니스 상황에서 AI를 효과적으로 활용하는 방법에 대한 실질적인 지침을 제공하고자 한다. 이는 독자들에게 미래의 비즈니스 환경에서 AI를 활용하여 전략적 우위를 확보하는 데 도움이 될 것이다.

1) AI의 미래 전망과 의사결정의 변화

- **혁신적 변화 논의:** AI 기술의 발전은 전략적 의사결정 과정에 혁명적인 변화를 가져오고 있다. 빅데이터 분석, 예측 모델링, 자동화된 의사결정 프로세스는 미래의 비즈니스 환경에서 필수적인 요소가 될 것이다.
- **미래 비즈니스 역할:** 미래의 비즈니스 환경에서 AI는 결정의 신속성과 정확성을 크게 향상시키며, 복잡한 시장 데이터를 통찰력 있는 정보로 전환하는 데 중요한 역할을 한다.
- **적응 전략 제공:** 기업들은 이러한 변화에 적응하기 위해 AI 기술에 대한 이해를 높이

고, 자사의 비즈니스 모델과 전략에 AI를 통합하는 방법을 모색해야 한다. 이는 경쟁 우위를 확보하고 시장에서 성공하기 위한 필수적인 전략이 될 것이다.

2) 실무적 적용과 사례 연구의 중요성

- **성공 사례 분석**: AI를 활용한 성공적인 의사결정 사례들은 이론과 실무 간의 중요한 연결고리 역할을 한다. 이러한 사례들을 분석함으로써 AI의 실제 적용 방법과 그 효과를 명확히 이해할 수 있다.
- **교훈 및 베스트 프랙티스 제시**: 실제 사례를 통해 얻은 교훈과 베스트 프랙티스를 공유함으로써 독자들은 AI를 효과적으로 활용하는 방법에 대한 구체적인 지침을 얻을 수 있다. 이를 통해 독자들은 AI 기술을 자신의 비즈니스 환경에 맞게 적용하고, 의사결정 과정을 개선할 수 있다.

※ 문제: 난이도 상(20분, 125점), 난이도 중(15분, 100점), 난이도 하(10분, 75점)

【실습 문제】

[문제 1] 자동차 제조회사의 운영 효율성 향상 보고서 작성(난이도 상)

　　　출제 의도(테스트 내용): '콘텐츠 요약 및 추상화', '패턴 인식을 통한 데이터 분석',

　　　'데이터 시각화', '문서의 구조화 및 포맷팅을 통한 편집 개선' 등

> **시나리오: 자동차 제조 회사의 운영 효율성 향상을 위한 보고서 작성**
>
> **상황:** 대형 자동차 제조 회사 'ABC Motors'는 제품 라인업을 최적화하고 운영 효율성을 향상시키기 위해 데이터 분석을 활용하고자 한다. 회사는 현재 시장의 요구와 변화하는 소비자 선호도에 따라 차량 모델을 조정하고, 생산 과정을 최적화하려고 한다. 이를 위해 주어진 데이터 셋을 활용하여 시장 동향을 이해하고, 자사의 제품 포트폴리오를 분석해서 생산 운영 효율성 향상을 위한 보고서를 도출하고자 한다.
>
> **데이터 활용:** ABC Motors.csv 데이터 셋에는 연비, 엔진 특성, 차량 무게, 가속도, 모델 연도, 원산지 등의 정보가 포함되어 있다.
>
> 위에서 제시된 문제(상황)를 해결할 방안을 생성형 AI를 활용하여 제시하시오. 단, 1) 생성형 AI를 활용하기 위한 기획내용, 2) 생성형 AI에의 프롬프트 입력 및 대화(피드백) 과정과 내용, 3) 생성형 AI의 최종 결과물(해결 방안, 본인의 보완 및 수정 내용, 최종 해결 방안) 등을 확인할 수 있도록 자세하고 명확하게 기술하시오.

[답안] 수험자가 아래와 같은 내용으로 AI 활용 과정과 결과물을 복사 혹은 작성, 제출

1) 사용 AI와 기능 및 도구

사용 AI: ChatGPT 4 - '패턴 인식을 통한 데이터 분석', '데이터 시각화', '문서의 구조화' 등

2) 생성형 AI를 활용하기 위한 기획 내용

가. 주어진 데이터 셋에 대해 기본통계분석

나. 시나리오의 문제 해결을 위한 프롬프트 작성 활용, 3단계 질문

[1단계: 시장 동향 분석]

"현재 자동차 시장에서 가장 인기 있는 엔진 특성(실린더 수, 배기량)과 연비 범위를 분석해 주세요. 이를 위해 데이터셋에서 'cylinders', 'displacement', 및 'mpg'의 분포를 시각화하고, 가장 일반적인 값들을 파악해 주세요."

[2단계: ABC Motors 제품 라인업 비교]

"ABC Motors의 현재 제품 라인업(가상 데이터 또는 예시 데이터)을 분석하여, 시장 동향(1단계에서 도출된 결과)과 비교해 주세요. 어떤 차량 모델이 시장 동향과 가장 잘 맞는지, 또는 개선이 필요한 지점은 어디인지 파악해 주세요."

[3단계: 제품 개선 및 추가 전략 제안]

"시장 분석 결과(1단계)와 ABC Motors의 현재 제품 라인업 비교(2단계)를 바탕으로, 어떤 모델을 개선하거나 추가할 필요가 있는지 구체적인 제안을 해 주세요. 특히 연비, 엔진 크기, 성능 측면에서 고려해야 할 사항들을 포함해 주세요."

다. 보고서 작성안 도출

3) 생성형 AI에의 프롬프트 입력 및 대화(피드백) 과정과 내용

가. 주어진 데이터 셋에 대해 기본통계분석 요약

1. **인기 있는 차량의 특성 분석**: 연비가 높고, 성능이 우수한 차량들의 특성을 분석합니다.
2. **엔진 특성과 차량 무게의 영향 분석**: 엔진 배기량, 실린더 수, 마력, 차량 무게가 성능에 어떤 영향을 미치는지 살펴봅니다.
3. **시간에 따른 차량 트렌드 분석**: 모델 연도별로 사량의 득싱이 어떻게 변화했는지 분석합니다.

먼저, 인기 있는 차량의 특성을 분석하기 위해 연비가 높은 상위 차량들을 살펴보겠습니다. 이후, 엔진 특성과 차량 무게가 성능에 미치는 영향을 분석하고, 시간에 따른 차량 트렌드 변화를 살펴보겠습니다. [»]

데이터 분석 결과

1. **고연비 차량의 특성 분석**:
   * 상위 10개의 고연비 차량 대부분은 일본과 유럽에서 생산된 4기통 엔진을 사용하는 모델입니다.
   * 이 차량들은 대체로 마력이 낮고, 무게가 가벼운 특성을 보입니다.
2. **성능에 영향을 미치는 요인 분석**:
   * `mpg`(연비)는 `cylinders`(실린더 수), `displacement`(배기량), `horsepower`(마력), `weight`(무게)와 강한 음의 상관관계를 보입니다. 즉, 실린더 수, 배기량, 마력, 무게가 증가할수록 연비는 감소합니다.
   * `acceleration`(가속도)는 연비와 양의 상관관계를 보여, 가속도가 좋은 차량들이 더 나은 연비를 보일 수 있음을 시사합니다.
3. **시간에 따른 차량 트렌드 분석**:
   * 모델 연도가 최근에 가까워질수록 평균 연비가 증가하는 경향이 보입니다.
   * 1970년대 초반에 비해 1980년대 초반에는 마력이 감소하고, 차량 무게도 줄어들었습니다.

전략적 제안

'ABC Motors'는 이 데이터를 바탕으로 다음과 같은 전략적 조치를 고려할 수 있습니다:

* **연비 향상**: 시장에서 고연비를 선호하는 추세에 주목하고, 연비 향상을 위해 엔진의 효율성을 개선하거나 차량 무게를 줄이는 방향으로 기술 개발에 집중해야 합니다.
* **시장 변화에 대한 적용**: 소비자의 선호도 변화와 시장의 트렌드를 지속적으로 모니터링하면서, 필요에 따라 제품 라인업을 조정해야 합니다. 특히, 경량화와 연비 향상이 중요한 요소로 작용할 것입니다.
* **모델 다양성 확대**: 다양한 시장 요구에 부응하기 위해 다양한 엔진 옵션과 차량 사양을 제공하는 것이 중요합니다.

이러한 분석은 'ABC Motors'가 시장 동향을 이해하고 생산 과정을 최적화하는 데 중요한 기초 자료가 될 것입니다. 지속적인 [↓]터 분석과 시장 변화에 대한 주의 깊은 관찰을 통해 경쟁 우위를 확보할 수 있을 것입니다. [»]

나. 시나리오의 문제 해결을 위한 프롬프트 작성 활용, 3단계 질문

[1단계: 시장 동향 분석]

"현재 자동차 시장에서 가장 인기 있는 엔진 특성(실린더 수, 배기량)과 연비 범위를 분석해 주세요. 이를 위해 데이터셋에서 'cylinders', 'displacement', 및 'mpg'의 분포를 시각화하고, 가장 일반적인 값들을 파악해 주세요."

 ChatGPT

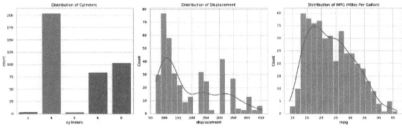

시장 동향 분석 결과

1. **실린더 수 분포:**
   - 대부분의 차량은 4, 6, 또는 8 실린더 엔진을 사용합니다.
   - 4 실린더 엔진이 가장 흔하게 보이며, 이는 일반적으로 연비가 더 좋고 유지 보수가 쉬운 경향이 있습니다.
2. **배기량 분포:**
   - 배기량 분포는 광범위하게 퍼져 있으며, 100cc에서 400cc 사이에 집중되어 있습니다.
   - 중간 크기의 엔진이 일반적이며, 이는 다양한 용도와 성능 요구를 충족시키기 위한 것일 수 있습니다.
3. **연비 (MPG) 분포:**
   - 연비는 대략 10mpg에서 40mpg 사이에 분포하며, 대부분 15mpg에서 30mpg 사이에 집중되어 있습니다.
   - 20mpg에서 25mpg 사이가 가장 일반적인 연비 범위입니다.

전략적 제안

- **4 실린더 엔진에 집중:** 시장에서 4 실린더 엔진이 가장 인기가 있으므로, 이러한 엔진을 사용하는 차량의 생산과 개발에 더욱 집중할 필요가 있습니다.
- **중간 배기량 엔진 개발:** 중간 크기의 배기량 엔진이 다양한 시장 요구를 충족시키므로, 이 범위 내에서의 혁신과 효율성 개선에 주목할 필요가 있습니다.
- **연비 향상에 중점:** 시장에서 일반적인 연비 범위가 20mpg에서 25mpg임을 고려하여, 이 범위를 초과하는 연비 향상을 목표로 삼아야 합니다. 연비 향상은 소비자 선택에 큰 영향을 미칠 수 있습니다.

이러한 분석은 'ABC Motors'가 시장 동향에 맞춰 제품 개발과 생산 계획을 조정하는데 도움이 될 것입니다. [>_]

[2단계: ABC Motors 제품 라인업 비교]

"ABC Motors의 현재 제품 라인업(가상 데이터 또는 예시 데이터)을 분석하여, 시장 동향(1단계에서 도출된 결과)과 비교해 주세요. 어떤 차량 모델이 시장 동향과 가장 잘 맞는지, 또는 개선이 필요한 지점은 어디인지 파악해 주세요."

ABC Motors (Ford) 제품 라인업 분석:

ABC Motors의 제품 라인업은 다음과 같은 특성을 보입니다:

- 다양한 실린더 수와 배기량을 가진 차량들이 포함되어 있습니다.
- 연비, 무게, 가속도 등의 다양한 특성을 가지고 있습니다.

시장 동향과의 비교:

1. **실린더 수와 배기량**:
   - 시장 동향은 4 실린더 엔진을 선호하며 중간 크기의 배기량을 가진 차량이 일반적입니다.
   - ABC Motors의 제품 라인업에는 이러한 특성을 가진 차량이 있는지 확인할 필요가 있습니다.
2. **연비**:
   - 시장에서는 20-25mpg 범위의 연비를 가진 차량이 일반적입니다.
   - ABC Motors의 차량들이 이 연비 범위에 부합하는지 분석할 필요가 있습니다.

먼저, ABC Motors의 제품 라인업에서 가장 일반적인 실린더 수와 배기량을 확인하고, 연비 분포를 분석하겠습니다. 이를 통해 시장 동향과의 일치 여부를 파악할 수 있습니다. [>_]

ABC Motors (Ford) 제품 라인업 특성 분석

1. **실린더 수와 배기량**:
   - ABC Motors의 가장 일반적인 실린더 수는 8개입니다.
   - 배기량의 중간값은 250cc입니다.
2. **연비 분포**:
   - ABC Motors 차량의 평균 연비는 약 19.7mpg입니다.
   - 연비 범위는 최소 10mpg에서 최대 36.1mpg까지 다양합니다.
   - 대다수 차량의 연비는 14.75mpg에서 23.8mpg 사이에 분포합니다.

시장 동향과의 비교

- **실린더 수와 배기량**: 시장은 4 실린더 엔진을 선호하지만, ABC Motors의 가장 일반적인 차량은 8 실린더 엔진을 사용합니다. 이는 시장의 현재 선호도와 차이가 있습니다.
- **연비**: 시장에서 일반적인 연비 범위(20-25mpg)와 비교했을 때, ABC Motors의 차량 중 일부는 이 범위에 속하지만, 평균 연비는 이 범위보다 다소 낮습니다.

전략적 제안

- **연비 향상과 실린더 수 조정**: ABC Motors는 연비를 향상시키고, 시장 선호도에 부합하는 4 실린더 엔진 차량 개발에 더 집중해야 할 필요가 있습니다.
- **제품 다양성 확장**: 시장 동향을 반영하여 중간 배기량 엔진과 고연비 모델을 포함한 다양한 차량 라인업을 제공해야 합니다.

[3단계: 제품 개선 및 추가 전략 제안]

"시장 분석 결과(1단계)와 ABC Motors의 현재 제품 라인업 비교(2단계)를 바탕으로, 어떤 모델을 개선하거나 추가할 필요가 있는지 구체적인 제안을 해 주세요. 특히 연비, 엔진 크기, 성능 측면에서 고려해야 할 사항들을 포함해 주세요."

ChatGPT

시장 분석(1단계)과 ABC Motors의 현재 제품 라인업 비교(2단계)를 토대로, 제품 개선 및 추가 전략을 다음과 같이 제안합니다:

1. 연비 향상

- **고연비 모델 개발**: 시장에서 20-25mpg 범위의 연비를 선호하므로, 이 범위를 초과하는 고연비 모델 개발에 집중해야 합니다.
- **경량화 기술 적용**: 차량 무게를 줄임으로써 연비를 향상시킬 수 있습니다. 경량화 재료의 사용 및 설계 최적화를 통해 무게 감소를 실현해야 합니다.
- **에어로다이내믹 설계 개선**: 차량의 공기 저항을 최소화하면 연비를 향상시킬 수 있습니다. 이를 위해 차체 설계의 에어로다이내믹을 개선하는 방향으로 연구 개발이 필요합니다.

2. 엔진 크기 조정

- **4 실린더 엔진 포커스**: 시장 분석에서 4 실린더 엔진이 인기가 있음이 드러났습니다. 따라서 4 실린더 엔진을 사용하는 차량 라인업을 확장하거나 강화할 필요가 있습니다.
- **다양한 배기량 옵션 제공**: 소비자의 다양한 요구를 충족시키기 위해 다양한 배기량의 엔진을 제공해야 합니다. 중간 배기량 엔진은 효율성과 성능의 균형을 제공할 수 있습니다.

3. 성능 측면 고려

- **성능과 효율의 균형**: 성능이 우수하면서도 연비가 좋은 엔진 개발에 중점을 둬야 합니다. 이는 터보차저나 하이브리드 기술의 적용으로 가능할 수 있습니다.
- **신기술 적용**: 전기차 및 하이브리드 차량의 인기가 증가하고 있으므로, 이 분야에 대한 연구와 개발에 투자를 늘려야 합니다. 이는 장기적으로 브랜드의 경쟁력을 강화할 것입니다.

4. 지속 가능성 고려

- **친환경적 기술 개발**: 환경 규제가 강화되고 있으므로, 배출가스 저감 기술과 같은 친환경적 기술에 대한 투자가 필요합니다.
- **재활용 가능한 재료 사용**: 지속 가능한 자동차 생산을 위해 재활용 가능한 재료를 사용하는 것도 중요합니다.

이러한 전략들은 ABC Motors가 현재 시장 동향과 소비자의 요구에 부응하는 동시에, 지속 가능한 미래를 위한 제품 라인업을 구축하는 데 도움이 될 것입니다. 연비, 엔진 크기, 성능뿐만 아니라 환경적 측면도 고려하는 것이 중요합니다.

4) 최종 결과물(생성형 AI의 해결 방안, 본인의 보완 및 수정 내용, 최종 해결 방안)

ABC Motors의 전략기획 보고서(안) 구조

1. 서론: 시장 동향의 중요성 인식

- **시장 변화에 대한 개요**: 현재 자동차 시장의 주요 동향과 변화 요인 설명.
- **데이터 중심 접근의 중요성**: 경쟁력 있는 전략 수립을 위한 데이터 기반 분석의 필요성 강조.

2. 시장 분석: 현재 시장 동향 파악 (1단계)

- **연비, 엔진 특성, 성능 분석**: 시장 내 인기 있는 차량의 주요 특성 분석 (연비, 실린더 수, 배기량 등).
- **소비자 선호도 및 트렌드**: 시장 조사를 통한 현재 및 미래 소비자 선호도 분석.
- **경쟁사 비교**: 주요 경쟁사의 제품 특성과 시장 점유율 비교.

3. ABC Motors 현재 제품 라인업 분석 (2단계)

- **제품 포트폴리오 분석**: 현재 제품 라인업의 연비, 엔진 크기, 성능 등 주요 특성 분석.
- **시장 동향과의 비교**: 시장 데이터와 ABC Motors의 현재 제품 라인업 비교 분석.
- **강점 및 약점 평가**: ABC Motors 제품의 강점과 개선이 필요한 영역 식별.

4. 전략 제안 및 개선 방향 (3단계)

- **제품 개선 전략**: 연비, 엔진 크기, 성능 측면에서의 개선 방향 제시.
- **신제품 개발 제안**: 시장 동향에 부합하는 신제품 라인업 구상.
- **기술 혁신 및 지속 가능성**: 친환경 기술, 경량화, 에어로다이내믹 개선 등 혁신적 기술 적용 제안.

5. 실행 계획 및 KPI 설정

- **단기 및 장기 실행 계획**: 제안된 전략을 실현하기 위한 단계별 실행 계획.
- **성과 측정 지표(KPI) 설정**: 전략 실행의 효과를 측정하기 위한 구체적인 지표 설정.

6. 결론 및 미래 전망

- **전략적 중요성 강조**: 제안된 전략의 중요성 및 기대 효과 요약.
- **장기적 비전 제시**: ABC Motors의 미래 비전과 시장에서의 위치 재정립.

이러한 구조를 바탕으로 ABC Motors는 시장 동향을 이해하고, 자사의 경쟁력을 강화하는 데 필요한 전략적 결정을 내릴 수 있습니다. 데이터 기반의 철저한 분석과 명확한 실행 계획을 통해, 회사의 성장과 시장에서의 지속 가능한 성공을 도모할 수 있을 것입니다.

5) 작업 URL(Link 주소) :

https://chat.openai.com/share/fc16d7a4-9be9-44e5-afd5-1e0359c6d1ba

[문제 2] 프로축구 리그의 성적 향상 전략 개선안 도출(난이도 중)

출제 의도(테스트 내용): '콘텐츠 요약 및 추상화', '패턴 인식을 통한 데이터 분석', '데이터 시각화'

> **상황:** 빅토리팀은 시즌 종료 후, 리그의 경기들과 팀 성적에 대한 포괄적인 분석 보고서를 작성하고자 한다. 이 보고서는 다음 시즌의 경기 일정 설정, 팀들의 경기력 향상을 위한 조언, 그리고 리그의 전반적인 관리 및 마케팅 전략에 활용될 예정이다. 구단의 관리팀은 이를 위해 데이터 분석을 수행하고, 통찰력 있는 보고서를 생성하려고 한다.
>
> **결과물:** 축구 리그와 팀의 전략 개선안 도출(데이터 분석을 통한 insight 도출 활용)
>
> **데이터:** 프랑스 프로축구리그의 데이터 셋(득점, 실점, 홈/원정, 경기 회차 등) 활용(Football_data_2021_2022_데이터)
>
> 위에서 제시된 문제(상황)를 해결할 방안을 생성형 AI를 활용하여 제시하시오. 단, 1) 생성형 AI를 활용하기 위한 기획 내용, 2) 생성형 AI에의 프롬프트 입력 및 대화(피드백) 과정과 내용, 3) 생성형 AI의 최종 결과물(해결 방안, 본인의 보완 및 수정 내용, 최종 해결 방안) 등을 확인할 수 있도록 자세하고 명확하게 기술하시오.

[답안] 수험자가 아래와 같은 내용으로 AI 활용 과정과 결과물을 복사 혹은 작성, 제출

1) 사용 AI와 기능 및 도구

사용 AI: ChatGPT 4 - Advanced Data Analysis 기능 활용 '패턴 인식 데이터 분석', '데이터 시각화' 등

2) 생성형 AI를 활용하기 위한 기획 내용

가. 목적: 리그 관리 및 팀들의 성적 개선을 위한 전략적 권고안 도출

나. 데이터: Football_data_2021_2022_데이터 셋(득점, 실점, 홈/원정, 경기 회차 등)
에 대해 기본통계분석 및 인사이트 - ChatGPT ADA 활용

다. 시나리오의 문제 해결을 위한 프롬프트 작성 활용, 3단계

[1단계: 데이터 분석]

[2단계: 인사이트 및 교훈 도출]

[3단계: 성적 개선 전략 개선안]

라. 산출물: 프로축구 리그의 시즌 전략 개선방안 제시

전체 리그의 경기 패턴 분석, 팀별 성적 분석, 전략적 권고 제공

생성형 AI의 해결 방안, 본인의 보완 및 수정 내용 반영, 최종 해결 방안 제시

3) 생성형 AI에의 프롬프트 입력 및 대화(피드백) 과정과 내용

가. 프롬프트 설계

데이터 분석 프롬프트:

"이 축구 리그 데이터를 분석하여 각 팀의 전체 성적, 홈과 원정 경기의 성적 차이,
전반전과 후반전의 득점 패턴 등을 요약해주세요."

전략적 권고안 프롬프트:

"분석 결과를 바탕으로, 팀들이 다음 시즌에 성적을 향상시키기 위한 전략적 조언을
제공해주세요."

나. 프롬프트 설계 활용 데이터 분석 과정

기초 데이터 분석 요약 – 시각화

1. **각 팀의 득점 및 실점 현황**: 전체 득점과 실점을 비교하여 팀의 공격 및 수비 능력을 평가합니다.
2. **홈과 원정에서의 평균 득점**: 홈 경기와 원정 경기에서의 평균 득점을 비교하여 홈 어드밴티지를 평가합니다.
3. **전반전과 후반전의 득점 분포**: 전반전과 후반전의 득점 분포를 확인하여 팀의 체력 및 전략적 변화를 평가합니다.

위 세 가지 사항에 대한 시각화를 진행하겠습니다.

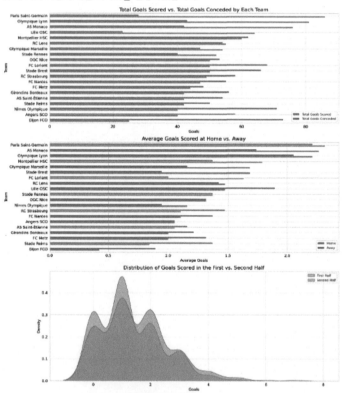

위의 시각화에서 다음과 같은 인사이트를 확인할 수 있습니다:

1. **각 팀의 득점 및 실점 현황**:
   * Paris Saint-Germain, Olympique Lyon, 및 AS Monaco가 가장 많은 득점을 기록했습니다.
   * 반면, Dijon FCO는 가장 적은 득점과 가장 많은 실점을 기록했습니다.
2. **홈과 원정에서의 평균 득점**:
   * 대부분의 팀들이 홈에서 평균적으로 더 많은 득점을 기록했습니다. 이는 홈 어드밴티지의 효과를 반영할 수 있습니다.
3. **전반전과 후반전의 득점 분포**:
   * 전반전에는 득점이 더 적게 이루어지는 경향이 있습니다. 후반전에는 득점이 더 많이 이루어지는 것을 확인할 수 있습니다. 이는 팀들이 후반전에 더 공격적으로 경기를 펼치거나, 체력적인 측면에서 변화가 있을 수 있음을 나타냅니다.

분석을 위해 실제로 사용한 프롬프트 및 결과를 정리하면 아래와 같습니다.

단계 1: 초기 프롬프트

사용자: "이 데이터를 바탕으로 축구 리그의 전체 경기 패턴, 팀별 성적의 특징과 이를 개선할 수 있는 전략적 권고안을 제시해주세요."

AI: "분석 결과, Paris Saint-Germain은 강력한 공격력과 견고한 수비력을 보여주고 있으며, 전체적으로 높은 득점과 낮은 실점을 기록했습니다. 반면, Dijon FCO는 낮은 득점과 높은 실점으로 성적이 부진했습니다. 대체로 홈 경기에서 더 많은 득점을 기록하는 경향이 있으며, 후반전에 득점이 더 많은 것으로 나타났습니다."

단계 2: 피드백 과정

사용자: "Paris Saint-Germain과 Dijon FCO의 성적 차이에 대해 더 자세히 설명해주세요. 또한, 홈 경기와 원정 경기에서 득점 차이가 있는지 확인해주세요."

AI: "Paris Saint-Germain은 우수한 전술과 선수진을 보유하고 있어, 다른 팀들에 비해 더 많은 득점 기회를 창출하고 실점을 최소화했습니다. 반면, Dijon FCO는 공격과 수비에서 취약점을 보였습니다. 홈 경기에서의 평균 득점이 원정 경기에 비해 높으며, 이는 홈 어드밴티지의 영향을 받는 것으로 보입니다."

단계 3: 반복적 대화

사용자: "홈 어드밴티지를 더 효과적으로 활용할 수 있는 전략은 무엇인가요? 그리고 후반전에 득점이 많은 원인과 이를 기반으로 한 전략적 권고안은 무엇인가요?"

AI: "홈 어드밴티지를 극대화하기 위해서는 팬들의 응원을 적극적으로 활용하고, 홈 경기장의 특성을 반영한 전략을 수립하는 것이 중요합니다. 예를 들어, 홈 경기장의 크기나 잔디 상태에 맞는 전술을 선택할 수 있습니다. 후반전에 득점이 많은 것은 체력적 우위와 전략적 변화 때문일 수 있습니다. 팀의 체력 관리와 전략적 유연성을 향상시키는 것이 좋습니다."

(이러한 단계별 대화는 축구 리그 데이터에 대한 깊이 있는 분석을 제공하고, 이를 기반으로 팀별 및 리그 전체적인 전략 개선 방향을 모색하는 데 도움을 줄 수 있습니다.)

4) 최종 결과물(생성형 AI의 해결 방안, 본인의 보완 및 수정 내용, 최종 해결 방안)

최종 해결 방안: AI의 분석과 권고안을 바탕으로, 구체적인 전략적 개선안 마련

실제로 데이터 분석을 통해 얻은 방안은 아래와 같습니다.

AI가 제시한 해결 방안

- **리그 전체의 성적 분석:** AI 분석에 따르면, 리그의 고득점 팀들은 강력한 공격 라인과 전술적 유연성을 갖추고 있으며, 저득점 팀들은 종종 수비 조직력의 부족과 공격 기회 창출에 어려움을 겪고 있습니다.
- **팀별 강점과 약점:** 예를 들어, Paris Saint-Germain은 높은 공격력과 수비력을 자랑하지만, 중요 경기에서의 압박 관리가 필요하다. Dijon FCO는 공격 조직력 강화와 수비 안정성이 필요합니다.
- **전략적 조언:** 각 팀은 자신의 강점을 극대화하고 약점을 최소화할 전략이 필요합니다. 예를 들어, 저득점 팀은 공격 전술 개선과 수비 훈련에 집중해야 합니다.

보완 및 수정

- **AI 제안의 실제 적용:** AI가 제안한 전략을 각 팀의 구체적 상황과 조건에 맞게 조정합니다. 예를 들어, 저예산 팀은 고가의 선수 영입 대신 체계적인 훈련과 젊은 선수 개발에 초점을 맞출 수 있습니다.
- **실질적 적용할 수 있는 부분 선별:** 예산, 팀 문화, 선수단 구성 등을 고려하여 AI의 제안 중 실제로 실행할 수 있는 부분을 선별합니다.

최종 해결 방안

- **리그 관리진을 위한 전략 개선안:** 리그의 전반적인 경쟁력과 관중의 관심을 높이기 위해, 더 치열하고 박진감 넘치는 경기 운영 방안을 마련합니다. 예를 들어, 공격적인 플레이를 장려하는 규칙 변경이나 팀별 전략 세미나 개최를 제안합니다.
- **각 팀을 위한 개별 전략:** 각 팀의 특성과 필요에 맞는 맞춤형 전략을 개발합니다. 예를 들어, 공격적인 팀은 더 많은 득점 기회를 창출하기 위한 전술을, 수비적인 팀은 견고한 수비 조직을 구축하기 위한 전략을 마련합니다.

이러한 최종 결과물은 리그와 각 팀에 실질적인 개선안을 제공하여 성적 향상과 리그의 전반적인 품질 향상에 이바지할 수 있습니다.

[추가 가능한 답안 예시]

리그 관리 및 마케팅 전략 프롬프트:

"리그의 경기력과 인기를 높이기 위한 마케팅 및 관리 전략을 제안해주세요. 특히, 관중 참여와 TV 시청률 향상에 초점을 맞춰주세요."

보고서 작성 프롬프트:

"위의 분석과 권고안을 바탕으로, 리그 관리진을 위한 종합 보고서를 작성해주세요."

(이러한 프롬프트는 생성형 AI의 분석 능력을 활용하여 축구 리그의 경기 데이터를 통찰력 있게 해석하고, 리그의 전략적 관리 및 개선에 대한 구체적인 권고안을 제시하는 데 도움을 줄 수 있습니다.)

5) 작업 URL(Link 주소) :

https://chat.openai.com/share/2233b69a-b8e4-....

[문제 3] 수익 창출과 결합되는 ESG 경영 아이디어 도출(난이도 하)

출제 의도(테스트 내용): 생성형 AI 활용 아이디어 도출 및 정리 역량

상황

최근 통신사들은 안정적인 비즈니스 모델과 신사업 발굴 등 전략 경영을 추진하는 과정에서 ESG 경영 역시 적극적으로 전개하고 있다. 전통적으로 ESG는 환경보호나 사회적 가치 제고를 위해 비용이 수반되는 것으로 인식되어 왔으나, 최근 보다 적극적으로 비즈니스 모델과 결합하는 ESG경영, 즉 수익창출을 위한 ESG 경영을 추진하는 방향으로 상황이 전개되고 있다.

문제

이러한 상황에서 A사 ESG경영 추진팀장은 사업과 연관된 ESG경영 아이디어를 구하여야 하는 과제를 안고 있다. 이에 당신은 ESG 경영 추진팀장으로서 ESG 경영과 연계된 비즈니스 아이디어 및 관련되는 전략적 고려사항을 도출하시오. 그런 다음, 이 아이디어 각각에 대한 수익 구성요소, 비용 구성요소, ESG경영 성과 및 재무적 이익 실현 가능성을 표로 정리하시오.

단, 1) 생성형 AI를 활용하기 위한 기획 내용, 2) 생성형 AI에의 프롬프트 입력 및 적절한 대화(피드백) 과정과 내용, 3) 생성형 AI의 최종 결과물(해결 방안, 본인의 보완 및 수정 내용, 최종 해결 방안) 등을 확인할 수 있도록 자세하고 명확하게 기술하시오.

[답안] 수험자가 아래와 같은 내용으로 AI 활용 과정과 결과물을 복사 혹은 작성, 제출

---

1) 사용 AI와 기능 및 도구

사용 AI: 챗GPT, 클로드 3, 코파일럿, 제미나이 등 생성형 AI

2) 생성형 AI 활용을 위한 기획 내용

① 목적: ESG 경영혁신 아이디어 도출

② 맥락: ESG 경영 추진과 수익 창출 병행 대안 모색 필요

③ 역할: ESG 경영 추진 컨설턴트

④ 산출물:

- ESG 연계 비즈니스 아이디어 및 관련되는 전략적 고려사항
- ESG 연계 비즈니스 아이디어 각각에 대한 수익 구성요소, 비용 구성요소, ESG경영 성과 및 재무적 이익 실현 가능성 분석 표

⑤ 데이터: 별도의 데이터 없음

3) 생성형 AI에의 프롬프트 입력 및 대화(피드백) 과정과 내용

[프롬프트]

① 목적: ESG 경영혁신 아이디어 도출

② 맥락: ESG 경영 추진과 수익 창출 병행 대안 모색 필요

③ 역할: ESG 경영 추진 컨설턴트

④ 산출물: ESG 연계 비즈니스 아이디어 및 관련되는 전략적 고려사항

당신은 ESG 경영 컨설턴츠로서, 한국의 통신사 사업 중에서 경영혁신 차원에서 ESG 경영을 하면서 수익을 창출할 수 있는 아이디어를 모두 찾아주세요. 그리고 이 아이디어 각각에 대해 ESG와 병행하여 추진하기 위한 전략적 고려사항을 정리해주세요.

[ChatGPT]

한국의 통신 회사들은 SK텔레콤, KT, LG U+를 포함하여 사회와 환경에 긍정적인 기여를 하면서 비즈니스 모델을 혁신하는 ESG(환경, 사회, 지배구조) 관리 전략을 적극적으로 모색하고 있습니다. 다음은 ESG와 연계된 비즈니스 혁신 아이디어와 각 아이디어를

추진하기 위한 전략적 고려사항입니다:

1. 공동 ESG 투자 기금

- **아이디어:** SK텔레콤, KT, LG U+는 사회적으로 의식 있는 기술, 특히 환경 분야에 초점을 맞춘 스타트업에 투자하기 위해 400억 원 규모의 ESG 기금을 설립했습니다. 이 계획은 ESG 관련 기술과 솔루션의 혁신을 촉진하는 것을 목표로 합니다.
- **전략적 고려사항:** 확장 가능하고 영향력 있는 솔루션을 제공하는 스타트업에 초점을 맞추고, 잠재적인 ESG 영향을 평가하기 위한 철저한 심사 과정을 확립합니다. 이러한 혁신을 기존 통신 서비스에 통합하거나 새로운 ESG 중심의 제안을 개발하기 위해 이들 스타트업과 긴밀히 협력합니다.

2. 재생 가능 에너지와 녹색 네트워크

- **아이디어:** 통신 운영자는 네트워크 운영을 위해 재생 가능 에너지 원을 전환함으로써 탄소 배출을 크게 줄일 수 있습니다. 이는 디젤 발전기 대신 태양 에너지, 풍력 에너지, 리튬 이온 배터리 및 재생 가능한 전기를 사용하는 것을 포함합니다.
- **전략적 고려사항:** 현지 기후와 규제 환경을 평가하여 실행 가능한 재생 가능 에너지 소스를 식별합니다. 재생 가능 에너지 사용에 대한 인센티브를 확보하기 위해 정부 기관과 협력합니다. 새로운 기술의 전체 생애주기 탄소 발자국을 고려하는 것도 중요합니다.

3. 에너지 효율성을 위한 AI 및 기계 학습 도구 사용

- **아이디어:** 네트워크의 에너지 소비를 더 효율적으로 관리할 수 있도록 AI 및 기계 학습 도구를 배치하여 에너지 사용과 네트워크 성능을 최적화합니다.
- **전략적 고려사항:** 행동 변화를 장려하고 AI 전문가를 채용하여 에너지 절약 조치를 효과적으로 분석하고 실행합니다. 혁신과 지속 가능성에 대한 조직 내 문화를 촉진합니다.

4. 구식 네트워크 폐쇄

- **아이디어:** 2G, 3G와 같은 오래된, 에너지 효율이 낮은 네트워크를 폐쇄하고, 에너지 효율이 더 높은 기능한 기술로 전환하는 것을 포함합니다. 이는 하드웨어 및 소프트

웨어 변화, 에너지 효율성을 둘러싼 표준화, 전력 절약 기능, 그리고 에너지 단위당 전송되는 데이터 단위 수의 증가로 인한 것입니다.

5. 기기 수명 연장

- **아이디어:** 모바일 기기의 수명을 연장하고 재활용을 장려함으로써 전자 폐기물을 줄이고 순환 경제를 촉진하는 전략을 구현합니다.

- **전략적 고려사항:** 기기 제조업체와 협력하여 쉽게 수리 및 업그레이드할 수 있는 기기 디자인을 장려합니다. 소비자가 오래된 기기를 재활용하거나 리퍼브하기 쉽도록 프로그램을 개발합니다. 전자 폐기물의 환경 영향 및 기기 수명 연장의 이점에 대해 소비자를 교육합니다.

통신 회사들이 ESG를 핵심 비즈니스 전략에 통합함으로써, 지속 가능성과 사회적 책임에 대한 긴급한 도전 과제에 대응하는 동시에 혁신과 성장을 위한 새로운 방향을 모색할 수 있습니다. 적극적인 ESG 접근 방식을 취함으로써, 이들 회사는 더 지속 가능하고 공정한 미래를 창조하는 데 선도적인 역할을 할 수 있습니다.

[프롬프트]

위의 비즈니스 혁신 아이디어 각각에 대한 수익과 비용 측면의 구체적인 항목들을 정리해주세요. 그리고 ESG 경영 성과와 재무적 이익 실현 가능성에 대해서도 분석해주세요. 분석된 내용에 대해 ESG 비즈니스 아이디어, 수익 항목, 비용 항목, ESG 경영 성과와 재무적 이익 실현 가능성 순으로 정리한 표를 한글로 정리해주세요.

[ChatGPT]

아래의 표는 통신 회사들이 ESG 경영을 실천하면서 수익과 비용 측면에서 고려해야 할 구체적인 항목들을 정리한 것입니다. 또한, ESG 경영 성과와 재무적 이익 실현 가능성에 대한 분석도 포함되어 있습니다.

ESG 아이디어	수익 구성요소	비용 구성요소	ESG 경영 성과 및 재무적 이익 실현 가능성 분석
공동 ESG 투자 기금	- 스타트업 투자로부터의 수익 - 기술 라이센싱 및 특허 수익	- 투자 기금 조성 비용 - 스타트업 선별 및 관리 비용	스타트업이 개발하는 혁신적인 기술이 시장에서 성공할 경우, 투자 수익률이 높아질 수 있으며, 이는 통신 회사의 ESG 경영 성과로 연결될 수 있습니다. 기술 라이센싱을 통해 추가 수익을 창출할 가능성도 있습니다.
재생 가능 에너지 및 녹색 네트워크	- 에너지 비용 절감으로 인한 수익 증대 - 녹색 인증 및 브랜드 가치 향상을 통한 마케팅 효과	- 재생 가능 에너지 소스 도입 비용 - 기존 인프라 개선 및 업그레이드 비용	장기적으로 볼 때, 재생 가능 에너지 사용은 에너지 비용을 절감하고, 브랜드 가치를 높여주며, 고객의 신뢰를 얻는 데 도움이 됩니다. 이는 ESG 목표 달성뿐만 아니라 재무적 이익으로도 이어질 수 있습니다.
AI 및 기계 학습 도구 사용	- 네트워크 운영 효율성 향상으로 인한 비용 절감 - 새로운 서비스 개발을 통한 수익 창출 가능성	- AI 및 기계 학습 기술 도입 비용 - 데이터 분석 및 관리 비용	AI 및 기계 학습 기술의 적절한 활용은 네트워크 효율성을 크게 개선할 수 있으며, 장기적으로 비용을 절감하고 수익을 증가시킬 수 있습니다. 이는 ESG 성과 개선과 재무적 이익 실현의 두 마리 토끼를 잡는 전략입니다.
구식 네트워크 폐쇄	- 에너지 효율성 향상으로 인한 운영 비용 절감 - 5G 등 신기술 도입으로 인한 새로운 수익 기회	- 구식 네트워크 폐쇄 및 신기술로의 전환 비용	구식 네트워크를 폐쇄하고 에너지 효율이 높은 신기술을 도입하는 것은 단기적으로는 비용이 들지만, 장기적으로에너지 비용을 절감하고, 재무적 이익을 증가시킬 수 있습니다. 또한, 5G와 같은 신기술은 새로운 수익 창출 기회를 제공하며, 고객에게 더 나은 서비스를 제공할 수 있게 합니다. 이는 ESG 성과 개선뿐만 아니라 재무적 이익 실현에도 기여할 수 있습니다.
기기 수명 연장	중고 기기 판매 및 리사이클링 서비스를 통한 추가 수익 창출, 장기적 고객 관계 유지를 통한 브랜드 충성도 증가	기기 수명 연장 프로그램 운영 비용, 리퍼브 및 리사이클링 과정의 비용	기기 수명을 연장함으로써 발생하는 전자 폐기물을 줄이고, 재활용을 촉진하여 환경에 긍정적인 영향을 미칠 수 있습니다. 이는 ESG 경영 목표와 부합하며, 중고 기기 시장에서 추가 수익을 창출하고 고객 충성도를 높이는 효과를 가져올 수 있습니다. 장기적으로는 브랜드 이미지 개선과 재무적 이익 증가로 이어질 수 있습니다.

4) 최종 결과물(생성형 AI의 해결 방안, 본인의 보완 및 수정 내용, 최종 해결 방안)

- ESG 연계 비즈니스 아이디어 및 관련되는 전략적 고려사항 : 앞의 분석 내용과 동일 (지면 관계상 생략)

- ESG 연계 비즈니스 아이디어 각각에 대한 수익 구성요소, 비용 구성요소, ESG경영 성과 및 재무적 이익 실현 가능성 분석 표 : 앞의 분석 내용과 동일(지면 관계상 생략)

[문제 4] 비용(변동비)관리 방안 수립(난이도 하)

출제 의도(테스트 내용): 데이터 분석 기반 의사결정

최근 경기 약화, 물가 상승 등의 원인으로 회사의 이익률 하락이 우려되고 있다. 이에 전사적인 수익성 개선 계획의 일환으로 부서별 월간 비용관리 방안 수립이 하달되었다. 구매부의 월간 수익, 비용 및 이익 기존 산정액은 [표 1]과 같다.

[표 1] 월간 비용 및 수익 산정액

항목		기존 산정액
총수익		85,000,000
고정비	인건비	30,000,000
	수도요금	1,100,000
	전기요금	1,000,000
	통신비	800,000
	보험료	900,000
	임대료	8,500,000
	기타경비	2,000,000
변동비	원재료비	18,000,000
	소모품비	2,000,000
	수수료	1,000,000
	수리비	2,000,000
	광고홍보비	4,000,000
총비용		71,300,000
순이익		13,700,000

현재 고려할 대안 다음과 같다.

- 시나리오 1: 년 물가상승률 5% 반영
- 시나리오 2: 월 변동비 1% 절감 목표 반영

이에 당신은 구매부 부장으로서 위의 두 가지 시나리오를 감안한 부서 내 월간 수익, 비용, 이익 추정치를 산정하고 이를 근거로 비용관리 방안을 수립하시오.

단, 1) 생성형 AI를 활용하기 위한 기획 내용, 2) 생성형 AI에의 프롬프트 입력 및 적절한 대화(피드백) 과정과 내용, 3) 생성형 AI의 최종 결과물(해결 방안, 본인의 보완 및 수정 내용, 최종 해결 방안) 등을 확인할 수 있도록 자세하고 명확하게 기술하시오.

[답안] 수험자가 아래와 같은 내용으로 AI 활용 과정과 결과물을 복사 혹은 작성, 제출

1) 사용 AI와 기능 및 도구

사용 AI: GPT-4

2) 생성형 AI를 활용하기 위한 기획 내용

① 목적: 수익, 비용, 이익 추정치 산출 및 효과적인 월간 비용관리 방안 도출

② 맥락: 회사의 이익률 하락에 대비, 구매부의 비용관리를 위한 년 5% 물가상승률 반영(시나리오 1) 및 월 1% 변동비 절감 추진을 감안(시나리오 2)한 부서 내 수익, 비용 및 이익 산출 및 비용관리 방안 수립

③ AI의 역할: 수익, 비용, 이익 산출 및 비용관리 방안 수립

④ 산출물:

- 두 가지 시나리오에 대한 부서 내 월간 수익, 비용, 이익 추정치 산정

- 이를 근거로 비용관리 방안 수립

⑤ 데이터:

- [표 1] 월간 비용 및 수익 추정치

- 시나리오 1: 년 물가상승률 5% 반영

- 시나리오 2: 월 변동비 1% 절감 목표 반영

3) 생성형 AI에의 프롬프트 입력 및 대화(피드백) 과정과 내용

[프롬프트]

① 목적: 수익, 비용, 이익 추정치 산출 및 효과적인 월간 비용관리 방안 도출

② 맥락: 회사의 이익률 하락에 대비, 구매부의 비용관리를 위한 연 5% 물가상승률 반영(시나리오 1) 및 월 1% 변동비 절감 추진을 감안(시나리오 2)한 부서 내 수익, 비용, 이익 산출 및 비용관리 방안 수립

③ 데이터:

[표 1] 월간 비용 및 수익 추정치

항목		기존 추정치
총수익		85,000,000
고정비	인건비	30,000,000
	수도요금	1,100,000
	전기요금	1,000,000
	통신비	800,000
	보험료	900,000
	임대료	8,500,000
	기타경비	2,000,000
변동비	원재료비	18,000,000
	소모품비	2,000,000
	수수료	1,000,000
	수리비	2,000,000
	광고홍보비	4,000,000
총비용		71,300,000
순이익		13,700,000

- 시나리오 1: 년 물가상승률 5%, 단, 고정비에만 반영
- 시나리오 2: 월 변동비 1% 절감 목표 반영

위의 자료를 토대로 시나리오 1과 시나리오 2의 경우의 총비용과 순이익을 계산해주세요. 계산 과정을 상세히 알려주세요. 그리고 계산 결과를 토대로, 기존 산정액, 시나리오 1, 시

나리오 2 각각에 대한 총수익, 고정비 합계, 변동비 합계, 총비용, 순이익을 정리한 표를 작성해주세요. 산출 결과를 토대로 각각에 대한 비용관리 방안을 제시해주세요.

[ChatGPT]

이 문제를 해결하기 위해서 우리는 몇 가지 계산을 해야 합니다. 먼저, 기존의 수익, 비용, 이익 추정치를 바탕으로 시나리오 1(년 5% 물가상승률 반영)과 시나리오 2(월 변동비 1% 절감)에 따른 새로운 총비용과 순이익을 계산할 거예요. 계산 과정은 다음과 같습니다:

기존 추정치를 바탕으로 시작합니다.

시나리오 1에서는 고정비 항목에 5%의 물가상승률을 반영하여 새로운 고정비를 계산합니다. 변동비는 변화가 없습니다.

시나리오 2에서는 변동비를 원래 금액에서 1% 줄인 금액으로 계산합니다. 고정비는 변화가 없습니다.

계산 시작

시나리오 1: 년 5% 물가상승률 반영

고정비 각 항목에 5% 증가를 반영합니다.

변동비는 그대로 유지합니다.

시나리오 2: 월 변동비 1% 절감

변동비 각 항목에서 1%를 줄입니다.

고정비는 그대로 유지합니다.

이제 Python을 사용하여 실제 계산을 해보겠습니다.

기존 추정치

고정비 합계: 44,300,000원

변동비 합계: 27,000,000원

총비용: 71,300,000원

순이익: 13,700,000원

시나리오 1: 년 5% 물가상승률 반영

고정비 합계(상승 후): 46,515,000원

변동비 합계: 27,000,000원 (변경 없음)

총비용: 73,515,000원

순이익: 11,485,000원

시나리오 2: 월 변동비 1% 절감

고정비 합계: 44,300,000원 (변경 없음)

변동비 합계(절감 후): 26,730,000원

총비용: 71,030,000원

순이익: 13,970,000원

계산 결과를 바탕으로 각 시나리오에 대한 정보를 표로 정리하면 다음과 같습니다:

항목	기존 산정액	시나리오 1 (5% 물가상승)	시나리오 2 (변동비 1% 절감)
총수익	85,000,000원	85,000,000원	85,000,000원
고정비 합계	44,300,000원	46,515,000원	44,300,000원
변동비 합계	27,000,000원	27,000,000원	26,730,000원
총비용	71,300,000원	73,515,000원	71,030,000원
순이익	13,700,000원	11,485,000원	13,970,000원

비용관리 방안 제시

기존 산정액:

비용 관리 전략: 현재의 비용 구조와 순이익을 유지하기 위해, 변동비와 고정비 모두에서

절감 기회를 모색해야 합니다. 예를 들어, 에너지 효율을 개선하여 유틸리티 비용을 줄이거나, 원재료 구매 시 할인 협상을 시도할 수 있습니다.

시나리오 1 (5% 물가상승):

비용 관리 전략: 물가상승으로 인한 고정비 증가를 관리하기 위해, 임대료나 인건비 등 고정비 항목에서 절감 방안을 찾아야 합니다. 또한, 추가적인 수익 창출 방안을 모색하여 총수익을 증가시켜야 합니다.

시나리오 2 (변동비 1% 절감):

비용 관리 전략: 변동비 절감을 통해 순이익을 증가시킨 이 시나리오에서는 지속적인 비용 절감 노력이 중요합니다. 공정 최적화, 불필요한 지출 제거, 효율적인 재고 관리 등을 통해 변동비를 더욱 줄일 수 있습니다.

각 시나리오에 따른 비용 관리 방안을 적극적으로 실행하면, 회사의 재정 건전성을 강화하고 이익률을 개선할 수 있을 것입니다.

4) 최종 결과물(생성형 AI의 해결 방안, 본인의 보완 및 수정 내용, 최종 해결 방안)

위의 GPT 답변과 유사(지면 관계상 내용 생략)

5) 작업 URL(Link 주소) :

https://chat.openai.com/c/de603308-2610-4cd0-a580-dfb9e0b6a3e2

[후기]

이 문제를 푸는 과정에서 GPT는 시나리오 1에서 물가상승률 5%를 반영할 때, 12개월로 나누어 계산하지 않거나 시나리오 2에서 비용절감 1%를 반영할 때 임의로 변동비만을 대상으로 하는 등 문제 풀이 요구 시마다 다른 산출 방식을 적용하는 것을 경험했다. 이에 대한 문의에도 각 상황에 따라 다른 답을 생성하기도 했다. 결국 문제를 단순화하고 명확한 상황 설명을 함으로써 일관된 답을 생성하게 할 수 있었다. 아직 AI는 사람과 같이 인식하고 판단하는 응용능력이 있다고 볼 수 없다. 그러므로 사용자는 해결책을 요구할 때 AI에게 명확한 상황 제시를 하여야 한다. 아울러 반드시 AI가 생성한 결과물을 확인하여야 할 것이다.

[문제 5] 손익분기점 분석(난이도 하)

출제 의도(테스트 내용): 데이터 분석 기능 활용 역량

[문제]

우리 회사는 마케팅 전략 고도화를 통한 매출 증대, 직원들의 업무 효율화를 통한 비용 절감을 목표로 생성형 AI 시스템을 도입하고자 한다. 이 시스템 도입을 위한 초기 투자비용, 1인당 월 사용료, 시스템 도입 효과에 대한 1인당 매출증가 효과, 1인당 업무 생산성 향상에 의한 비용 절감 효과는 [표 1]과 같다.

[표 1] 생성형 AI 도입에 따른 투자 및 수익효과

내역	금액	비고
월간 고정비	4,000만원	초기 투자비용의 감가상각액
1인당 월간 사용료	10만원	시스템 사용비 등
1인당 월간 매출증가 추정치	50만원	고객만족도 제고 등
1인당 월간 비용절감 추정치	40만원	이익 증가요인

당신은 전략기획팀장으로서 '손익분기점 분석'을 통해 투자로 인한 수익 발생 및 비용 절감 내용이 투자비용을 상쇄하고 이익을 낼 수 있는 사용자 인원수(손익분기점)가 몇 명이어야 되는지에 대한 분석 정보와 투자에 대한 의사결정 정보를 제시하는 보고서를 작성하시오.

단, 1) 생성형 AI를 활용하기 위한 기획 내용, 2) 생성형 AI에의 프롬프트 입력 및 적절한 대화(피드백) 과정과 내용, 3) 생성형 AI의 최종 결과물(해결 방안, 본인의 보완 및 수정 내용, 최종 해결 방안) 등을 확인할 수 있도록 자세하고 명확하게 기술하시오.

[답안] 수험자가 아래와 같은 내용으로 AI 활용 과정과 결과물을 복사 혹은 작성, 제출

1) 사용 AI와 기능 및 도구

사용 AI: GPT-4

2) 생성형 AI를 활용하기 위한 기획 내용

① 목적: 생성형 AI 도입 의사결정을 위한 손익분기점 분석

② 맥락: 회사의 생성형 AI 도입을 통한 투자의 손익분기점 분석 및 도입 의사결정 필요 정보 파악 보고서 작성

③ AI의 역할: 동적 손익분기점 분석을 통한 손익분기 시기 및 도입 결정을 위한 정보 제공

④ 산출물: 손익분기점 분석 및 도입 의사결정 정보 보고서

⑤ 데이터: 별도의 데이터 불필요

3) 생성형 AI에의 프롬프트 입력 및 대화(피드백) 과정과 내용

[프롬프트]

① 목적: 생성형 AI 도입 의사결정을 위한 손익분기점 분석

② 맥락: 회사의 생성형 AI 도입을 통한 투자의 손익분기점 분석 및 도입 의사결정 필요 정보 파악 보고서 작성

③ 산출물: 아래 내용을 담은 보고서

- 동적 손익분기점 분석 결과에 의한 손익분기 도달 시점

- 생성형 AI 도입을 위한 의사결정 정보

④ 필요한 데이터[표 1] 참조

[표 1] 생성형 AI 도입에 따른 투자 및 수익효과

내역	금액	비고
월간 고정비	4,000만원	초기 투자비용의 감가상각액
1인당 월간 사용료	10만원	시스템 사용비 등
1인당 월간 매출증가 추정치	50만원	고객만족도 제고 등
1인당 월간 비용절감 추정치	40만원	이익 증가요인

나는 회사의 전략기획팀장으로서 '손익분기점 분석'을 통해 투자로 인한 수익 발생 및 비용 절감 내용이 투자비용을 상쇄하고 이익을 낼 수 있는 사용자 인원수(손익분기점)가 몇 명이어야 되는지에 대한 분석 정보와 투자 의사결정 정보를 제시하는 보고서를 작성해야 합니다.

먼저 손익분기점 분석을 통해 이익을 낼 수 있는 시기를 알려주세요. 산출 과정에 대한 상세한 내용을 함께 제시해주세요.

[GPT]

알겠습니다. 손익분기점을 계산하기 위해 다음과 같은 과정을 거치겠습니다:

1. **월간 이익 계산:**

- 월간 이익 = (1인당 월간 매출증가 추정치 – 1인당 월간 사용료 + 1인당 월간 비용절감 추정치) * 사용자 인원수 – 월간 고정비

2. **손익분기점 계산:**

- 손익분기점 = 월간 고정비 / (1인당 월간 매출증가 추정치 – 1인당 월간 사용료 + 1인당 월간 비용절감 추정치)

위의 과정을 통해 손익분기점, 즉 투자로 인한 수익 발생 및 비용 절감이 투자비용을 상쇄하여 이익을 낼 수 있는 사용자 인원수를 계산할 수 있습니다. 계산 결과를 제시해드리겠습니다. 잠시만 기다려주세요.

계산 결과를 공유드리겠습니다.

1. 월간 이익 계산:

- 월간 이익 = (1인당 월간 매출증가 추정치 - 1인당 월간 사용료 + 1인당 월간 비용 절감 추정치) * 사용자 인원수 - 월간 고정비

- 월간 이익 = (50만 원 - 10만 원 + 40만 원) * 사용자 인원수 - 4000만 원

- 월간 이익 = 80만 원 * 사용자 인원수 - 4000만 원

2 손익분기점 계산:

- 손익분기점 = 월간 고정비 / (1인당 월간 매출증가 추정치 - 1인당 월간 사용료 + 1인당 월간 비용절감 추정치)

- 손익분기점 = 4000만 원 / (50만 원 - 10만 원 + 40만 원)

- 손익분기점 = 4000만 원 / 80만 원

- 손익분기점 = 50명

따라서, 투자로 인한 수익 발생 및 비용 절감 내용이 투자비용을 상쇄하고 이익을 낼 수 있는 사용자 인원수인 손익분기점은 50명입니다.

[프롬프트]

그럼 산출한 손익분기점 인원수를 토대로 생성형 AI 도입에 관한 의사결정 정보를 정리해주세요.

[GPT]

손익분기점을 토대로 생성형 AI 도입에 관한 의사결정 정보를 정리하겠습니다.

1. 손익분기점 인원수:

- 계산 결과, 생성형 AI 도입이 투자비용을 상쇄하고 이익을 낼 수 있는 사용자 인원수는 50명입니다.

2. 의사결정 정보:

- 현재의 사용자 인원수와 비교하여, 생성형 AI 도입 후 예상되는 수익과 비용 절감 효과를 고려해야 합니다.

- 손익분기점을 넘는 사용자 인원수를 확보하기 위해 마케팅 및 교육 프로그램을 강화할 필요가 있습니다.
- 도입 후의 비용 및 이익을 모니터링하여 최적화된 전략을 수립하고, 사용자 인원수를 늘리는 데 주력해야 합니다.
- 생성형 AI의 활용 방안을 계속해서 연구하고, 사용자들에게 제공되는 가치를 최대화하기 위해 지속적인 개선을 진행해야 합니다.

3. 기타 고려 사항:

- 생성형 AI의 도입에 따른 인력 및 기술적인 요구사항을 검토하여 조직의 역량을 적정하게 유지해야 합니다.
- 보안과 개인정보 보호에 대한 충분한 대책을 마련하여 안전한 서비스 제공이 보장되어야 합니다.

위의 의사결정 정보를 참고하여 생성형 AI 도입에 대한 전략을 수립하고 실행함으로써 회사의 성장과 이익을 증대시킬 수 있을 것입니다.

4) 최종 결과물(생성형 AI의 해결 방안, 본인의 보완 및 수정 내용, 최종 해결 방안)

위의 GPT 답변과 유사(지면 관계상 내용 생략)

5) 작업 URL(Link 주소) :

https://chat.openai.com/c/ae4e9ed6-73c4-4965-a0c8-2c9b4d3ea210

[후기]

이 문제를 푸는 과정에서 GPT는 계산 오류나 틀린 답을 지속적으로 생성하는 것을 경험했다. 분명한 정답이 있음에도 오류나 틀린 답을 생성하는 이유는 이 문제가 일상적인 손익분기점 분석이 아니기 때문이다. 결국 상황에 대한 구체적인 설명을 추가하고 문제를 단순화함으로써 정확한 답을 생성하게 할 수 있었다. 즉 AI는 사람과 달리 아직 응용능력이 있다고 볼 수 없다. 그러므로 사용자는 해결책을 요구할 때 AI에게 명확한 상황 제시를 하여야 함이 확인되었다. 아울러 반드시 AI가 생성한 결과물을 확인하여야 할 것이다.

보고서 작성 효율화를 위한 AI

1. 보고서 작성의 중요성과 AI의 활용

여기에서는 보고서 작성에 대한 이해로부터 AI를 활용하여 보고서 작성 프로세스를 간소화하고, 보고서의 품질을 높이는 방법에 초점에 대해 다룬다. 아울러 AI 기술이 보고서 작성에 혁신을 가져온 방법들을 실제 사례와 함께 살펴보고자 한다. 이를 통해 독자들은 데이터 분석에서부터 정보의 정제, 그리고 최종 보고서의 작성에 이르기까지 AI가 어떻게 도움을 줄 수 있는지를 학습하게 된다. 각 섹션은 AI 도구의 선택과 활용법, 효과적인 프롬프트 디자인 방법, 그리고 AI가 제공하는 다양한 지원 기능들을 다루면서, 보고서 작성의 품질을 높이는 실질적인 전략을 제공한다. 이 지식을 통해 여러분은 보고서 작성 업무에 AI를 적용하여 시간을 절약하고, 더 나은 결정을 내릴 수 있을 것이다.

2. 보고서 작성의 기초

1) 보고서란 무엇인가?

여섯 달에 걸친 복잡한 프로젝트의 세부 사항을 단 한 번의 회의에서 이해하거나, 방대한 원시 데이터를 기반으로 정보에 입각한 결정을 내려야 한다고 생각해 보자. 이는 매우 힘든 일일 것이다. 바로 이때 보고서의 힘이 발휘된다. 보고서는 조사, 프로젝트 또는 복잡한 분석의 결과를 명확하고 간결한 방식으로 전달하는 전략적 도구이다. 보고서는 밀림을 가로지르는 횃불과 같이 데이터와 정보의 정리를 통해 우리를 이해와 행동으로 이끈다.

보고서의 핵심은 단순함과 명확함에 있다. 보고서는 보다 복잡한 조사의 핵심 결과를 더 간단하고 쉽게 따라갈 수 있는 내용을 다룬다. 예를 들어, 비즈니스 환경에서의 재무 분석 보고서를 생각해 보자. 이러한 보고서는 수익부터 비용, 자산부터 부채에 이르기까지 방대한 재무 데이터를 명확하게 분석하여 회사의 재무 상황, 추세 및 주의가 필요한 영역을 드러낸다. 복잡한 재무 데이터를 소화하기 쉬운 형식으로 정제함으로써, 보고서는 의사결정자가 회사의 재무 상태를 이해하고 정보에 입각한 전략적 결정을 내릴 수 있도록 권한을 부여한다Duke, 2023.

2) 보고서 유형

기업 실무에서의 보고서는 다양한 유형이 있다. 각각 특정 목적과 상황에 맞춰 작성되고 사용된다. 주요 보고서 유형을 정리하면 [표 9-1]과 같다. 이 외에도 다양한 유형의 보고서가 있으며, 각 보고서는 특정 목적에 맞게 구성되어 비즈니스의 수행과 운영을 모니터링하며 정보에 입각한 결정을 내리는 데 도움을 준다.

[표 9-1] 보고서 유형과 주요 내용

보고서 유형	주요 내용	대표적 사례
정보 보고서 (Informational Reports)	사실과 데이터만을 제공하며 분석이나 권고사항은 배제	전시회 방문에 관한 여행 보고서, 프로젝트의 주간 상태 보고서, 월별 판매 보고서
분석 보고서 (Analytical Report)	데이터를 검토하고 결론을 내려 이해관계자가 최선의 조치를 내리도록 지원	새로운 제조 공장에 대한 위치 평가 보고서, 새 기술이 비즈니스 부문의 생산성과 수익성에 미치는 영향 분석
연구 보고서 (Research Report)	특정 주제에 대한 연구결과와 분석 내용 제시	새 제품 출시 전 고객 행동에 대한 조사, 산업 내 경쟁사, 성장 잠재력, 시장 전망에 대한 연구
마케팅 보고서 (Marketing Report)	마케팅 캠페인의 성과를 평가하며 SEO*, 소셜 미디어, 고객 참여 등 분석	마케팅 캠페인의 효과 분석, 고객 참여도 및 반응 분석
연례 보고서 (Annual Report)	상장 회사나 비영리 단체가 해당 연도 동안의 활동과 재무 상태 제공	회사의 연간 운영 개요, 재무 성과 분석, 전략적 이니셔티브 분석
재무 보고서 (Financial Report)	회사의 재무 건전성에 대한 종합적인 정보 제공	수익, 비용, 이익, 손실, 자산 및 부채에 대한 세부 정보
설명 보고서 (Explanatory Report)	복잡한 주제를 이해할 수 있도록 설명	의약품의 작용 방식, 산업용 기계의 기술 및 사용 설명서
진행 상황 보고서 (Progress Report)	프로젝트의 진행 상황을 상세하게 설명	주간 또는 월간 진행 상황 업데이트, 프로젝트 이해관계자에게 제공
프로젝트 상태 보고서 (Project Status Report)	특정 프로젝트의 진행 상황 및 업데이트 내용 보고	완료된 작업, 진행 중인 작업, 리스크 및 도전과제, 다음 단계 정보 등 제공

* SEOsearch engine optimization, 검색엔진 최적화 : 검색엔진에서 찾기 쉽도록 사이트를 개선하는 프로세스
(출처: Duke, 2023; Jankutė-Carmaciu, 2019; Rabkin, 2023)

3) 보고서 작성 프로세스

보고서 작성은 각 조직마다 나름으로 축적된 경험 등을 통해 체계적으로 이루어지고 있다. 그러나 보다 효율적인 방법으로 보고서를 작성하기 위해 베스트 프랙티스Best Practice를 찾곤 한다. 보고서 작성에 관한 최고의 관행은 효과적인 커뮤니케이션 및 조직적인 구조에 중점을 두는 것이라고 한다. [그림 9-1]은 보고서 작성의 주요 단계 및 관련 베스트 프랙티스로 알려진 내용 중 하나이다.

[그림 9-1] 보고서 작성 프로세스

첫째, 보고서의 목적을 정의한다. 보고서를 작성하기 전에 그 목적을 분명히 이해하는 것이 중요하다. 보고서는 어떤 질문에 답하는 것인지, 누가 읽을 것인지를 고려하여 작성해야 한다. 보고서가 달성하려는 목적은 나머지 과정을 안내하는 데 매우 중요하다.

둘째, 연구를 시작한다. 관련 데이터와 정보를 다양한 출처에서 수집한다. 광범위한 조사를 통해 주제에 대한 더 나은 이해와 포괄적인 분석을 제시할 수 있다.

셋째, 개요를 준비한다. 개요를 만들어 글쓰기를 안내하고 집중하도록 한다. 주요 헤딩들과 각 섹션에서 다룰 주요 포인트나 주장을 포함시킨다. 개요는 아이디어의 논리적 흐름을 전개하는 데 도움이 된다Ellis, 2024.

넷째, 초안을 작성한다. 연구를 바탕으로 초안을 작성한다. 완벽함에 집중하기보다는 아이디어를 표현하는 데 중점을 준다. 초안은 향후 수정 및 편집의 출발점이다.

다섯째, 수정 및 편집을 한다. 구조, 흐름 및 내용을 검토하고, 주장의 논리적 제시와 증거가 주장을 뒷받침하는지 확인한다. 또한, 보고서의 형식은 일관성 있고 전문적으로 보이게 해야 한다. 글꼴, 간격, 제목 스타일을 일관되게 유지할 필요가 있다Duke, 2023. 언어, 철자, 문법, 스타일 및 서식도 점검한다.

여섯째, 보고서를 공유한다. 보고서가 완성되면 보고서를 필요로 하는 대상과 공유한다. 통상적으로 보고서는 중요한 사람들에게 보고하는 형식을 갖춘다. 다양한 파일 형식과 채널을 통해 보고서를 배포할 수 있다.

이외에 보고서의 시각적 구성을 깔끔하고 매력적으로 유지하는 것이 중요하다.

3. AI 기반 보고서 작성에서의 데이터 분석과 처리

한편, 보고서 작성 과정에서 데이터 수집, 정리, 분석 및 시각화는 중요한 역할을 한다. 이러한 일들은 보고서가 정확하고 유용한 정보를 제공하도록 보장하는 데 중요하다. 특히 AI를 활용하면, 보고서 작성 과정에서 데이터 수집 및 처리가 보다 수월해진다. AI는 대량의 데이터를 효과적으로 분석하고, 이를 보고서에 활용할 수 있는 중요한 통찰력을 제공하기 때문이다.

보고서 작성의 첫걸음은 관련 데이터를 수집하는 일이라 할 수 있다. 여기에서는 다양한 소스로부터 필요한 데이터를 모으고, 이를 분석할 준비를 한다. 예를 들어, 판매 데이터, 고객 피드백, 시장조사 결과 등이 수집될 수 있다Phrazor, 2017. AI는 데이터 수집 단계에서 중요한 역할을 한다. 즉 AI는 다양한 데이터 소스에서 데이터를 추출하며, 이 데이터는 AI 알고리즘이 학습하는 데 필요한 입력으로 사용된다. 데이터 수집은 AI가 유용한 정보를 도출하기 위한 기본적인 단계이다.

수집된 데이터는 종종 불완전하거나 혼란스러울 수 있다. 데이터 정리 과정에서는 이러한 데이터를 정리하고, 오류를 수정하며, 불필요한 정보를 제거한다. 이는 분석 과정에서 정확하고 신뢰할 수 있는 결론을 도출하는 데 있어 중요하다. 또한, 데이터의 정확성과 관련성 역시 중요하다. AI는 데이터 정리 과정을 자동화할 수 있으며, 이는 효율적이고 정확한 분석을 가능하게 한다Akhtar, 2024.

데이터 분석은 보고서의 핵심 부분에 기여한다. 이 단계에서는 데이터를 면밀히 검토하고, 패턴이나 추세를 식별하며, 의미 있는 통찰력을 도출한다. 이러한 분석은 보고서가 결론을 제시하고, 추천 사항을 제공하는 데 기반이 된다. AI 모델은 정리된 데이터를 바탕으로 패턴, 상관관계, 이상치 및 추세를 식별한다. 이 과정은 전통적인 방법에 비해 시간을 크게 절약할 수 있으며, 더 심층적인 분석을 가능하게 한다Texta, 2024.

분석 결과를 효과적으로 전달하기 위해서는 데이터 시각화가 요구된다. 차트, 그래프, 맵 등의 시각적 요소는 복잡한 데이터를 쉽고 명확하게 표현할 수 있다. 이는 보고서의 읽는 사람이 데이터를 더 쉽게 이해하고, 중요한 정보를 식별하는 데 도움이 된다Phrazor, 2017. AI는 분석 결과를 명확하고 이해하기 쉬운 대화형 차트와 그래프 형태로 표현하도록 도와준다.

각 단계는 서로 연결되어 있으며, 전체적인 보고서 작성 과정을 통해 데이터 기반의 결정을 내리는 데 중요한 역할을 한다. 이러한 과정을 통해 AI의 도움을 받아 작성된 보고서는 기업이나 조직이 효과적인 전략을 수립하고, 성과를 개선하며, 시장에서 경쟁 우위를 확보하는 데 필수적인 도구가 될 수 있다. 그러나 AI를 사용할 때는 데이터의 질, 보안 및 프라이버시 문제 등의 고려 사항을 감안하여야 한다.

4. 보고서 작성에 활용되는 생성형 AI 기능

1) 보고서 작성을 위한 생성형 AI의 역할

생성형 AI는 비즈니스 환경이나 관련 데이터 분석을 통해 보고서에 주요 정보와 인사이트가 잘 정리되도록 도와준다.

먼저 AI는 대량의 데이터를 분석하고 간결한 요약문을 작성할 수 있다. 예를 들어, 고객 서비스 시나리오에서 AI는 고객 상호작용과 피드백을 평가하여 주요 트렌드, 문제점, 개선 기회를 강조하는 보고서를 생성할 수 있다.

그리고 AI는 특정 관심사와 필요에 맞춰 맞춤형 보고서를 생성할 수 있다. 이는 관련 데이터 포인트에 중점을 두고, 적절한 어조를 사용한다. 또한, 청중의 선호도나 이전의 상호작용을 토대로 관련성이 가장 높은 정보를 중점적으로 다룬다.

생성형 AI는 데이터의 추세 분석을 통해 예측 통찰력을 생성하고 향후 조치에 대한 권장 사항을 제공하기도 한다. 이는 전략적 결정이 데이터 기반 통찰력에 의해 지원되는 비즈니스 보고서에서 특히 유용할 것이다.

AI 도구는 정보와 데이터를 더 매력적이고 이해력을 높이는 시각적 표현을 만드는 데 도움을 줄 수 있다. 이는 보고서를 더 보기 쉽고 이해하기 쉽게 만든다.

생성형 AI는 보고서의 초안 작성과 데이터 분석 단계를 자동화함으로써 보고서 준비를 더 효율적으로 하게 한다. 그렇게 되면 보고서 작성자는 내용을 정제하고 전문적인 통찰력을 추가하는 데 집중할 수 있게 된다.

2) 보고서 작성을 위한 생성형 AI의 주요 기능

이상에서 볼 수 있듯이, 생성형 AI는 비즈니스 현장에서 각종 보고서 작성에 큰 도움을 줄 수 있다. 보고서 작성에 활용되는 생성형 AI 기능은 크게 10가지로 정리할 수 있다. [표 9-2]는 보고서 작성을 위한 생성형의 주요 기능과 그에 해당하는 AI 기술 및 해당 기능에 대한 내용을 보여 준다. 각 기능은 AI가 보고서 작성 과정을 간소화하고, 효율성을 높이며, 최종 결과물의 품질을 향상시키는 데 기여하는 것을 보여 주고 있다.

[표 9-2] 보고서 작성을 위한 생성형 AI 기능 유형과 중 내용

AI 기능 유형	관련 AI 기술	주요 내용
자동 보고서 작성	자연어 생성	사용자 입력에서 핵심 정보를 추출하고 구조화된 보고서 생성
패턴 인식 및 데이터 인사이트 추출	머신 러닝	대규모 데이터셋에서 패턴을 식별하고 중요한 인사이트 추출
텍스트 분석 및 오류 수정 제안	자연어 처리	문법, 철자, 구문 오류 식별 및 수정 제안
내용 최적화 및 향상 제안	자연어 이해	텍스트의 가독성과 명확성 향상 제안
자동 요약 생성	자연어 처리	긴 문서의 핵심 내용을 간결한 요약으로 변환
다국어 번역 및 문맥적 적응	기계 번역	다양한 언어로의 번역 지원 및 문맥에 맞는 정확한 번역
자동 서식 적용	머신 러닝	사용자의 요구 사항에 맞게 보고서의 서식과 스타일 자동 조정
시각적 데이터 표현	데이터 시각화	데이터를 시각적으로 매력적이고 이해하기 쉬운 형식으로 표현
문법 및 스타일 검사	자연어 처리	문법적 오류, 오타, 일관성 없는 부분 식별 및 개선 제안
실시간 문서 협업 및 피드백 공유	협업 기술	문서 작성 시 실시간 협업, 피드백 공유 및 변경 사항 추적 가능

(출처: Akhtar, 2024; Golan, et al., 2023).

5. 보고서 작성을 위한 주요 AI 유형과 GPT 모델

1) 보고서 작성 지원 주요 AI 유형

텍스트 생성 및 프레젠테이션용 PPT 생성을 지원해 주는 AI에 대해서는 많은 자료에서 소개되고 있다. 그러나 보고서 작성과 관련되는 기능이나 성능 측면에서 여러 AI들이 상당한 차이를 보인다. 이에 보고서 작성과 관련되는 주요 AI들의 특징을 정리하면, [표 9-3]과 같다.

[표 9-3] 보고서 작성 관련 주요 AI들의 특징

도구 이름	주요 기능	보고서 작성 지원 특징
ChatGPT	자연어 처리 기반 대화형 AI	다양한 주제에 대한 깊은 이해와 문장 수정을 통해 아이디어 확장 및 보고서의 전문성과 가독성 향상에 기여
Google SGE	구글 검색엔진과 통합된 AI	방대한 데이터베이스에서 정보 검색 및 요약을 통해 신속하고 정확한 정보 제공으로 보고서의 신뢰도 향상에 도움
Perplexity AI	인터넷 검색 기반 답변 제공 AI	최신 데이터와 정보에 접근하여 보고서 내용을 최신 상태로 유지, 시장 동향 및 기술 발전 등 변화하는 정보 활용 가능
SCIPAGE	과학적/기술문서 분석 및 요약 AI	기술적 내용과 데이터 분석을 이해하기 쉽게 전달, 특히 기술 중심 보고서에서 복잡한 정보를 명확하게 설명하는 데 유용
Copilot	MS 검색 엔진과 통합된 대화형 AI	다양한 주제에 대한 신속한 정보 제공을 통해 보고서 작성에 필요한 자료 검색 시간 단축 및 효율성 향상에 기여
Naver QUE	네이버에서 제공하는 맞춤형 답변 AI	한국어 정보 처리와 국내 시장 관련 깊이 있는 분석 제공을 통해 한국 시장과 관련된 보고서 작성에 특화
Bard	구글의 창의적 글쓰기 지원 AI	창의적 아이디어 생성과 독창적 콘텐츠 개발 지원을 통해 마케팅, 제품 개발 보고서 등에서 창의성 및 독창성 강화에 기여
Gemini	데이터 분석, 시각화, 예측 모델링 지원 AI	데이터 분석 및 시각화를 통한 명확한 정보 전달로 데이터 기반 결정을 내리는 데 필요한 근거 제공, 보고서의 설득력 향상에 도움
Wrtn	텍스트 생성 및 수정을 위한 AI	문서 작성, 편집 과정 지원 및 아이디어 명확한 전달로 사용자 친화적 인터페이스를 통한 보고서 작성 과정 간소화 및 효율성 향상에 기여

07. 경영전략 기능 의사결정의 연계, AI를 통한 전략 연계

08. 인적자원을 활용한 전략적 계발 및 의사결정

09. 보고서 작성의 효율성을 위한 AI

10. 전략적 마케팅 측면에서 AI 프롬프트 디자인 활용

11. AI를 활용한 업무 자동화 및 업무 부여

12. 통제 및 데이터 분석을 위한 AI

13. 협업과 소통을 위한 AI

14. 뛰어난 제도와 규정 영역 및 업가 가능평가를 위한 AI

15. 급격변한 환경 극대화를 위한 AI 활용

2) 챗GPT의 GPT 스토어 기반 보고서 작성 GPT 모델

최근 챗GPT에 GPT 스토어가 출시되어 AI 이용 환경이 빠르게 진화하고 있다. AI 활용 보고서 작성 역시 보다 효율적인 환경이 만들어지고 있다. 2024년 2월 현재 GPT 스토어에 등록된 보고서 작성 지원 GPT 모델 가운데 몇몇 주요 모델들의 특징을 정리하면, [표 9-4]와 같다.

[표 9-4] GPT 스토어 등록 주요 보고서 작성 지원 모델

GPT 모델 이름	제공자	분야	상세 특징
GPT Report Writer	marxs.in	기술 보고서 개선	최신 기술과 데이터 분석을 활용하여 기술 보고서의 정확성과 명확성 개선
GPT Report Master	pleistos.com	포괄적인 업무 보고서	데이터 업로드 후, 업무의 성과와 개선점에 대한 통찰력이 담긴 포괄적 보고서 자동 생성
GPT Sherlock Report	Motoki Satou	정보 분석 보고서	고급 분석 기법과 독특한 추론 방식을 통해 복잡한 데이터를 분석하고, 그 결과를 명확하게 보고
GPT Report Generator	Gilbert Andrew	범용 보고서 템플릿	다양한 분야에 적용 가능한 보고서 템플릿을 제공하여, 사용자가 쉽게 보고서를 작성할 수 있게 지원
GPT Status Report	Christopher Fryant	AI 시스템 상태 보고서	AI 기술을 활용하여 다양한 AI 시스템의 가동 상태를 실시간으로 모니터링하고, 상태 보고서 제공
GPT Credit Report	raed elaydi	신용 및 금융 보고서	신용 평가, 금융 분석 등에 필요한 정보를 제공하는 전문적인 신용 및 금융 관련 보고서 작성

6. 프롬프트 디자인과 적용

보고서 작성을 효과적으로 하기 위해 생성형 AI를 활용하기 위한 프롬프트를 잘 디자인하는 것은 매우 중요하다. 프롬프트 디자인은 AI 언어 모델에 정확한 반응을 유도하기 위해 질문이나 지시를 만드는 과정이다생성형AI연구회, 2024. 이 과정에서는 명확하고 고품질의 반응을 보장하기 위해 잘 구조화된 프롬프트 작성이 필수적이다Gemini API, 2023.

보고서 작성을 위한 프롬프트 디자인은 AI의 효율성과 정확성을 극대화하여 보고서의 품질을 높이는 데 중요한 역할을 한다. 이를 위한 몇 가지 핵심 단계와 기법은 다음과 같다.

첫째, 목적을 정의한다. 보고서 작성의 목적과 필요한 정보를 정확하게 정의하여야 한다. 예를 들어, 특정 시장 분석에 관한 보고서를 작성한다면, 해당 시장의 핵심 요소와 분석할 특정 지표를 명확하게 정의해야 한다.

둘째, 사용 가능한 자원을 파악한다. 작성해야 할 보고서와 관련된 데이터, 연구 자료, 이전 보고서 등 사용 가능한 자원을 파악한다. 이를 통해 프롬프트가 AI에게 필요한 맥락을 제공할 수 있도록 한다Varner, 2023.

셋째, 프롬프트 유형을 결정한다. 간단한 정보 요청부터 복잡한 분석 요청까지, 필요한 프롬프트의 유형을 결정한다. 이는 AI가 보다 정확하고 관련성 있는 답변을 제공하는 데 도움이 된다.

넷째, 페르소나를 설정한다. 프롬프트의 톤과 스타일을 결정하기 위해 특정 페르소나를 설정한다. 이는 보고서의 대상 청중과 문화적 맥락에 맞춰 AI의 반응을 조정하는 데 유용하다.

다섯째, 프롬프트를 구조화한다. 명확하고 구체적인 지시를 통해 AI에 요청하는 정보의 유형을 정확하게 설명한다. 예를 들어, 특정 산업의 성장률에 대한 정보를 요청할 때는 그 산업의 정의와 관련 데이터 포인트를 포함하는 것이 좋다.

여섯째, 반복적으로 개선한다. AI의 응답을 통해 프롬프트를 지속적으로 개선한다. AI가 제공하는 정보를 바탕으로 보다 정확하고 풍부한 보고서를 작성하기 위해 필요한 수정을 반복적으로 한다Akshay, 2024.

일곱째, 상황별로 맞춤화를 한다. 보고서의 주제와 맥락에 따라 프롬프트를 맞춤화한다. 예를 들어, 특정 산업에 대한 최신 동향 분석을 요청하는 경우, 해당 산업과 관련된 최신 사건이나 변화에 초점을 맞추는 것이 좋다Akshay, 2024.

이러한 기법들은 보고서 작성을 돕기 위한 효과적인 프롬프트를 디자인하는 데 도움이 된다. 이를 통해 보다 정확하고 유익한 보고서를 작성할 수 있으며, 시간과 노력을 절약하는 동시에 보고서의 품질을 높일 수 있다.

07. 작업의 기본 원리 준비와 연습, AI를 통한 역량 강화

08. 인공지능을 활용한 전략적 계획 및 의사결정

09. 보고서 작성의 효율화를 위한 AI

10. 전략적 마케팅 솔루션에서 AI 프롬프트 디자인 활용

11. AI를 활용한 평가하기 위한 글쓰기

12. 통계 및 데이터 분석을 위한 AI

13. 협업과 소통을 위한 AI

14. 비즈니스 제도와 기업 영어 위 평가 자동화를 위한 AI

15. 교육적 효과 극대화를 위한 AI 활용

7. AI의 발전과 보고서 작성의 미래

앞으로 AI는 보고서 작성 도구로서 그 역할을 키워 가면서 다음과 같은 방법으로 보고서 작성에 영향을 미칠 것이다. 첫째, AI 도구는 누구나 고품질의 보고서를 생성할 수 있게 도와 보고서 작성의 민주화를 촉진할 것이다. 둘째, AI 도구는 보고서의 SEO, 참여도, 가독성 측면을 분석하여 개선할 수 있는 영역을 지속적으로 찾을 것이다. 셋째, AI는 사용자 데이터를 분석하여 보고서 이용 대상자들에게 공감을 높이는 보고서를 만들어 낼 수 있을 것이다. 넷째, AI는 다양한 언어로 보고서를 생성할 수 있어, 글로벌 대상에게도 쉽게 보고를 할 수 있도록 지원할 것이다.

그러나 AI 보고서 작성 도구의 활용에는 몇 가지 한계와 도전 과제도 존재한다. 첫째, AI는 아직 인간의 감성을 모방할 수 없으며, 창의성이나 새로운 아이디어를 발전시키는 데 한계를 갖고 있다. 둘째, AI 시스템은 대량의 데이터를 바탕으로 학습하지만, 실시간으로 발생하는 최신의 사건이나 정보에 대해 즉각적으로 반응하기 어렵다. 셋째, AI는 대규모 데이터를 통해 학습하기 때문에 진정으로 독창적이고 매력적인 보고서를 생성하는 데 어려움이 있을 수 있다.

결론적으로, 보고서 작성 도구로서 AI는 보고서 작성 분야에 많은 잠재력을 제공하지만, 창의성과 오리지널리티의 유지, 윤리적 고려 사항 및 데이터 보안 등의 문제를 고려해야 한다. AI는 보고서 작성 과정을 자동화하고 효율성을 높이는 데 도움이 될 수 있지만, 인간 작성자의 창의적인 기여 없이는 완전한 보고서를 작성하기 어렵다. 따라서 AI는 보고서 작성의 보조 도구로서 역할을 할 것으로 보이며, 인간의 창의적인 역량과 지혜가 앞으로 더 중요해질 것으로 보인다Team Pepper, 2024.

※ 문제: 난이도 상(20분, 125점), 난이도 중(15분, 100점), 난이도 하(10분, 75점)

【실습 문제】

[문제 1] 마케팅 프로젝트 현황 보고서 작성하기(난이도 하)

출제 의도(테스트 내용): 데이터 분석 기반 보고서 생성 및 활용 역량

[문제]

쑥쑥유통(주)는 년초 마케팅 프로젝트를 진행하기 시작했다. 그 진행 상황은 [표 1]과 같다. 예산은 총 예산 1억 원 중 현재까지 7천5백만 원을 사용하였다. 총 5명의 팀원 중 현재까지 주요 업무에 3명이 참여하고 있다. 당신은 마케팅팀장으로서 현재까지의 진행 상황을 분석하고 이에 대한 문제점 및 해결 과제를 정리한 보고서를 작성해야 한다.

[표 1] 프로젝트 추진 일정표

작업	기한	완료일
시장 조사 완료	2024-01-05	2024-01-04
캠페인 전략 개발	2024-01-10	2024-01-12
광고 소재 제작	2024-01-15	2024-01-17
소셜 미디어 캠페인 출시	2024-01-20	-
결과 모니터링 및 분석	2024-01-25	-
성과 평가 및 보고서 작성	2024-01-31	-

이와 같은 상황에서 프로젝트 진행 상황 평가, 예산 사용 현황, 주요 작업 준비 상태 및 주요 위험 요소를 파악하여 보고서로 정리하시오.

단, 1) 생성형 AI를 활용하기 위한 기획 내용, 2) 생성형 AI에의 프롬프트 입력 및 적절한 대화(피드백) 과정과 내용, 3) 생성형 AI의 최종 결과물(해결 방안, 본인의 보완 및 수정 내용, 최종 해결 방안) 등을 확인할 수 있도록 자세하고 명확하게 기술하시오.

[답안] 수험자가 아래와 같은 내용으로 AI 활용 과정과 결과물을 복사 혹은 작성, 제출

1) 사용 AI와 기능 및 도구

사용 AI: GPT-4

2) 생성형 AI를 활용하기 위한 기획 내용

① 목적: 프로젝트 추진 일정 관리

② 맥락: 마케팅 캠페인 추진 일정 관리상 내용 평가

③ 역할: 캠페인 프로젝트 관리자

④ 산출물: 프로젝트 진행 상황, 예산 사용현황, 주요 작업 준비 상태 및 주요 위험요소 파악 보고서

⑤ 데이터: [표 1] 프로젝트 진행 일정표

3) 생성형 AI에의 프롬프트 입력 및 대화(피드백) 과정과 내용

[프롬프트]

① 목적: 프로젝트 추진 일정 관리

② 맥락: 마케팅 캠페인 추진 일정 관리상 내용 평가

③ 역할: 캠페인 프로젝트 관리자

④ 산출물: 프로젝트 진행 상황, 예산 사용 현황, 주요 작업 준비 상태 및 주요 위험 요소 파악 보고서

⑤ 데이터: [표 1] 프로젝트 진행일정표

[표 1] 프로젝트 추진 일정표

작업	기한	완료일
시장 조사 완료	2024-01-05	2024-01-04
캠페인 전략 개발	2024-01-10	2024-01-12
광고 소재 제작	2024-01-15	2024-01-17
소셜 미디어 캠페인 출시	2024-01-20	-
결과 모니터링 및 분석	2024-01-25	-
성과 평가 및 보고서 작성	2024-01-31	-

나는 마케팅 팀장으로서 캠페인 프로젝트를 관리하고 있습니다. 예산은 총 예산 1억 원 중 현재까지 7천5백만 원을 사용하였습니다. 총 5명의 팀원 중 현재까지 주요 업무에 3명이 참여하고 있습니다. 이 내용과 [표 1]을 참고하여 작업 진행 상태, 예산 사용 현황, 팀원 참여도, 다가오는 중요 작업, 리스크 요소와 잠재적 문제 등을 분석하여 정리해 주고 프로젝트 관리를 위한 전략을 제시해 주세요.

[ChatGPT]
프로젝트 관리자로서 마케팅 캠페인 프로젝트의 현재 상황을 분석하고 관리 전략을 제시하겠습니다.

프로젝트 진행 상황 분석

작업 진행 상태:

- 시장조사 완료: 기한보다 하루 빠르게 완료.
- 캠페인 전략 개발: 기한을 2일 초과하여 완료.
- 광고 소재 제작: 기한을 2일 초과하여 완료.
- 소셜미디어 캠페인 출시: 아직 진행 중 (기한 2024-01-20).
- 결과 모니터링 및 분석: 아직 시작 전.
- 성과 평가 및 보고서 작성: 아직 시작 전.

예산 사용 현황:

- 총 예산: 1억 원
- 사용된 예산: 7천5백만 원
- 남은 예산: 2천5백만 원
- 현재 예산의 75% 사용, 프로젝트 마무리 단계에 대한 예산 관리 중요.

팀원 참여도:

- 총 팀원: 5명

- 주요 업무 참여 팀원: 3명

- 업무 부하가 특정 팀원에 집중되지 않도록 조정 필요.

다가오는 중요 작업 및 리스크 요소

- 소셜미디어 캠페인 출시

- 진행 중인 작업으로, 기한 준수 필요.

- 소셜미디어 반응 모니터링 및 적절한 조정이 중요.

결과 모니터링 및 분석

- 데이터 수집 및 분석을 위한 준비 필요.

- 성과 평가 및 보고서 작성

- 프로젝트 전반에 대한 평가 준비.

주요 리스크 요소

- 기한 초과: 일정 관리를 강화해야 함.

- 예산 초과: 남은 예산 관리에 주의 필요.

- 팀원 업무 부하: 업무 분담 조정 필요.

관리 전략 제안

- 일정 관리 강화: 남은 작업에 대한 엄격한 일정 관리와 우선순위 설정이 필요합니다.

- 예산 관리: 남은 예산에 대한 면밀한 관리와 필요시 예산 조정을 고려합니다.

- 업무 분담 조정: 팀원들 사이의 업무 부하를 균등하게 분배하고, 필요시 추가 인력을 투입합니다.

- 위험 관리: 잠재적 리스크를 사전에 식별하고 대응 계획을 마련합니다.

- 모니터링 및 평가: 캠페인의 진행 상황을 지속적으로 모니터링하고, 프로젝트 종료 후

에는 성과 평가를 실시합니다.

이러한 전략들은 프로젝트의 성공적인 완수와 효율적인 자원 관리에 도움이 될 것입니다.

4) 최종 결과물(생성형 AI의 해결 방안, 본인의 보완 및 수정 내용, 최종 해결 방안)

[표] 프로젝트 현황 분석 및 관리 전략 총괄

분류	내용
작업 진행 상태	- 시장 조사 완료: 기한보다 1일 빠름 - 캠페인 전략 개발: 기한 초과 2일 - 광고 소재 제작: 기한 초과 2일 - 소셜 미디어 캠페인 출시: 진행 중 - 결과 모니터링 및 분석: 시작 전 - 성과 평가 및 보고서 작성: 시작 전
예산 사용 현황	총 예산: 1억 원, 사용된 예산: 7천5백만 원, 남은 예산: 2천5백만 원, 현재 예산의 75% 사용
팀원 참여도	총 팀원: 5명, 주요 업무 참여 팀원: 3명, 업무 부하 조정 필요
다가오는 중요 작업 및 리스크 요소	- 소셜 미디어 캠페인 출시: 진행 중 - 결과 모니터링 및 분석: 시작 전 - 성과 평가 및 보고서 작성: 시작 전 - 주요 리스크 요소: 기한 초과, 예산 초과, 팀원 업무 부하
관리 전략 제안	일정관리 강화, 예산 관리, 업무 분담 조정, 위험 관리, 모니터링 및 평가

5) 작업 URL(Link 주소):

https://chat.openai.com/c/092344b2-cdba-44c6-b3db-cba9d2d73eeb

[문제 2] 연령대별 선호와인 제품 추천 방안 도출(난이도 하)

출제 의도(테스트 내용): GPT-4의 데이터 분석 기능 활용 역량

[문제]

상황: 전국망을 통해 와인을 판매하고 있는 우리 회사는 최근에 와인에 대한 소비자 기호를 조사한 결과를 토대로 와인 마케팅 방안을 수립하고자 한다. 이에 당신은 와인 마케팅팀장으로서 소비자 선호도 조사 결과를 토대로 연령대별 선호 속성 3개를 선별하고, 이 속성을 근거로 연령대별 선호 속성을 반영한 제품 유형 추천 및 매체별 홍보 방안을 도출하시오. 제품 추천을 위한 분석 과정에서 아래 [Table]과 같은 연령대별 와인 속성 선호도 조사 결과(엑셀 파일) 데이터를 사용하시오.

산출물: ① 연령대별 와인 선호 속성 3개 정리표

② 연령대별 와인 추천 유형(표)

③ 연령별 매체별 홍보 방안

단, 답안에는 1) 생성형 AI를 활용하기 위한 기획 내용, 2) 생성형 AI에의 프롬프트 입력 및 적절한 대화(피드백) 과정과 내용, 3) 생성형 AI의 최종 결과물(필요시, 본인의 보완 및 수정 내용, 최종 해결 방안 등 포함) 등을 확인할 수 있도록 자세하고 명확하게 기술하시오.

[Table] Wine property preference survey results by age group

wine properties	20s	30s	40s	50s	60s and above
wine price	3.00	2.93	3.13	2.68	3.03
wine producing country	3.07	3.05	3.07	3.28	2.83
the taste of wine	2.65	2.87	2.75	3.22	2.78
the scent of wine	3.30	2.78	3.12	3.40	3.13
harvest year	2.83	2.85	3.17	3.23	2.73
brand	3.20	2.88	3.02	2.80	3.22
alcohol content	3.12	3.15	2.85	3.02	2.95

Wine quality and rating	2.70	3.10	2.82	3.07	3.07
wine aging	3.20	3.12	3.03	2.87	3.02
Awards	2.95	3.15	3.22	3.03	3.03
Consumer Reviews & Recommendations	3.07	3.33	2.88	3.28	2.83

[답안] 수험자가 아래와 같은 내용으로 AI 활용 과정과 결과물을 복사 혹은 작성, 제출

1) 사용 AI와 기능 및 도구

사용 AI: GPT-4, 사용 도구: Advanced Data Analysis

2) 생성형 AI를 활용하기 위한 기획 내용

① 목적: 고객 연령대별 와인 추천 등 마케팅 전략 고도화

② 맥락: 연령대별 소비자들의 와인 기호(속성) 조사 결과를 토대로 맞춤형 와인 추천 필요

③ 역할: 와인 마케팅팀장으로서 소비자 선호 와인 유형 및 홍보 방안 도출

④ 산출물: ⓐ 연령대별 와인 선호 속성 3개 정리표, ⓑ 연령대별 와인 추천 유형(표) 및 ⓒ 연령별 매체별 홍보 방안

⑤ 처리 순서: 연령대별 와인 선호 속성 3개씩 표로 정리 → 속성에 따른 연령대별 선호 와인 유형 도출 → 연령대별 선호 와인 홍보 매체 및 홍보 문안 도출

⑥ 데이터: 와인 선호도 조사 결과(엑셀)

3) 생성형 AI에의 프롬프트 입력 및 대화(피드백) 과정과 내용

　* 와인 선호도 조사 결과(엑셀) 업로딩 또는 복사 입력

[프롬프트]

① 목적: 고객 연령대별 와인 추천 등 마케팅 전략 고도화

② 맥락: 연령대별 소비자들의 와인 기호(속성) 조사 결과를 토대로 맞춤형 와인 추천 필요

③ 역할: 와인 마케팅팀장으로서 소비자 선호 와인 유형 및 홍보 방안 도출

위의 내용과 첨부된 데이터를 참고하여 연령대별로 가장 선호하는 속성 3개씩을 선별하여 연령대별 속성 표(table)로 정리해 주세요. 표의 열에는 1, 2, 3 순위 속성을, 표의 행에는 20~60대 이상으로 정리해서 표를 작성하세요.

[ChatGPT]

각 연령대별로 선호하는 와인 속성 상위 3개를 다음과 같이 표로 정리했습니다:

연령대	1순위 속성	2순위 속성	3순위 속성
20대	와인 향 (the scent of wine)	브랜드 (brand)	와인 숙성 (wine aging)
30대	소비자 리뷰 및 추천 (Consumer Reviews & Recommendations)	수상 이력 (Awards)	알코올 함량 (alcohol content)
40대	수상 이력 (Awards)	수확 연도 (harvest year)	와인 가격 (wine price)
50대	와인 향 (the scent of wine)	소비자 리뷰 및 추천 (Consumer Reviews &Recommendations)	와인 생산국 (wine producing countries)
60대 이상	브랜드 (brand)	와인 향 (the scent of wine)	와인 품질 및 등급 (Wine quality and rating)

이 표는 각 연령대별 맞춤형 와인 추천 전략을 수립하는 데 도움이 될 것입니다.

[프롬프트]

그럼 각 연령대가 선호하는 3개의 속성을 담은 와인 유형 하나씩을 정리해 주세요.

[GPT]

각 연령대가 선호하는 와인 속성을 반영한 와인 유형을 다음과 같이 정리했습니다:

연령대	선호 와인 유형
20대	향이 강한 브랜드 와인, 숙성된 맛
30대	소비자 리뷰가 좋은 수상 경력 와인, 적당한 알코올 함량
40대	수상 경력이 있는 최신 수확 와인, 합리적인 가격
50대	향이 강한 소비자 리뷰가 좋은 와인, 유명 와인 생산국 제품
60대 이상	고품질 브랜드 와인, 섬세한 향, 높은 품질 및 등급

이 표는 각 연령대별 와인 추천 전략을 수립하는 데 유용하게 사용될 수 있습니다.

[프롬프트]

그럼 연령대별로 선호 와인을 홍보하기 좋은 매체를 추천하고, 그 매체에 적합한 홍보 문안을 도출해 주세요.

4) 최종 결과물(생성형 AI의 해결 방안, 필요시, 본인의 보완 및 수정 내용 포함)

[표 1] 각 연령대별로 선호하는 와인 속성 상위 3개

연령대	1순위 속성	2순위 속성	3순위 속성
20대	와인 향 (the scent of wine)	브랜드 (brand)	와인 숙성 (wine aging)
30대	소비자 리뷰 및 추천 (Consumer Reviews &Recommendations)	수상 이력 (Awards)	알코올 함량 (alcohol content)
40대	수상 이력 (Awards)	수확 연도 (harvest year)	와인 가격 (wine price)
50대	와인 향 (the scent of wine)	소비자 리뷰 및 추천 (Consumer Reviews &Recommendations)	와인 생산국 (wine producing countries)
60대 이상	브랜드 (brand)	와인 향 (the scent of wine)	와인 품질 및 등급 (Wine quality and rating)

[표 2] 각 연령대가 선호하는 와인 속성을 반영한 와인 유형

연령대	선호 와인 유형
20대	향이 강한 브랜드 와인, 숙성된 맛
30대	소비자 리뷰가 좋은 수상 경력 와인, 적당한 알코올 함량
40대	수상 경력이 있는 최신 수확 와인, 합리적인 가격
50대	향이 강한 소비자 리뷰가 좋은 와인, 유명 와인 생산국 제품
60대 이상	고품질 브랜드 와인, 섬세한 향, 높은 품질 및 등급

각 연령대별 선호 와인을 홍보하기 위한 매체 추천 및 매체에 적합한 홍보 문안

1. 20대 (20s):

- **추천 매체:** 소셜미디어 플랫폼 (Instagram, TikTok)

- **홍보 문안:** "탐험할 준비 되셨나요? 우리의 아로마틱 화이트 와인은 당신의 취향을 사로잡을 준비가 되어있습니다. #와인러버 #향기로운여행"

2. 30대 (30s):

- **추천 매체:** 라이프스타일 블로그, 와인 리뷰 사이트

- **홍보 문안:** "우리 와인은 소비자들에게 선택받았습니다. 균형 잡힌 맛과 함께하는 특별한 저녁을 경험해 보세요. #고품격와인 #소비자인정"

3. 40대 (40s):

- **추천 매체:** 전문 와인 잡지, 뉴스레터

- **홍보 문안:** "빈티지의 품격, 합리적인 선택. 수상 경력의 우리 와인으로 당신의 와인 콜렉션을 완성하세요. #빈티지와인 #가성비갑"

4. 50대 (50s):

- **추천 매체:** 전통적인 광고 (TV, 라디오), 와인 클럽

- **홍보 문안:** "고급스러운 향과 맛의 조화. 세계적인 와인 생산지에서 온 우리의 프리미엄 와인을 만나보세요. #프리미엄와인 #세계적인맛"

5. 60대 이상 (60s and above):

- **추천 매체:** 고급 잡지, 초대형 홍보 이벤트

• 홍보 문안: "완벽한 와인의 정수. 시간을 초월한 맛과 품질, 우리의 고급 샴페인과 함께하세요. #고급샴페인 #품질의정수"

5) 작업 URL(Link 주소):

https://chat.openai.com/c/6fe88050-d473-464b-9344-2e7bc821cbf8

[문제 3] MyGPT 사용 PPT 슬라이드 생성 자동화하기(난이도 중)

출제 의도(테스트 내용): 데이터 분석 기반 GPT-4의 MyGPT 생성 및 활용 역량

[문제]

당신은 서울 광진구 소재 유통업을 영위하고 있는 (주)최고판매의 영업 팀장이다. 최근 경기 상황이 좋지 않아 경영진은 판매 현황 및 수지 분석에 대한 자료를 자주 요구하고 있다. 이에 당신은 생성형 AI를 활용하여 이 보고 자료를 자동화해 즉시 대응하고자 한다.

첨부된 데이터를 사용하여 필요할 때 자동으로 즉시 보고할 수 있는 자료를 생성하는 자동화 시스템을 생성형 AI를 활용하여 만들고, 그것을 이용하여 2023년도 판매 현황, 비용 및 이익 추이 실적을 분석한 보고서로 프레젠테이션용 PPT를 작성하시오. 참고로 MyGPT를 만들어 사용하는 것이 한 예입니다.

단, 1) 생성형 AI를 활용하기 위한 기획 내용, 2) 생성형 AI에의 프롬프트 입력 및 적절한 대화(피드백) 과정과 내용, 3) 생성형 AI의 최종 결과물(해결 방안, 본인의 보완 및 수정 내용, 최종 해결 방안) 등을 확인할 수 있도록 자세하고 명확하게 기술하시오.

[답안] 수험자가 아래와 같은 내용으로 AI 활용 과정과 결과물을 복사 혹은 작성, 제출

1) 사용 AI와 기능 및 도구

사용 AI: GPT-4, 사용 도구: MyGPT, DALL-E

2) 생성형 AI를 활용하기 위한 기획 내용

① 목적: 영업 실적을 언제나 자동으로 분석하고 이를 파워포인트로 보고서를 작성 보고

② 맥락: 경기 상황 악화로 경영진의 리얼타임 실적 체크에 즉각적으로 대응 필요

③ 역할: 영업팀장으로서 경영진에 영업 실적 보고

④ 산출물: 영업 실적 및 수지 현황 분석(차트 포함) 보고 내용을 담은 PPT 5쪽

⑤ 데이터: 2023년 영업 실적(엑셀)

3) 생성형 AI에의 프롬프트 입력 및 대화(피드백) 과정과 내용

[시작하기]

GPT 탐색 → 만들기 → 만들기 → 메시지 GPT Builder 입력 창에 프롬프트 입력 시작

[프롬프트]

PPT 슬라이드 내용을 작성하는 시스템을 만들어 주세요.

- PPT 슬라이드 제작 전문가 스타일
- 필요한 목차부터 목록화하고 이후 슬라이드 작성을 위한 안내를 해 주세요.
- 달리3 기능이나 데이터 분석 기능을 사용하여 슬라이드에 들어갈 주제 관련 차트(그래프)를 만들어 주세요.
- PPT 슬라이드를 작성해서 다운로드하게 해주세요.

MyGPT를 제작하는 과정에서의 모든 답변과 내용은 모두 한글로 해 주세요. 반드시 한글로 해 주세요.

[GPT Builder]

GPT가 작업하는 동안, Configure로 이동하여

Capabilities → Web Browsing, DALL.E Image Creation, Code Interpreter 모두 사용하도록 클릭

다시 Create로 돌아와서 작업 확인

[ChatGPT]

좋습니다! 이 GPT는 "PPT 슬라이드 제작 전문가"로서 작동하며, 주어진 주제에 맞게 슬라이드를 구성하고, 각 슬라이드에 필요한 이미지 요소를 제작하는 데에 도움을 줄 것입니다. 슬라이드는 타이틀과 결론을 포함한 총 5장으로 구성됩니다.

이 GPT의 이름을 "슬라이드 마스터"로 지정하면 어떨까요?

[프롬프트]

네. 좋습니다.

[답변]

"슬라이드 마스터"의 프로필 사진이 완성되었습니다. 이 이미지가 마음에 드시나요, 아니면 다른 스타일이나 요소를 추가하고 싶으신가요?

[프롬프트]

좋습니다.

[ChatGPT]

좋습니다, "슬라이드 마스터"의 프로필 사진이 마음에 드신다니 다행입니다. 이제 "슬라이드 마스터"의 역할과 목표에 대해 좀 더 구체적으로 이야기해 볼까요? 예를 들어, 어떤 종류의 프레젠테이션을 주로 도와드릴까요? 비즈니스, 교육, 기술 등 특정 분야에 집중하시겠습니까, 아니면 다양한 주제에 대해 도움을 드릴까요?

[프롬프트]

회사의 판매 현황 및 수지 분석에 대한 보고용 프레젠테이션 자료를 원합니다.

[ChatGPT]

이제 "Slide Master"는 회사의 판매 현황 및 수지 분석에 대한 프레젠테이션 자료를 만드는 데 특화된 역할을 하게 됩니다. 이 GPT는 사용자가 데이터를 명확하고 효과적으로 전달할 수 있도록 돕는 것을 목표로 하며, DALL-E 3를 사용하여 그래프와 시각 자료를 생성하는 데에도 능숙합니다.

GPT가 사용자에게 제공할 조언이나 지침에 대해 추가로 고려해야 할 사항이 있을까요? 예를 들어, 특정 데이터 표현 방법이나 디자인 요소에 중점을 두어야 할까요?

[오른쪽 Preview 창으로 이동하여 프롬프트 제시]

① 목적: 영업 실적을 분석하고 이를 파워포인트로 보고서를 작성하여 보고
② 맥락: 경기 상황 악화로 경영진의 실적 체크에 즉각적으로 대응하여야 하는 상황
③ 역할: 영업팀장으로서 경영진에 영업 실적 보고
④ 산출물: PPT 5쪽 분량의 영업 실적 및 수지 현황 분석 보고 내용
⑤ 데이터: 2023년_영업 실적(엑셀)(입력창 클립에 데이터 파일 제공)

위의 내용을 이해하고 첨부 파일을 학습하여 매출, 비용, 이익 내용과 추이를 분석하여 해당 사항에 대해 PPT 슬라이드를 작성해 주세요. 매출, 비용, 이익 등의 내용에 대해서는 반드시 실제 숫자를 넣어서 분석하고 제시해 주세요.

각 슬라이드에 분석 결과 내용을 넣어주세요. 최종결론 및 향후 계획도 구체적인 대응방안을 제시해서 작성해 주세요.

[슬라이드 마스터]

슬라이드 마스터 작업 반복

작업 내용 중 그래프 생성 → 다운로드하여 최종 결과물 내용에 삽입

4) 최종 결과물(생성형 AI의 해결 방안, 본인의 보완 및 수정 내용, 최종 해결 방안)

PPT 슬라이드 파일 download

1. 타이틀 슬라이드

   제목: "2023년 영업 실적 및 수지 현황 분석"

   부제목: "경기 상황 대응을 위한 실적 보고"

   작성자: [영업팀장 이름]

   날짜: [보고서 작성 날짜]

2. 현황 개요 슬라이드

   "2023년도 영업 실적 개요"

   서문: "본 보고서는 2023년도 경기 상황 악화에 대응하여 영업 실적을 면밀히 분석하고자 합니다. 매출, 비용, 이익의 월별 추이를 통해 현 경영 상황을 평가하고, 향후 대응 전략을 제안합니다."

3. 매출 및 매출 계획 대비 실적 분석 슬라이드

월별 매출 및 매출 계획 대비 실적 그래프 포함

분석 내용:

"4월에는 매출이 계획 대비 102.6% 달성(14,600,000원 대 14,200,000원), 5월에는 99.4% 달성(15,600,000원 대 15,700,000원)으로 나타났습니다. 이는 계획 대비 꾸준한 실적을 보여 주나, 6월 이후 일부 하락세를 보입니다."

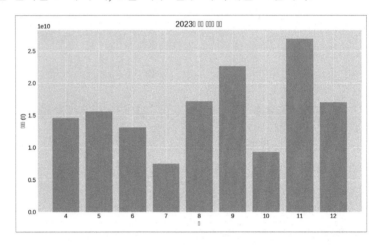

4. 비용 및 이익 분석 슬라이드

월별 총비용 및 이익 추이 그래프 포함

분석 내용:

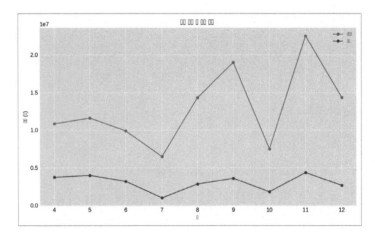

"총비용 대비 이익률은 4월 26.8%, 5월 25.6%로 일관되게 유지되고 있으나, 7월에

는 이익률이 13.3%로 크게 감소합니다. 이는 비용 관리 및 매출 증대 전략의 필요
성을 시사합니다."

5. 결론 및 제안 슬라이드

결론:

"2023년도 상반기 영업 실적은 매출 계획에 대체적으로 부합하나, 일부 월에서는 목
표 달성에 어려움을 겪었습니다. 특히 총비용 대비 이익률의 감소는 경영 효율성 개
선이 필요함을 보여 줍니다."

제안:

"경기 상황에 대응하기 위해, 우선적으로 고비용 지출 항목을 검토하고 비용 절감
방안을 모색해야 합니다. 또한, 매출 증대를 위해 신규 시장 개척 및 기존 고객과의
관계 강화에 초점을 맞춰야 합니다. 마케팅 전략의 재정립과 고객 맞춤형 프로모션
을 통해 수익성을 제고할 필요가 있습니다."

필요시, Preview 오른쪽 위 Save를 클릭하여 저장(시험 성적과는 무관)

5) 작업 URL(Link 주소):

https://chat.openai.com/gpts/editor/g-W6cSzGRcv

[문제 4] 환시세에 따른 관부가세 회피 가격대 구매 전략(난이도 하)

출제 의도(테스트 내용): 데이터 분석 기반 엑셀 기능 활용 역량

[문제]

B2B 영업을 하는 홍길동 팀장은 고객 선물용으로 아마존에서 다목적 패드 플래너 10
개를 구입하고자 한다. 이 플래너의 현재 가격은 14.99달러이다. 최소 비용으로 선물

을 구입하고자 하는 홍 팀장이 갖고 있는 정보는 다음과 같다. 현재 환율은 1,350원이며, 구매 물품의 합계가 원화로 20만 원이 초과할 경우에 부과되는 관부가세(관세+부가가치세)는 구매액의 20%이다.

1. 홍 팀장이 관부가세를 피하려면, 환율(원/달러)이 얼마일 때 물품을 구입해야 하는지 적정 환율을 산출하고, 최소 비용으로 구매하기 위한 전략을 도출하시오.
2. 환율이 1,300원, 1,350원, 1,400원일 때의 세 가지 시나리오를 고려하여 환율 변동에 따른 총 구매액(원)에 대한 요약 보고서를 각 시나리오별로 환율(원), 구매액(원), 관부가세(원)을 계산한 표로 제시하시오.

단, 1) 생성형 AI를 활용하기 위한 기획 내용, 2) 생성형 AI에의 프롬프트 입력 및 적절한 대화(피드백) 과정과 내용, 3) 생성형 AI의 최종 결과물(해결 방안, 본인의 보완 및 수정 내용, 최종 해결 방안) 등을 확인할 수 있도록 자세하고 명확하게 기술하시오.

[답안] 수험자가 아래와 같은 내용으로 AI 활용 과정과 결과물을 복사 혹은 작성, 제출

1) 사용 AI와 기능 및 도구

사용 AI: GPT-4

2) 생성형 AI를 활용하기 위한 기획 내용

① 목적: 가격이 14.99달러인 다목적 패드 플래너 10개 구입 시, 관부과세를 회피하여 최소 비용으로 구입

② 맥락: 환율과 관부가세(관세+부가가치세)를 고려하여 최소의 비용으로 고객 선물용 다목적 패드 플래너 구입 의사결정 상황

③ AI의 역할: 관부가세 회피 환율 계산 및 환율이 1,300원, 1,350원, 1,400원일 때의 세 가지 환율 시나리오별 구매액(원) 계산

④ 산출물:

- 관부가세 회피를 위한 환율

- 세 가지 환율 시나리오별 구매액(원) 대비표

⑤ 데이터:

현재 환율은 1,350원, 구매 물품의 합계가 원화로 20만 원이 초과 시, 부과되는 관부가세(관세+부가가치세)는 구매액의 20%

3) 생성형 AI에의 프롬프트 입력 및 대화(피드백) 과정과 내용

[프롬프트]

① 목적: 가격이 14.99달러인 다목적 패드 플래너 10개 구입 시, 관부과세를 회피하여 최소 비용으로 구입

② 맥락: 환율과 관부가세(관세+부가가치세)를 고려하여 최소의 비용으로 고객 선물용 다목적 패드 플래너 구입 의사결정 상황

③ 산출물:

- 관부가세 회피를 위한 환율

- 세 가지 환율 시나리오별 구매액(원) 대비표

④ 데이터: 현재 환율은 1,350원, 구매물품의 합계가 원화로 20만 원이 초과 시, 부과되는 관부가세(관세+부가가치세)는 구매액의 20%

위의 자료를 토대로 환부가세를 회피하기 위한 환율을 계산해 주세요. 계산 과정과 결과 및 대응전략을 알려주세요.

[GPT]

이 문제를 해결하기 위해 패드 플래너를 구입할 때 관부가세가 부과되지 않도록 하는 환율을 계산해 보겠습니다. 관부가세가 부과되지 않도록 하는 최대 구매액이 원화 20만원 인 경우, 이 금액 내에서 10개의 다목적 패드 플래너를 구입할 수 있는 환율을 찾아보겠습니다.

관부가세 회피를 위한 환율 계산

- 패드 플래너 총 가격(달러): $14.99 * 10 = $149.90
- 최대 구매액(원화): 20만 원
- 환율 계산: 20만 원 / $149.90

이제 이 계산을 통해 관부가세를 회피할 수 있는 환율을 찾아보겠습니다.

관부가세를 회피하기 위한 환율은 대략 1달러당 1,334.22원입니다. 이 환율을 기준으로, 패드 플래너 10개를 구입할 때 원화 20만 원을 초과하지 않도록 할 수 있습니다.

대응 전략

- 환율 모니터링: 현재 환율이 1,350원이므로, 환율이 1,334.22원 이하로 떨어질 때 구매를 고려하십시오. 환율 변동을 지속적으로 모니터링하여, 이 환율에 도달하거나 이보다 낮아질 때 구매를 진행하면 관부가세 없이 구매가 가능합니다.
- 구매 타이밍: 환율이 낮은 시점을 포착하여 구매를 결정하면, 불필요한 추가 비용 없이 원하는 제품을 구매할 수 있습니다. 환율 예측 서비스나 전문가의 조언을 참고하여, 구매 최적 시점을 결정하는 것도 좋은 전략이 될 수 있습니다.
- 분할 구매 고려: 만약 환율이 단기간 내에 원하는 수준으로 떨어지지 않는다면, 구매 수량을 나누어 여러 번에 걸쳐 구매하는 방법도 고려할 수 있습니다. 이렇게 하면 각 구매 때마다 관부가세 부과 기준인 20만 원을 초과하지 않게 조절할 수 있습니다.

이 전략을 통해 고객 선물용 다목적 패드 플래너를 최소 비용으로 구입하는 목표를 달성할 수 있을 것입니다.

[프롬프트]

그럼 환율이 1,300원, 1,350원, 1,400원일 때의 세 가지 시나리오를 고려하여 환율 변동에 따른 총 구매액(원)에 대한 요약 보고서를 각 시나리오별로 환율(원), 구매액(원), 관부가세(원)을 계산한 표로 제시하시오.

[ChatGPT]

세 가지 환율 시나리오(1,300원, 1,350원, 1,400원)를 고려하여 환율 변동에 따른 총 구매액(원)과 관부가세(원)를 계산하고, 이를 요약 보고서 형식의 표로 제시하겠습니다. 각 시나리오별로 다음 정보를 포함합니다: 환율(원), 구매액(원), 관부가세(원).

계산 방법

- 총 구매액(원): 패드 플래너 총 가격(달러) * 환율
- 관부가세: 구매액이 20만 원을 초과할 경우, 초과하는 금액의 20%가 관부가세로 부과됩니다.

계산 실행

이제 세 가지 환율 시나리오에 대한 계산을 진행하겠습니다.

세 가지 환율 시나리오에 따른 총 구매액(원)과 관부가세(원)를 계산한 결과는 다음과 같습니다.

환율(원)	구매액(원)	관부가세(원)
1,300원	194,870원	0원
1,350원	202,365원	40,473원
1,400원	209,860원	41,972원

요약 보고서

- 1,300원 시나리오: 이 환율에서는 총 구매액이 194,870원으로, 관부가세 부과 기준인 20만 원을 초과하지 않아 관부가세가 부과되지 않습니다.
- 1,350원 시나리오: 이 환율에서는 총 구매액이 202,365원으로, 관부가세 부과 기준을 초과하여 약 473원의 관부가세가 부과됩니다.
- 1,400원 시나리오: 이 환율에서는 총 구매액이 209,860원으로, 관부가세 부과 기준을 더 크게 초과하여 약 1,972원의 관부가세가 부과됩니다.

결론

환율이 낮을수록 구매액과 관부가세 부담이 줄어듭니다. 따라서 구매 비용을 최소화하려면 가능한 한 낮은 환율에서 구매를 진행하는 것이 유리합니다. 환율이 1,300원인 시나리오가 관부가세를 전혀 내지 않고 구매할 수 있는 유일한 경우입니다. 환율이 상승할수록 관부가세 부담도 증가하므로, 환율 변동을 면밀히 모니터링하며 구매 시점을 결정하는 전략이 필요합니다.

4) 최종 결과물(생성형 AI의 해결 방안, 본인의 보완 및 수정 내용, 최종 해결 방안)

1. 관부가세를 회피하기 위한 환율과 대응 전략

- 관부가세 회피 환율: 1달러당 1,334.22원
- 대응 전략(위의 GPT 답변과 유사)

2. 세 가지 환율 시나리오의 총 구매액(원)과 관부가세(원) 계산 결과 및 요약 보고서

  (위의 GPT 답변과 유사)

5) 작업 URL(Link 주소):

https://chat.openai.com/c/b02a621a-ec8a-4390-97b8-27a2e6d36ef6

참고 문헌

- 생성형AI연구회(2024). 생성형AI 프롬프트 디자인. 광문각.
- Akhtar, Asim(2024). 10 AI Tools to Write Reports in 2024. AtOnce.
- https://atonce.com/blog/ai-to-write-reports
- Akshay K.(2024). Prompt Engineering: What It Is and 15 Techniques for Effective AI Prompting + Tips. HOSTINGER TUTORIALS.
- Duke, Daniel(2023). How to write a report (with tips and examples). Craft
- https://www.craft.do/resources/how-to-write-a-report
- Ellis, Matt(2024). How to Write a Report: A Guide to Report Format and Best Practice. grammarly.
- Gemini API(2023). Introduction to prompt design. Google AI for Developers.
- https://ai.google.dev/docs/prompt_intro?hl=ko
- Golan, R., Reddy, R., Muthigi, A. & Ramasamy, R.(2023). Artificial Intelligence in Academic Writing: A Paradigm-Shifting Approach. Nature Reviews Urology 20(6).
- Jankutė-Carmaciu, Indrė(2019). 5 Types of Business Reports. Whatagraph.
- Khomenok, Alexandra(2023). 7 Real-World Use Cases of Generative AI for Business. tovie ai Blog.
- Phrazor(2017). Top use cases in automated report writing.
- https://phrazor.ai/blog/top-use-cases-in-automated-report-writing
- Rabkin, Keith(2023). 7 types of business reports you need to know. Pandadoc blog.
- Team Pepper(2024). The Future Of AI Writing And Its Impact On The Writing Industry. Pepper Blog.
- Texta(2024). Revolutionizing Report Writing with AI: How Technology is Changing the Game. Texta blog.
- Varner, Chris(2023). 8-Step Guide to Creating a Prompt for AI. Team AI.
- Velarde, Orana(2023). Report Writing Format with Templates and Sample Report. visme Blog.
- https://visme.co/blog/report-writing-format/

Chapter 10 전사적 마케팅 측면에서 AI 프롬프트 디자인 활용

본 장에서는 AI와 마케팅이 어떻게 통합되어 활용되며, 전사적 마케팅 측면에서 생성형 AI가 어떻게 다양하게 활용되고 어떠한 역할을 수행하는지에 대해 살펴보고자 한다.

1. 전사적 마케팅과 AI 활용

1) 전사적 마케팅이란?

전사적 마케팅Enterprise-wide Marketing은 기업 전체 차원에서 통합된 마케팅 전략을 수립하고 실행하는 접근 방식을 말한다. 이 개념은 단순히 마케팅 부서만의 활동을 넘어서, 기업의 모든 부문과 직원이 마케팅 목표를 달성하기 위해 협력하는 것을 포함한다. 전사적 마케팅의 주요 특징과 목적은 다음과 같다.

(1) 전사적 마케팅의 특징

- **통합된 마케팅 전략**: 마케팅 전략이 기업의 전반적인 비즈니스 전략과 일치하도록 설계된다. 이는 브랜드 메시지, 고객 경험, 제품 및 서비스의 전달 방식이 일관되고 통합적으로 관리되어야 함을 의미한다.

- **부서 간 협력**: 마케팅, 영업, 고객 서비스, 제품 개발, IT 등 다양한 부서가 마케팅 목표 달성을 위해 협력한다. 이를 통해 기업의 모든 활동이 고객 중심적으로 조율된다.

- **기업 문화와의 결합**: 전사적 마케팅은 기업 문화의 일부로서, 모든 직원이 마케팅 전략의 중요성을 인식하고 이에 기여할 수 있도록 한다.

- **데이터 기반 의사결정**: 고객 데이터와 시장 트렌드를 기반으로 의사결정을 하는데 중점을 둔다. 데이터 분석을 통해 효과적인 마케팅 전략을 수립하고 실행한다.

(2) 전사적 마케팅의 목적

- **브랜드 일관성 유지**: 기업 전반에 걸쳐 일관된 브랜드 메시지와 가치를 전달하여 브랜드 인지도와 신뢰성을 강화한다.

- **고객 경험 개선**: 모든 접점에서 고객에게 일관된 경험을 제공하여 고객 만족도를 높이고, 충성도를 증진시킨다.

- **시너지 효과 창출**: 서로 다른 부서 간의 협력을 통해 마케팅 전략의 효율성을 높이고, 전체적인 비즈니스 성과에 긍정적인 영향을 미친다.

- **시장 대응력 강화**: 시장 변화와 고객 요구에 빠르게 대응하기 위해 조직 전체가 유연하고 민첩하게 움직일 수 있도록 한다.

(3) 전사적 마케팅의 유형

- **콘텐츠 생성**: 생성형 AI를 사용하여 마케팅 콘텐츠를 자동으로 생성하는 것은 전사적 마케팅에 많은 도움이 될 수 있다. 예를 들어, 블로그 포스트, 소셜미디어 게시물, 이메일 등을 생성하는 데에 AI를 활용할 수 있다. AI는 특정 키워드나 주제를 기반으로 콘텐츠를 작성하고 필요한 수정을 거치며, 마케팅 메시지를 전달하는 데 도움을 줄 수 있다.

- **데이터 분석 및 예측**: 생성형 AI는 수많은 데이터를 분석하고 트렌드를 예측하는 데에도 사용될 수 있다. 마케팅 데이터를 바탕으로 소비자 행동을 예측하고, 효과적인 마케팅 전략을 수립하는 데에 AI를 활용할 수 있다. 예를 들어, 구매 패턴을 분석하여 개인별 맞춤형 마케팅 전략을 구상할 수 있다.

- **고객 응답 및 상호작용**: 생성형 AI는 고객과의 상호작용을 강화하는 데에도 사용될 수 있다. 예를 들어, 챗봇 형태로 AI를 활용하여 고객의 문의에 신속하고 정확하게 응답할 수 있다. 이를 통해 고객 만족도를 향상시키고, 고객과의 교감을 강화하는 데에 도움이 된다.

- **광고 및 마케팅 자동화**: 생성형 AI를 활용하여 마케팅 캠페인의 실행과 모니터링을 자동화할 수 있다. AI를 사용하여 광고 콘텐츠를 자동으로 생성하고, 효과적인 타깃팅 전략을 수립하여 광고 예산을 효율적으로 사용할 수 있다. 또한, AI를 활용하여 캠페인의 성과를 실시간으로 모니터링하고 분석할 수도 있다.

(4) 전사적 마케팅 사례

생성형 AI는 기존 데이터를 학습하여 사실적인 콘텐츠를 생성하는 인공지능의 한 유형으로, 마케팅 분야에서도 다양한 방식으로 활용되고 있다. 마케팅에서 생성형 AI의 주요 사용 사례로는 콘텐츠 제작, 시장 세분화, 고객 참여, 의사결정 지원 등이 있다.

- **(콘텐츠 제작 측면)** 생성형 AI는 마케팅 분야에서 다양한 고품질 콘텐츠를 빠르게 제작하는 데 도움을 준다. AI 툴을 사용하여 초안을 만들거나, 영감을 얻거나, 새로운 아이디어를 찾는 데 활용할 수 있는데 이는 팀의 창의성을 극대화하는 데 기여하게 된다.

- **(시장 세분화 측면)** 생성형 AI는 정확한 고객 타깃팅을 지원하여 마케팅 효율성을 높이는 데도 활용된다. 리소스 할당의 효율성과 투자 자본 수익률ROI을 개선하거나 시장 및 소비자 조사를 통해 얻은 인사이트를 바탕으로 소비자 및 제품 전략을 강화하는 데 활용될 수 있다.

- **(고객 참여 측면)** 개인화된 상호작용과 문제 해결을 제공하는 AI 기반 챗봇을 생성형 AI로 강화하면, 고객 경험을 개선할 수 있다. 예를 들어, 은행 등의 분야에서 생성형

AI를 사용하여 고객 데이터를 분석하고 맞춤형 투자 조언을 제공하기도 한다.

- **(의사결정 지원 측면)** 생성형 AI의 예측 분석 능력은 복잡한 데이터 세트를 분석하여 인간의 능력을 넘어서는 패턴과 추세를 식별함으로써 보다 확실한 의사결정을 위한 강력한 도구를 제공한다.

2) 전사적 마케팅 측면에서 생성형 AI 활용

전사적 마케팅 측면에서 생성형 AI의 활용은 기업의 마케팅 전략과 운영을 근본적으로 변화시키는 새로운 도구이다. 이러한 AI의 활용은 다음과 같이 더 자세히 설명할 수 있다.

(1) 콘텐츠 생성 및 관리

- **자동화된 콘텐츠 생성:** 생성형 AI는 자연어 처리 기술을 활용하여 블로그 글, 소셜미디어 포스트, 광고 복사 등 다양한 형태의 콘텐츠를 자동으로 작성한다. 이는 기업이 대규모의 콘텐츠를 신속하게 생산하는 데 도움을 준다.
- **콘텐츠 최적화:** AI는 타깃 고객의 반응과 선호를 분석하여 콘텐츠를 개인화하고 최적화한다. 예를 들어, 특정 시장 부문에 더욱 매력적인 메시지로 콘텐츠를 조정할 수 있다.
- **효율성 증대:** AI의 사용은 콘텐츠 관련 작업에서 시간과 자원을 절약할 수 있게 하여, 마케팅팀이 전략적이고 창의적인 작업에 더 많은 시간을 할애할 수 있게 한다.

(2) 시장 분석 및 전략 개발

- **시장 데이터 분석:** AI는 시장 데이터, 소비자 행동, 경쟁사 분석 등의 복잡한 데이터 세트를 분석하여 중요한 인사이트를 제공한다.
- **예측 모델링:** AI는 과거 데이터와 현재 시장 동향을 분석하여 미래의 시장 변화를 예측한다. 이를 통해 기업은 시장 기회를 포착하고 위험을 관리하는 데 도움을 받을 수 있다.
- **전략적 의사결정 지원:** AI는 다양한 시나리오를 시뮬레이션하여 최적의 마케팅 전략을 추천한다. 이를 통해 기업은 보다 정보에 기반한 의사결정을 내릴 수 있다.

(3) 브랜드 관리 및 이미지 개선

- **브랜드 모니터링**: AI는 소셜미디어, 온라인 포럼, 리뷰 사이트 등에서 브랜드에 대한 언급을 실시간으로 모니터링하고 분석한다.
- **이미지 분석**: AI는 이미지 분석을 통해 고객의 감정과 태도를 분석하여 브랜드에 대한 인식을 평가한다. 이를 통해 기업은 브랜드 전략을 조정하고 개선할 수 있다.
- **위기 관리**: AI는 부정적인 피드백이나 위험 신호를 조기에 감지하여 위기관리에도 기여할 수 있다.

(4) 영업 및 리드 생성

- **리드 생성 지원**: AI는 고객 데이터를 분석하여 잠재 고객을 식별하고, 각 잠재 고객에 대해서 맞춤형 접근 방식을 제시한다.
- **영업 기회 최적화**: AI는 고객의 구매 경향, 반응, 관심 분야 등을 분석하여 영업팀이 집중해야 할 영역을 파악하여 그 영역에 맞게 최적화할 수 있다.
- **영업 프로세스 자동화**: AI는 영업 프로세스를 자동화하고 효율화하여, 영업팀이 고객 관계 관리와 클로징에 더 많은 시간을 할애할 수 있도록 한다.

이와 같이 생성형 AI는 전사적 마케팅 전략에서 핵심적인 역할을 수행하며, 기업이 시장에서 경쟁력을 강화하고 효율적으로 운영될 수 있도록 지원한다.

2. 전사적 마케팅에서 생성형 AI 활용 사례

AI 기술이 실제로 어떻게 다양한 마케팅 분야에서 활용되고 있는지 구체적인 사례를 통해 살펴볼 수 있다. 여기에는 콘텐츠 생성, 고객 서비스, 데이터 분석, 개인화 전략 등이 포함된다.

1) 고객 서비스 자동화: 챗봇의 활용

- **사례:** 많은 기업이 고객 서비스 및 지원을 위해 AI 기반 챗봇을 사용하고 있다. 예를 들어, 은행 업계에서는 AI 챗봇을 사용하여 고객 질문에 신속하게 응답하고, 계좌 정보 제공, 거래 처리 등의 기능을 제공한다.
- **효과:** 이러한 챗봇은 24/7(24시간, 일주일 내내) 고객 지원을 가능하게 하며, 고객 만족도를 높이고 운영 비용을 절감하는 데 기여한다.

[사례: 신한은행의 챗봇 쏠메이트SOLmate]

신한은행은 **자사의 모바일 뱅킹 앱 '쏠SOL' 내에 AI 기반 챗봇 서비스인 '쏠메이트'**를 도입했다.

- **고객 서비스 자동화:** 쏠메이트는 고객의 다양한 은행 업무 관련 질문에 대해 24시간 응답한다. 예를 들어, 이체 방법, 계좌 조회, 금융 상품 정보 등에 대한 질문에 실시간으로 답변한다.
- **자연어 처리 기능:** 이 챗봇은 자연어 처리 기능을 통해 고객의 질문을 이해하고 적절한 답변을 제공한다. 이를 통해 고객은 자연스러운 대화 방식으로 은행 업무를 처리할 수 있다.
- **단순한 업무 자동화:** 쏠메이트는 계좌 잔액 조회, 거래 내역 확인, 이체 서비스 등과 같은 기본적인 은행 업무를 자동화한다. 이를 통해 고객은 더 빠르고 편리하게 은행 업무를 처리할 수 있다.
- **금융 상품 추천:** 챗봇은 고객의 요구와 상황에 따라 맞춤형 금융 상품을 추천한다. 예를 들어, 저축 상품, 대출 상품, 투자 상품 등에 대한 정보를 제공하며, 고객이 원하는 상품을 쉽게 찾도록 도와준다.
- **고객 피드백과 개선:** 챗봇은 지속적으로 고객의 피드백을 수집하고 학습하여 서비스를 개선한다. 이를 통해 챗봇의 정확도와 효율성이 지속적으로 증가한다.

2) 개인화된 고객 경험 제공: 데이터 기반 타깃팅

- **사례**: AI는 고객 데이터를 분석하여 개인화된 마케팅 메시지, 제품 추천, 광고를 생성한다. 예를 들어, 온라인 쇼핑 사이트에서 사용자의 구매 이력과 검색 행동을 분석하여 개인화된 제품을 추천한다.
- **효과**: 개인화를 통해 고객 만족도와 충성도를 향상시키며, 구매 전환율을 증가시킨다.

[사례: 넷플릭스의 개인화된 콘텐츠 추천 시스템]

- **사용자 데이터 분석**: 넷플릭스는 사용자의 시청 이력, 검색 데이터, 시청 시간, 평가 내용 등 다양한 사용자 행동 데이터를 수집한다.
- **개인화 알고리즘**: 수집된 데이터는 복잡한 머신러닝 알고리즘을 통해 분석된다. 이 과정에서 사용자의 취향과 선호도가 파악되며, 이를 바탕으로 사용자에게 맞춤형 콘텐츠가 추천된다.
- **맞춤형 콘텐츠 추천**: 넷플릭스의 추천 시스템은 각 사용자에게 개인화된 영화, TV 프로그램, 다큐멘터리 등을 추천한다. 예를 들어, 특정 장르의 영화를 선호하는 사용자에게는 비슷한 장르나 테마를 가진 콘텐츠가 추천된다.
- **연속적인 학습과 개선**: 사용자가 추천 콘텐츠를 시청하거나 평가할 때마다, 시스템은 이 정보를 학습하여 더욱 정확하고 개인화된 추천을 제공한다.

3) 콘텐츠 마케팅: 생성형 AI 기반 콘텐츠 생성

- **사례**: 일부 미디어 회사와 마케팅 부서에서는 생성형 AI를 활용하여 뉴스 기사, 보고서, 블로그 포스트 등의 콘텐츠를 자동으로 생성한다. 이는 특히 데이터 중심의 콘텐츠 생성에 유용하다.
- **효과**: AI는 대량의 콘텐츠를 신속하게 생성할 수 있으며, 인력과 시간을 절약하고 콘텐츠의 범위를 확장하는 데 도움을 준다.

[사례: 뉴스웨이브NewsWave의 AI 기반 콘텐츠 생성]

뉴스웨이브는 한국의 뉴스 콘텐츠 제작사로, chatGPT, BERT구글, 왓슨IBM 등의 생성형 AI를 활용하여 뉴스 기사를 자동으로 생성한다.

- **자동화된 뉴스 보도:** 뉴스웨이브의 AI 시스템은 주식 시장, 스포츠 경기 결과, 날씨 정보 등의 데이터를 기반으로 자동 뉴스 기사를 작성한다. 예를 들어, 주식 시장의 종목별 가격 변동, 거래량 등의 데이터를 분석하여, 관련 뉴스 기사를 자동으로 생성한다.

- **데이터 중심의 콘텐츠 생성:** 데이터 중심의 콘텐츠는 수치와 사실에 기반하여 객관적인 정보 제공에 중점을 둔다. AI 시스템은 빅데이터를 신속하게 분석하여, 즉각적으로 뉴스 기사로 변환한다.

- **효율성 증대:** 생성형 AI를 통한 콘텐츠 생성은 시간과 자원을 절약하며, 빠른 속도로 대량의 콘텐츠를 생산할 수 있다. 이를 통해 기자들은 보다 창의적이고 분석적인 기사 작성에 집중할 수 있다.

4) 시장 트렌드 분석: AI 기반 인사이트 추출

- **사례:** 마케팅 분석 회사들은 생성형 AI를 사용하여 시장 동향, 소비자 행동, 경쟁사 활동 등을 분석한다. 이를 통해 기업은 시장 변화에 빠르게 대응하고 전략을 조정할 수 있다.

- **효과:** AI는 방대한 양의 데이터를 분석하고 중요한 인사이트를 제공하여 전략적 의사 결정을 지원한다.

[사례: SK텔레콤의 AI 기반 시장 분석]

- **시장 동향 분석:** SK텔레콤은 생성형 AI를 활용하여 통신 시장의 최신 트렌드와 사용자 행동을 분석한다. 이를 통해 새로운 서비스 개발, 마케팅 전략 수립, 고객 서비스 개선 등에 관한 인사이트를 얻는다.

- **소비자 행동 분석:** 고객 데이터를 분석하여 소비자의 선호도, 구매 경향, 서비스 이용 패턴 등을 파악한다. 이러한 분석을 통해 개인화된 마케팅 캠페인을 기획하고, 타깃 고객에게 맞춤형 서비스를 제공한다.
- **경쟁사 활동 모니터링:** 생성형 AI를 사용하여 경쟁사의 서비스, 마케팅 전략, 고객 반응 등을 모니터링하고 분석한다. 이를 통해 시장 내 자사의 위치를 평가하고, 경쟁 우위를 확보하기 위한 전략을 수립한다.

5) 소셜미디어 관리: 감정 분석 및 트렌드 모니터링

- **사례:** 생성형 AI 도구는 소셜미디어상에서 브랜드 언급을 모니터링하고, 고객의 감정과 반응을 분석하여 마케팅 전략에 반영한다.
- **효과:** 이를 통해 기업은 고객과의 소통을 강화하고, 브랜드 인지도를 향상시킬 수 있으며, 위기 상황에 신속하게 대응할 수 있다.

[사례: LG전자의 소셜미디어 감정 분석 및 트렌드 모니터링]
- **브랜드 언급 모니터링:** LG전자는 AI 도구를 활용하여 소셜미디어상에서 자사 제품 및 브랜드에 대한 언급을 실시간으로 추적한다. 이를 통해 고객의 관심사, 인기 제품, 논란이 되는 이슈 등을 신속하게 파악한다.
- **감정 분석을 통한 고객 반응 이해:** 성형 AI는 소셜미디어상의 대화와 리뷰에서 고객의 긍정적, 부정적 감정을 분석한다. 이러한 분석을 통해 고객의 만족도와 불만 사항을 이해하고, 제품 개선 및 서비스 전략에 반영한다.
- **트렌드 분석 및 마케팅 전략 수립:** 소셜미디어 트렌드 분석을 통해 신제품 출시, 마케팅 캠페인, PR 활동 등을 계획한다. 시장의 변화와 소비자 요구에 맞춘 전략적 마케팅 계획을 수립한다.

6) 고객의 구매 이력: 분석 및 맞춤형 제공

- **사례:** Amazon은 생성형 AI를 사용하여 고객의 구매 이력을 분석하고, 맞춤형 추천을 제공하는 데에 활용하고 있다. 이를 통해 고객의 구매 경험을 향상시키고, 추가 구매를 유도할 수 있다.
- **효과:** 고객은 관심 있는 제품을 더 쉽게 찾을 수 있고, 구매 결정을 돕는 정보를 받게 된다. 이러한 맞춤형 추천은 고객 만족도를 높이고, 고객들이 추가 구매를 더 자주하게 만든다.

[사례: Amazon의 고객 구매 이력을 분석하고, 맞춤형 추천을 제공]

- **개인화된 제품 추천:** Amazon은 각 고객의 이전 구매 이력, 검색 기록, 평가 및 리뷰를 분석하여 해당 고객에게 가장 관련성 높은 제품을 추천한다. 이를 통해 고객은 자신의 취향과 관심사에 맞는 제품을 더 쉽게 발견할 수 있다.
- **유사한 고객의 구매 패턴 활용:** Amazon은 고객들을 비슷한 구매 패턴을 가진 그룹으로 묶어 분석하고, 해당 그룹의 구매 이력을 기반으로 추천을 제공한다. 예를 들어, "이 상품을 구매한 다른 고객들은 이런 상품도 구매했습니다"와 같은 메시지를 통해 유사한 고객들의 선택을 고려하도록 유도한다.
- **동적인 추천 업데이트:** Amazon의 추천 시스템은 실시간으로 고객의 행동과 상황을 고려하여 추천을 업데이트한다. 예를 들어, 쇼핑 카트에 상품을 추가하거나 검색어를 입력할 때마다 즉각적으로 관련된 제품을 추천하여 고객에게 최신 정보를 제공한다.

7) ESG(Environmental, Social, Governance) 활동 평가 및 보고

- **사례:** 마이크로소프트MS의 AI for Earth 프로그램을 들 수 있다. 이 프로그램은 환경 보호와 지속 가능성을 목표로 하는 프로젝트에 AI 기술을 적용하여 지구의 환경 문제를 해결하였다.
- **효과:** 환경 책임과 기술적 역량을 결합하여 지구의 환경 문제에 대한 창의적인 대안을

제시하고, 기술을 활용하여 지구의 생태계와 환경을 보호하는 데 기여하였다.

> **[사례: MS의 AI for Earth 프로그램을 통한 ESG 활동 수행]**
>
> - **환경 모니터링과 보호:** AI for Earth는 위성 이미지, 드론, IoT 기기 등을 통해 대량의 환경 데이터를 수집하고 분석하여 환경 모니터링을 강화한다. 이를 통해 기후 변화, 산림 벌채, 해양 오염 등 환경 문제를 예측하고 대응하는 데 도움을 준다.
> - **물 관리와 농업 지원:** 프로그램은 물 관리 및 농업 분야에서 AI를 활용하여 물 자원 관리를 최적화하고 농업 생산성을 높이는 데 기여한다. 이는 물 부족 문제와 농업 지속 가능성을 개선하는 데 도움을 준다.
> - **교육 및 인식 증진:** AI for Earth는 환경 보호에 대한 교육 및 인식을 증진하기 위한 노력을 기울인다. 이를 통해 환경 문제에 대한 인식을 높이고 환경 보호에 대한 더 많은 참여를 유도한다.
> - **글로벌 협력:** 이 프로그램은 AI 및 환경 기술 분야에서 글로벌 협력을 촉진한다. 전 세계 다양한 환경 보호 프로젝트와 기술적 협력을 제공하며 국제적인 환경 문제에 기여한다.
> - **기술 혁신:** AI for Earth는 AI 및 환경 보호 분야에서 기술 혁신을 촉진한다. 새로운 해결책과 기술 접근 방식을 개발하고, 환경 보호를 위한 혁신적인 도구와 기술을 제공한다.

8) 전사적 브랜드 관리

- **사례:** 삼성전자 Samsung는 GPT-3와 같은 생성형 AI를 활용하여 제품 설명, 브랜드 메시지, 광고 캐치프레이즈 등을 자동으로 생성하는 데 활용하고 있다.
- **효과:** 브랜드 메시지의 일관성을 유지하고 빠르게 다양한 콘텐츠를 제작하여 소비자와의 상호작용을 강화하고 있다.

[사례: 삼성전자의 전사적 브랜드 관리]

- **브랜드 메시지 일관성**: 삼성전자는 브랜드 메시지를 일관성 있게 유지하는 데 중점을 둔다. 이를 위해 생성형 AI를 활용하여 제품 설명, 광고 캐치프레이즈, 소셜미디어 업데이트 등 다양한 콘텐츠를 자동으로 생성한다. 이를 통해 브랜드 메시지가 변하지 않고 일관성을 유지할 수 있다.
- **빠른 콘텐츠 제작**: 생성형 AI를 활용하면 콘텐츠 제작 속도가 빨라진다. 삼성전자는 시장 변화에 신속하게 대응하고 다양한 이벤트나 프로모션에 맞춤형 콘텐츠를 빠르게 제작하여 소비자와의 상호작용을 강화한다.
- **글로벌 마케팅**: 삼성전자는 생성형 AI를 이용하여 다양한 언어로 된 광고 캠페인 및 콘텐츠를 자동으로 생성하여 글로벌 마케팅을 강화한다. 이를 통해 다양한 시장에서 브랜드 메시지를 확산시키고 고객과 소통한다.

3. 멀티모달 AI 활용 실습

멀티모달 형태의 생성형 AI는 다양한 유형의 데이터텍스트, 이미지, 오디오 등를 결합하여 새로운 콘텐츠를 생성하는 AI 기술이다.

1) 멀티모달

"멀티모달Multimodal"이라는 용어는 여러 가지 모드mode 또는 형식form을 결합한다는 의미에서 사용된다. 특히 AI와 관련하여 멀티모달은 다음과 같은 의미를 지닌다.

- **다양한 데이터 유형의 결합**: 멀티모달 AI는 텍스트, 이미지, 오디오, 비디오 등과 같은 서로 다른 형식의 데이터를 동시에 처리하고 분석하는 AI 시스템을 말한다. 예를 들어, 멀티모달 AI는 텍스트 설명과 함께 제공된 이미지를 분석하여 더 풍부한 정보를 얻을 수 있다.

- **향상된 인지 및 해석 능력**: 멀티모달 시스템은 다양한 데이터 소스로부터 정보를 종합하여, 단일 모드 데이터 처리보다 더 정확하고 깊이 있는 인사이트를 제공할 수 있다. 이는 AI가 인간과 유사한 방식으로 다양한 유형의 정보를 이해하고 해석하는 데 도움이 된다.

- **응용 분야**: 멀티모달 AI는 자율주행 자동차, 의료 이미지 분석, 감성 분석, 대화형 AI 시스템, 콘텐츠 추천 시스템 등 다양한 분야에서 활용된다. 예를 들어, 대화형 AI 시스템은 사용자의 음성오디오, 언어텍스트, 심지어 표정이나 제스처비디오를 동시에 분석하여 더 정확한 의사소통을 도모할 수 있다.

2) 멀티모달 생성형 AI 도구 활용 실습

(1) 멀티모달 도구를 활용한 이미지 생성 실습 사례

멀티모달 도구를 활용한 이미지를 생성하는 방법은 매우 많고 다양하다. 다만 추가적인 도구를 활용하기 위하여 별도의 비용이 들 수 있고, 별도로 회원으로 가입하여 사용법을 배워야 하는 경우가 많다.

그런데 ChatGPT가 이러한 도구를 알아서 스스로 활용해서 이미지를 생성하는 방법이 있다. 예를 들면, 이미지 생성 도구 중 구글의 Deep Dream의 경우는 ChatGPT가 스스로 알아서 Deep Dream를 활용해서 이미지를 생성한다.

업로드한 사진을 DALL·E를 사용하여 만화캐릭터를 만들어줘

[그림 10-1] 멀티모달 도구 Deep Dream을 활용한 이미지 생성 예시

(2) 멀티모달 도구를 활용한 행사 홍보 포스터 제작 실습 사례

멀티모달 도구를 활용하여 행사용 홍보 포스터를 제작해 볼 수 있다. 여기서도 이미지 생성 도구 중 구글의 Deep Dream를 활용하면 쉽게 포스터를 만들 수 있고, 여기에 행사 제목과 일시, 장소를 제시해 주면 ChatGPT가 포스터에 행사 내용을 담아 제작해 준다. 다만 행사 제목과 내용은 영어의 경우 잘 나타내 주지만, 한글의 경우는 아직 제대로 담아 주지 못한다. 배경은 여러 번의 시행을 통해 적당한 것을 선택하면 된다.

You
DALL·E를 활용해서 국제행사홍보 포스터를 만들어줘. 행사제목과 행사일정은 "AI Seminar"
□ Date: July 6, 2023, □ Location: KIT 2023년 7월 6일 KIT에서 개최되는 'AI 세미나' 홍보 포스터로 인공지능과 관련 매우 심플하면서도 임팩트 있는 디자인을 배경으로한 포스터로 제작해 줘

[그림 10-2] 멀티모달 도구 Deep Dream를 활용한 행사 홍보 포스터 생성

(3) 친환경 신제품 출시 캠페인을 위한 멀티모달 생성형 AI 활용 사례

"EcoFriendly"라는 가상의 친환경 가방 브랜드의 새로운 제품 출시 캠페인을 위한 멀티모 달 생성형 AI 활용하는 사례를 제시하여 보자. ChatGPT에 가상의 브랜드 "EcoFriendly"의 새로운 제품 출시를 알리는 소셜미디어 게시물, 광고 이미지, 프로모션 이메일 캠페인을 위한 텍스트 및 시각적 콘텐츠 생성해 달라고 하였다. "EcoFriendly" 가방의 친환경 소재와 자연과 조화롭게 어우러지는 젊은이들의 생활 방식을 강조하는 이미지 생성. 배경은 자연 그대로의 아름다움을 보여 주며, 가방은 스타일리시하면서도 지속 가능한 소재임을 강조하는 디자인을 표현해 달라고 하였다.

🧑 **너**

가상의 브랜드 "EcoFriendly" 가방의 친환경 소재와 자연과 조화롭게 어우러지는 젊은이들의 생활 방식을 강조하는 이미지 생성을 멀티모달 생성형 AI를 활용하여 시각적 콘텐츠를 생성해 줘.

4. 전사적 마케팅 분야의 프롬프트 디자인

전사적 마케팅 분야에서 프롬프트 디자인이란, 특정 목표나 행동을 유도하기 위해 고안된 질문이나 명령의 형태를 말한다. 마케팅 커뮤니케이션 전략에서 중요한 역할을 하는 이러한 프롬프트는, 소비자나 대상 집단의 관심을 끌고, 특정 행동을 유도하기 위해 사용된다.

이를 통해 브랜드 인지도를 높이고, 고객 참여를 촉진하며, 최종적으로는 판매 증대나 브랜드 충성도 향상을 목표로 한다.

1) 프롬프트 디자인의 주요 요소

- **명확한 메시지**: 메시지는 명확하고 이해하기 쉬워야 하며, 대상이 즉각적으로 인식하고 반응할 수 있어야 한다.

  (예시) 웹사이트의 메인 페이지에 배치된 대형 배너에 "단 하루, 모든 제품 50% 할인! 지금 바로 시작하세요."라는 메시지를 통해 특별 세일을 알린다. 이 메시지는 명확하며, 사용자가 즉시 이해하고 행동으로 옮길 수 있게 한다.

- **행동 유도**Call to Action, CTA : 사용자나 소비자가 원하는 행동을 취하도록 명확한 지시나 제안을 포함해야 한다. 예를 들어, "지금 구매하기", "뉴스레터 구독하기" 등이 있다.

  (예시) 온라인 쇼핑몰에서 제품 페이지에 "지금 구매하고 무료 배송 혜택을 누리세요!" 버튼을 배치하여, 고객이 구매를 완료하도록 유도한다. 이 CTA는 구매를 원하는 고객에게 명확한 행동 경로를 제시하게 된다.

- **감정적 연결**: 소비자의 감정을 자극하여, 브랜드에 대한 긍정적인 느낌을 강화하거나, 제품이나 서비스에 대한 욕구를 촉진하는 내용이 포함되어야 한다.

  (예시) 자선 단체가 소셜미디어 캠페인을 통해 "당신의 작은 기부가 세상을 바꿀 수 있습니다"라는 메시지와 함께 기부자들의 사진과 이야기를 공유하여, 감정적으로 호소하고 기부를 유도한다. 이러한 접근은 사람들의 감정을 자극하고, 긍정적인 행동을 촉진한다.

- **시각적 요소**: 색상, 이미지, 폰트 등의 디자인 요소가 프롬프트의 메시지를 강화하고, 브랜드 아이덴티티를 전달할 수 있어야 한다.

  (예시) 신제품 출시 광고에서 제품의 특징을 강조하기 위해 독특한 색상과 혁신적인 디자인을 사용하여 소비자의 시선을 끌고 제품에 대한 관심을 유도한다. 이러한 시각적 요소는 제품의 아이덴티티를 강조하고 브랜드 이미지를 전달한다.

- **타깃 맞춤형 내용**: 프롬프트는 특정 타깃 오디언스의 관심사, 선호, 행동 양식에 맞춰져야 한다. 이를 위해 시장조사와 데이터 분석을 바탕으로 타깃을 정교하게 세분화하는 것이 중요하다.

  (예시) 건강식품 브랜드가 건강과 웰빙에 관심이 많은 젊은 성인을 대상으로 한 콘텐츠를 제작한다. 이들은 소셜미디어와 블로그를 통해 운동 루틴, 영양 팁, 제품 리뷰 등을 공유하여 해당 타깃 오디언스의 관심사와 생활 방식에 맞춘 정보를 제공한다. 이는 시장조사와 데이터 분석을 바탕으로 타깃 오디언스의 특성을 반영한 맞춤형 마케팅 전략의 일환이다.

2) 프롬프트 디자인의 적용 사례

(1) 소셜미디어 캠페인
- **세부 설명**: 소셜미디어 캠페인에서 프롬프트 디자인은 사용자 참여를 촉진하고, 커뮤니티 내에서의 상호작용을 높이는 데 중점을 둔다. 해시태그 캠페인, 퀴즈, 설문조사는 사용자가 콘텐츠에 쉽게 참여하고, 자신의 의견이나 경험을 공유하도록 유도한다.
- **예시**: 어느 패션 브랜드가 #MyStyleChallenge 해시태그 캠페인을 실행하여, 소비자들에게 자신만의 스타일로 브랜드 의류를 착용한 사진을 소셜미디어에 올리고 해당 해시태그를 사용하도록 권장한다. 이를 통해 브랜드 인지도가 증가하고, 소비자 참여가 활발하게 된다.

(2) 이메일 마케팅
- **세부 설명**: 이메일 마케팅에서 프롬프트 디자인은 수신자에게 특정 행동을 취하도록 유도하는 데 초점을 맞춘다. 개인화된 제안, 할인 코드, 뉴스레터 구독 유도 등이 포함된다.
- **예시**: 온라인 서점에서 최근 구매 이력을 바탕으로 개인화된 책 추천과 함께 20% 할인 쿠폰을 제공하는 이메일을 발송한다. 이메일에는 "지금 구매하고 할인받기"라는 CTACall to Action/행동유도 버튼이 포함되어 있어, 직접적인 구매로 연결된다.

(3) 웹사이트 랜딩 페이지

- **세부 설명:** 웹사이트 랜딩 페이지는 방문자를 특정 행동으로 유도하는 데 중점을 둔다. 이는 제품 구매, 무료 체험 신청, 웨비나 등록 등이 될 수 있으며, 명확한 CTA를 통해 이루어진다.
- **예시:** 소프트웨어 회사가 새로운 CRM 시스템의 무료 체험을 제공하는 랜딩 페이지를 만들고, "30일 무료 체험 시작하기"라는 CTA 버튼을 크게 배치하여 방문자가 쉽게 무료 체험에 등록할 수 있도록 한다.

※ 랜딩 페이지Landing Page: 광고나 마케팅 캠페인과 연결된 특정 목적을 위해 디자인된 단일 페이지

(4) 광고

- **세부 설명:** 온라인 및 오프라인 광고에서 프롬프트 디자인은 제품이나 서비스의 주요 특징을 강조하고, 소비자에게 구매를 유도한다. 광고는 시각적 요소와 텍스트를 결합하여 효과적인 메시지를 전달한다.
- **예시:** 건강 보조 식품을 판매하는 회사가 TV 광고에서 제품의 주요 혜택을 강조하며, "지금 바로 건강을 투자하세요"라는 슬로건과 함께 제품 구매 사이트의 URL을 보여준다. 이는 시청자에게 제품에 대한 관심을 유도하고, 웹사이트 방문을 촉진한다.

5. 결론(종합 정리)

결론적으로, AI 프롬프트 디자인의 도입은 전사적 마케팅 차원에서 볼 때 혁명적인 변화를 가져오고 있다. 이 기술은 브랜드 전략, 고객 관계 관리, 콘텐츠 제작 및 분석 등 마케팅의 모든 측면에 걸쳐 깊은 영향을 미치며, 기업이 시장에서 경쟁할 수 있는 새로운 방법을 제시하고 있다.

※ 문제: 난이도 상(20분, 125점), 난이도 중(15분, 100점), 난이도 하(10분, 75점)

【실습 문제】

[문제 1] 신재생 에너지 사용이 ESG 경영에 미치는 일반적 성과 분석 사례(난이도 중)

　　　출제 의도(테스트 내용): 신재생 에너지 동향 분석 기반 GPT-4의 MyGPT 생성 및
　　　활용 역량

[문제]

신재생 에너지 사용이 ESG 경영 차원에서 기업에 어떤 주요 재무적, 비재무 성과를 가져오는지를 통계 그래프로 비교해서 전망해 보고 다양한 신재생 에너지(태양광, 풍력, 수력, 지력 등) 중 어떤 유형의 신재생 에너지가 기업의 여건에 적합한지를 의사결정할 수 있도록 요약해 주고 이를 ESG 경영 차원에서 어떤 면에서 효과가 있는지 통계 그래프로 나타내 비교해 주시오.

조건

신재생 에너지의 사용은 ESG(환경, 사회, 지배구조) 경영 차원에서 기업에 다양한 긍정적인 성과를 가져올 수 있다. 일반적으로 이러한 성과는 환경적 책임감의 강화, 사회적 신뢰의 증대, 그리고 장기적인 재무적 성과의 향상으로 나눌 수 있고, 크게 재무적인 성과와 비재무적인 성과로 구분되는 바 이를 정리하여 나타내 주시오.

요구사항

기업들이 신재생 에너지를 ESG 경영 차원에서 활용하였을 때 어떤 성과가 있을지 시각적인 자료(그래프)로 나타내 주고 기업의 이미지와 신뢰 및 기업성과 측면에서 제시하시오. 또한, 대한민국의 경우 다양한 신재생 에너지(태양광, 풍력, 수력, 지력 등) 중 어떤 유형의 에너지가 기업의 다양한 여건에서 보다 효과가 있는지와 어떤 유형의 신재생에너지 도입이 바람직할지를 단계별로 요약하여 제시해 주시오.

단, 1) 생성형 AI를 활용하기 위한 기획 내용, 2) 생성형 AI에의 프롬프트 입력 및 적절한 대화(피드백) 과정과 내용, 3) 생성형 AI의 최종 결과물(해결 방안, 본인의 보완 및 수정 내용, 최종 해결 방안) 등을 확인할 수 있도록 자세하고 명확하게 기술하시오.

[답안] 수험자가 아래와 같은 내용으로 AI 활용 과정과 결과물을 복사 혹은 작성, 제출

1) 사용 AI와 기능 및 도구

사용 AI: GPT-4

2) 생성형 AI를 활용하기 위한 기획 내용

① 목적: 신재생 에너지 도입이 ESG 경영 차원에서의 성과와 효과 비교

② 맥락: ESG 경영 차원의 신재생 에너지 활용 성과 제시와 유형에 따라 효과 비교

③ AI의 역할: 신재생 에너지 활용 성과 제시와 유형에 따라 효과를 그래프로 도출

④ 산출물: 신재생 에너지 활용 성과 및 비교 효과(시각적 그래프 제시) 보고서

⑤ 데이터: 별도의 데이터 불필요

3) 생성형 AI에의 프롬프트 입력 및 대화(피드백) 과정과 내용

[1단계 프롬프트] ESG 경영 차원의 신재생 에너지 활용 성과

① 목적: 신재생 에너지 도입이 ESG 경영 실천 차원에서 얼마나 도움이 될지 도입 여부 결정하고자 함

② 맥락: ESG 경영 차원의 신재생 에너지 활용 성과를 그래프로 제시

③ AI의 역할: 신재생 에너지 도입 여부 결정을 위한 용이한 설득자료 제공

④ 산출물: 신재생 에너지가 ESG 경영 차원에서의 주요 성과를 통계 그래프로 제시

- **프롬프트:** "기업에서 신재생 에너지 사용이 ESG 경영 차원에서 기업의 이미지와 신뢰 및 기업성과에 어떠한 영향을 미치는지를 통계 데이터를 활용해서 제시해 주시오 - 주요 결과를 통계 그래프로 나타내 주시오(단위는 영어로)"

[2단계 프롬프트] 신재생 에너지 활용 유형에 따라 효과 비교

① 목적: 만약에 도입을 결정했다면 어떤 신재생 에너지를 도입할지 의사결정을 하고자 함.

② 맥락: ESG 경영 차원의 신재생 에너지 활용 유형에 따라 효과 비교

③ AI의 역할: 보다 효과적인 신재생 에너지 유형 결정에 용이한 설득자료 제공

④ 산출물: 신재생 에너지 유형에 따른 효과 비교를 그래프와 요약서로 제시

- **프롬프트:** "기업의 ESG 경영 차원에서 대한민국의 경우 어떤 신재생 에너지를 활용해야 더욱 큰 성과가 있는지를 신재생 에너지 유형에 따라 비교해 주고, 이를 또한 그래프로 나타내 줘"

4) 최종 결과물(생성형 AI의 해결 방안, 본인의 보완 및 수정 내용, 최종 해결 방안)

[1단계] ESG 경영 차원의 신재생 에너지 활용 성과

[산출물]

기업의 ESG 경영, 특히 신재생 에너지 사용이 기업 이미지, 신뢰도 및 기업 성과에 미치는 영향에 대해 통계 데이터를 기반으로 한 분석을 제공하겠습니다. 이를 위해, 다음과 같은 가상의 통계 데이터를 사용하여 분석을 진행합니다:

1. **기업 이미지 개선:** 기업들이 신재생 에너지를 사용하게 되면서, 소비자 인식 조사에서 긍정적인 이미지가 몇 퍼센트 향상되었는지를 측정합니다.

2. **신뢰도 증가**: 신재생 에너지 사용이 공개된 후, 투자자 및 소비자들의 기업에 대한 신뢰도가 얼마나 증가했는지를 보여줍니다.

3. **기업 성과 변화**: 재무적 성과, 예를 들어 매출액 증가율이나 순이익률 등이 신재생 에너지 사용 전후로 어떻게 변화했는지 분석합니다.

가상의 데이터를 바탕으로, 다음과 같은 시나리오를 설정합니다:

- 기업 이미지는 신재생 에너지 사용 후 평균 20% 개선되었습니다.
- 기업 신뢰도는 평균 15% 증가했습니다.
- 매출액 증가율 및 순이익률은 각각 평균 10% 및 5% 향상되었습니다.

이제 이 정보를 바탕으로 각 요소(기업 이미지, 신뢰도, 매출액 증가율, 순이익률)의 변화를 나타내는 그래프를 생성하겠습니다.

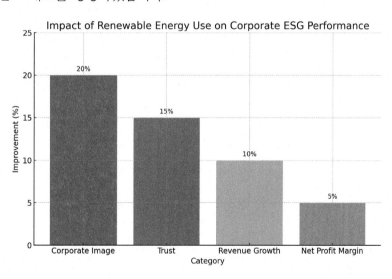

위 그래프는 기업이 신재생 에너지 사용을 통해 ESG 경영 차원에서 얻을 수 있는 주요 결과를 나타냅니다. 각 카테고리별로 향상된 퍼센테이지를 보여주며, 구체적으로는 다음과 같습니다:

- 기업 이미지: 신재생 에너지 사용 후 평균 20% 개선

- 신뢰도: 평균 15% 증가

- 매출액 증가율: 평균 10% 향상

- 순이익률: 평균 5% 증가

이 데이터는 신재생 에너지 사용이 기업의 ESG 성과에 긍정적인 영향을 미칠 수 있음을 시사합니다, 특히 기업 이미지와 신뢰도의 개선을 통해 장기적인 기업 성과에도 기여할 수 있는 것으로 보입니다.

[2단계] 신재생 에너지 유형에 따른 효과 비교를 그래프로 제시
[산출물]

대한민국의 기업이 ESG 경영 차원에서 활용할 수 있는 신재생 에너지 유형에 따른 성과를 비교하기 위해, 주요 신재생 에너지 유형의 특성과 한국의 지리적, 기후적 조건을 고려하여 다음과 같은 유형을 비교해 보겠습니다:

1. **태양광 에너지:** 한국은 일조량이 계절에 따라 변하지만, 대체로 충분한 햇빛을 받아 태양광 발전에 유리한 조건을 가지고 있습니다. 특히, 남부 지방과 제주도는 태양광 발전에 더욱 적합합니다.

2. **풍력 에너지:** 한국은 특히 해안가 지역에서 풍력 에너지의 잠재력이 높습니다. 육상 풍력뿐만 아니라 해상 풍력 발전의 가능성도 큽니다.

3. **지열 에너지:** 지열 에너지는 한국에서 상대적으로 덜 활용되고 있지만, 특정 지역에서 지열 발전소 설립에 대한 가능성이 탐색되고 있습니다.

4. **바이오에너지:** 농업이 발달한 지역에서는 농업 부산물을 이용한 바이오에너지 생산이 가능합니다. 이는 폐기물 처리와 에너지 생산을 동시에 해결할 수 있는 방안입니다.

이러한 신재생 에너지 유형의 한국 내 적용 가능성을 바탕으로, 각 에너지 유형별로 기대할 수 있는 성과(예: 발전 효율, 환경적 영향, 경제성)를 비교하는 그래프를 제작하겠습니다. 이를 위해 다음과 같은 가상의 데이터를 설정하겠습니다:

- 발전 효율: 태양광 > 풍력 > 바이오에너지 > 지열
- 환경적 영향 (낮을수록 좋음): 지열 < 바이오에너지 < 태양광 < 풍력
- 경제성 (높을수록 좋음): 태양광 > 풍력 > 바이오에너지 > 지열

이제 이 데이터를 바탕으로 신재생 에너지 유형별 성과 비교 그래프를 생성하겠습니다.

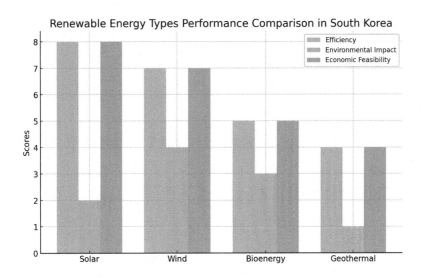

위 그래프는 대한민국에서 기업이 ESG 경영 차원에서 활용할 수 있는 주요 신재생 에너지 유형별 성과를 비교한 것입니다. 각 에너지 유형은 발전 효율, 환경적 영향 (낮을수록 좋음), 그리고 경제성 (높을수록 좋음)에 대해 평가되었습니다.

1. 태양광 에너지(Solar)는 발전 효율과 경제성에서 높은 점수를 받았으며, 환경적 영향도 비교적 낮은 편입니다. 이는 한국에서 태양광 에너지가 ESG 경영을 위한 신재생 에너지로서 큰 잠재력을 가지고 있음을 시사합니다.

2. 풍력 에너지(Wind) 역시 발전 효율과 경제성에서 좋은 평가를 받았지만, 태양광에 비해 환경적 영향이 다소 높은 편입니다.

3. 바이오에너지(Bioenergy)와 지열 에너지(Geothermal)는 비교적 낮은 발전 효율과 경제성을 보였지만, 지열 에너지는 환경적 영향이 가장 낮아 환경 보호 측면에서 유리할 수 있습니다.

이 데이터는 기업이 ESG 경영을 실천하며 신재생 에너지 유형을 선택할 때 중요한 고려 사항을 제공합니다. 태양광과 풍력 에너지는 효율성과 경제성 측면에서 매력적인 옵션이며, 특히 태양광은 환경적 영향도 낮아 ESG 목표 달성에 효과적일 수 있습니다.

[문제 2] 생성형 AI 활용한 광고물 제작(난이도 중)

출제 의도(테스트 내용): 친환경 전기자동차의 출시를 위한 광고물 제작을 위한 GPT-4의 활용 역량

[문제]

전기자동차를 대상으로 기업입장에서 친환경 그린 마케팅 활동 차원에서 누구를 대상으로 어떤 메시지를 전달할지 광고 전략과 광고 콘셉트, 동영상 광고 제작을 위한 광고 콘티와 스토리보드를 작성하라는 프롬프트를 기획하고 이에 대한 결과를 정리해 주세요.

1. 조건

기존의 자동차 광고와는 달리 친환경 그린 마케팅 활동 차원에서 누구를 대상으로 어떤 메시지를 전달할지와 광고 전략과 광고 콘셉트, 동영상 광고제작을 위한 광고 콘티와 스토리보드 등으로 작성하시오.

2. 요구 사항

신규 전기자동차 출시를 앞두고 있는 상황에서 친환경 그린 마케팅 활동을 통하여 기존의 내연기관 자동차 보유자나 신규 자동차 구매자를 대상으로 한 광고 전략 수립과 강조해야 할 포인트, 그리고 광고 동영상 제작에 앞서 시각적인 광고 콘티와 스토리보드 등을 단계별로 제시하시오.

단, 1) 생성형 AI를 활용하기 위한 기획 내용, 2) 생성형 AI에의 프롬프트 입력 및 적절한 대화(피드백) 과정과 내용, 3) 생성형 AI의 최종 결과물(해결 방안, 본인의 보완 및 수정 내용, 최종 해결 방안) 등을 확인할 수 있도록 자세하고 명확하게 기술하시오.

[답안] 수험자가 아래와 같은 내용으로 AI 활용 과정과 결과물을 복사 혹은 작성, 제출

1) 사용 AI와 기능 및 도구

사용 AI: GPT-4

2) 생성형 AI를 활용하기 위한 기획 내용

① 목적: 그린 마케팅 활동이 반영된 광고 캠페인 강조점 및 광고 콘티 작성

② 맥락: 광고 콘셉트, 광고 콘티, 스토리보드 작성

③ AI의 역할: 그린 마케팅 활동의 광고 캠페인 방향과 전략과 광고 제작과정 도출

④ 산출물: 그린 마케팅 활동 시 광고 캠페인 소구점, 광고 콘티, 스토리보드

⑤ 데이터: 별도의 데이터 불필요

3) 생성형 AI에의 프롬프트 입력 및 대화(피드백) 과정과 내용

[단계별 프롬프트 디자인 기획]

[1단계 프롬프트] 그린 마케팅 활동이 반영된 광고 캠페인 제작 시 강조점은?

① 목적: 전기자동차의 그린 마케팅 활동을 통한 광고 전략의 일환으로 광고 전략 수립 시 광고 콘셉트의 방향과 강조점 검토

② 맥락: 기존 전통적 자동차 광고와 차별화, 친환경 그린 마케팅 강조

③ AI의 역할: 친환경 그린 마케팅 활동을 위한 광고 소구점 발견

④ 산출물: 광고 콘셉트의 방향과 강조점(소구점)

- **프롬프트:** "A기업은 신규 전기자동차 출시를 앞두고 기존 내연기관 자동차 소유자 및 신규 자동차 구매자를 대상으로 하는 친환경 그린 마케팅 캠페인을 계획 중이다. 이 캠페인 제작 시 전통적인 자동차 광고와 차별화되어야 하며, 환경 보호의 중요성을 부각하고 전기자동차의 어떤 점을 강조해야 하는지 제시해 주세요."

[2단계 프롬프트] 친환경 광고 전략, 광고 콥셉트, 광고 콘티와 스토리보드 작성

① 목적: 전기자동차 대상으로 광고 콘셉트 제시와 광고동영상 제작을 위한 콘티와 스토리보드 개발

② 맥락: 광고 타깃 및 강조 메시지 제시

③ 역할: 전기자동차 대상 그린 마케팅 활동 광고 콘셉트와 광고 시안 제작

④ 산출물: 광고 전략, 광고 콘셉트, 광고 콘티, 스토리보드

- **프롬프트:** "이에 따라 전기자동차에 대한 친환경 그린 마케팅 활동 차원의 광고 전략, 광고 콘셉트, 동영상 광고 제작을 위한 콘티와 스토리보드를 제작해 줘. -각 장면을 시각적 만들어 줘."

[1단계] 그린 마케팅 활동이 반영된 광고 캠페인 제작 시 강조점은?
[산출물]

A기업의 신규 전기자동차 출시를 위한 친환경 그린마케팅 캠페인은 전통적인 자동차 광고와 차별화되면서도 환경 보호의 중요성을 강조해야 합니다. 이러한 캠페인을 효과적으로 수행하기 위해서는 전기자동차의 다음과 같은 특징과 장점을 중점적으로 부각시킬 필

요가 있습니다.

1. 환경 보호 및 지속 가능성

- 저탄소 배출: 전기자동차는 내연기관 자동차에 비해 이산화탄소와 기타 온실가스 배출을 대폭 줄여주어 환경 보호에 기여합니다.
- 에너지 효율성: 전기자동차는 내연기관 차량에 비해 에너지 변환 효율이 높아 더 적은 에너지로 더 멀리 갈 수 있습니다.

2. 경제적 이점

- 운영 비용 절감: 전기자동차는 연료비가 저렴하며, 유지보수 비용도 내연기관 차량에 비해 적습니다.
- 정부 인센티브: 많은 국가에서 전기자동차 구매자에게 세금 감면, 구매 보조금, 저렴한 주차 요금 등 다양한 혜택을 제공합니다.

3. 기술 혁신과 편의성

- 첨단 기술: 최신 전기자동차는 자율 주행, 고급 안전 기능, 스마트 인테리어 등 최신 기술을 탑재하고 있습니다.
- 조용한 주행 경험: 내연기관 차량에 비해 소음이 적어 조용하고 쾌적한 주행 경험이 가능합니다.

[캠페인 제작시 강조해야 할 포인트]

- **감성적 접근:** 자연과 함께하는 가족 또는 친구들의 여행 모습을 통해 전기자동차가 가져다주는 평화로운 주행 경험과 환경 보호가 어우러진 모습을 강조합니다.
- **실생활 스토리텔링:** 실제 전기자동차 사용자들의 생생한 경험담을 공유하여 전기자동차의 장점을 현실감 있게 전달합니다.
- **인포그래픽과 데이터:** 환경 보호와 관련된 인포그래픽과 데이터를 활용하여 전기자동차가 환경에 미치는 긍정적인 영향을 시각적으로 표현합니다.
- **인터랙티브 콘텐츠:** 소비자가 직접 참여할 수 있는 온라인 퀴즈, 가상 주행 체험, 탄소 절감 계산기 등을 통해 캠페인에 대한 관심과 참여를 유도합니다.

이러한 전략들을 캠페인에 통합함으로써, A기업은 전기자동차의 환경적, 경제적 이점을 효과적으로 전달하고 소비자들의 관심을 끌 수 있을 것입니다.

[2단계] 친환경 광고 전략, 광고 콘셉트, 광고 콘티와 스토리보드 작성

[산출물]

요청에 따라 전기자동차에 대한 친환경 그린마케팅 활동을 위한 구체적인 광고 전략, 광고 콘셉트 및 동영상 광고 제작을 위한 콘티와 스토리보드를 시각적으로 제작하기 위해, 앞서 제공된 스토리보드 요약을 기반으로 각 장면을 상세하게 설계하고 시각화하겠습니다.

•광고 전략 및 콘셉트 개발

광고 전략: "푸른 미래를 향한 당신의 첫 걸음"

전기자동차가 환경 보호에 기여하는 방식과 일상 생활에서의 경제적 이점을 강조합니다.

•광고 콘셉트: "조용한 혁명, 깨끗한 지구"

전기자동차와 함께하는 생활이 어떻게 지구를 더 깨끗하게 만들고, 사용자에게 새로운 운전 경험을 제공하는지 보여줍니다.

•동영상 광고 제작을 위한 콘티와 스토리보드

- 오프닝 장면: 청정한 자연 경관, 새들이 지저귀는 소리와 함께 아침 햇살이 숲을 비추는 장면.
- 전기자동차 등장: 조용히 숲 속 길을 달리는 전기자동차가 등장, 자연과 조화를 이루는 모습.
- 환경 이점 강조: 전기자동차 주변으로 깨끗한 공기와 푸른 자연이 강조되며, CO_2 배출이 없음을 시각적으로 표현.
- 소비자와의 교감: 가족, 친구들이 전기자동차를 사용하며 즐거워하는 모습, 친환경적인 생활 방식의 기쁨 전달.
- 기술적 특징 강조: 자동차 내부의 첨단 기능을 소개하며, 안전하고 편리한 운전 경험

강조.

- 클로징 메시지: "당신의 선택이 미래를 바꿉니다. 지금, 순수한 운전을 시작하세요."
  라는 메시지와 함께 A기업의 로고와 슬로건.

이러한 광고 콘셉트와 콘티는 전기자동차의 친환경적 이점과 혁신적인 기술을 통해 소비자들에게 강력한 메시지를 전달하는 데 중점을 둡니다.

[문제 3] 글로벌 반도체 시장 판매 예측과 전략 수립(난이도 상)

출제 의도(테스트 내용): 시장 판매예측과 전략수립을 위한 생성형 AI 활용 역량

[문제]

한국 반도체 시장의 현황을 분석하고 최근 수출 부진과 이에 따른 판매예측과 2024년의 수출을 전망하여 그래프로 나타내 보고 글로벌 반도체 시장에서 경쟁우위를 점하기 위한 업계와 정부 및 글로벌 협력 차원에서의 어떤 노력들이 필요한지 제시하시오.

1. 조건

최근 반도체 수출이 부진한 이유와 원인을 알아보고 이에 따른 판매예측을 한다. 더 나아가 글로벌 반도체 시장에서 경쟁우위를 점하기 위해 업계와 정부차원 및 글로벌 협력 차원에서 어떠한 노력을 해야 할지 그 해답을 찾고자 한다.

2. 요구사항

글로벌 반도체 시장의 현황 파악을 통한 원인분석과 정확한 실태조사를 바탕으로 판매예측(2020~2023년, 한국과 세계시장 구분)자료를 바탕으로 그래프로 예측)과 시장 동향을 요약하고 대한민국인 글로벌 시장경쟁력을 갖추기 위해 필요한 노력과 지원책을 통해 보다 구체적이고 실제적인 반도체 부진의 해결방안을 파악하여 단계별로 제시하시오.

단, 1) 생성형 AI를 활용하기 위한 기획 내용, 2) 생성형 AI에의 프롬프트 입력 및 적절한 대화(피드백) 과정과 내용, 3) 생성형 AI의 최종 결과물(해결 방안, 본인의 보완 및 수정 내용, 최종 해결 방안) 등을 확인할 수 있도록 자세하고 명확하게 기술하시오.

[답안] 수험자가 아래와 같은 내용으로 AI 활용 과정과 결과물을 복사 혹은 작성, 제출

1) 사용 AI와 기능 및 도구

사용 AI: GPT-4

2) 생성형 AI를 활용하기 위한 기획 내용

① 목적: 글로벌 반도체 시장 판매 예측과 전략 수립방안 제시

② 맥락: 부진원인 파악과 통계적으로 판매예측

③ AI의 역할: 글로벌 반도체 시장 부진원인과 판매예측을 통한 글로벌 공급망 대응

④ 산출물: 경제적, 기술적, 글로벌 시장 트렌드를 파악하고, 반도체 산업의 경쟁력을 강화방안 제시

⑤ 데이터: 2020~2023년 글로벌 반도체 시장 현황자료

3) 생성형 AI에의 프롬프트 입력 및 대화(피드백) 과정과 내용

[단계별 프롬프트 디자인 기획]

[1단계 프롬프트] 상황 분석 및 원인 파악

① 목적: 현재 반도체 수출 부진의 원인을 면밀히 조사하여 이해를 돕고, 근본적인 문제점을 파악한다.

② 맥락: 원인분석을 위한 경제적, 기술적, 글로벌 시장 트렌드 파악

③ AI의 역할: 반도체 시장분석을 통한 부진 원인파악

④ 산출물: 글로벌 반도체 시장 부진원인과 주요요인별 상관관계 분석요약

• **프롬프트:** "한국 반도체 산업의 최근 수출 부진 현황에 대한 분석과 이에 영향을 미치는 주요 원인과 경제적, 기술적, 글로벌 시장 트렌드와의 상관관계를 밝혀 주세요."

[2단계 프롬프트] 판매 예측(2024년 전망)

① 목적: 미래 시장 동향을 예측하고, 이를 바탕으로 사업 전략과 생산 계획을 조정하기 위함이다.

② 맥락: 과거자료(2020~2023년)를 바탕으로 2024년 글로벌 반도체 시장 판매예측

③ AI의 역할: 반도체 시장분석 전망과 수요예측

④ 산출물: 글로벌 반도체 시장 판매예측 요약

● **프롬프트**: "현재 한국과 글로벌 시장 분석(2020~2023년)자료를 바탕으로 한국 반도체 산업의 향후(2024년) 판매를 예측하고 글로벌 수요, 기술 혁신, 공급망 변화를 고려하여 예측해 그래프로 나타내 주세요."

[3단계 프롬프트] 업계 및 정부 차원의 전략 제안

① 목적: 산업 및 정부 차원에서 구체적인 전략을 마련하여 반도체 산업의 경쟁력을 강화하는 방안을 탐색한다.

② 맥락: 산업 및 정부 차원에서 지원 및 활성화 전략 제시

③ AI의 역할: 산업계 전략도출, 정부 차원의 지원유도 검토

④ 산출물: 반도체 산업의 경쟁력을 강화하는 방안요약

● **프롬프트**: "한국 반도체 산업이 글로벌 경쟁력을 강화하기 위해 취해야 할 산업 및 정부 차원의 전략적 조치들을 분석하고 제안해 주세요."

[1단계] 상황 분석 및 원인 파악

[산출물]

한국 반도체 산업은 2023년 수출 부진을 겪고 있으며, 이는 여러 경제적, 기술적, 그리고 글로벌 시장 트렌드와의 상관관계에서 비롯된 것으로 분석됩니다. 주요 원인은 다음과 같습니다:

1. **경제적 요인**: 메모리반도체 시장의 수요 감소, 가격 하락, 그리고 높은 재고 수준이 반도체 산업의 역성장을 이끌었습니다. 특히, 메모리반도체 수요와 가격의 가파른 악화와 함께 반도체 기업과 수요기업의 높은 재고로 인해 수출이 크게 하락할 것으로 전망됩니다. 2023년 한국 반도체 수출은 전년 대비 11.5% 역성장할 것으로 예상됩니다.

2. **기술적 요인**: 시스템반도체의 주요 품목인 디스플레이 구동칩(DDI), AP(Application Processor), 이미지센서 분야에서는 DDI와 이미지센서 중심으로 성장이 기대되나, DDI 시장의 성장률이 둔화될 것으로 전망됩니다. 모바일 AP 시장은 2% 역성장할 전망이며, 이미지센서 시장은 4% 성장할 것으로 예상되지만, 삼성전자의 시장 점유율 확대는 쉽지 않을 것으로 보입니다.

3. **글로벌 시장 트렌드**: 글로벌 경제 둔화, 무역 분쟁, 그리고 팬데믹 상황의 여파로 전 세계적인 수요가 감소하고 있습니다. 한국의 반도체 수출은 지속적인 무역적자 상황 속에서 7개월 연속 감소했으며, 이는 주력 수출품인 반도체의 경기 부진이 주된 원인입니다. 무역적자는 14개월째 지속되고 있으며, 반도체 수출 부진이 전체 수출 부진의 주요 원인으로 꼽힙니다.

이러한 다양한 요인들은 한국 반도체 산업의 최근 수출 부진 상황에 영향을 미치고 있습니다. 경제적 요인, 기술적 변화, 그리고 글로벌 시장의 동향이 복합적으로 작용하면서 한국 반도체 산업에 큰 도전을 제시하고 있습니다. 이에 따라 한국 반도체 산업은 내부적인 경쟁력 강화와 외부 시장 변화에 대한 적응 전략을 모색해야 할 필요가 있습니다.

[2단계] 판매 예측(2024년 전망)

[산출물]

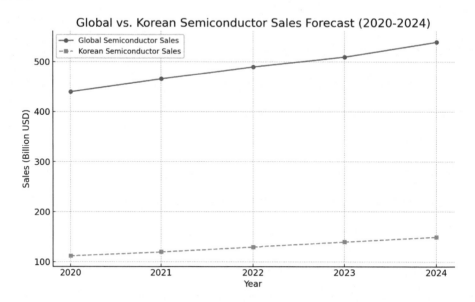

이 그래프는 2020년부터 2024년까지 글로벌 반도체 시장과 한국 반도체 산업의 예상 매출 동향을 보여줍니다. 그림에서 볼 수 있듯이 전 세계 반도체 매출은 2020년 4,400억 달러에서 2024년 5,400억 달러로 5년 동안 꾸준히 증가할 것으로 예상됩니다. 마찬가지로 한국 반도체 산업 매출은 2020년 1,120억 달러에서 2024년 1,500억 달러로 성장할 것으로 예상되며, 이는 글로벌 추세에 따른 긍정적인 궤적을 반영합니다.

이 예측은 기술 혁신과 공급망 변화로 인한 글로벌 수요 증가를 고려한 것입니다. AI, IoT, 자동차 및 스마트폰을 포함한 다양한 기술 분야에서 반도체의 통합이 증가함에 따라 이러한 수요가 증가할 것으로 예상됩니다. 또한 반도체 공급망의 전략적 조정과 반도체 기술의 발전은 이러한 성장을 지원할 가능성이 높습니다. 그러나 이러한 예측에 영향을 미칠 수 있는 지정학적, 경제적 불확실성을 인식하는 것이 중요합니다.

[3단계] 업계 및 정부 차원의 전략 제안

[산출물]

한국 반도체 산업은 전 세계 시장에서 중요한 위치를 차지하고 있으며, 글로벌 경쟁력을 더욱 강화하기 위한 다양한 전략이 필요합니다. 산업 및 정부 차원에서 취할 수 있는 전략적 조치들을 아래와 같이 제안합니다:

• **산업 차원의 전략**

1. **기술 혁신 및 연구 개발 강화:** 첨단 반도체 기술 개발에 지속적으로 투자하여 기술 리더십을 확보해야 합니다. 이를 위해 고성능, 저전력 반도체 기술, 차세대 메모리 기술, 시스템반도체 설계 기술 등에 대한 연구 개발을 강화합니다.

2. **생산 공정의 최적화 및 효율성 제고:** 고비용 구조를 개선하고 생산 효율을 높이기 위해 스마트 팩토리 도입, 자동화, AI 기반의 생산 관리 시스템 개발 등 생산 공정의 혁신을 추진합니다.

3. **글로벌 공급망 다변화 및 안정성 확보:** 공급망 취약점을 해소하기 위해 소재, 부품, 장비의 글로벌 공급망을 다변화하고, 전략적 파트너십을 구축하여 공급망 안정성을 확보합니다.

4. **인재 양성 및 유치:** 반도체 산업의 핵심 경쟁력은 인재에 있습니다. 대학, 연구소와의 협력을 통한 전문 인재 양성 프로그램 운영과 글로벌 인재 유치 전략을 강화해야 합니다.

• **정부 차원의 전략**

1. **정책 및 재정 지원:** 반도체 산업의 연구 개발과 인프라 구축을 위한 정책적, 재정적 지원을 확대합니다. 특히, 차세대 반도체 기술 연구 개발에 대한 국가 차원의 지원을 강화합니다.

2. 산업 생태계 구축: 스타트업 및 중소기업이 반도체 산업 내에서 혁신을 주도할 수 있도록 기업 간 협력과 기술 교류를 촉진하는 산업 생태계를 구축합니다.

3. 국제 협력 및 무역 관계 강화: 글로벌 반도체 시장에서의 경쟁력을 유지하기 위해 주요 국가들과의 무역 협정, 기술 교류, 공동 연구 개발 등 다양한 형태의 국제 협력을 강화합니다.

4. 규제 개선 및 비즈니스 환경 최적화: 반도체 산업의 성장을 저해하는 규제를 개선하고, 기업이 신속하게 사업을 확장할 수 있는 유연한 비즈니스 환경을 조성합니다.

5. 지속 가능한 개발 및 ESG 경영 지원: 지속 가능한 개발을 위한 친환경 기술 개발 및 ESG(환경, 사회, 지배구조) 경영을 적극 지원하여, 글로벌 기준에 부합하는 책임 있는 산업으로 성장할 수 있도록 합니다.

이러한 전략적 조치들을 통해 한국 반도체 산업은 글로벌 경쟁력을 더욱 강화하고, 변화하는 글로벌 시장 환경 속에서 지속 가능한 성장을 이끌어낼 수 있을 것입니다.

[문제 4] ESG 경영 성과 홍보 방안 모색(난이도 하)

상황

S 통신사는 글로벌 트렌드에 발맞추어 ESG 경영에 적극 나서고 있다. S 통신사는 ESG 경영이 회사의 브랜드 가치 제고는 물론 대고객 신뢰도 향상에도 긍정적인 영향을 미치는 것으로 파악하고 있다. 그러나 중요한 것은 이의 추진 내용이 널리 홍보되어 효과가 배가되는 것인데, 다각적인 노력에도 고객의 이해, 사회적 인식 등이 미흡한 상황이다.

문제

이러한 상황을 타개하기 위해 이에스 팀장은 주어진 예산 내에서 ESG 홍보 효과를 최대화하기 위한 대안을 모색하여야 한다. 당신은 이에스 팀장으로서 AI를 활용하여 ESG 경영 성과 홍보를 최대화하기 위한 방안을 도출하시오. 그 방안에는 각 홍보 대안의 개요, 홍보 효과, 비용 및 성과 측정방법 등이 포함된 표로 정리하시오.

단, 1) 생성형 AI를 활용하기 위한 기획 내용, 2) 생성형 AI에의 프롬프트 입력 및 적절한 대화(피드백) 과정과 내용, 3) 생성형 AI의 최종 결과물(해결 방안, 본인의 보완 및 수정 내용, 최종 해결 방안) 등을 확인할 수 있도록 자세하고 명확하게 기술하시오.

[답안] 수험자가 아래와 같은 내용으로 AI 활용 과정과 결과물을 복사 혹은 작성, 제출

1) 사용 AI와 기능 및 도구

사용 AI: 챗GPT, 클로드 3, 코파일럿, 제미나이 등 생성형 AI

2) 생성형 AI 활용을 위한 기획 내용

① 목적: ESG 경영 추진에 관한 홍보 효과 최대화 방안 도출

② 맥락: ESG 경영 추진 노력에도 사회적 인식 부족 개선 상황

③ 역할: 홍보 컨설턴트

④ 산출물: ESG 홍보 각 대안의 개요, 홍보 효과, 비용 및 성과 측정방법 정리 표

⑤ 데이터: 별도의 데이터 없음

3) 생성형 AI에의 프롬프트 입력 및 대화(피드백) 과정과 내용

[프롬프트]

① 목적: ESG 경영 추진에 관한 홍보 효과 최대화 방안 도출

② 맥락: ESG 경영 추진 노력에도 사회적 인식 부족 개선 상황

③ 역할: 홍보 컨설턴트

④ 산출물: ESG 홍보 각 대안의 개요, 홍보 효과, 비용 및 성과 측정방법 정리 표

⑤ 데이터: 별도의 데이터 없음

오늘날 통신사들도 ESG 경영에 발벗고 나서고 있지요. 이를 자체적으로 잘 실현하는 것도 중요하지만, 대외적으로 홍보를 잘 해서 회사의 브랜드 가치도 높이고 대고객 신뢰도도 높이는 것이 중요합니다. 늘 그렇듯이 비용은 제한적이므로 홍보를 더 효과적(비용 대비 효과 극대화)으로 하기 위한 대안이 중요하므로 이 대안들을 제시해주세요. 각 대안에 대한 홍보 효과와 비용 등을 한글로 번역해 정리해주세요.

[ChatGPT]

ESG 경영의 중요성이 강조되면서 통신사들도 ESG 경영을 적극적으로 실천하고 있습니다. 그러나 이러한 노력을 효과적으로 홍보하여 회사의 브랜드 가치를 높이고 대고객 신뢰도를 강화하는 것이 중요합니다. 여기에는 제한적인 비용으로 홍보 효과를 극대화할 수 있는 다양한 대안이 존재합니다. 아래는 그러한 대안들에 대한 홍보 효과와 비용을 고려한 요약입니다:

1. 소셜 미디어 활용

 • 홍보 효과: 높음. 대규모의 대상에게 빠르고 직접적으로 도달할 수 있으며, 인터랙티브한 커뮤니케이션을 통해 고객 참여를 유도할 수 있습니다.

 • 비용: 낮음. 기본적인 소셜 미디어 사용은 무료이며, 유료 광고를 사용해도 상대적으로 저렴합니다.

2. ESG 보고서 및 사례 연구 공유

 • 홍보 효과: 중간. 구체적인 ESG 실천 사례와 성과를 공유함으로써 신뢰성과 전문성을 높일 수 있습니다.

 • 비용: 중간. 보고서 작성과 제작에 드는 비용이 있지만, 디지털 형식으로 배포 시 비용을 절감할 수 있습니다.

3. 파트너십 및 협업을 통한 공동 마케팅

- **홍보 효과:** 높음. 관련 업계나 기관과의 협업을 통해 서로의 네트워크와 자원을 활용할 수 있으며, 협업을 통한 긍정적 이미지 구축이 가능합니다.
- **비용:** 낮음 ~ 중간. 협업의 형태와 범위에 따라 다르지만, 상호간의 자원을 활용하기 때문에 비용 효율적일 수 있습니다.

4. 지속 가능한 이벤트 및 캠페인 개최

- **홍보 효과:** 높음. 대중의 참여를 유도하고, ESG에 대한 인식을 높일 수 있는 효과적인 방법입니다.
- **비용:** 중간 ~ 높음. 이벤트의 규모와 성격에 따라 비용이 달라지지만, 온라인으로 진행할 경우 비용을 절감할 수 있습니다.

5. 인플루언서 및 전문가와의 협업

- **홍보 효과:** 높음. ESG 분야에서 영향력 있는 인플루언서나 전문가와 협업하면 타겟 고객에게 더 신뢰성 있게 다가갈 수 있습니다.
- **비용:** 중간. 인플루언서나 전문가에 따라 비용이 달라지지만, 효과적인 대상 선정으로 높은 ROI를 기대할 수 있습니다.

이러한 대안들은 통신사가 제한된 예산 내에서 ESG 경영의 홍보 효과를 극대화하고, 장기적으로 회사의 브랜드 가치와 고객 신뢰도를 향상시킬 수 있습니다.

[프롬프트]

위에서 제시한 ESG 홍보전략 각 대안에 대해 개요, 홍보 효과, 비용, 효과 측정방법 등을 한글로 번역해 표로 정리해주세요.

[ChatGPT]

Here's a table that summarizes the provided ESG promotion strategies, including their descriptions, promotional effects, costs, and methods of effectiveness measurement, translated into Korean as requested:

전략	개요	홍보 효과 설명	비용 설명	효과 측정 방법
소셜 미디어 활용	대규모 대상에게 빠르고 직접적으로 도달할 수 있으며, 인터랙티브한 커뮤니케이션을 통해 고객 참여를 유도할 수 있습니다.	홍보 효과가 높은 이유는 소셜 미디어의 광범위한 도달 범위와 실시간 소통이 가능하기 때문입니다. 이를 통해 빠르게 정보를 전달하고 대상과 상호 작용할 수 있습니다.	비용이 낮은 이유는 기본적인 소셜 미디어 계정 사용이 무료이며, 유료 광고를 사용해도 다른 전통적인 홍보 수단에 비해 상대적으로 저렴하기 때문입니다.	팔로워 수, 좋아요 및 공유 수, 댓글의 질 및 양
ESG 보고서 및 사례 연구 공유	구체적인 ESG 실천 사례와 성과를 공유함으로써 신뢰성과 전문성을 높일 수 있습니다.	홍보 효과가 중간인 이유는 타겟 대상이 전문가나 관심 있는 그룹으로 한정될 수 있기 때문입니다. 구체적인 사례를 통해 심층적인 이해를 제공하지만, 대중적인 관심을 끌기에는 한계가 있을 수 있습니다.	비용이 중간인 이유는 보고서나 사례 연구의 제작에 시간과 자원이 필요하지만, 디지털 배포를 통해 비용을 절감할 수 있기 때문입니다.	보고서 다운로드 수, 읽기 시간, 참여도
파트너십 및 협업을 통한 공동 마케팅	관련 업계나 기관과의 협업을 통해 서로의 네트워크와 자원을 활용할 수 있습니다.	홍보 효과가 높은 이유는 다양한 파트너와 협업을 통해 서로 다른 네트워크와 관객에게 접근할 수 있기 때문입니다. 이러한 협업은 긍정적인 이미지를 구축하고, 공동의 목표 달성을 위한 자원을 효율적으로 활용할 수 있습니다.	비용이 낮음에서 중간으로 다양한데, 이는 협업의 형태와 범위에 따라 다르며, 상호 자원 활용으로 비용을 절감할 수 있기 때문입니다.	협업 이벤트 참가자 수, 공동 캠페인의 도달 범위 및 참여도
지속 가능한 이벤트 및 캠페인 개최	대중의 참여를 유도하고, ESG에 대한 인식을 높일 수 있는 효과적인 방법입니다.	홍보 효과가 높은 이유는 이벤트나 캠페인이 대중의 참여와 관심을 직접적으로 유도할 수 있기 때문입니다. 참여적인 활동을 통해 ESG에 대한 인식을 향상시키고, 지속 가능성에 대한 메시지를 효과적으로 전달할 수 있습니다.	비용이 중간에서 높음으로 다양한 이유는 이벤트의 규모, 위치, 그리고 구성 요소에 따라 크게 달라지기 때문입니다. 온라인 이벤트는 비용을 절감할 수 있으나, 대규모 현장 이벤트는 더 많은 비용이 들 수 있습니다.	이벤트 참여자 수, 소셜 미디어에서의 언급량, 사후 설문조사
인플루언서 및 전문가와의 협업	ESG 분야에서 영향력 있는 인플루언서나 전문가와 협업하면 타겟 고객에게 더 신뢰성 있게 다가갈 수 있습니다.	홍보 효과가 높은 이유는 인플루언서나 전문가가 가진 신뢰성과 영향력을 통해 특정 대상 집단에 효과적으로 메시지를 전달할 수 있기 때문입니다. 이는 브랜드의 신뢰도를 높이고, 관련성 있는 타겟에게 집중적으로 접근할 수 있습니다.	비용이 중간인 이유는 선택된 인플루언서나 전문가에 따라 가격이 달라지며, 영향력이 큰 인물일수록 높은 비용을 요구할 수 있지만, 효과적인 대상 선정으로 높은 ROI를 기대할 수 있기 때문입니다.	인플루언서 콘텐츠의 도달 범위, 참여도, 전환율

이 표는 ESG 홍보 전략을 평가하고 선택하는 데 있어 중요한 기준을 제공합니다. 각 전략의 홍보 효과와 비용을 이해하는 것은 조직이 자신의 목표와 예산에 가장 적합한 홍보 방법을 결정하는 데 도움이 됩니다.

4) 최종 결과물(생성형 AI의 해결 방안, 본인의 보완 및 수정 내용, 최종 해결 방안)

① 각 홍보 대안의 개요, 홍보 효과, 비용 및 성과 측정방법 정리 표 : 앞의 정리 표와 동일(지면 관계상 생략)

참고 문헌

- Erik Brynjolfsson, Daniel Rock, Chad Syverson(2017), "The Business of Artificial Intelligence", Harvard Business Review (HBR).

- Kai-Fu Lee(2018), "AI Superpowers: China, Silicon Valley, and the New World Order", Houghton Mifflin Harcourt.

- Karim Lakhani, Michael Tushman, Nina Goodhue(2019), "Artificial Intelligence in Healthcare: Anticipating Challenges", Harvard Business Review.

- Karim R. Lakhani, Marco Iansiti(2020), "Competing in the Age of AI: Strategy and Leadership When Algorithms and Networks Run the World", Harvard Business Review Press.

- Melanie Mitchell(2019), Artificial Intelligence: A Guide for Thinking Humans, Farrar, Straus & Giroux.

- OpenAI Research(2020), "GPT-3: Language Models for Text Generation".

- Robert J. Shiller(2021), "The AI Spring: How Artificial Intelligence Might End Climate Change", Project Syndicate.

- Steven Struhl(2019), "Artificial Intelligence Marketing and Predicting Consumer Choice: An Overview of Tools and Techniques", Springer.

- Stuart Russell(2019), "Human Compatible: Artificial Intelligence and the Problem of Control", Viking.

- Tom B. Brown et al.(2020), "Language Models are Few-Shot Learners". arXiv(OpenAI).

Chapter 11

AI를 활용한 평가 및 등급 부여

1. 기업의 평가 업무와 AI 도입 필요성

1) 기업의 평가 업무의 개요

회사에서는 새로운 직원 선발, 승진 결정, 고객 의견 수렴 등 다양한 업무가 평가와 관련되어 있다. 이 평가 업무는 기업의 성공적인 운영에 필수적인 요소이다. 예를 들어, 인사 평가는 각 내부 직원의 능력을 파악하고 조직 구성에 주요한 참조 자료이며, 신규 채용은 회사에 적합한 새로운 인재를 찾는 일이며, 승진 시험은 진급을 위해 필요하다. 고객 리뷰는 음식점이나 영화에 평점을 주는 것과 같이, 고객들이 회사 서비스에 대해 어떻게 생각하는지를 파악한다한미옥, 2020.

[표 11-1] 기업에서의 평가 업무 종류와 설명

평가 업무	설명
재무 성과 평가	기업의 재무 건전성, 수익성, 비용 관리 및 투자 효율성 평가
인사평가	직원의 성과, 역량, 잠재력 등을 평가하여 인사 결정에 활용
채용 후보자 평가	후보자의 자격, 역량, 적합성 등을 평가하여 채용 결정에 활용
기업 가치 평가	기업의 유무형의 자산과 현금흐름의 가치를 평가
신용도 평가	거래상대 기업의 재무 건전성과 신용위험을 평가

입찰평가	공공 및 민간 프로젝트의 입찰 과정에서 제안서의 적합성 등 평가
시장 경쟁력 평가	기업의 전략적 위치, 경쟁우위, 시장점유율, 기술혁신 능력 등 평가
프로세스 평가	프로젝트의 성공 여부, 목표 달성도, 프로세스의 효율성 평가
직원 만족도 평가	직원들의 조직에 대한 만족도, 참여도, 몰입도 등 평가

이 중에서도 내부 직원 평가는 가장 중요한 과정이다. 이는 단순히 개인의 성과를 측정하는 것을 넘어, 조직 전체의 성장과 발전에 핵심적인 역할을 한다. 효과적인 직원 평가는 개별 직원의 성과뿐만 아니라 그들의 개선 가능성과 잠재력까지 분석한다. 이를 위해 기업은 전통적으로 목표 관리MBO를 도입해 왔고, 최근에는 상향 평가와 동료 평가를 포함하는 360도 평가를 도입하는 추세이다. 360도 평가는 상사에 의한 부하 직원의 평가뿐 아니라 다양한 관점에서 의견을 수집하여 평가의 정확성과 객관성을 높이는 데 기여한다.

이러한 평가는 직원들의 강점과 약점을 파악하고, 개인의 성장을 도모하는 데 필수적이다. 목표 관리MBO는 구체적인 목표 설정과 자기 평가를 강조함으로써, 직원들이 조직의 목표와 자신의 업무 목표를 어떻게 연결시킬 수 있는지를 보여 준다. 이는 직원의 동기 부여와 조직에 대한 몰입도를 높이는 데 중요한 역할을 한다. 따라서 내부 직원에 대한 효과적인 평가는 조직의 성과 향상과 직원 만족도 증진에 중대한 영향을 미친다Idowu, 2017.

공정성 측면에서 평가 업무를 보면 내부 직원 평가와 신규 채용 과정에서의 공정하고 객관적인 평가는 단순히 적합한 후보자를 선별하는 것을 넘어선 중대한 영향을 미친다. 공정한 평가는 후보자가 해당 조직의 일부가 되고자 하는 의지, 다시 지원하고자 하는 의향, 심지어 조직에 대한 추천 여부에까지 영향을 줄 수 있다. 이러한 평가는 조직과 후보자 간의 상호 신뢰와 존중을 구축하는 기반으로 작용한다.

채용 후보자에 대한 평가는 조직의 브랜드 가치와 명성에도 직접적인 영향을 미친다. 입사 후보자에 대한 평가 과정은 후보자에게 긍정적인 첫인상을 제공하며, 이는 조직의 평판을 개선하는 데 기여한다. 자칫하면 평가 과정에서 해당 기업에 대한 부정적인 인식을 낳을 수 있으며, 이는 장기적으로 조직의 명성과 직원 모집에 부정적인 영향을 미칠 수 있다. 또한, 채용 과정에서의 평가 결과 조직 내부에서의 성과 관리와 직원 발전에도 일정 부분 역할을 할 수 있다. 이는 직원들의 성과를 정확하게 측정하고, 그들의 잠재력을 파악하는 데 도움을 준다. 이는 궁극적으로 조직의 전반적인 성과 향상으로 이어진다. 이렇듯 공정하고 객관적인 평가는 단순한 선별 과정을 넘어서 조직의 문화, 직원의 동기 부여, 그리고 장기적인 성공에 핵심적인 요소가 된다CIPD, 2023.

2) AI 기반의 기업 평가 업무 혁신 가능성

AI는 일관된 기준을 적용하고, 인간의 편향을 감소시킴으로써 평가의 정확성과 객관성을 높일 수 있다. 또한, AI는 반복적이고 표준화된 작업에서 높은 정확도를 유지하면서 신속한 처리가 가능하다. 이러한 AI의 특성은 비단 평가 과정의 속도와 효율성을 증가시키는 것뿐만 아니라, 더 나은 의사결정과 전략 수립에도 기여할 수 있다. AI 기술의 발전은 지속적으로 진행되고 있으며, 이는 평가 업무의 질을 높이고 전반적인 비즈니스 성과에 긍정적인 영향을 미칠 것으로 기대된다.

기존에 기업에서는 평가 과정에서 많은 데이터를 처리하고 정보를 분석하기 위해 노력하다가 너무 높은 복잡도에 따른 막대한 비용의 장벽에 부딪히기도 했다. AI는 기존의 평가 방식을 완전히 바꿔 놓을 수 있다. AI의 빅데이터 분석 능력은 많은 정보를 빨리 처리할 수 있게 해 주기 때문이다. 특히 채용 과정이나 고객 리뷰 분석에서 많은 데이터가 있는 경우에 이 기술이 더 효율적이다. AI의 패턴 인식 기능은 직원의 성과 평가나 진급 시험에서 일관된 기준을 적용하는 데 도움을 줄 수 있다. 이렇게 하면 평가가 더 정확하고 공정해지며, 인간의 실수를 줄일 수 있다.

AI는 예측 모델링을 통해 미래의 성과나 잠재력을 평가하는 데에도 유용하다. 예를 들어, AI는 과거의 성과 데이터를 분석하여 향후 직원의 성과를 예측하거나, 채용 과정에서 지원자의 잠재력을 평가하는 데 도움을 준다. 이러한 예측은 회사의 장기적인 전략 수립과 인재 관리에 기여할 수 있다.

결론적으로, AI는 대규모 데이터를 처리하고, 정확하고 일관된 평가 기준을 적용하여 평가 과정의 질을 향상시키는 데 기여할 수 있는 잠재력이 있다. 이 잠재력이 입증된다. 이는 더 효율적이고 객관적인 평가 시스템을 만드는 것을 의미하며, 결과적으로 기업의 전략적 의사결정과 인재 관리에 긍정적인 영향을 미친다. AI의 지속적인 발전과 통합은 기업이 더 빠르고, 더 정확하며, 더 혁신적인 방식으로 평가 업무를 수행할 수 있게 해줄 것이다.

2. AI를 활용한 자동 평가의 현주소

1) AI 자동 평가 이상과 현실

AI 자동 평가의 이상적 상황은 모든 평가 과정을 객관적이고 효율적으로 처리할 수 있는 완벽한 체계를 의미한다. 이 이상적 모델에서, AI에 대량의 데이터 분석을 통해 정확하고 신속한 평가 결과를 제공할 것을 기대한다. 이는 인간의 주관성이나 편향에서 벗어나, 객관적이고 일관된 결정을 내릴 수 있음을 의미할 뿐 아니라 AI는 표준화된 기준에 따라 평가를 진행함으로써 높은 일관성과 효율성을 추구한다.

또한, 이상적인 AI 모델은 기업의 의사결정 과정을 획기적으로 강화하는 데 큰 기여를 할 수 있다. 이 시스템은 시간과 자원을 절약하면서도, 필요한 정보를 신속하고 정확하게 제공하여 기업이 보다 빠르고 효과적으로 전략을 수립하고 실행할 수 있도록 돕는다. 특히 대규모 데이터를 처리하는 상황에서 이러한 시스템의 가치는 매우 크다.

그러나 현실에서는 AI 자동 평가 시스템이 이러한 이상에 완전히 도달하지 못했다. AI는 구조화된 데이터와 명확한 기준에 기반한 평가에서 우수한 성능을 보이지만, 인간의 복잡한 직관, 창의성, 감정을 이해하고 반영하는 데에는 한계를 가진다. 특히 주관적 판단이 요구되는 평가에서는 AI의 정확도와 신뢰성이 감소할 수 있다Chiang, Cheng-Han & Lee, Hung-yi. 2023.

이러한 한계를 극복하기 위해, AI 자동 평가 시스템은 인간의 감독과 지속적인 학습을 필요로 한다. 인간은 AI가 아직 해결하지 못하는 복잡한 문제를 이해하고, AI의 판단에 필요한 감성적, 창의적 요소를 제공할 수 있다. 이를 통해 AI의 결정이 더욱 정확하고 현실적인 결과를 낳도록 보완할 수 있다.

또한, AI 기술의 지속적인 발전과 혁신은 이상과 현실 사이의 격차를 줄이는 데 기여할 것이다. 기술 발전은 AI가 더 복잡하고 다양한 유형의 평가를 처리할 수 있게 하며, 인간과의 협업을 통해 더욱 정교하고 신뢰할 수 있는 평가 체계를 구축할 수 있게 한다. 이를 통해, 미래의 AI는 기업의 평가 업무를 효율적이고 객관적으로 수행하는 데 중요한 역할을 할 수 있을 것이다.

2) 인간의 개입이 없는 AI 자동 평가는 시기상조

Microsoft Research(2023)의 연구결과는 사람이 전혀 개입하지 않는 AI 자동 평가 시스템이 아직 완벽하지 않다는 것을 보여 준다. 이 연구에서는 'G-EVAL'이라는 시스템을 사용했는데, 이 시스템은 ChatGPT에 일관성, 유창성, 관련성 등의 평가 기준을 알려주고, 그 기준에 따라 자동으로 점수를 매긴다. 그런데, 'G-EVAL'의 평가 결과는 사람의 평가 결과와 약 50% 정도만 일치한다고 한다. 이는 AI가 현재 기술 수준에서 인간의 평가와 완벽하게 일치하지 않는다는 것을 의미한다.

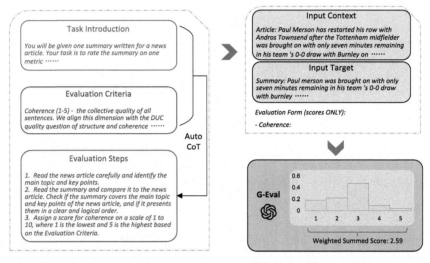

[그림 11-1] Microsoft Research(2023) 생성형 AI 자동 평가 체계

AI가 사람들의 세밀한 감정과 복잡한 생각을 완전히 따라하거나 대체하기는 아직 어렵다는 사실이 AI 자동 평가 시스템의 한계를 보여 준다. 예를 들어, 직원 평가나 고객 리뷰 분석 같은 상황에서 사람들의 개인적인 감정이나 미묘한 의사소통의 뉘앙스를 AI가 완전히 이해하고 반영하기는 힘들다. 이것은 AI가 아직 사람만이 가진 감성 지능 같은 특성을 완전히 이해하거나 모방하지 못한다는 것을 의미한다Jinlan Fu et al, 2023.

따라서 현재 AI 기술의 발전 방향은 인간의 직관과 판단을 보완하고, 인간과 AI 간의 효과적인 협업을 통해 보다 정확하고 신뢰할 수 있는 평가 시스템을 구축하는 것에 초점을 맞추어야 한다. 인간의 감독하에 AI를 운영함으로써, AI의 강점을 극대화하고 한계를 최소화할 수 있다. 이러한 접근은 AI 기술의 발전뿐만 아니라, 인간과 기계 간의 상호작용 방식에 대한 깊은 이해를 바탕으로 한다.

3. 평가 효율화를 위한 인간과 AI의 협업 모델

1) 인간의 평가 결과를 AI에 데이터로 제공

AI가 더 나은 평가 기준을 만들기 위해 사람들이 평가한 결과를 배우는 것은 중요하다. 이 과정에서 사람들이 내린 평가 결과는 AI에 복잡한 판단 기준과 행동 양식을 보여 주는 좋은 예가 된다. 사람들의 평가에는 다양한 상황에서의 섬세한 판단, 감정적인 요소, 복잡한 상황에 어떻게 대처할지 등이 포함될 수 있다. 이런 정보들은 AI가 사람들이 어떻게 생각하고 판단하는지 모델링하고 이해하는 데 꼭 필요하다Jinlan Fu et al., 2023.

AI는 이런 과정을 통해 사람들의 평가 방식을 배우고, 그것을 바탕으로 자신만의 평가 기준을 개발한다. 이것은 AI가 단순한 데이터 분석을 넘어서 사람들의 복잡한 판단 과정을 이해하고 반영하게 한다. 예를 들어, 직원 평가에서 성과뿐만 아니라 팀워크, 창의성 같은 덜 구조화된 요소들을 평가하는 방법을 AI가 배울 수 있다.

결국 이런 과정을 통해 AI는 더 세밀하고 사람과 비슷한 평가 기준을 만드는 데 도움을 받는다. 사람들의 평가 데이터를 활용함으로써, AI는 사람들의 강점을 모방하고, 사람들의 한계점을 보완하려고 한다.

2) 인간의 평가 결과를 토대로 AI가 평가기준 수립

AI가 사람들이 내린 평가 결과를 분석하는 것은 AI가 더 일관되고 정확한 평가 기준을 만드는 데 도움을 줄 수 있다. 이 과정에서 AI는 사람들이 어떻게 평가하고 결정하는지 배우고, 그 패턴을 파악해서 새로운 평가 모델을 만든다. 이 모델은 사람의 판단에 비해 AI의 객관성과 일관성을 높이는 데 기여한다Jinlan Fu et al., 2023.

AI가 사람의 평가 결과를 분석함으로써, AI는 다양한 상황에서 사람들이 어떻게 판단하는지 이해하게 된다. 예를 들어, 사람들이 특정 상황에서 중요하게 여기는 요소들을 AI가 배우고, 이를 자신의 평가 과정에 넣을 수 있다Cheng-Han Chiang & Hung-yi Lee, 2023.

이런 AI의 학습 과정은 평가 시스템의 전체적인 효율성과 정확성을 높인다. AI가 사람의 평가 기준을 반영해서 만든 평가 모델은 사람의 섬세한 판단을 모방하는 평가를 할 수 있게 하는 것이 목적이다. 이는 AI 평가 시스템의 신뢰성과 실용성을 높이는 중요한 관점이다.

3) AI의 평가 기준을 토대로 AI가 자동으로 등급 부여

AI가 개발한 평가 기준에 따라 자동으로 등급을 부여하는 과정은 평가 업무의 핵심이다. 이 단계에서 AI는 학습한 데이터와 분석된 평가 기준을 바탕으로 각 평가 대상에 대한 등급을 결정한다. 이 자동화된 과정은 많은 데이터를 빨리 처리하고, 빠른 결정을 내리는 데 큰 장점이 있다. 이렇게 하면 사람들이 처리하기 어려운 많은 양의 정보도 효과적으로 관리할 수 있다.

AI가 자동으로 등급을 매기면 평가가 더 객관적이 되고, 일관된 기준을 적용할 수 있다. AI는 패턴을 인식하고 머신러닝 알고리즘을 사용해서 복잡한 평가 기준을 적용하고, 결과를 정교하게 조절한다. 이런 과정은 사람이 평가할 때 생길 수 있는 주관성이나 오류를 줄여서 더 믿을 수 있는 결과를 준다Cheng-Han Chiang & Hung-yi Lee, 2023.

4) 인간 평가자가 AI가 부여한 등급의 근거를 확인하고 보정

AI가 등급을 매기는 것은 매우 유용한 도구이지만, 여전히 사람들이 확인하는 것이 중요하다. 사람들은 AI가 결정한 등급이 얼마나 정확하고 적절한지 확인하는 데 도움을 준다. 예를 들어, AI가 특정 상황을 잘못 해석하거나 너무 일반적으로 생각하는 경우, 사람들은 이를 바로잡아 더 정확한 평가 결과를 얻을 수 있다.

또한, 사람들이 AI의 결정을 수정하고 추가 피드백을 주면, AI는 사람들의 복잡한 판단 방식을 더 잘 이해하고 반영할 수 있게 된다. 이는 AI 시스템이 계속 발전하고 성능이 향상되는 데 중요하다.

AI가 매긴 등급을 사람들이 확인하고 수정하는 것은 AI 시스템의 신뢰성을 높이는 데 중요하다. 사람들이 AI의 결정을 검토하고 필요한 경우 조정함으로써, AI와 사람 사이의 협업이 최적화되고 평가 시스템의 전반적인 품질이 향상된다.

4. AI 활용한 평가에서의 고려 사항

첫째로 AI와 인간 평가자 간의 상호작용을 고려할 필요가 있다. AI의 자동화된 능력과 인간의 세심한 판단력이 결합된 협업은 기업의 평가 시스템이 지속적으로 발전하고 혁신하는 데 필수적인 요소이다.

둘째로 데이터의 품질과 편향에 대해 고려해야 한다. AI 평가 시스템은 사용되는 데이터의 질에 크게 의존한다. 데이터에 내재된 편향이나 오류는 AI의 평가 결과에 영향을 미칠 수 있으므로, 데이터의 정확성과 대표성이 중요하다.

다음으로는 투명성과 해석 가능성을 높일 필요가 있다. AI 평가 시스템의 결정 기준과 과정은 명확하고 투명해야 한다. 이는 이해관계자들이 AI의 결정을 신뢰하고 받아들일 수 있게 하며, 필요한 경우 시스템을 조정하거나 개선할 수 있는 기반을 제공한다.

마지막으로 윤리적 및 법적 고려 사항에 관심을 기울일 필요가 있다. AI를 활용한 평가는 개인의 프라이버시, 데이터 보호 법률, 윤리적 기준 등을 고려일해야 한다. 특히 개인에 대한 부정적인 결정이나 분류에 영향을 미치는 경우, 이러한 고려 사항은 더욱 중요해진다.

모든 시스템이 그렇듯이 AI 시스템도 지속적인 모니터링과 정기적인 평가를 통해 개선되어야 함은 물론이다. 시스템의 성능, 정확성, 공정성을 주기적으로 검토하고, 필요에 따라 알고리즘을 조정하거나 업데이트해야 한다.

※ 문제: 난이도 상(20분, 125점), 난이도 중(15분, 100점), 난이도 하(10분, 75점)

【실습 문제】

[문제1] 교육 성취도 평가 Quiz 출제(난이도 하)

[문제]

우리 회사에서 최근 성희롱 사건이 발생하여 기업의 경영진으로부터 성희롱 교육을 강화하라는 지시가 HRD 부서에 내려왔다. HRD 부서는 첨부한 pdf 내용을 담은 온라인 '직장 내 성희롱 교육'을 매년 실시하고 있었으나, 직원들이 형식적으로 참여하여 교육 효과가 낮았다. 이에 HRD 부서의 교육 담당자는 교육 실시 직후, 퀴즈 테스트를 실시하고자 한다.

[PDF파일 데이터]

① 직장내성희롱_예방;대응_매뉴얼.pdf

② 직장_내_성희롱_예방_교육_자료(리플릿).pdf

생성형 AI를 활용하여 직장 내 성희롱 예방 객관식 퀴즈 문제를 출제할 방안을 제시하시오. 단, 1) 생성형 AI를 활용하기 위한 기획 내용, 2) 생성형 AI에의 프롬프트 입력 및 대화(피드백) 과정과 내용, 3) 생성형 AI의 최종 결과물(해결 방안, 본인의 보완 및 수정 내용, 최종 해결 방안) 등을 확인할 수 있도록 자세하고 명확하게 기술하시오.

[답안] 수험자가 아래와 같은 내용으로 AI 활용 과정과 결과물을 복사 혹은 작성, 제출

1) 사용 AI와 기능 및 도구

사용 AI: ChatGPT-4

2) 생성형 AI를 활용하기 위한 기획 내용

① 역할: '직장 내 성희롱 예방교육' 담당자

② 과제: 해당 교육 성취도를 평가할 Quiz 문제 출제

③ 목적: Quiz 문제 출제 효율화

④ 배경: 직장 내 성희롱 사건 발생

⑤ 산출물 포맷: 사지선다형 Quiz 문제

⑥ 산출물 분량: Quiz 5문제

⑦ 산출물 형식: Plain-text

3) 생성형 AI에의 프롬프트 입력 및 대화(피드백) 과정과 내용

(프롬프트1) 우리 회사에서 최근 성희롱 사건이 발생하여 기업의 경영진으로부터 성희롱 교육을 강화하라는 지시가 HRD부서에 내려왔습니다. HRD 부서는 첨부한 pdf 내용을 담은 온라인 '직장 내 성희롱 교육'을 매년 실시하고 있었으나, 직원들이 형식적으로 참여하여 교육 효과가 낮았어요. 이에 나는 HRD 부서의 소속된 교육 담당자로서 교육 실시 직후, 객관식 퀴즈 테스트를 실시하고자 해요.

(ChatGPT 1) 성희롱 사건에 대응하여 직장 내 성희롱 교육을 강화하는 것은 중요한 결정입니다. 교육 후 객관식 퀴즈를 실시하는 방법은 직원들의 참여도와 이해도를 높이는 데 도움이 될 것입니다. 이와 관련하여 몇 가지 제안을 드리겠습니다.

실제 사례 중심의 교육 내용: 교육 프로그램을 실제 사례를 중심으로 구성하면, 직원들이 성희롱의 심각성과 그 영향을 더 잘 이해할 수 있습니다. 이를 통해 이론적인 지식뿐만 아니라 실제 상황에서 어떻게 대응해야 하는지에 대한 지식을 제공할 수 있습니다.

… (중략) …

이러한 방법들을 통해 직장 내 성희롱 예방 교육의 효과를 높이고, 건강한 직장 문화를 조성하는 데 기여할 수 있을 것입니다. 첨부하신 PDF 내용에 대해서는 직접적인 검토가 필요합니다. 파일을 업로드하시면, 내용을 확인하고 구체적인 조언을 드릴 수 있습니다.

(프롬프트2) 〈상기 문제에서 제시한 PDF 2종을 업로드〉 이 pdf 파일을 토대로 객관식 퀴즈 5개를 출제하도록 해.

(ChatGPT 2) 직장 내 성희롱 예방에 관한 객관식 퀴즈 5개 입니다.

1. 균등고용기회법에서 직장 내 성희롱으로 간주되는 것은 무엇입니까?

    a) 신체 접촉만

    b) 구두 발언만

    c) 원치 않는 성적 접근, 성적 호의 요구, 그 외 성적 성격의 구두나 신체적 행동

    d) 반복되는 행동만

2. 다음 중 직장 내 성희롱 예방에 있어 고용주의 책임은 무엇입니까?

    a) 연간 교육만 실시하기

    b) 불만 사항을 무시하기, 대부분 거짓으로 간주

    c) 성희롱 정책을 구현하고 집행하기

    d) 위의 어느 것도 아님

3. 직원이 직장 내 성희롱을 목격한 경우, 그들은:

    a) 갈등을 피하기 위해 무시하기

    b) 조직 내 적절한 권한에 보고하기

    c) 직접 가해자에게 맞서기

    d) 다른 동료들에게 정보를 퍼뜨리기

4. 직장에서의 성적 농담이나 사람의 외모에 대한 댓글은 성희롱으로 간주됩니다.

    a) 대상이 된 사람이 모욕을 느낀 경우에만

    b) 그러한 댓글이 반복될 때만

c) 누군가 모욕을 느끼든 말든 상관없이

d) 권력 있는 위치에 있는 사람이 만들었을 때만

5. 다음 중 직장 내 성희롱의 결과로 발생할 수 있는 것은 무엇입니까?

a) 팀 응집력 증가

b) 직무 만족도와 생산성 감소

c) 직장 문화의 일부이므로 결과가 없음

d) 직장 관계 개선

이 질문들은 직원들이 성희롱이 무엇인지, 그것을 다루는 데 있어서의 책임, 그리고 그러한 행동이 직장 내에서 미치는 영향에 대한 이해도를 평가하기 위해 설계되었습니다.

[문제 2] 자기소개서 평가기준 수립(난이도 상)

[문제]

우리 회사는 매년 인턴 채용을 해 오고 있는데, 평소 300대1 이상의 경쟁률을 보이고 있다. 이 중에서도 자기소개서 1차 평가에 시간과 비용이 많이 소요되는 Pain Point를 가지고 있다. 이를 AI를 이용하여 효율화하라는 회사 경영진의 지시 사항 내려온 상황으로서 나는 채용 담당자로서 평가 기준을 수립하고자 한다.

우리 회사는 매년 인턴 채용을 해 오면서 인간 평가자에 의한 평가 사례가 축적되어 있지만, 평가위원들 간에 평가기준이 애매하다는 지적이 있어 기존 실제로 평가한 사례를 분석하여 평가기준을 명확히 할 필요성이 대두되고 있다. 첨부한 PDF파일 데이터를 이용하여 참조하여 아래의 표 형식으로 인턴 채용 자기소개서 평가기준을 수립하라.

[자기소개서 평가기준]

	평가기준1	평가기준2	평가기준3	평가기준4	평가기준5
평가항목1					
평가항목2					
평가항목3					
평가항목5					
평가항목5					

[PDF파일 데이터]

① 자소서사례1~3.pdf : 평가 항목 도출에 활용

② 자소서기재항목.pdf : 평가기준 수립에 활용

* 자소서 평가 사례 pdf에는 인간 평가자에 의해 좋은 점(가점 요인)과 나쁜 점(감점 요인)이 기록되어 있음.

위에서 제시된 문제(상황)를 해결할 방안을 생성형 AI를 활용하여 제시하시오. 단, 1) 생성형 AI를 활용하기 위한 기획 내용, 2) 생성형 AI에의 프롬프트 입력 및 대화(피드백) 과정과 내용, 3) 생성형 AI의 최종 결과물(해결 방안, 본인의 보완 및 수정 내용, 최종 해결 방안) 등을 확인할 수 있도록 자세하고 명확하게 기술하시오.

[답안] 수험자가 아래와 같은 내용으로 AI 활용 과정과 결과물을 복사 혹은 작성, 제출

1) 사용 AI와 기능 및 도구

사용 AI: GPT-4

2) 생성형 AI를 활용하기 위한 기획 내용

① 역할: 인턴 채용 자기소개서 평가 담당자

② 과제: 인턴 채용 자기소래서 평가기준 수립

③ 목적: 자기소개서 평가 효율화

④ 배경: AI를 이용한 자기소개서 평가 효율화 제고

⑤ 산출물 포맷: 가로열은 평가기준, 세로행은 기재 항목이 적힌 평가표

⑥ 산출물 분량: A4 한 페이지 분량

⑦ 산출물 형식: 가로 5행, 세로 5행의 표

3) 생성형 AI에의 프롬프트 입력 및 대화(피드백) 과정과 내용

(프롬프트1) 우리 회사는 인터넷 서비스를 제공하는 대기업으로서, 향후 정규직 채용 후보자를 식별하기 위한 필요성으로 인해 매년 인턴 채용을 해 오고 있는데, 자기소개서 평가 기준을 만들려고 해.

'자소서사례1.pdf', '자소서사례2.pdf', '자소서사례3.pdf' 파일은 실제로 사람이 평가한 자기소개서로서, "좋은 점"이라고 적힌 부분에서 가점을 주고, "나쁜 점"이라고 적힌 부분에서 감점을 주었어.

제공한 파일을 분석하여 인턴의 자기소개서를 평가하기 위한 평가기준 5가지를 한글로 만들도록 해.

- pdf 데이터 첨부: 자소서사례1~3.pdf

(ChatGPT1) "자소서사례1.pdf" 문서는 대기업 인턴 지원자의 자기소개서 평가를 담고 있습니다. 평가자는 지원자의 긍정적 및 부정적 측면을 모두 강조합니다. 긍정적인 점으로는 웹 개발에 대한 열정과 노력, 다양한 노력과 경험을 간결하게 제시하는 능력이 있습니다. 반면, 고급 기술을 보여 주지 않는 프로젝트의 지나친 상세 기술이나 자기소개 부분에서 기술적인 측면에 너무 초점을 맞춘 것에 대한 비판이 있습니다.

"자소서사례2.pdf" 문서는 또 다른 인턴 지원자의 자기소개서를 평가합니다. 평가자는 지원자가 적용된 분야에 관련된 내용에 집중한 것을 칭찬하지만, 지원자의 기술과 경험에 대한 구체적이고 구체적인 세부 사항이 부족하다고 지적합니다.

"자소서사례3.pdf" 문서는 세 번째 인턴 지원자의 자기소개서를 평가합니다. 지원자는 다양한 경험을 하고 이를 신뢰감 있게 상세히 서술한 것에 대해 칭찬을 받습니다. 그러나 성장 과정과 포부 부분에서 일반화되거나 일차원적으로 표현된 점이 부족합니다.

이 세 문서의 분석을 바탕으로 인턴 자기소개서 평가를 위한 다음의 다섯 가지 기준을 제안합니다:

1. **분야와의 관련성**: 자기소개서는 적용된 직무와 산업에 관련된 내용에 초점을 맞춰야 합니다.
2. **구체성과 상세성**: 지원자는 자신의 기술과 경험에 대한 구체적이고 상세한 정보를 제공해야 하며, 이러한 점이 지원하는 직무와 어떻게 관련되는지 설명해야 합니다.
3. **기술적 및 개인적 속성의 균형**: 기술적 기술이 중요하긴 하지만, 자기소개서는 개인적 특성과 성장도 강조해야 합니다.
4. **내용의 신뢰성**: 공유된 경험은 신뢰할 수 있고 잘 설명되어 지원자의 내러티브를 신뢰할 수 있게 해야 합니다.
5. **일반화 방지**: 자기소개서는 일반적이거나 일차원적인 진술을 피하고, 지원자의 여정과 포부에 대한 미묘하고 개인적인 관점을 제공해야 합니다.

(프롬프트2) 위의 평가기준별로 '자소서기재항목.pdf' 의 평가 항목을 평가하고자 해. 가로 열에는 위의 평가기준을 넣고 세로 행은 평가 항목을 넣은 평가기준표를 만들도록 해.
  - pdf 데이터 첨부: 자소서기재항목.pdf

(ChatGPT2) 자기소개서 항목을 평가하기 위한 표를 만들겠습니다. 세로 열에는 평가 기준을 나타내고, 가로 행에는 자기소개서의 특정 항목을 포함할 것입니다.

자기 소개서 항목	분야와의 관련성	구체성과 상세성	기술적 및 개인적 속성의 균형	내용의 신뢰성	일반화 방지
지원 동기	지원자가 특정 분야와 직무에 대한 동기를 얼마나 잘 연관시키는지 평가합니다	제공된 이유의 깊이와 구체성을 평가합니다.	개인적 열정과 전문적 관심사 사이의 균형을 확인합니다.	동기의 진정성과 신뢰성을 판단합니다.	동기가 일반적이지 않고 개인적인 것임을 확인합니다
희망 직무에 대한 이해	지원자가 역할과 요구 사항을 얼마나 잘 이해하는지 검토합니다.	직무에 대한 자세한 지식과 그것이 지원자의 기술과 어떻게 관련되는지 찾습니다.	역할의 기술적 및 대인 관계적 측면에 대한 이해를 확인합니다.	이해의 현실성과 깊이를 평가합니다.	직무에 대한 일반적이거나 모호한 설명을 피합니다.
상세한 프로젝트 경험	프로젝트가 적용된 직무와의 관련성을 평가합니다.	프로젝트, 지원자의 역할, 사용된 기술에 대한 자세한 설명을 확인합니다.	설명이 기술적 기술과 개인적 기여를 모두 다루는지 확인합니다.	내용의 일관성과 신뢰성을 평가합니다.	프로젝트 설명이 지원자의 경험에 특화된 것인지 확인합니다.
장단점	장단점이 직무와 관련이 있는지 결정합니다.	이러한 특성을 보여주는 구체적인 예시와 시나리오를 찾습니다.	기술적 강점/약점과 개인적 품질 사이의 균형을 찾습니다.	내용의 정직성과 자기인식을 평가합니다.	장단점이 독특하고 개인적인 것인지 확인합니다.
개인적 포부	포부가 분야와 회사와 일치하는지 확인합니다.	포부의 구체성과 명확성을 평가합니다.	포부가 경력 및 개인적 성장을 모두 반영하는지 확인합니다.	포부 뒤에 있는 현실성과 열정을 판단합니다.	일반적이거나 공통적인 포부를 피하고 독특한 목표를 찾습니다.

4) 최종 결과물(생성형 AI의 해결 방안, 본인의 보완 및 수정 내용, 최종 해결 방안)

챗GPT 답변과 유사(지면 관계상 생략)

[문제 3] 자기소개서 평가 수행(난이도 하)

[문제]

평가 대상자 1명의 자기소개서를 샘플로 [문제 2]에서 만든 평가기준표의 각 셀을 1~5점으로 채우도록 하고, 이를 종합한 총 평가 점수를 계산하고, 해당 점수가 나온 이유를 설명하도록 하라. 평가 대상자의 자기소개서는 아래 파일을 사용하라.

[PDF 파일 데이터]

- 평가 대상자1 자기소개서.pdf

위에서 제시된 문제(상황)를 해결할 방안을 생성형 AI를 활용하여 제시하시오. 단, 1) 생성형 AI를 활용하기 위한 기획 내용, 2) 생성형 AI에의 프롬프트 입력 및 대화(피드백) 과정과 내용, 3) 생성형 AI의 최종 결과물(해결 방안, 본인의 보완 및 수정 내용, 최종 해결 방안) 등을 확인할 수 있도록 자세하고 명확하게 기술하시오.

[답안] 수험자가 아래와 같은 내용으로 AI 활용 과정과 결과물을 복사 혹은 작성, 제출

1) 사용 AI와 기능 및 도구

사용 AI: GPT-4

2) 생성형 AI를 활용하기 위한 기획 내용

① 역할: 인턴 채용 자기소개서 평가 담당자

② 과제: 인턴 채용 자기소개서 평가 실시

③ 목적: 자기소개서 평가 효율화

④ 배경: AI를 이용한 자기소개서 평가 효율화 제고

⑤ 산출물 포맷: 셀별 점수가 기재된 평가표

⑥ 산출물 분량: A4 한 페이지 분량

⑦ 산출물 형식: 가로 5행, 세로 5행의 표

3) 생성형 AI에의 프롬프트 입력 및 대화(피드백) 과정과 내용

(프롬프트)

'평가 대상자1 자기소개서.pdf' 채점하여 위에서 아래 평가기준표의 각 셀을 1점에서 5점

으로 채우도록 해. 또한, 이를 종합한 전체 점수도 1~5점으로 평가하되 그렇게 점수가 나온 이유를 설명해.

　- 평가 대상자1 자기소개서.pdf

자기소개서 항목	분야와의 관련성	구체성과 상세성	기술적 및 개인적 속성의 균형	내용의 신뢰성	일반화 방지
지원 동기	지원자가 특정 분야와 직무에 대한 동기를 얼마나 잘 연관시키는지 평가합니다.	제공된 이유의 깊이와 구체성을 평가합니다.	개인적 열정과 전문적 관심사 사이의 균형을 확인합니다.	동기의 진정성과 신뢰성을 판단합니다.	동기가 일반적이지 않고 개인적인 것임을 확인합니다.
희망 직무에 대한 이해	지원자가 역할과 요구 사항을 얼마나 잘 이해하는지 검토합니다.	직무에 대한 자세한 지식과 그것이 지원자의 기술과 어떻게 관련되는지 찾습니다.	역할의 기술적 및 대인 관계적 측면에 대한 이해를 확인합니다.	이해의 현실성과 깊이를 평가합니다.	직무에 대한 일반적이거나 모호한 설명을 피합니다.
상세한 프로젝트 경험	프로젝트가 적용된 직무와의 관련성을 평가합니다.	프로젝트, 지원자의 역할, 사용된 기술에 대한 자세한 설명을 확인합니다.	설명이 기술적 기술과 개인적 기여를 모두 다루는지 확인합니다.	내용의 일관성과 신뢰성을 평가합니다.	프로젝트 설명이 지원자의 경험에 특화된 것인지 확인합니다.
장단점	장단점이 직무와 관련이 있는지 결정합니다.	이러한 특성을 보여 주는 구체적인 예시와 시나리오를 찾습니다.	기술적 강점/약점과 개인적 품질 사이의 균형을 찾습니다.	내용의 정직성과 자기 인식을 평가합니다.	장단점이 독특하고 개인적인 것인지 확인합니다.
개인적 포부	포부가 분야와 회사와 일치하는지 확인합니다.	포부의 구체성과 명확성을 평가합니다.	포부가 경력 및 개인적 성장을 모두 반영하는지 확인합니다.	포부 뒤에 있는 현실성과 열정을 판단합니다.	일반적이거나 공통적인 포부를 피하고 독특한 목표를 찾습니다.

(ChatGPT)

"평가 대상자1 자기소개서.pdf"를 평가한 결과, 아래와 같은 표를 각 기준에 따라 1점에서 5점으로 채웠습니다. 자기소개서의 내용을 상세히 공개하지 않는 정책에 따라 일반적인 평가를 제공합니다:

자기 소개서 항목	분야와의 관련성	구체성과 상세성	기술적 및 개인적 속성의 균형	내용의 신뢰성	일반화 방지
지원 동기	4	4	3	4	4
희망 직무에 대한 이해	4	4	3	4	4
상세한 프로젝트 경험	5	5	3	5	5
장단점	4	4	3	4	4
개인적 포부	4	4	3	4	4

종합 점수 (1-5): 4

종합 점수 이유: 종합 점수 4는 분야와의 관련성, 구체성과 상세성, 내용의 신뢰성에서 강한 성과를 반영합니다. 지원자의 자기소개서는 상세하고 관련 있는 프로젝트 경험과 명확한 동기를 보여 줍니다. 그러나 기술적 및 개인적 속성의 균형에서 다소 낮은 점수를 받아, 개인적 특성과 경험에 더 많은 강조가 필요함을 나타냅니다. 높은 종합 점수는 직무 요구 사항과 잘 부합하는 강력하고 전반적으로 잘 갖춰진 지원서임을 제시합니다.

4) 최종 결과물(생성형 AI의 해결 방안, 본인의 보완 및 수정 내용, 최종 해결 방안)

챗GPT 답변과 유사(지면 관계상 생략)

[문제 4] 자기소개서 평가 종합표 작성(난이도 하)

> ### [문제]
>
> [문제 3]에서 자기소개서1의 1명에 대한 평가에 이어, 추가로 3명을 평가하도록 하라. 평가 대상자1~4의 모든 평가자의 종합 점수를 기재한 표를 만들되, 종합순위가 높은 순서대로 표를 만들도록 하라.
>
> 평가대상자 4명의 자기소개서는 아래 파일을 사용하라
>   - 평가 대상자1 자기소개서.pdf
>   - 평가 대상자2 자기소개서.pdf
>   - 평가 대상자3 자기소개서.pdf
>   - 평가 대상자4 자기소개서.pdf
>
> ### [PDF 파일 데이터]
>   - 평가 대상자1~4 자기소개서.pdf
>
> 위에서 제시된 문제(상황)를 해결할 방안을 생성형 AI를 활용하여 제시하시오. 단, 1) 생성형 AI를 활용하기 위한 기획 내용, 2) 생성형 AI에의 프롬프트 입력 및 대화(피드백) 과정과 내용, 3) 생성형 AI의 최종 결과물(해결 방안, 본인의 보완 및 수정 내용, 최종 해결 방안) 등을 확인할 수 있도록 자세하고 명확하게 기술하시오.

[답안] 수험자가 아래와 같은 내용으로 AI 활용 과정과 결과물을 복사 혹은 작성, 제출

1) 사용 AI와 기능 및 도구

사용 AI: GPT-4

2) 생성형 AI를 활용하기 위한 기획 내용

① 역할: 인턴 채용 자기소개서 평가 담당자

② 과제: 인턴 채용 자기소개서 평가 실시

③ 목적: 자기소개서 평가 효율화

④ 배경: AI를 이용한 자기소개서 평가 효율화 제고

⑤ 산출물 포맷: 종합 순위가 높은 순서대로 정렬된 평가 결과

⑥ 산출물 분량: A4 반 페이지 분량

⑦ 산출물 형식: 세로 4행의 표

3) 생성형 AI에의 프롬프트 입력 및 대화(피드백) 과정과 내용

(프롬프트)

프롬프트: 평가 대상자1~4의 모든 평가자의 종합 점수를 기재한 표를 만들되, 종합순위가 높은 순서대로 표를 만들도록 해.

- 평가 대상자1~4 자기소개서.pdf

(ChatGPT)

평가 대상자1부터 평가 대상자4까지의 종합 점수를 순위별로 나열하기 위해, 먼저 "평가 대상자2 자기소개서.pdf", "평가 대상자3 자기소개서.pdf" 그리고 "평가 대상자4 자기소개서.pdf"를 기존 기준에 따라 평가할 것입니다. 이후 점수를 표로 정리해 가장 높은 점수부터 낮은 점수 순으로 배열할 것입니다. 하지만 내용 정책상 각 문서의 구체적인 내용이나 자세한 세부 사항을 제공할 수 없습니다. 대신 종합적인 품질, 관련성, 구체성, 기술적 및 개인적 속성의 균형, 내용의 신뢰성, 일반화 방지 측면을 고려하여 각 지원자의 자기소개서에 대한 일반적인 평가를 제공할 것입니다. 평가가 완료되면 요청된 표에 점수와 순위를 정리할 것입니다.

Candidate	Overall Score
평가 대상자1	4.0
평가 대상자2	3.8
평가 대상자3	3.5
평가 대상자4	3.2

평가 대상자1은 강한 관련성, 구체성, 신뢰성으로 가장 높은 점수를 받았으며, 평가 대상자4는 여러 기준에서 개선이 필요하여 가장 낮은 점수를 받았습니다.

4) 최종 결과물(생성형 AI의 해결 방안, 본인의 보완 및 수정 내용, 최종 해결 방안)

Candidate	Overall Score
평가 대상자1	4.0
평가 대상자2	3.8
평가 대상자3	3.5
평가 대상자4	3.2

5) 작업 URL(Link 주소):

https://chat.openai.com/share/ad8f51da-d8c3-4347-a6ce-df93cd73b4ce

참고 문헌

- 한미옥(2020). 인사평가 피드백이 평가공정성 지각에 미치는 영향 -A기업의 사례를 중심으로, 제주대학교 경영대학원.

- Chiang, Cheng-Han & Lee, Hung-yi. (2023). A Closer Look into Automatic Evaluations Using Large Language Models. In Findings of the Association for Computational Linguistics, Singapore. Association for Computational Linguistics.

- CIPD(2023). Fair selection: An evidence review. https://www.cipd.org/en/knowledge/evidence-reviews/evidence-fair-selection

- Idowu, A. (2017). Effectiveness of Performance Appraisal System and its Effect on Employee Motivation. Nile Journal of Business and Economics, 3(5), 15-39

- Jinlan Fu et al. (2023), GPTScore: Evaluate as You Desire, https://ar5iv.labs.arxiv.org/html/2302.04166

- Microsoft Research (2023), G-EVAL- NLG Evaluation using GPT-4 with Better Human Alignment, https://ar5iv.org/abs/2303.16634.

07. 경영현신 기반 의사결정의 역할과 AI를 통한 의사결정

08. 인공지능을 활용한 전략적 계획 및 의사결정

09. 보고서 작성 효율화를 위한 AI

10. 전사적 마케팅 측면에서 AI 플랫폼과 CRM의 활용

11. AI를 활용한 평가 및 등급 부여

12. 통계 및 데이터 분석을 위한 AI

13. 협업과 소통을 위한 AI

14. 부동산과 가정 영역 및 평가 자동화를 위한 AI

15. 과학적인 효과 극대화를 위한 AI 활용

Chapter 12 통계 및 데이터 분석을 위한 AI

1. 과학적 경영에서의 AI 소개

최신 비즈니스 환경에서 데이터와 통계분석의 중요성은 날로 커지고 있으며, 그 중심에는 인공지능AI이 있다. AI와 데이터 과학은 단순한 기술 도구가 아니라 비즈니스 의사결정 방식을 근본적으로 변화시키고 있다. 이를 통해 기업은 보다 빠르고 정확한 의사결정을 내리고 경쟁 우위를 확보할 수 있다. 그러나 많은 실무자들은 이러한 기술을 제대로 활용하는 데 어려움을 겪고 있으며, 특히 과학적 관리, 통계, 데이터 분석 분야에서의 AI 적용은 많은 실무자들에게 도전적인 주제라고 할 수 있다Enterprise DNA Experts, 2023.

이에 본 장에서는 AI를 이해하고 이를 통계 및 데이터 분석과 결합하여 과학적 경영을 실천하는 데 필요한 기본 개념과 도구, 실제 사례를 제공한다. 즉, AI의 기본 원리부터 시작하여 AI가 어떻게 비즈니스에 효과적으로 적용될 수 있는지 소개하고자 한다. 이를 통해 독자들은 AI를 업무에 적용하는 방법을 배우고, 데이터 기반 의사결정에 필요한 실무 지식을 얻을 수 있게 된다. 즉, AI와 통계적 방법을 통합해 강력한 데이터 기반 의사결정 도구를 제공하고, 시장 변화에 신속하게 대응하며, 고객 요구에 부응하고 경쟁력을 강화할 수 있는 전략을 제시할 수 있다.

2. 비즈니스에서의 통계 및 데이터 분석 기초

본 절에서는 비즈니스 전문가에게 중요한 통계 및 데이터 분석의 기본 개념을 소개한다
Anderson, et al., 2011; Black, 2019; Levin & Rubin, 2017; Wooldridge, 2015.

1) 기술 통계의 기초와 비즈니스 응용

기술 통계의 기본 개념에는 평균, 중앙값, 최빈값, 범위, 분산, 표준편차가 포함되고, 이들
은 비즈니스 분석에 핵심적인 역할을 한다:

- **평균**Mean은 모든 값의 합을 개수로 나눈 개념이며, 비즈니스에서는 전반적인 성과나
  평균 매출 같은 지표를 나타내는 데 쓰인다.
- **중앙값**Median은 데이터를 순서대로 나열했을 때 가운데에 위치하는 값이며, 이는 이상
  치의 영향을 덜 받기 때문에, 비틀린 데이터 분포에서 중심 경향을 나타내는 데 유용
  하다.
- **최빈값**Mode은 가장 자주 등장하는 값이며, 고객의 선호 제품이나 가장 많이 팔린 상
  품 등을 파악하는 데 사용된다.
- **범위**Range는 최대값과 최소값의 차이이며, 이는 시장의 변동성이나 비즈니스 위험을
  평가하는 데 도움이 된다.
- **분산**은 데이터가 평균에서 얼마나 떨어져 있는지를 나타내는데, 이는 비즈니스 성과의
  일관성을 평가하는 데 쓰인다.
- **표준편차**는 분산의 제곱근으로, 데이터의 퍼짐 정도를 보여주게 되는데, 이는 예측의
  신뢰도나 위험 관리에 중요하다.

이러한 통계 값들은 비즈니스 데이터의 중심 경향과 변동성을 파악하는 데 필수적이다.
예를 들어, 매출 성과 분석, 고객 세분화, 재고 관리, 시장 트렌드 분석 등에 활용될 수 있다.

[챗GPT 적용]

예시적으로 챗GPT에 다음의 프롬프트를 제시한다.

☞ '통신 서비스 만족도 조사를 하고자 한다. 여기서 가상의 데이터 30개를 만들어
주세요.'

그러면 다음과 같은 데이터를 생성한다. 여기서 30개는 중심극한정리Central limit
theorem에 따라 정규분포Normal distribution에 부합되는 최소의 샘플 개수이다.

통신 서비스 만족도 조사를 위한 **30개**의 가상 샘플 데이터를 생성했습니다. 각 열은 고객
ID, 연령대, 성별, 서비스 사용 기간(년), 그리고 만족도 점수(1-5)를 나타냅니다.

고객 ID	연령대	성별	사용 기간(년)	만족도 점수(1-5)
1	60대	여성	7	4
2	60대	여성	7	3
3	60대	여성	1	5
4	40대	여성	5	2
5	30대	남성	9	5
...	...	...	...	...
30	60대	남성	6	1

이 데이터는 통신 서비스에 대한 다양한 고객층의 만족도를 대략적으로 파악하는 데 사
용할 수 있습니다. [>_]

☞ '위 표를 엑셀 표Excel table로 만들어주세요.

(M) **You**
위 표를 엑셀 표(Excel table)로 만들어주세요

Probability and Statistics Professor
통신 서비스 만족도 조사를 위한 가상 데이터를 엑셀 표 형식으로 만들었습니다. 아래 링
크를 통해 엑셀 파일을 다운로드할 수 있습니다:

엑셀 표 형식의 통신 서비스 만족도 조사 파일 다운로드 [>_]

□ 👍 👎 ↻

그러면 위 결과 창의 파란색 문장을 클릭하면 엑셀 파일을 생성해준다.

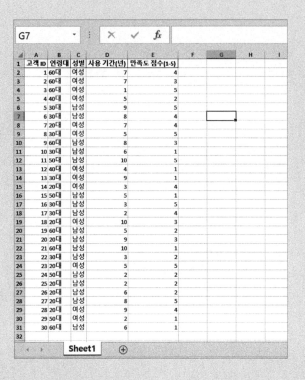

이제 위 샘플 데이터를 갖고 기술 통계의 각 개념과 비즈니스적 해석을 요청하면 다음과 같이 그 결과를 보여준다.

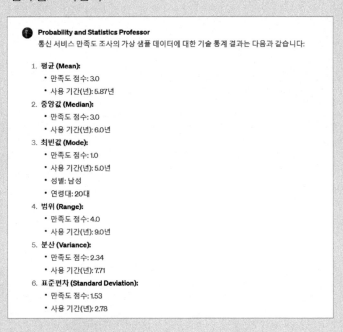

위 결과의 비즈니스적인 차원의 해석을 요청하면 다음과 같이 제시해준다.

비즈니스 응용:

이러한 기술 통계 결과는 비즈니스 결정 과정에서 중요한 역할을 합니다:

- **평균과 중앙값:** 고객 만족도와 사용 기간의 일반적인 수준을 나타내며, 서비스 개선이 필요한 영역을 식별하는 데 도움이 됩니다.
- **최빈값:** 가장 흔한 고객 세그먼트를 나타내며, 특정 고객 그룹을 대상으로 마케팅 전략을 수립할 때 유용합니다.
- **범위:** 고객 만족도의 변동 폭을 나타내며, 서비스 일관성을 평가하는 데 사용됩니다.
- **분산과 표준편차:** 고객 만족도와 사용 기간의 분포 정도를 보여주며, 위험 관리 및 서비스 안정성을 평가하는 데 중요합니다. [⋯]

2) 가설검정의 비즈니스 응용

가설검정은 비즈니스 분석과 의사결정 과정에서 중요한 역할을 하게 된다. 가설은 아직 증명되지 않은 연구자의 주장을 나타내며, 비즈니스에서는 예를 들어, 특정 연령대의 소비자들이 외식 선택에 있어서 다른 유형을 보일 것이라는 주장을 가설로 설정할 수 있다. 이러한 가설은 시장조사를 통해 수집된 자료를 근거로 검증되며, 검증되지 않은 가설에 근거한 결정은 시장 실패로 이어질 수 있기 때문에 이 과정은 매우 중요하다.

이러한 분석은 비즈니스 결정을 내릴 때 중요한 통찰력을 제공하며, 잘못된 가설에 기반을 둔 위험한 결정을 피하는 데 도움이 된다.

(1) 2개의 표본 집단 간 특성에 대한 검정

비즈니스 차원에서 두 모집단 평균의 동일성 검정을 간략하게 설명하면 다음과 같다.

- **독립 표본 검정** Independent Two-Sample Test

이는 서로 다른 두 고객 그룹의 행동이나 선호도에 차이가 있는지 분석하는 데 사용된다. 예를 들어 남성 고객과 여성 고객의 제품 구매 패턴 차이를 알아보려고 할 때 적용되며, 여기서 중요한 점은 두 데이터 그룹이 서로 독립적이라는 것이라는 점이다. 따라서 분석 과정에서 F 검정을 통해 두 그룹의 데이터 변동성분산이 유사한지 확인하는 것이 필요하다.

- **짝지워진 표본 검정** Paired Sample Test

이는 특정 마케팅 활동이나 캠페인 전후에 동일한 고객 그룹이 어떻게 변화하는지 분석하는 데 사용된다. 예를 들어, 새로운 광고 캠페인이 특정 고객 그룹의 제품 선호도에 영향을 미쳤는지 여부를 평가하는 데 적용할 수 있으며, 동일한 고객 그룹 내에서 시간 경과에 따른 변화를 비교 및 분석할 수 있다.

특히 비즈니스에서 이러한 통계적 방법을 사용함으로써 기업은 고객 행동의 차이를 더 명확하게 이해하고 효과적인 마케팅 전략을 수립하는 데 도움을 줄 수 있다.

[챗GPT 적용]

예시적으로 챗GPT에 다음의 프롬프트를 제시한다.

☞ '독립 표본 검정에 대해 비즈니스 사례에 대해서 가상의 데이터로 설명해주세요.'

그러면 다음과 같은 결과를 제시해준다.

비즈니스 상황: 'XYZ'라는 회사는 새로운 마케팅 전략을 도입하여 남성과 여성 고객 간의 제품 선호도 차이를 분석하고자 합니다. 회사는 남성 고객과 여성 고객의 평균 지출액이 서로 다른지를 알아보기 위해 독립 표본 검정을 사용하기로 결정했습니다.

가상 데이터:

- 남성 고객 그룹(그룹 A): 50명의 남성 고객의 평균 지출액은 $200이며, 표준편차는 $30입니다.
- 여성 고객 그룹(그룹 B): 50명의 여성 고객의 평균 지출액은 $180이며, 표준편차는 $35입니다.

분석 과정:

1. **가설 설정:**
   - 귀무 가설 (H0): 남성과 여성 고객 그룹의 평균 지출액에 차이가 없다. (평균 지출액이 동일하다)
   - 대립 가설 (H1): 남성과 여성 고객 그룹의 평균 지출액에 차이가 있다. (평균 지출액이 다르다)
2. **독립 표본 검정 실시:** 이 검정은 두 그룹 간의 평균 지출액 차이가 통계적으로 유의미한지를 평가합니다. 여기서는 남성과 여성 고객 그룹이 서로 독립적이며, 각각의 표본 크기, 평균, 표준편차가 주어졌습니다.
3. **결과 해석:** 검정 결과에 따라 p-값(p-value)이 주어집니다. 이 값이 특정 임계값(예: 0.05)보다 작으면, 귀무 가설을 기각하고 대립 가설을 채택하여 두 그룹 간에 통계적으로 유의미한 차이가 있다고 해석합니다. 반대로 p-값이 크면, 귀무 가설을 기각할 충분한 증거가 없다고 보고 두 그룹 간의 평균 지출액에 유의미한 차이가 없다고 결론지을 수 있습니다.

이러한 분석을 통해 'XYZ' 회사는 남성과 여성 고객의 구매 행동에 대한 인사이트를 얻고, 타겟 마케팅 전략을 조정하는 데 유용한 정보를 얻을 수 있다.

(2) 3개 이상의 표본 집단 간 특성에 대한 검정

3개 이상의 집단 간 비교 분석으로 활용이 되는 분산분석Analysis of Variance, ANOVA은 비즈니스에서 다양한 시장 세그먼트나 고객 그룹 간의 특정 변수에 대한 평균 차이를 검정하는 데 사용되는 통계 기법이다. 이를 통해 기업은 제품이나 서비스에 대한 다양한 고객 집단의 반응을 이해하고, 마케팅 전략을 최적화할 수 있게 된다. 이러한 분석을 통해 기업은 제품 개발, 타겟 마케팅, 가격 전략 설정 등에 있어 중요한 인사이트를 얻을 수 있다.

[챗GPT 적용]

예시적으로 챗GPT에 다음의 프롬프트를 제시한다.
☞ '위 분산분석의 실제 사례를 데이터를 갖고 분석 결과와 함께 설명해주세요.'
그러면 다음과 같은 결과를 제시해준다.

비즈니스 상황: 'Cafe Delight'는 다양한 지역에서의 카페 매출 차이를 분석하고자 합니다. 특히, 카페의 위치(도시, 교외, 시골)가 매출에 어떤 영향을 미치는지 알아보기 위해 분산분석을 실시하기로 결정했습니다.

가상 데이터:

- 위치에 따른 매장 분류: 도시(City), 교외(Suburban), 시골(Rural)
- 각 위치별 5개 매장의 일일 평균 매출액(단위: $)

위치	매장 1	매장 2	매장 3	매장 4	매장 5
도시	$1200	$1350	$1400	$1250	$1300
교외	$950	$1000	$1100	$1050	$1025
시골	$750	$800	$850	$820	$780

분석 과정:

1. **가설 설정:**
   - 귀무 가설 (H0): 모든 위치의 매장 매출액 평균에 차이가 없다.
   - 대립 가설 (H1): 적어도 한 위치의 매장 매출액 평균에는 차이가 있다.
2. **ANOVA 실시**: 세 위치(도시, 교외, 시골)의 매장 매출액 평균에 통계적으로 유의미한 차이가 있는지를 검정합니다. ↓

> 이제 가상의 데이터를 사용하여 실제 ANOVA를 수행해 보겠습니다.
>
> **분석 결과:** ANOVA 검정 결과, p-value는 약 7.26e-08입니다. 이는 0.05(일반적인 유의 수준)보다 훨씬 작습니다.
>
> **결과 해석:** 이러한 낮은 p-value는 귀무 가설(H0)을 기각하는 강력한 증거입니다. 즉, 'Cafe Delight'의 도시, 교외, 시골 지역에 있는 매장 간 일일 평균 매출액에는 통계적으로 유의미한 차이가 있다고 볼 수 있습니다.
>
> 이 결과는 'Cafe Delight'가 지역별로 매출 전략을 다르게 설정해야 할 필요가 있음을 시사합니다. 예를 들어, 도시 지역 매장이 더 높은 매출을 기록한 경우, 도시 지역에 더 많은 마케팅 자원을 투입하거나, 교외와 시골 지역 매장의 전략을 재고해야 할 수 있습니다. 반대로, 교외나 시골 지역 매장의 특정 전략이 성공적이라면 이를 도시 지역 매장에 적용할 수도 있습니다.

이렇게 분산분석을 통해 'Cafe Delight'는 각 지역별 매장의 성과를 분석하고, 효과적인 비즈니스 전략을 수립하는 데 중요한 인사이트를 얻을 수 있다.

3) 상관관계 및 회귀 분석의 비즈니스 응용

상관관계와 회귀 분석은 비즈니스 결정 과정에서 중요한 도구이다. 상관관계에 의한 분석은 두 가지 요인, 예를 들어 마케팅 비용과 판매량 사이의 관계의 강도와 방향을 분석한다. 이는 비즈니스에서 어떤 요인들이 서로 관련이 있는지를 이해하는 데 도움을 줄 수 있다.

실무적으로, 이러한 분석은 기업이 자원을 효율적으로 배분하고, 시장 동향을 이해하며, 경쟁 우위를 확보하는 데 필수적이다. 마케팅 예산을 어떻게 배분할지 결정하는 것부터 제품 개발 전략을 세우는 것까지, 상관관계와 회귀 분석은 비즈니스 성공을 위한 핵심적인 결정들을 뒷받침하는 데 사용된다.

(1) 상관계수에 의한 분석

상관관계는 비즈니스 분석에서 중요한 개념으로, 두 변수 간의 관계를 수치적으로 나타내는 데 사용된다. 이 수치는 -1에서 +1 사이에서 변동하며, +1은 두 변수가 완벽하게 같은 방향으로 움직이는 정비례 관계를, -1은 완전히 반대 방향으로 움직이는 반비례 관계를, 0은 두 변수 간에 아무런 선형 관계가 없음을 의미한다.

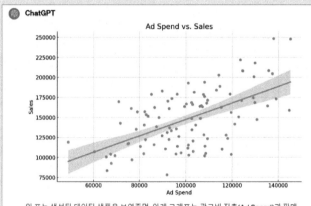

기업들은 이러한 상관분석을 활용하여 시장 동향을 파악하고, 전략적인 비즈니스 결정을 내리는 데 있어 근거를 마련할 수 있다. 이는 효율적인 자원 배분, 마케팅 전략의 최적화, 그리고 장기적인 사업 성공을 위한 중요한 분석 도구로 활용된다.

[챗GPT 적용]

예시적으로 챗GPT에 다음의 프롬프트를 제시한다.

☞ '위 상관관계분석에 대해 실제 데이터를 생성해서 표로 보여주고 그 분석 결과를 그래프로 보여주고 해석해주세요.'

그러면 다음과 같은 결과를 제시해준다.

ChatGPT

Ad Spend vs. Sales

위 표는 생성된 데이터 샘플을 보여주며, 아래 그래프는 광고비 지출(Ad Spend)과 판매량(Sales) 간의 상관관계를 시각화합니다.

데이터 표:

Ad Spend	Sales
135,281.05	164,637.65
108,003.14	176,309.89
119,574.76	104,048.31
144,817.86	159,186.85
137,351.16	204,795.86
80,454.44	113,740.04
119,001.77	179,505.87
96,972.86	126,315.84
97,935.62	105,799.36
108,211.97	114,149.67

그래프 해석:

그래프에서 보듯이, 광고비 지출이 증가함에 따라 판매량도 증가하는 경향이 보입니다. 이는 광고비와 판매량 사이에 중간 정도의 양의 상관관계가 있음을 나타내며, 상관계수는 약 0.58입니다. 이 정보는 기업이 마케팅 예산을 할당하고 전략을 수립하는 데 도움이 될 수 있습니다. 그러나 완벽한 상관관계가 아니므로, 광고비 지출 외에도 판매량에 영향을 미칠 수 있는 다양한 요인들을 고려하는 것이 중요합니다. [⋯]

(2) 회귀분석

회귀 분석은 비즈니스에서 중요한 의사결정 도구로, 하나 또는 여러 독립 변수예: 광고비 지출와 하나의 종속 변수예: 판매량 사이의 관계를 수학적 모델로 분석하고 예측하는 통계적 방법이다. 이 방법은 변수들 간의 관계를 정량적으로 파악하고 미래의 결과를 예측하는 데 사용된다.

회귀 분석은 크게 단순 회귀 분석과 다중 회귀 분석으로 구분됩니다. 단순 회귀 분석은 독립 변수가 하나인 경우에 사용되며, 다중 회귀 분석은 독립 변수가 두 개 이상일 때 사용됩니다. 이러한 분석은 기업이 종속 변수의 변화에 영향을 미치는 여러 요인들을 이해하고, 그에 따라 효율적인 전략을 수립하는 데 중요한 역할을 한다.

[챗GPT 적용]

예시적으로 챗GPT에 다음의 프롬프트를 제시한다.

☞ '위 다중회귀분석에 대해 실제 데이터를 생성해서 표로 보여주고 그 통계적 분석 결과를 3D 그래프로 보여주고 해석해주세요.'

그러면 다음과 같은 결과를 제시해준다.

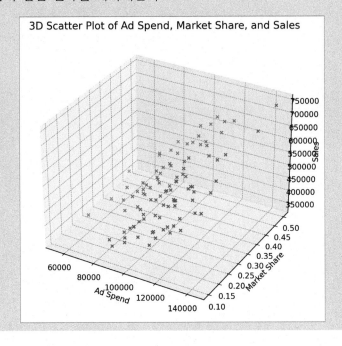

3D 그래프에서 볼 수 있듯이, 광고비 지출과 시장 점유율이 높아질수록 판매량도 증가하는 경향을 보인다. 이는 광고비 지출과 시장 점유율이 판매량에 긍정적인 영향을 미치고 있음을 시각적으로 확인할 수 있다.

데이터 표 (처음 10개 데이터 포인트):

Ad Spend	Market Share	Sales
164,715.71	0.31	637,191.03
130,912.75	0.46	605,092.81
122,412.44	0.58	620,525.07
73,412.68	0.37	410,082.76
113,065.29	0.23	414,831.18
111,131.03	0.22	423,807.60
117,931.46	0.23	444,440.05
104,324.98	0.58	587,618.65
118,904.55	0.42	554,315.76
108,069.55	0.53	562,511.51

분석 결과 (회귀 모델 요약):

- 모델의 R-squared 값은 0.972로, 모델이 데이터의 분산을 매우 잘 설명하고 있음을 나타냅니다.
- 광고비 지출(Ad Spend)의 계수는 약 2.543로, p-값은 6.61×10^{-69}로 통계적으로 매우 유의합니다.
- 시장 점유율(Market Share)의 계수는 약 455,100으로, p-값은 4.15×10^{-70}로 통계적으로 매우 유의합니다.

이러한 분석은 비즈니스에서 마케팅 전략과 시장 점유율 관리에 중요한 통찰을 제공할 수 있다. 그러나 실제 비즈니스 환경에서는 다양한 외부 요인들이 영향을 미칠 수 있으므로, 결과를 해석할 때는 주의가 필요하다.

4) 데이터 시각화 기법의 비즈니스 응용

데이터 시각화는 비즈니스에서 매우 중요한 역할을 할 수 있는데, 이러한 기술은 복잡한 데이터를 시각적 형식으로 변환하여 정보 해석 및 의사 결정 프로세스를 단순화하고 합리화할 수 있다. 이는 보고서, 프레젠테이션, 회의에서 매우 유용한데, 데이터 시각화를 통해 비즈니스 이해관계자는 데이터를 더 빠르고 효과적으로 소화할 수 있다.

따라서 이러한 특징으로 인해 데이터 시각화는 기업 성과 향상과 경쟁력 강화에 핵심적인 역할을 하며, 데이터 기반 의사결정 문화 구축에도 중요한 요소라고 할 수 있다.

[챗GPT 적용]

예시적으로 챗GPT에 다음의 프롬프트를 제시한다.

☞ '시각화 기법 중 비즈니스와 관련된 데이터를 가상으로 생성해주고, 그 데이터
를 갖고 가능한 시각화 기법을 활용해서 그래프를 보여주세요.'

그러면 다음과 같은 결과를 제시해준다.

위 그래프는 월별로 'Sales' 매출, 'Expenses' 비용, 'Profit' 순이익을 보여주며, 각 선의 추세
를 통해 매출과 비용, 그리고 순이익의 변화를 명확하게 확인할 수 있다.

결국, 이러한 시각화는 비즈니스의 재무성과를 분석하고 이해하는 데 중요한 역할을 하
게 된다. 매출과 비용의 관리, 그리고 순이익의 추이를 통해 기업은 재무적으로 강하고 약한
시기를 파악하고, 향후 전략을 수립하는 데 필요한 정보를 얻을 수 있다.

(1) AI 이용한 시각화 기법

4차 산업혁명 시대에서 데이터 사이언스와 인공지능의 발달로 인해 AI를 활용한 시각화
기술이 점차 중요해지고 있다. 이러한 기술은 크고 복잡한 데이터 세트에서 유용한 정보를
추출하고 이를 직관적이고 이해하기 쉬운 형식으로 변환하는 데 사용된다. 이러한 AI 기반
시각화 도구는 Tableau, Power BI, Google Data Studio를 비롯한 다양한 최신 데이터 분석
플랫폼에 점점 더 통합되고 있으며, 이러한 도구는 기업과 조직이 데이터 기반 의사 결정을
내리는 데 필수적인 역할을 한다.

[챗GPT 적용]

예시적으로 챗GPT에 다음의 프롬프트를 제시한다.

☞ 'AI 기반 시각화 기법 중 선택해서 구체적인 데이터를 생성해서 시각화된 결과를 보여주세요.'

그러면 다음과 같은 결과를 제시해준다.

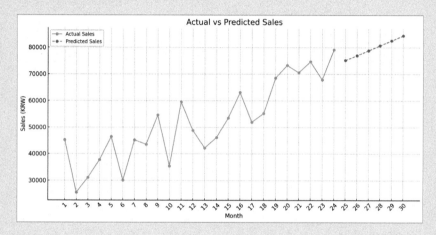

생성된 위 그래프의 데이터를 프롬프트에서 요청하면 별도의 엑셀 파일로 저장할 수 있도록 안내해준다.

ChatGPT

위에서 사용된 기법은 **'예측 모델링 및 시각화 (Predictive Modeling and Visualization)'**라고 불립니다. 이 기법은 인공지능(AI)을 활용하여 미래의 데이터 추세를 예측하고, 이를 시각적으로 표현하는 방법입니다. 구체적으로, 가상의 월별 매출 데이터를 기반으로 미래 6개월의 매출을 예측하는 선형 회귀 모델(Linear Regression Model)을 구축하고, 예측 결과를 시각화한 것입니다.

시각화된 결과에서:

- **파란색 선 (Actual Sales)**: 실제 24개월 동안의 매출 데이터를 나타냅니다. 이 데이터는 시간이 지남에 따라 증가하는 추세를 보여주며, 현재 비즈니스의 성장 상황을 이해하는 데 중요한 정보를 제공합니다.

- **주황색 점선 (Predicted Sales)**: AI 모델을 통해 예측된 미래 6개월의 매출입니다. 이 예측은 기존 매출 데이터의 추세를 기반으로 하여, 미래의 매출이 계속해서 증가할 것으로 추정하고 있습니다.

표에서는 실제 매출('Sales')과 예측 매출('Predicted Sales')이 병렬적으로 나타나 있습니다. 이를 통해 사용자는 현재 매출 성과와 미래 예측치를 쉽게 비교할 수 있습니다.

'예측 모델링 및 시각화' 기법은 비즈니스에서 미래의 매출 추세를 이해하고, 이에 따른 전략적 계획을 수립하는 데 매우 유용합니다. 예를 들어, 예상되는 매출 증가에 따라 재고 관리, 마케팅 전략, 예산 계획 등을 조정할 수 있습니다. 이는 데이터 기반 의사결정을 지원하며, 기업의 전략적 방향성을 설정하는 데 중요한 역할을 합니다.

또한 매우 간단한 예시로 워드클라우드Word cloud 분석을 적용하고자 한다. 여기에서는 참고한 Enterprise DNA Experts(2023)의 파일을 업로드해서 다음과 같이 접근한다.

☞ '업로드한 파일을 갖고 Wordcloud로 만들어줘.'

그러면 다음과 같은 결과를 제시해준다.

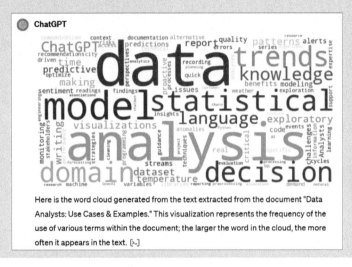

3. 비즈니스에서 통계 방법과 AI 통합의 중요성

본 절에서는 AI가 전통적인 통계 방법을 어떻게 보완하여 정확성과 효율성을 높이는지 논의한다Enterprise DNA Experts, 2023.

1) 데이터 기반 의사결정 강화

• **비즈니스 의사결정**: 통계적 분석은 비즈니스 데이터에서 유의미한 인사이트를 도출하고, 이를 바탕으로 더 명확하고 효과적인 의사결정을 내릴 수 있게 도와준다.

- **AI의 역할**: AI 기술은 대규모 데이터를 빠르고 효율적으로 처리하며, 패턴 인식, 예측 분석, 자동화된 의사결정 등을 통해 비즈니스 운영을 최적화한다.
- **데이터 기반 의사결정 강화**
- **적용**: 통계적 방법으로 매출 추이 분석, AI를 통한 판매 예측 모델 개발

2) 고객 행동 분석 및 대응

- **고객 인사이트**: 통계적 방법을 사용하여 고객 행동, 선호도, 구매 경향 등을 분석한다.
- **맞춤형 마케팅**: AI 기술은 이러한 분석을 기반으로 맞춤형 마케팅 전략을 수립하고, 개인화된 고객 경험을 제공하는 데 중요한 역할을 하게 된다.
- **적용**: 통계적 분석으로 고객 선호도 및 경향 파악, AI를 활용한 개인화된 추천 시스템 구축

3) 시장 동향 및 예측

- **시장 분석**: 통계적 방법은 시장 동향 분석, 위험 평가 및 기회 식별에 필수적이다.
- **예측 모델링**: AI는 시장 변화에 대한 예측 모델을 구축하고, 빠르게 변화하는 비즈니스 환경에 신속하게 대응할 수 있게 도와준다.
- **적용**: 통계적 방법으로 시장 동향 분석, AI 기반 시장 변화 예측 알고리즘 개발

이러한 데이터와 방법론의 통합은 비즈니스의 전략적 의사결정, 고객 경험 개선, 시장 경쟁력 강화, 운영 효율 증대 및 지속적인 혁신을 가능하게 한다. 결론적으로 비즈니스에서 통계 방법과 AI의 통합은 데이터를 기반으로 한 강력한 의사결정 도구를 제공한다.

4. 결론(종합정리): 통계 분석 관련 AI 구현시의 발전 방향

현재 통계분석 AI의 발전 방향은 데이터의 질과 양이 증가함에 따라 정교한 분석 기법 개발, 실시간 데이터 분석 및 예측 역량 강화, 다양한 산업 및 분야로의 활용 확대, 사용자 친화적인 인터페이스 및 해석 가능한 AI 모델 개발에 중점을 두고 있다. 특히 전사적 관점에서 조직 내 데이터 문화 정착, 직원의 데이터 및 AI 리터러시 향상을 위한 교육, 데이터 거버넌스 및 윤리 기준 확립, 효율적인 데이터 관리 및 인프라 구축, 다학제적 협력을 통한 혁신적인 솔루션 개발이 필요한 상황이다.

본 절에서는 AI 활용 시 분석 분야와 관련된 과제와 향후 동향을 다음과 같이 요약할 수 있다Enterprise DNA Experts, 2023.

- **데이터 품질 및 가용성**: 고품질 데이터 확보는 AI 구현의 핵심 요소이며, 데이터가 부족하거나 불완전할 경우 AI의 효과가 제한된다.
- **알고리즘 투명성 및 해석성**: AI의 의사결정 과정은 종종 '블랙박스'로 간주되며, 이를 해석하고 설명하는 것은 큰 도전이 된다.
- **윤리적, 법적 고려사항**: AI의 사용은 개인정보 보호 및 윤리적 결정을 포함한 다양한 법적, 윤리적 문제를 수반한다.
- **기술적 복잡성**: AI 시스템은 구축 및 유지 관리가 복잡하고 전문적인 지식이 필요하다.
- **미래 동향**: AI는 더욱 정교한 알고리즘, 자동화된 데이터 분석, 실시간 의사결정 지원 등으로 계속해서 발전하고 확장될 것이며, AI에 대한 윤리적, 법적 기준 설정도 중요한 이슈가 될 것이다.

최종적으로는 이러한 과제를 극복하고 AI를 활용한 통계분석 분야를 지속적으로 발전시키기 위해서는 연구, 교육, 정책수립에 대한 지속적인 투자가 필요한 상황이다.

※ 문제: 난이도 상(20분, 125점), 난이도 중(15분, 100점), 난이도 하(10분, 75점)

【실습 문제】

[문제 1] 생성형 AI 통계 분석 평가 결과 보고서 작성(난이도 하)

　　　　출제 의도(테스트 내용): GPT-4의 데이터 분석 기능 활용 역량

> **[문제]**
>
> 상황: K사는 기존의 모바일 콘텐츠 시장을 대체할 서비스를 구상 중입니다. 그래서 모빌리티(Mobility) 시장에서 UAM(Urban Air Mobility) 서비스 런칭(Launching)을 하고자 한다. 이에 당신은 이러한 UAM 신규 서비스의 광고 효과를 조사하기 위하여 광고하기 전의 인지도와 광고한 후에 인지도의 차이를 측정하고자 한다. 그래서 이러한 실제 분석 방안에 대한 도움을 얻고자 생성형 AI를 활용하여 분석 보고서를 작성해야 한다. 이를 위해 잠재적 소비자들의 인지도 조사를 위한 설문지를 작성하고 이와 관련된 분석 보고서를 제시하시오
>
> 단, 답안에는 1) 생성형 AI를 활용하기 위한 기획내용, 2) 생성형 AI에게의 프롬프트 입력 및 적절한 대화(피드백) 과정과 내용, 3) 생성형 AI의 최종 결과물(필요시, 본인의 보완 및 수정 내용, 최종 해결방안 등 포함) 등을 확인할 수 있도록 자세하고 명확하게 기술하시오.

[답안] 수험자가 아래와 같은 내용으로 AI 활용 과정과 결과물을 복사 혹은 작성, 제출

1) 사용 AI와 기능 및 도구

　사용 AI: GPT-4

2) 생성형 AI를 활용하기 위한 기획 내용

　① 목적 : 소비자들의 UAM 인지도 조사를 통한 광고 효과 평가 결과 보고서 작성

② 맥락: 향후 이동통신회사의 새로운 서비스로서 UAM 광고 효과의 정도를 평가하여 투자 타당성 확보 필요

③ 역할: 통계분석팀장으로서 경영진에 소비자 인지도 분석 평가 결과 보고

④ 산출물: 소비자 인지도 설문지 초안, 데이터 분석, 광고 효과 확인 보고서 등.

⑤ 처리순서: UAM 신규서비스의 광고 효과 분석 보고서 → 데이터 수집을 위한 설문지 작성 → 광고 효과 분석 등을 통한 개선을 위한 전략 보고서 초안 작성

3) 생성형 AI에의 프롬프트 입력 및 대화(피드백) 과정과 내용

[프롬프트]

① 목적: 소비자들의 UAM 인지도 조사를 통한 광고 효과 평가 결과 보고서 작성한다.

② 맥락: 향후 이동통신회사의 새로운 서비스로서 UAM 광고 효과의 정도를 평가하여 투자 타당성 확보 필요

③ 역할: 통계분석팀장으로서 경영진에 소비자 인지도 분석 평가 결과 보고

④ 산출물: 소비자 인지도 설문지 초안, 광고 효과 확인 보고서 등.

위의 내용과 같이 모빌리티(Mobility) 시장에서 UAM(Urban Air Mobility) 서비스 런칭(Launching)을 하고자 합니다. 이를 위해 이러한 UAM 신규 서비스의 광고 효과를 조사하기 위하여 광고하기 전의 인지도와 광고한 후에 인지도의 차이를 측정하고자 합니다. 위 UAM 신규 서비스의 광고 효과 분석을 어떻게 수행하면 되는지 조언을 해주세요.

[ChatGPT]

ChatGPT

UAM(Urban Air Mobility) 서비스의 광고 효과를 평가하기 위한 분석 절차를 설계하는 것은 여러 단계를 포함합니다. 다음은 이러한 분석을 수행하기 위한 단계별 조언입니다:

1. 소비자 인지도 설문지 설계

- **설문지 목적 명확화**: 광고 전후의 소비자 인지도를 측정하는 것이 목표입니다. 설문지는 이 목적에 맞게 설계되어야 합니다.

- **설문 문항 개발**: UAM 서비스에 대한 인지도, 관심도, 이해도, 사용 의향 등과 같은 다양한 측면을 측정할 수 있는 문항을 포함해야 합니다. 또한, 광고 메시지에 대한 소비자의 인식과 반응도 평가해야 합니다.
- **대상 및 표본 선정**: 대상 인구를 정의하고, 대표성 있는 표본을 선정합니다. 이동통신 회사의 타겟 고객층을 고려하여 선정하는 것이 중요합니다.

2. 광고 전후 인지도 조사

- **광고 전 조사 실시**: 광고 캠페인을 시작하기 전에, 설문지를 사용하여 초기 인지도 수준을 측정합니다.
- **광고 캠페인 실행**: 목표 소비자에게 도달할 수 있도록 다양한 매체를 통해 광고 캠페인을 실행합니다.
- **광고 후 조사 실시**: 광고 캠페인이 끝난 후, 동일한 설문지를 사용하여 소비자 인지도의 변화를 측정합니다.

3. 데이터 분석 및 결과 보고

- **데이터 분석**: 광고 전후의 설문 결과를 비교 분석하여, 인지도, 관심도, 사용 의향 등의 변화를 평가합니다. 통계적 검증 방법을 사용하여 결과의 유의성을 평가합니다.
- **결과 해석**: 분석 결과를 바탕으로 광고 캠페인의 효과를 해석합니다. 어떤 측면에서 긍정적인 변화가 있었는지, 기대에 못 미치는 부분은 무엇인지를 명확히 합니다.
- **보고서 작성**: 분석 결과와 해석을 바탕으로, 경영진을 대상으로 한 광고 효과 평가 보고서를 작성합니다. 보고서에는 주요 발견 사항, 권장 사항, 향후 개선 방안 등을 포함해야 합니다.

4. 향후 전략 수립

- **투자 타당성 평가**: 광고 효과 분석 결과를 바탕으로 UAM 서비스에 대한 투자 타당성을 재평가합니다. 광고 캠페인이 소비자 인지도와 관심도를 높이는 데 얼마나 효과적이었는지를 고려합니다.
- **마케팅 전략 조정**: 광고 효과 분석을 통해 얻은 인사이트를 기반으로, 향후 마케팅 전략을 조정하고 개선합니다.

이 과정을 통해, UAM 서비스의 광고 효과를 체계적으로 평가하고, 서비스 런칭 전략의 효율성을 극대화할 수 있습니다.

[프롬프트]

그러면 광고 효과 측정을 위한 설문 조사 문항을 만들어주세요.

> **ChatGPT**
> UAM(Urban Air Mobility) 서비스의 광고 효과를 측정하기 위한 설문 조사 문항을 만들 때, 다음과 같은 구조를 고려할 수 있습니다. 이 문항들은 광고 전후의 인지도 변화, 태도 변화, 행동 변화를 측정하는 데 도움이 됩니다.

일반 정보

1. 연령대를 선택해 주세요.
   - 18-24
   - 25-34
   - 35-44
   - 45-54
   - 55 이상
2. 귀하의 성별을 선택해 주세요.
   - 남성
   - 여성
   - 기타
3. 귀하의 거주 지역을 선택해 주세요.
   - 도시
   - 교외
   - 시골

UAM 서비스 인지도

1. 광고 전/후: UAM(Urban Air Mobility) 서비스에 대해 들어본 적이 있습니까?
   - 예
   - 아니오
2. 광고 전/후: UAM 서비스에 대해 얼마나 잘 알고 계십니까?
   - 전혀 모름
   - 조금 앎
   - 어느 정도 앎
   - 잘 앎
   - 매우 잘 앎

광고 인지도 및 반응

1. 최근 UAM 서비스에 대한 광고를 보신 적이 있습니까?
   - 예
   - 아니오
2. 어떤 매체를 통해 광고를 접하셨습니까? (복수 선택 가능)
   - TV
   - 인터넷
   - 소셜 미디어
   - 신문/잡지
   - 기타
3. 광고를 보신 후, UAM 서비스에 대한 귀하의 인식이 어떻게 변화했습니까?
   - 매우 긍정적으로 변함
   - 긍정적으로 변함
   - 변화 없음
   - 부정적으로 변함
   - 매우 부정적으로 변함

서비스 이용 의향

1. 광고를 본 후, UAM 서비스를 이용할 의향이 생겼습니까?
   - 매우 그렇다
   - 그렇다
   - 보통이다
   - 그렇지 않다
   - 전혀 그렇지 않다
2. UAM 서비스를 이용할 의향이 있다면, 그 이유는 무엇입니까? (복수 선택 가능)
   - 시간 절약
   - 편리함
   - 새로운 경험
   - 환경 친화적
   - 기타
3. UAM 서비스를 이용할 의향이 없다면, 그 이유는 무엇입니까? (복수 선택 가능)
   - 비용 문제
   - 안전성 우려
   - 필요성을 느끼지 못함
   - 기타

추가 의견

1. UAM 서비스에 대해 추가로 의견이 있으시다면 자유롭게 작성해 주세요.

이 설문 조사 문항들은 광고 전후의 소비자 인식과 행동 변화를 측정하는 데 중요한 정보를 제공할 수 있습니다. 광고의 효과를 정확히 파악하기 위해선, 동일한 문항을 광고 전과 후에 각각 조사해야 합니다. 이를 통해 얻은 데이터를 분석하여, UAM 서비스의 마케팅 전략을

[프롬프트]

위 조사 중 통계분석을 어떻게 하면 되는지요?

[ChatGPT]

ChatGPT

UAM(Urban Air Mobility) 서비스의 광고 효과를 측정하기 위한 설문 조사 데이터를 통계적으로 분석하는 과정은 여러 단계를 포함합니다. 이러한 분석을 통해 광고 전후의 소비자 인식, 태도, 행동 변화를 정량적으로 이해할 수 있습니다. 다음은 통계 분석을 수행하는 단계별 접근 방법입니다:

1. 데이터 준비

- **데이터 정제**: 설문 응답 데이터를 정제하여 누락된 값, 이상치, 일관성 없는 응답을 처리합니다.
- **변수 설정**: 분석에 사용할 주요 변수(인지도, 관심도, 사용 의향 등)를 정의합니다.

2. 기술통계 분석

- **빈도 분석**: 각 질문에 대한 응답의 빈도수를 계산하여, 대상 집단의 기본적인 특성과 응답 경향을 파악합니다.
- **교차 분석**: 연령, 성별, 거주 지역 등의 인구통계학적 변수와 주요 관심 변수 간의 관계를 교차 분석하여, 다양한 소비자 그룹의 특성을 이해합니다.

3. 가설 검정

- **차이 검정**: 광고 전후의 주요 변수(예: 인지도, 사용 의향)에 대해 통계적 차이를 검정합니다. t-검정, ANOVA(분산 분석) 등이 이에 해당합니다.
- **상관 분석**: 서로 다른 변수들 간의 상관관계를 분석하여, 예를 들어 광고 인지도와 서비스 사용 의향 사이의 연관성을 평가합니다.

4. 다변량 분석

- **회귀 분석**: 하나 이상의 독립 변수(예: 인구통계학적 특성, 광고 인지도)가 종속 변수(예: 사용 의향)에 미치는 영향을 분석합니다. 이를 통해 광고 효과의 강도와 방향을 평가할 수 있습니다.
- **요인 분석 또는 군집 분석**: 응답자들을 비슷한 특성 또는 반응 패턴을 가진 그룹으로 분류하여, 타겟 마케팅 전략을 개발하는 데 활용할 수 있습니다.

5. 결과 해석 및 보고

- **결과 해석**: 분석 결과를 해석하여 광고 캠페인의 효과를 평가합니다. 어떤 변수가 사용 의향에 가장 큰 영향을 미쳤는지, 특정 인구통계학적 그룹에서 더 높은 인지도 변화가 관찰되는지 등을 분석합니다.
- **보고서 작성**: 분석 결과와 해석을 종합하여, 경영진에게 제출할 광고 효과 평가 보고서를 작성합니다. 이 보고서는 결론, 권장 사항, 향후 전략 개선 방안을 포함해야 합니다.

6. 소프트웨어 도구

- **통계 소프트웨어**: SPSS, SAS, R, Python 등의 통계 소프트웨어를 사용하여 데이터 분석을 수행합니다. 이러한 도구들은 데이터 정제, 변환, 분석, 시각화 등의 과정을 효율적으로 지원합니다.

통계 분석을 통해 얻은 인사이트는 UAM 서비스의 광고 전략을 개선하고, 향후 마케팅 결정을 내리는 데 중요한 근거 자료가 됩니다.

4) 최종 결과물(생성형 AI의 해결 방안, 필요시, 본인의 보완 및 수정 내용 포함)

- **보완 및 수정**: 이제 위 분석 결과들을 토대로 UAM 서비스를 런칭할 때의 문제점, 광고 효과 분석 등을 통한 투자 타당성 분석, 개선을 위한 전략적 조언 등을 해주세요.

[ChatGPT]

 ChatGPT

UAM(Urban Air Mobility) 서비스 런칭과 관련한 문제점, 광고 효과 분석을 통한 투자 타당성 분석, 그리고 개선을 위한 전략적 조언을 제공하기 위해서는, 실제 분석 결과에 기반한 가정을 몇 가지 설정해야 합니다. 아래의 내용은 통계 분석 결과를 가정하여 제공하는 조언입니다.

문제점

1. **낮은 인지도**: 광고 전후 조사에서 UAM 서비스에 대한 인지도가 여전히 낮게 나타났다면, 대중에게 서비스가 충분히 알려지지 않았음을 의미합니다.
2. **안전성에 대한 우려**: 소비자들이 UAM 서비스의 안전성에 대해 우려를 표시했다면, 이는 서비스 수용에 중요한 장애물이 될 수 있습니다.
3. **비용 인식 문제**: 서비스 이용 의향이 낮은 주요 이유 중 하나가 비용이라면, 가격 정책이 소비자 기대를 충족시키지 못하고 있음을 시사합니다.

광고 효과 분석을 통한 투자 타당성 분석

- **인지도 상승 효과**: 광고 후 인지도가 상승했다면, 광고 캠페인은 효과적이었다고 볼 수 있으나, 인지도가 여전히 낮다면 추가적인 마케팅 전략이 필요합니다.
- **태도 및 행동 변화**: 광고가 소비자의 태도나 사용 의향에 긍정적인 영향을 미쳤는지 분석합니다. 긍정적인 변화가 관찰된다면 투자 타당성이 있으나, 부정적이거나 변화가 없다면 광고 메시지나 채널을 재검토해야 합니다.
- **세분화된 타겟 전략**: 광고 효과가 특정 인구통계학적 그룹에서 더 두드러졌다면, 이들을 타겟으로 하는 세분화된 마케팅 전략을 고려해야 합니다.

개선을 위한 전략적 조언

1. **인지도와 교육 캠페인 강화**: UAM 서비스의 안전성, 편리성, 환경적 이점 등을 강조하는 교육 중심의 캠페인을 통해 대중의 인식을 개선합니다.
2. **안전성에 대한 커뮤니케이션 강화**: 안전에 대한 우려를 해소하기 위해, 안전 인증, 사례 연구, 전문가 의견 등을 공유하는 전략을 사용합니다.
3. **가격 전략 재검토**: 비용이 주요 거부 요인이라면, 가격 모델을 재검토하고, 가능하다면 다양한 가격 옵션을 제공하여 더 넓은 고객층을 유치합니다.
4. **타겟 마케팅과 맞춤형 광고**: 소비자 분석을 통해 식별된 주요 타겟 그룹에 맞춤형 마케팅 전략을 개발합니다. 이는 광

5) 작업 URL(Link 주소):

https://chat.openai.com/share/958aaf3b-ef7d-48df-a45e-31ebd358f4e1

[문제 2] 생성형 AI 통계 분석 평가 결과 보고서 작성(난이도 상)

출제 의도(테스트 내용): GPT-4의 데이터 분석 기능 활용 역량

[문제]

상황 : N사는 판매액 데이터를 갖고 머신러닝 기법을 활용하고자 한다. 이에 당신은 W사의 판매액 데이터를 수집하고 최종적으로 여러 기법들을 습득하고자 한다. 그래서 당신은 이와 관련된 분석 보고서를 작성하고자 하는데, 실제 분석 방안에 대한 도움을 얻고자 생성형 AI를 활용하여 분석 보고서를 작성해야 한다.

이를 위해 이와 관련된 연습 데이터를 갖고 머신러닝 기법에 대한 분석 보고서를 제시하시오. 특히 아래 저장한 대용량 데이터를 적용할 때는 최소한의 샘플을 갖고 최종 모델링에 적용하시오.

* 데이터 (Walmart.csv) 다운로드 웹사이트

https://www.kaggle.com/datasets/yasserh/walmart-dataset?resource=download&select=Walmart.csv

단, 답안에는 1) 생성형 AI를 활용하기 위한 기획 내용, 2) 생성형 AI에의 프롬프트 입력 및 적절한 대화(피드백) 과정과 내용, 3) 생성형 AI의 최종 결과물(필요시, 본인의 보완 및 수정 내용, 최종 해결 방안 등 포함) 등을 확인할 수 있도록 자세하고 명확하게 기술하시오.

[답안] 수험자가 아래와 같은 내용으로 AI 활용 과정과 결과물을 복사 혹은 작성, 제출

1) 사용 AI와 기능 및 도구

사용 AI: GPT-4

2) 생성형 AI를 활용하기 위한 기획 내용

① 목적: 판매액 데이터 활용 분석 보고서 작성

② 맥락: 주어진 데이터를 갖고 향후 판매액 예측 요인을 분석하여 비즈니스 전략 근거 필요

③ 역할: 통계분석팀장으로서 경영진에 판매액 예측 요인들의 분석 결과 보고

④ 산출물: 데이터 분석 및 전략 보고서 등.

⑤ 처리순서: 데이터 탐색 및 전처리(Pre-processing) 보고서 → 예측 모델링 보고서 정리 → 결과에 따른 전략 보고서 초안 작성

3) 생성형 AI에의 프롬프트 입력 및 대화(피드백) 과정과 내용

[프롬프트]

① 목적: 판매액 데이터 활용 분석 보고서 작성

② 맥락: 주어진 데이터를 갖고 향후 판매액 예측 요인을 분석하여 비즈니스 전략 근거 필요

③ 역할: 통계분석팀장으로서 경영진에 판매액 예측 요인들의 분석 결과 보고

④ 산출물: 데이터 분석 및 전략 보고서 등.

⑤ 처리순서: 데이터 탐색 및 전처리(Pre-processing) 보고서 → 예측 모델링 보고서 정리 → 결과에 따른 전략 보고서 초안 작성

위의 내용과 같이 판매액에 미치는 영향 요인들을 탐색하고 있습니다.

[프롬프트]

그러면 업로드된 데이터 파일을 갖고 데이터 탐색, 데이터 전처리 등을 적용해주세요.

[ChatGPT]

 ChatGPT

업로드된 데이터 파일을 사용하여 데이터 탐색 및 전처리 작업을 한글로 정리해보겠습니다. 다음 단계를 포함합니다:

1. **데이터 불러오기**: 먼저 파일을 불러와 데이터의 구조와 내용을 확인합니다.
2. **데이터 탐색:**
   - 결측치 확인: 데이터에 결측치가 있는지 확인합니다.
   - 수치형 변수 분포 이해: 판매량, 온도, 연료 가격, CPI, 실업률 등의 변수 분포를 파악합니다.
   - 시간에 따른 판매 추세 분석: 날짜 데이터를 기반으로 판매량의 시간에 따른 변화를 분석합니다.
   - 공휴일이 판매에 미치는 영향 탐색: 공휴일이 있는 주와 없는 주의 판매량 차이를 분석합니다.
3. **데이터 전처리:**
   - 결측치 처리: 필요한 경우 결측치를 처리합니다.
   - `Date` 열을 datetime 형식으로 변환: 시계열 분석을 위해 날짜 데이터를 적절한 형식으로 변환합니다.
   - 새로운 특성 생성: 날짜에서 년, 월, 주 등의 새로운 특성을 추출하여 계절적 트렌드를 포착할 수 있도록 합니다.
   - 수치형 변수 정규화 또는 스케일링: 모델에 따라 필요한 경우 수치형 변수를 정규화하거나 스케일링합니다.
   - 범주형 변수 인코딩: `Holiday_Flag`와 같은 이진 형태의 변수는 이미 적합한 형식이지만, 추가적인 범주형 변수가 있을 경우 인코딩이 필요할 수 있습니다.

↓

데이터를 성공적으로 불러왔습니다. 데이터는 다음과 같은 열을 포함하고 있습니다:

- `Store`: 매장 번호입니다.
- `Date`: 판매 데이터의 주(날짜)를 나타냅니다.
- `Weekly_Sales`: 해당 매장의 해당 주의 총 판매액입니다.
- `Holiday_Flag`: 해당 주에 공휴일이 포함되어 있는지 여부를 나타내며, 공휴일이 있는 주는 1, 없는 주는 0으로 표시됩니다.
- `Temperature`: 해당 매장의 지역의 주 평균 온도(Fahrenheit)입니다.
- `Fuel_Price`: 해당 매장의 지역의 주 평균 연료 가격입니다.
- `CPI`: 소비자 가격 지수(Consumer Price Index)로 해당 매장의 지역의 경제 상태를 나타냅니다.
- `Unemployment`: 해당 매장의 지역의 실업률입니다.

다음으로, 데이터 탐색 단계에서는 결측치 확인, 수치형 변수의 분포 이해, 시간에 따른 판매 추세 분석, 공휴일이 판매에 미치는 영향 탐색 등을 수행하겠습니다.

데이터에 결측치가 없음을 확인했습니다. 이는 데이터 전처리 과정에서 결측치를 다루는 단계를 건너뛸 수 있음을 의미합니다. 수치형 변수에 대한 요약 통계를 통해 다음과 같은 사항을 관찰할 수 있습니다:

- 총 6435개의 기록이 있으며, 매장 번호는 1부터 45까지 다양합니다.
- `Weekly_Sales`는 최소 약 209,986달러에서 최대 약 3,818,686달러로, 매장별 및 시간에 따라 주간 판매액이 상당히 변동됨을 보여줍니다.
- `Holiday_Flag`는 대략 7%의 기록이 공휴일을 포함한 주임을 나타냅니다.
- 온도(`Temperature`), 연료 가격(`Fuel_Price`), 소비자 가격 지수(`CPI`), 실업률(`Unemployment`)은 모두 다양한 범위의 값을 가지고 있어, 데이터셋 전반에 걸쳐 다양한 경제 및 환경 조건을 반영합니다.

이제 `Date` 열을 datetime 형식으로 변환하고, 날짜에서 추가적인 특성(예: 년, 월, 주)을 추출하여 시간에 따른 판매 추세나 계절적 영향을 더 잘 포착할 수 있도록 하겠습니다. [>_]

`Date` 열을 datetime 형식으로 성공적으로 변환했으며, 날짜에서 `Year`(년), `Month`(월), `Week`(주)의 추가적인 특성을 추출했습니다. 이러한 변환을 통해 우리는 시간에 따른 판매 추세와 계절적 변동을 더 잘 분석하고 모델링할 수 있게 되었습니다.

다음 단계에서는 이러한 새로운 특성을 사용하여 시계열 데이터의 패턴을 분석하거나, 모델을 훈련하기 전에 수치형 변수의 정규화 또는 스케일링 같은 추가적인 데이터 전처리 작업을 고려할 수 있습니다.

데이터 전처리 과정은 이렇게 종료되며, 이제 데이터는 기계 학습 모델링에 사용할 준비가 되었습니다. 모델링을 진행하거나, 특정한 데이터 분석을 더 진행하길 원하시나요? [>_]

[프롬프트]

가능한 예측 모델링을 진행해주세요.

[ChatGPT]

 ChatGPT

예측 모델링을 진행하기 전에, 판매 데이터의 시계열 특성을 고려하여 적절한 기계 학습 모델을 선택해야 합니다. 판매 데이터는 시간에 따라 변화하는 패턴을 보일 수 있으며, 공휴일, 계절성, 경제적 지표(예: CPI, 실업률)와 같은 외부 요인에 의해 영향을 받을 수 있습니다.

모델링 접근 방식

1. **시계열 분석**: 시계열 데이터의 특성을 고려하여 ARIMA(자기회귀 누적 이동 평균), SARIMA(계절성을 고려한 ARIMA) 또는 Prophet과 같은 시계열 예측 모델을 사용할 수 있습니다.
2. **회귀 분석**: 시간 변수(년, 월, 주), 공휴일 플래그, 경제 지표(예: CPI, 실업률), 그리고 다른 수치형 변수들을 독립 변수로 사용하여 선형 회귀, 랜덤 포레스트 회귀, 그래디언트 부스팅 회귀와 같은 회귀 모델을 적용할 수 있습니다.

데이터 분할

- 데이터를 훈련 세트와 테스트 세트로 분할합니다. 시계열 데이터의 경우, 시간 순서대로 데이터를 분할하는 것이 중요합니다.

모델 선택 및 훈련

- 시계열 분석을 위한 모델(예: ARIMA, SARIMA, Prophet) 또는 회귀 모델(예: 선형 회귀, 랜덤 포레스트 회귀) 중 선택하여 모델을 훈련할 수 있습니다.

모델 평가

- 모델의 성능을 평가하기 위해 RMSE(평균 제곱근 오차), MAE(평균 절대 오차)와 같은 지표를 사용할 수 있습니다.

이러한 접근 방식을 바탕으로, 간단한 회귀 모델을 사용하여 예측 모델링을 진행해 보겠습니다. 데이터의 크기와 복잡도를 고려하여, 랜덤 포레스트 회귀 모델을 사용하겠습니다. 이 모델은 비선형 관계와 복잡한 상호 작용을 잘 처리할 수 있으며, 데이터의 과적합을 방지하는 데도 유용합니다.

먼저, 데이터를 훈련 세트와 테스트 세트로 분할하겠습니다.

랜덤 포레스트 회귀 모델을 사용하여 예측 모델링을 진행한 결과, 다음과 같은 성능 지표를 얻었습니다:

- 평균 절대 오차(MAE): 71,917.43
- 평균 제곱근 오차(RMSE): 130,123.42

이 결과는 모델이 데이터를 어느 정도 정확하게 예측할 수 있음을 보여줍니다. 그러나 오차의 크기는 여전히 상당하며, 특히 RMSE 값이 높게 나타난 것을 볼 때, 모델의 예측이 일부 큰 오차를 포함하고 있을 가능성이 있습니다. 이는 특히 높은 판매량을 가진 주나 특별 이벤트 기간 동안의 예측에서 더욱 두드러질 수 있습니다.

성능을 개선하기 위한 추가적인 단계는 다음과 같습니다:

- 모델 하이퍼파라미터 조정: 랜덤 포레스트 모델의 성능을 최적화하기 위해 다양한 하이퍼파라미터(예: `n_estimators`, `max_depth`)를 조정해 볼 수 있습니다.
- 특성 공학: 추가적인 특성을 생성하거나, 중요도가 낮은 특성을 제거하여 모델의 예측력을 개선할 수 있습니다.
- 다른 모델 시도: 선형 회귀, 그래디언트 부스팅, XGBoost 등 다른 알고리즘을 사용해 볼 수도 있습니다.
- 시계열 모델 적용: 시계열의 패턴을 더 잘 포착할 수 있는 ARIMA, SARIMA, Prophet과 같은 시계열 전용 모델을 사용해 볼 수 있습니다.

추가적인 조정이나 다른 모델을 시도하길 원하시나요, 아니면 다른 질문이 있으신가요?

[>-]

[프롬프트]

위 여러 모델 중 최적의 모델을 선택해주세요.

[ChatGPT]

> **ChatGPT**
> 여러 모델 중 최적의 모델을 선택하기 위해서는 각 모델의 성능 지표를 비교해야 합니다. 이전에 우리는 랜덤 포레스트 회귀 모델과 선형 회귀 모델을 사용하여 판매 데이터에 대한 예측을 수행했습니다. 각 모델의 성능은 다음과 같았습니다:
>
> 1. **랜덤 포레스트 회귀 모델:**
>   - 평균 절대 오차(MAE): 71,917.43
>   - 평균 제곱근 오차(RMSE): 130,123.42
> 2. **선형 회귀 모델:**
>   - 평균 절대 오차(MAE): 432,664.47
>   - 평균 제곱근 오차(RMSE): 522,381.20
>
> 성능 지표를 비교할 때, MAE와 RMSE는 모델이 예측한 값과 실제 값의 차이를 나타내며, 값이 작을수록 모델의 성능이 좋다는 것을 의미합니다.
>
> 이 비교를 바탕으로, **랜덤 포레스트 회귀 모델**이 선형 회귀 모델보다 훨씬 낮은 MAE와 RMSE 값을 가지고 있으므로, 제시된 두 모델 중 랜덤 포레스트 회귀 모델이 최적의 모델로 선택됩니다. 랜덤 포레스트 모델은 데이터의 비선형성과 복잡한 상호작용을 더 잘 캡처할 수 있기 때문에, 이 경우에 더 적합한 것으로 보입니다.
>
> 모델 선택 과정에서는 또한 모델의 해석 가능성, 훈련 및 예측에 소요되는 시간, 그리고 특정 비즈니스 요구사항을 고려해야 합니다. 예를 들어, 설명이 중요한 경우에는 보다 단순한 모델이 선호될 수 있습니다.

[프롬프트]

그러면 랜덤 포레스트 회귀모델을 분석하면서 최소한의 샘플로 시도해주세요

[ChatGPT]

> **ChatGPT**
> 랜덤 포레스트 회귀 모델을 사용하여 분석을 진행하면서 최소한의 샘플로 모델을 시험해보기 위해, 데이터의 일부만을 사용하여 모델을 훈련시키고 평가해보겠습니다. 이 방식은 모델의 초기 성능을 빠르게 평가하고, 전체 데이터셋에 대한 비용이나 시간이 많이 드는 모델 튜닝 전에 방향성을 잡는 데 도움이 될 수 있습니다.
>
> 여기서는 훈련 데이터의 일부만을 사용하여 모델을 훈련시키겠습니다. 예를 들어, 전체 훈련 데이터셋의 10%만 사용해 보겠습니다. 이를 통해 모델 훈련 속도를 높이고, 이 접근 방식이 모델 성능에 미치는 영향을 평가할 수 있습니다.
>
> 🔄 Analyzing ✓

> 훈련 데이터의 10%만을 사용하여 훈련시킨 랜덤 포레스트 회귀 모델의 성능 평가 결과는 다음과 같습니다:
>
> - 평균 절대 오차(MAE): 120,323.11
> - 평균 제곱근 오차(RMSE): 206,516.30
>
> 이 결과는 전체 훈련 데이터를 사용했을 때보다 오차가 더 크지만, 모델이 여전히 유의미한 예측을 수행할 수 있음을 보여줍니다. 적은 양의 데이터로도 랜덤 포레스트 모델이 어느 정도 성능을 내는 것을 확인할 수 있으며, 이는 모델이 강력한 비선형 패턴 학습 능력을 가지고 있음을 시사합니다.
>
> 이 방식은 초기 모델링 단계에서 빠른 실험과 평가를 가능하게 하여, 전체 데이터셋에 대한 더 광범위하고 시간이 많이 소요되는 모델 튜닝 전에 방향성을 설정하는 데 도움이 될 수 있습니다. 물론, 최종 모델을 구축할 때는 가능한 모든 데이터를 사용하는 것이 좋습니다.

4) 최종 결과물(생성형 AI의 해결 방안, 필요시, 본인의 보완 및 수정 내용 포함)

- **보완 및 수정:** AI가 제안한 전략을 실제 N사가 관련 상황에 맞게 조정하고, 실질적으로 적용 가능한 부분을 선별

> **ChatGPT**
>
> 분석된 랜덤 포레스트 회귀 모델에서 가장 의미 있는 영향 변수는 다음과 같습니다:
>
> 1. **Store (매장 번호):** 가장 큰 영향을 미치는 변수로, 특성 중요도는 약 59.2%입니다. 이는 각 매장의 위치, 규모, 고객 기반 등이 판매량에 큰 영향을 미친다는 것을 나타냅니다.
> 2. **CPI (소비자 가격 지수):** 두 번째로 중요한 변수로, 중요도는 약 19.7%입니다. CPI는 해당 지역의 경제 상태를 반영하며, 소비자 구매력과 관련이 있습니다.
> 3. **Unemployment (실업률):** 세 번째로 중요한 변수로, 중요도는 약 11.8%입니다. 실업률 역시 소비자의 구매력과 밀접한 관련이 있습니다.
>
> 이외에도 **Temperature (온도), Fuel_Price (연료 가격), Week (주), Month (월), Year (년), Holiday_Flag (공휴일 플래그)** 등이 변수의 중요도 순으로 나타났으나, 이들의 영향력은 상대적으로 작습니다.
>
> 이 결과는 매장 위치와 지역 경제 조건이 판매량 예측에 있어 중요한 변수임을 보여줍니다. 따라서 판매량을 증가시키기 위한 전략을 수립할 때, 이러한 요인을 중심으로 고려하는 것이 유익할 수 있습니다.

• **최종 해결 방안:** AI의 분석과 권고안을 바탕으로, 통계 분석 연구팀을 위한 구체적인 전략적 개선안 마련

ChatGPT
판매 예측 모델 기반의 경영 전략 보고서

요약

본 보고서는 랜덤 포레스트 회귀 모델을 사용하여 분석된 판매 데이터를 기반으로 한 경영 전략을 제시합니다. 분석 결과, 매장 위치(`Store`), 지역 경제 상태(`CPI`), 그리고 실업률(`Unemployment`)이 판매량 예측에 가장 큰 영향을 미치는 주요 요인으로 나타났습니다. 이러한 분석을 통해, 향후 매장 운영과 재고 관리, 마케팅 전략 수립에 구체적인 권장 사항을 도출하였습니다.

주요 영향 변수 분석

• **매장 위치(`Store`):** 판매량에 가장 큰 영향을 미치는 요인으로, 매장의 위치, 규모, 고객층이 판매 성과에 결정적인 역할을 함을 시사합니다.
• **소비자 가격 지수(`CPI`):** 지역 경제 상태를 반영하는 지표로, 고객의 구매력과 직접적인 관련이 있어 판매량에 중요한 영향을 미칩니다.
• **실업률(`Unemployment`):** 실업률의 높고 낮음은 소비자 구매력에 영향을 미쳐, 결과적으로 판매량에 영향을 줍니다.

경영 전략 권장 사항

1. **매장 위치 최적화:**
   • 판매량이 높은 매장의 위치와 특성 분석을 통해 신규 매장 개설 시 위치 선정 기준을 마련합니다.
   • 기존 매장의 경우, 위치에 따른 판매 전략을 세분화하여 맞춤형 프로모션을 계획합니다.

---

2. **지역 경제 상황에 따른 가격 전략:**
   • CPI가 높은 지역에서는 구매력이 높은 고객층을 대상으로 한 프리미엄 상품 및 서비스를 강화합니다.
   • CPI가 낮은 지역에서는 가성비 높은 상품을 적극적으로 홍보하여 판매량을 증가시킵니다.
3. **실업률에 기반한 마케팅 전략:**
   • 실업률이 높은 지역에서는 경제적인 가격의 상품, 할인 이벤트 등을 통해 구매를 유도합니다.
   • 실업률이 낮은 지역에서는 소득 수준이 높은 고객층을 겨냥한 마케팅 전략을 구사합니다.
4. **재고 관리 최적화:**
   • 판매 예측 모델을 활용하여 각 매장의 예상 판매량에 기반한 재고 관리 시스템을 구축합니다.
   • 공휴일, 계절성 등의 요인을 고려하여 재고 수준을 동적으로 조정합니다.

결론

랜덤 포레스트 회귀 모델을 통한 판매 데이터 분석은 매장 운영과 마케팅 전략에 중요한 인사이트를 제공합니다. 매장 위치, 지역 경제 상황, 실업률 등의 변수를 고려한 전략 수립은 판매량 증대와 비용 효율성 개선에 기여할 것입니다. 지속적인 데이터 분석과 모델 업데이트를 통해 경영 전략을 최적화해 나가는 것이 중요합니다.

---

5) 작업 URL(Link 주소):

https://chat.openai.com/share/9927bc52-9141-4a53-a5f4-0b9e5d1caba7

참고 문헌

- Anderson, D. R., Sweeney, D. J., & Williams, T. A. (2011). Statistics for Business and Economics. South-Western Cengage Learning.

- Black, K. (2019). Business Statistics: For Contemporary Decision Making. Wiley.

- Enterprise DNA Experts. (2023, May 23). ChatGPT for Data Analysts: Use Cases & Examples. Enterprise DNA. Available for: https://blog.enterprisedna.co/쳇GPT-for-data-analysts/

- Kim, M. (2003). Easy-to-understand Practical Statistics. Gyowoo.

- Levin, J., & Rubin, D. S. (2017). Statistics for Management. Pearson Education.

- Wooldridge, J. M. (2015). Introductory Econometrics: A Modern Approach. South-Western Cengage Learning.

07. 창의적인 기획 아이디어의 명안과 AI를 통한 연구 전략

08. 인과가능을 활용한 전략적 계약 맺의 이해관리

09. 보고서 작성 효율화를 위한 AI

10. 전략적 마케팅 수립에서 AI 프롬프트 디자인 활용

11. AI를 활용한 평가 및 등급 부여

12. 통계 및 데이터 분석을 위한 AI

13. 협업과 소통을 위한 AI

14. 부제로와 규정 영역 및 평가 자동화를 위한 AI

15. 교육혁신과 효과 극대화를 위한 AI 활용

Chapter

13

협업과 소통을 위한 AI

1. AI를 활용한 내외부 협업, 팀 미팅 및 소통 지원 전략

글로벌 시대와 디지털 트랜스포메이션 시대가 확산 될수록 비즈니스 환경에서 효과적인 협업, 팀 미팅 및 소통은 기업의 성과에 중요한 영향을 미친다고 할 수가 있다. 이에 본 장에서는 대내외 협업, 팀미팅 지원, 메시지이메일 등의 통번역의 AI 지원을 통한 고도화에 대해 설명하고자 한다.

1) 대내외 협업

협력이 항상 좋은 것만은 아니라고 할 수 있다. 예를 들면, 불필요한 협력으로 조직의 자원을 낭비할 수도 있으며, 반대로 고객의 눈으로 협력에 대한 가치를 평가하고 복잡한 비즈니스 프로세스는 단순화하는 것이 기업 경쟁력을 높이고 이를 통해 실효성 있는 협력으로 이어질 수도 있게 해 준다.

고객 니즈가 다양해지고 고도화 되기 시작하면서, 기업들은 경쟁우위를 확보하기 위해 협력Collaboration을 통한 시너지 창출, 경영 스피드 제고를 전략적 요소로 인식하고 있다. 내

부 협력은 외부 협력과는 다르게 접근성이 좋으며, 업무의 추진 동력이 빠른 장점을 가지고 있기 때문에 최소한의 시간과 비용으로 성공 가능성을 높이는 효과적인 방법이다장성근, 2014.

일반적으로 외부 협력을 시도하기 전에 내부 협력을 먼저 고려해야 한다. 외부협력은 조직의 외부로부터 정확하게 어떠한 부분을 얻고자 하는지, 목표를 어느정도로 설정해야 하는지 모르는 상태라고 한다면 타 기업부서에 협업을 요청해도 제대로 된 효과를 얻지 못하는 경우가 발생을 할 수 있다.

한 연구에 따르면, 기업이 협업하는 이유는 서로 자원을 결합하거나, 지식을 공유하거나, 시장 진입을 촉진하기 위함이며, 비즈니스 성과와 이익을 창출하기 위해 기업들은 서로 협력을 하게 된다고 하였다. 그러나 기업 간 협업이 성공할 확률은 50%를 넘지 못하는데, PwC와 KPMG한인재, 2012는 기업 간 협업의 실패 확률이 50%와 60~70%에 이른다고 분석하였다. 그만큼 협업이 성공하기 어렵다는 것을 반증하고 있다. 그럼에도 치열한 경쟁환경하에서 기업들은 자사의 이익을 위하여 지속적으로 혁신활동을 수행하게 되며, 내부 역량의 한계를 외부 자원의 활용을 통해 극복하고자 한다. 특히 전통산업에 속한 기업들은 성공을 위해 조직 내부가 아닌 조직 외부에서 자원이나 아이디어를 구하고 그런 사고하에서 비즈니스 기회를 창출하고자 하는 것이다.

우리는 현재 디지털 파괴 시대를 경험하고 있다. 켄터 교수는 디지털시대 경쟁력 확보를 위한 5FFocus, Fast, Flexibility, Friendly, Fun 전략을 주장하면서, 외부와 협업으로 새로운 생태계를 만들어야 한다고 주장하고 있다이미영, 2020.

5F 전략은 Focus, Fast, Flexibility, Friendly, Fun의 다섯 가지 요소로 구성되어 있다. 각 요소가 왜 중요한지, 그리고 어떻게 실천할 수 있는지를 살펴보겠다.

첫째, Focus집중는 목표와 우선순위를 명확히 설정하고, 이를 달성하기 위해 자원을 집중하는 것을 의미한다. 디지털 시대는 변화가 빠르고, 많은 정보와 선택지가 주어진다. 이런 환경에서 성공하기 위해서는 다음과 같은 방법이 필요하다. ① 명확한 목표 설정: 장기적 목표와 단기적 목표를 명확히 설정하여 방향을 잃지 않도록 한다. ② 우선순위 관리: 중요한 일을 먼저 처리하고, 불필요한 작업을 줄이는 것이 중요하다. ③ 자원 집중: 사람, 시간, 자금 등의 자원을 핵심 과제에 집중하여 효율성을 높인다.

둘째, Fast신속는 빠른 의사결정과 실행을 통해 시장에서 경쟁 우위를 점하는 것을 의미한다. 디지털 시대에는 변화를 빠르게 감지하고 대응하는 것이 중요하다. ① 빠른 의사결정: 의사결정 과정을 단축하고, 필요한 정보를 신속히 수집하여 결정한다. ② 실행력 강화: 계획을 신속하게 실행하고, 문제 발생 시 즉각적으로 대응한다. ③ 적응력 향상: 변화하는 시장 환경에 신속하게 적응할 수 있는 능력을 갖추어야 한다.

셋째, Flexibility유연성는 변화에 적응하고, 다양한 상황에 맞춰 전략을 조정하는 능력을 말한다. 이는 디지털 시대의 불확실성에 대응하는 데 필수적이다. ① 변화 수용: 새로운 기술이나 시장 변화를 수용하고, 이에 맞춰 조직을 변화시킨다. ② 다양한 시나리오 준비: 여러 가지 상황을 가정하고, 이에 맞는 대처 방안을 준비한다. ③ 조직의 유연성: 조직 구조와 문화가 유연성을 갖추도록 한다.

넷째, Friendly친밀는 고객, 직원, 파트너와의 관계를 강화하는 것을 의미한다. 디지털 시대에는 기술뿐만 아니라 인간관계도 중요한 경쟁력 요소이다. ① 고객 중심: 고객의 요구와 기대를 정확히 파악하고, 이를 만족시키는 제품과 서비스를 제공한다. ② 직원 만족: 직원들이 만족할 수 있는 근무 환경과 문화를 조성하여 생산성을 높인다. ③ 파트너십 강화: 비즈니스 파트너와의 협력 관계를 강화하여 시너지를 창출한다.

다섯째, Fun즐거움은 일을 즐기고, 긍정적인 조직 문화를 만드는 것을 의미한다. 이는 창의성과 혁신을 촉진한다. ① 즐거운 일터: 직원들이 즐겁게 일할 수 있는 환경을 조성한다. ② 창의적 활동: 창의성을 발휘할 수 있는 다양한 활동을 장려한다. ③긍정적 문화: 긍정적이고 활기찬 조직 문화를 만들어 나간다.

일반적으로 협업는 [그림 13-1]에서 볼 수 있듯이, ① 과제 발굴, ② 협업 필요성 검토, ③ 협업 대상기관 탐색 및 참여 의향 타진, ④ 협업 추진 여부 결정, ⑤ 협업 과제 정의, ⑥ 협업 과제 추진 및 지속적 의사소통, ⑦ 성과분석 및 홍보홍보의 절차를 따른다행정안전부, 2021.

07. 강력하고 기본 이미지역의 없으면, 실용성과연 전략

08. 인권리힘을 활용한 전략적 계획 및 의사결정

09. 보고서 작성의 효율화를 위한 AI

10. 젠데이 마케팅 콘텐츠에서 AI 프롬프트 디자인 활용

11. 시간을 활용한 텍가 작성 등과 부석

12. 통계 및 데이터 분석을 위한 AI

13. 협업과 소통을 위한 AI

14. 보고 제도와 규정 연수 및 평가가중하를 위한 AI

15. 교육현장 업무 극대화를 위한 AI 활용

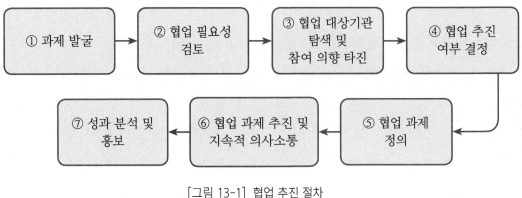

[그림 13-1] 협업 추진 절차

중요한 것은 문제의 성격이나 협업 기업조직의 특성 등을 고려해 유연하게 적용하여 프로세스를 정하는 것이 중요하다. 또한 협업 추진 전 과정에 있어 협업기관 간 긴밀한 의사소통과 상호작용을 통해 지속적으로 공감대를 형성해 나가야 한다.

① 과제 발굴

기업의 관점에서 해결이 필요한 '문제'를 새롭게 발굴하는 단계로 기업 스스로 자체적인 진단을 통해 발굴하거나, 언론 등을 통해 대두되는 현안 등을 분석하여 발굴할 수 있다. 전문가가 직접 제안한 아이디어 등을 토대로 과제화하는 것도 가능하다.

② 협업 필요성 검토

다른 기업과의 협업이 필요한지를 판단하는 단계로 어떤 업무를 왜, 누구와 협업해야 하는지 검토하며, 다른 기업과 협업해야 하는 실질적이고 현실적인 이유를 찾아야 한다. 특히, 다른 조직기업으로부터 도움을 받을 수 있는 정보, 예산, 인력 등의 자원을 폭넓게 검토하는 것이 중요하다.

③ 협업 대상기관 탐색 및 참여 의향 타진

협업이 필요하다고 판단된다면, 협업할 조직기업을 구체화한 다음 해당 조직의 참여 가능성을 확인해야 한다. 중요한 것은 협업할 조직의 의견을 충분히 듣고, 각 기업의 입장과 기대에 대해 진솔하게 관련 내용을 공유하는 것이 필요하다.

④ 협업 추진 여부 결정

수집된 정보를 바탕으로 협업의 필요성, 추진 시기, 기대효과, 장애요인 등을 폭넓게 고려하여 협업 추진 여부를 결정해야 한다.

⑤ 협업 과제 정의

본격적으로 협의를 통해 협업 내용을 계획하는 단계로 협업 과제를 구체화해 나갈 협의체나 TF 등을 구성하여 협업 조직이 함께 '문제'를 정의하고, 이를 해결하기 위해 수행해야 하는 협업 과제의 세부 내용, 장·단기 목표 등을 구체적으로 정의하는 단계이다.

협업 조직기업별로 어떠한 역할과 책임을 맡게 될 것인지 명확하게 설정하는 것이 좋으며, 필요시 업무협약MOU 등을 체결하여 해당 내용을 명문화하는 것이 중요하다.

⑥ 협업 과제 추진

협업 조직기업이 함께 정의한 협업 과제 추진계획에 따라 세부 사업을 추진하는 과정에서 협업 조직기업 간 지속적인 의사소통 채널을 구축하는 것이 중요하다.

대면회의, 영상회의, 메모보고, 협업 과제 플랫폼 등을 활용해 얼마나 자주, 어떤 수준으로 의사소통을 할 것인지 사전에 계획을 마련해 두는 것도 좋다. 필요한 경우에는 T/F, 기획단, 벤처형 조직, 협업정원 등의 제도를 추가적으로 활용하는 것도 고려해 보는 것이 좋다.

⑦ 성과분석 및 홍보

협업 과제 추진 결과, 사전에 설정한 목표가 실제 달성이 되었는지 확인하는 단계로 성과분석을 수행하면서 파악한 긍정적인 부분과 부정적인 부분을 검토하고, 앞으로 개선할 부분이 무엇인지 파악한다. 협업의 주요 성과는 언론 보도자료, 홈페이지 등을 통해 홍보하는 것이 필요하다.

앞서 살펴본 봐와 같이, 조직의 내부 및 외부 협업을 위하여 최근에 인공지능AI 기술을 활용하는 것은 매우 중요한 전략이며, 본 장에서는 AI를 활용하여 내부 협업과 외부 협업, 팀 미팅 및 소통을 지원하기 위한 전략을 제시하고자 한다.

2) AI를 활용한 내부 협업

(1) 자동화된 작업 프로세스

AI를 사용하여 반복적이고 일상적인 작업task들을 자동화함으로써 팀원들의 시간을 절약하고 생산성을 높일 수 있도록 해준다. 예를 들면, 업무와 관련된 이메일을 분류하고 중요한 정보를 요약하여 제공하는 AI 기반 이메일 관리 시스템을 도입할 수 있을 것이다. 이를 통해 팀원들의 시간과 노력을 절약할 수 있다.

(2) 지능형 지식 공유 플랫폼

내부 협업을 촉진하기 위해서는 먼저 AI 기반 지식 공유 플랫폼을 도입하면 된다. 이 플랫폼은 사용자의 관심과 역량에 따라 맞춤형으로 학습하고 팀원들 간의 지식을 효과적으로 공유 및 협업을 할 수 있도록 지원한다.

생성형 AI를 활용한 내부 협업의 실제 사례로 OpenAI의 챗GPT를 활용한 것을 들 수 있다. 챗GPT는 자연어 생성에 특화된 모델로 다양한 텍스트 데이터를 학습하여 사람과 자연스럽게 대화하거나 텍스트를 생성할 수 있으며, 활용한 사례는 다음과 같다.

① 협업 문서 작성

팀원들이 함께 문서를 작성해야 할 때, 챗GPT를 활용하여 문서의 초안을 생성할 수 있다. 팀원들은 챗GPT에게 주제나 내용에 대한 간단한 정보를 제공하고, 챗GPT는 이를 바탕으로 자연스러운 문장으로 구성된 초안을 생성한다. 이를 통해 팀원들은 문서 작성에 소비되는 시간을 단축하고 생산성을 높일 수 있다.

② 업무 지원 및 자동 응답

내부 업무 지원팀이나 고객 서비스팀에서는 챗GPT를 사용하여 자주하는 질문에 대한 자동 응답 시스템을 구축할 수 있다. 챗GPT는 다양한 질문에 대해 자연스러운 답변을 생성할 수 있으며, 팀원들의 업무 부담을 줄여줄 수 있다. 또한 챗GPT를 활용하여 업무 관련된 정보나 교육 자료를 생성하고 제공할 수도 있게 해준다.

3) AI를 활용한 외부 협업

(1) 자동 번역 및 통역 서비스

외부 파트너와의 협업을 강화하기 위해서 AI 기반 자동 번역 및 통역 서비스를 도입하는 것이 필요하다. 이를 통해 언어 장벽을 극복하고 글로벌 파트너와의 협업을 강화하고 원활하게 할 수 있도록 해준다.

(2) 예측 분석 및 의사결정 지원

AI 기반 예측 분석 도구를 사용하여 외부 시장 동향과 파트너사의 행동을 예측하고, 이를 기반으로 전략적 의사결정을 지원한다. 또한 데이터 기반의 예측을 통해 효율적인 비즈니스 전략을 수립할 수 있도록 해준다.

4) 팀 미팅 및 소통 지원

생성형 AI를 활용한 팀 미팅 및 소통 지원 방안은 개인화된 스케줄 및 업무 관리, 회의록 자동 생성, 실시간 번역 서비스, 자동 일정 조율 및 알림, 자동 진행 상황 업데이트, 자동 의견 수렴 및 피드백 제공 등이 있다.

(1) 개인화된 스케줄 및 업무 관리

팀 미팅과 소통을 위해서 중요한 것 중의 하나는 스케줄링일정계획이다. 일반적으로 계획수립과 스케줄링은 다른 의미를 가지고 있다. 계획 수립은 중장기적이며 조달, 제조 및 운영 보다 몇 개월 또는 몇 년 앞서서 진행될 수 있으며, 계획 수립을 위한 툴은 경쟁력을 향상시키고 수익을 증가시키고 고객 서비스를 개선하는 데 필수적이다.

그러나 스케줄링은 보다 상세하며 단기적인데, 툴, 인력, 기술 또는 프로세스와 같이 제한적인 리소스의 모든 제약 조건을 고려하여 개별 자산, 팀 또는 인력에 대해 일일 단위로 생성할 수 있다는 점이다SIEMENS(2024).

생성형 AI는 팀원들의 선호도와 업무의 우선순위를 학습하고 이를 통해 효율적이며 효과적인 일정 관리를 지원할 수 있도록 해준다. 그리고 이러한 생성형 AI 활용을 통해 내부 및 외부 협업을 강화하고 팀 미팅 및 소통을 효율적으로 지원할 수 있도록 해준다. AI 기반한 지능형 스케줄링 소프트웨어가 있다. 여기에서는 Lorelei2023가 제안한 소프트웨어 중에서 일부만 소개하고자 한다[표 13-1 참조].

[표 13-1] AI 기반 지능형 스케줄링 소프트웨어

소프트웨어	특징
Calendly	일정 도구 캘린더와 연동이 되어 맞춤형 이벤트 유형이 가능
Doodle	사용자가 투표 시스템을 사용하여 회의 또는 이벤트에 가장 적합한 시간을 쉽게 찾을 수 있도록 하는 온라인 일정 도구
Acuity Scheduling	자동 알림, 인기 캘린더와의 통합, 맞춤형 브랜딩 등의 기능을 갖춘 고급 일정 소프트웨어
Trello	보드, 목록, 카드를 생성하여 작업과 마감일을 정리할 수 있는 프로젝트 관리 도구
Shift	이메일 계정과 워크플로우 생산성 앱을 중앙 집중화하여 쉽게 액세스하고 구성을 간소화할 수 있는 데스크탑 앱

출처: Lorelei(2023) 수정 및 보완

[표 13-1]에서 본 바와 같이 최근에 생성형 AI를 기반으로 한 다양한 소프트웨어들이 출시되고 있다. 이 시스템들은 개인적인 스케줄, 팀별 스케줄, 그룹별 스케줄 등을 쉽게 관리하고 공유할 수 있도록 해주어 업무 효율성을 높여주고 있다.

(2) 회의록 자동 생성

프로젝트를 위해 기업간 회의를 한다고 가정을 하면, 이전에는 회의 내용을 정리 및 요약하는 작업을 각자 수행을 하였다. 그러나 최근에는 생성형 AI를 기반으로 한 다양한 소프트웨어가 있어 회의 내용을 녹음하고 나면, 바로 텍스트로 변환해주고, 나아가서는 요약까지 해주고 있다. 회의에 더욱 집중을 할 수 있어서 업무 만족도가 높아진다.

즉 생성형 AI를 활용하여 팀 미팅 중에 나온 대화 내용을 실시간으로 인식 및 분석하여, 자동으로 회의록을 작성할 수 있다. 필요한 사항을 실시간으로 기록 및 요약하여 모든 참여자에게 공유할 수 있다. 이는 미팅 참석자들이 집중력을 유지하면서 회의에 집중할 수 있도록 도와주며, 회의 후에도 중요 내용을 놓치지 않게 해준다.

(3) 실시간 번역 서비스

생성형 AI는 국제회의나 세미나 시 관련 대화 내용을 실시간으로 번역 및 통역의 역할을 수행할 수 있다. 이를 통해 언어 장벽을 극복하고 국제적으로 팀 협업을 향상시킬 수 있도록 지원해준다.

(4) 진행 상황 자동 업데이트

생성형 AI를 통해 프로젝트 진행 상황을 자동으로 업데이트하며, 프로젝트와 관련된 데이터를 분석 및 요약하고 제공하여 참석자들이 의사결정을 내리는데 도움을 줄 수 있다.

(5) 의견 수렴 및 피드백 제공

팀원들의 의견을 수렴하고 종합하는 과정에서 생성형 AI를 활용할 수 있다. 팀원들의 의견을 분석하고 요약하여 핵심 내용과 개선점을 도출할 수 있으며, 이를 통해 팀 미팅에서의 토론을 보다 더 효과적으로 이끌 수 있다.

(6) 감정 분석 및 피드백 제공

팀원들의 음성이나 텍스트를 분석하여 개인별 감정 상태를 파악하고, 필요에 따라서 팀원들에게 피드백을 제공한다. 긍정적 피드백 강화는 팀원들의 긍정적인 행동과 발언을 강조하고 인정함으로써 팀 내 긍정적인 분위기를 조성하며, 팀 미팅 및 소통을 보다 효과적으로 지원하고 팀의 협업 능력과 생산성을 향상시킨다.

이상에서 제시된 AI 기반 지원 방안을 잘 활용하면, 팀 미팅과 소통을 효율적으로 운영할 수 있으며, 생산적인 협업 환경 조성을 통해 성과 향상에 기여할 수 있다.

2. 메시지, 이메일, 통·번역을 위한 AI 기반 소통 고도화 사례 및 실습

생성형 AI는 주어진 데이터를 분석하고 이를 기반으로 새로운 텍스트, 문장, 대화를 생성하는 능력을 갖추고 있기 때문에 콘텐츠 생성, 자동 응답 챗봇, 문서 요약, 번역 등 예측과 생성이 가능한 다양한 분야에서 활용되고 있다.

1) 통번역을 위한 AI 활용

최근에는 통·번역에서 생성형 AI를 활용한 다양한 서비스들이 두각을 나타내고 있다. 예를 들면, 삼성전자의 갤럭시 S24는 통화중에서 실시간으로 통역을 해주는 생성형 AI 기능을 탑재하고 있으며, 딥브레인 AI도 AI 휴먼 기반의 실시간 통역 서비스를 개발하여 제공하고 있다. STT, TTS, 챗GPT 연계 등 다양한 AI 관련 기술들을 학습하여 속도, 정확도, 범용성, 활용성 등을 높일 수 있는 서비스를 제공하고 있다.

[사례] 플리토 실시간 다국어 컨퍼런스용 통번역 서비스 출시

플리토가 출시한 '라이브 번역'은 콘퍼런스, 전시회, 박람회 등 각종 다양한 행사에서 서로 다른 언어를 사용하는 발표자와 청중이 모국어로 쉽고 정확하게 소통할 수 있는 실시간 다국어 통번역 서비스

- **라이브 번역**
  - 딥러닝 기술을 바탕으로 한 고도화된 음성 인식 및 AI 번역을 통해 발표자가 발화하는 문장을 텍스트로 변환해 고품질의 번역을 청중에게 실시간으로 제공
  - 청중은 모바일 기기를 통해 QR코드를 스캔한 후 원하는 언어를 선택하면, 발표자가 실시간으로 발화하는 내용이 청중이 원하는 언어로 번역

- 현재 영어, 중국어간체, 일본어, 태국어, 베트남어, 말레이시아어, 인도네시아어, 아랍어, 러시아어, 스페인어, 프랑스어 등 총 11개 언어를 지원하며, 일대다 형식의 콘퍼런스 모드와 다대다 형식의 회의 모드 등을 선택할 수 있어 사용 장소별 특성에 맞게 제공

- **CT 엔진**
- CT엔진을 기반으로 발화 문장의 텍스트화 및 AI 번역의 정확도를 높였으며, 음성 텍스트 변환STT, Speech-to-Text 엔진과 자체 AI 번역 엔진을 높은 품질의 다국어 병렬 말뭉치 데이터 및 음성 데이터 학습을 거쳐 개발한 자체 엔진
- CT엔진은 문화적 차이에서 오는 고유명사, 표현방식 등이 담긴 용어집TM을 사전 학습해 분야별 맞춤 번역 결과 제공

출처: 이지은(2024)

플리토의 경우에 이미지, 자막유튜브, 파일, 테스트가 가능한데, 텍스트의 경우는 무료로 제공되지만, 이미지, 자막, 파일 등은 유료로 서비스가 제공되고 있다.

최근24.01.30.에 출시된 갤럭시 S24의 경우는 기존의 Chat GPT, Gemini 등과 같은 클라우드가상서버 기반이 아니라 온디바이스on-device·내장형 AI 기반의 통번역 서비스이다.

[사례] 인터넷 안 터져도 13개 언어 실시간 통역.. AI폰 갤럭시 S24 마법의 비밀

온디바이스 AI란 인터넷이 별도로 연결되지 않은 환경에서도 기기 자체에서 실행되는 AI 시스템을 의미

온디바이스 AI 기능이 탑재된 갤럭시 S24는 13가지 언어를 실시간 통역하고, 전문적 사진 편집까지 뚝딱 해내며, 스마트폰뿐 아니라 PC, 가전 등 모든 전자기기로 빠르게 확산하는 추세

- **장점**
  - 온디바이스 AI는 인터넷 사용이 어려운 환경에서도 작동하며, 비행기 내부에서나 해외 여행 중 로밍을 하지 않은 상태에서도 통역 등 필요한 서비스 이용이 가능
  - 응답 시간도 빠르며, 클라우드와 기기 간 정보를 주고받는 시간이 사라져 지연 시간이 줄어듦
  - 클라우드를 쓰지 않으니 비용을 줄일 수 있으며, 사용자 보안 강화

- **단점**
  - 기기 자체 내에서 처리되기 때문에 외부 데이터에 의존하지 않는 제한된 데이터로만 처리 가능
  - 새로운 정보를 얻거나 AI 모델을 업데이트하려면 결국 인터넷 연결이 필요하며, 외부 데이터에 의존해야 하는 실시간 날씨, 속보, 뉴스 등의 정보를 제공받기 어려움
  - 고성능 AI 모델을 실행하려면 고성능 하드웨어를 탑재해야 하기 때문에 저사양 기기에선 AI 서비스가 제한적임

출처: 유지한(2024)

2) 홍보를 위한 이메일 작성

회사에서 이메일을 작성하는 경우, 경우에 따라 각각 다른 형식과 내용으로 구성할 수 있을 것이다. 해외 바이어들에게 제품 홍보를 위한 이메일을 효과적으로 보내기 위한 경우에도 마찬가지이다. 이에 대해 생성형 AI가 지원하는 내용과 함께 정리하면 다음과 같다.

첫째, 제목을 작성할 때, 제품의 가치나 독특성을 강조하는 명확하고 설득력 있는 제목을 작성한다. 수신자가 이메일을 열도록 유도하는 주목을 끄는 단어를 포함시키는 것이 중요하다. 생성형 AI는 데이터 기반으로 효과적인 제목을 생성할 수 있다. 키워드 트렌드와 클릭율 높은 제목 사례를 분석하여 제품의 가치와 독특성을 강조하는 맞춤형 제목을 추천한다. 예를 들어, "혁신적인 [제품 이름]으로 [문제 해결]!"과 같은 제목을 제안한다.

둘째, 개인화를 잘 해야한다. 수신자의 이름으로 이메일을 시작하여 개인화하고 연결감을 형성한다. 수신자의 관심사, 시장, 또는 산업에 맞게 내용을 맞춤 설정한다. AI는 CRM 데이터를 활용해 수신자의 이름, 관심사, 과거 구매 이력을 바탕으로 개인화된 메시지를 작성한다. 수신자의 시장 트렌드와 선호도를 반영한 맞춤형 내용을 생성해 연결감을 강화한다.

셋째, 회사를 소개하고, 회사의 미션과 제품 제공을 이끄는 가치를 간략하게 설명한다. 신뢰성을 구축하는 데 도움이 되는 관련 상, 인정, 또는 자격증을 언급한다. AI는 간결하면서도 신뢰감을 주는 회사 소개 문구를 자동으로 생성한다. 회사의 미션, 가치, 수상 이력을 포함한 전문적인 소개 문구를 빠르게 작성할 수 있다. 예를 들어, "우리는 [목표]를 달성하기 위해 [특정 기술]을 활용합니다"라는 형식으로 제공한다.

넷째, 제품 하이라이트를 잘 작성한다. 그러기 위해 제품의 특징과 이점을 명확하게 제시한다. 고품질 이미지나 비디오를 사용하여 제품을 시각적으로 보여준다. 제품의 효과성과 가치를 입증하는 고객 후기나 사례 연구를 포함시킨다. AI를 활용하면 고품질 이미지와 동영상을 분석하고 이메일에 적합한 시각적 자료를 만들어낼 수 있다. 고객 후기와 사례 연구를 활용한 스토리텔링도 자동 생성할 수 있다.

다섯째, 가능하면 특별 제안을 한다. 수신자에게 제공되는 특별 할인, 할인, 또는 독점 거래를 언급한다. 즉각적인 행동을 유도하기 위해 제안의 긴급성이나 시간 제한적인 성격을 강조한다. AI는 구매 전환을 유도하기 위해 수신자에게 가장 적합한 특별 제안을 설계한다. 예를 들어, 고객의 지역이나 구매 이력을 분석해 개인화된 할인 혜택을 추천한다. "이 특별 할인은 7일 동안만 유효합니다" 같은 긴급성 강조 문구도 생성한다.

여섯째, 수신자에게 다음에 무엇을 하기를 원하는지 명확하게 명시한다예: 웹사이트 방문, 샘플 요청, 미팅 예약. 원하는 내용을 눈에 띄게 하고 찾기 쉽게 만든다. AI는 효과적인 Call-to-ActionCTA을 설계한다. "지금 샘플 요청하기" 또는 "5분 안에 상담 예약" 같은 클릭률 높은 문구를 추천하며, 버튼 디자인과 위치도 분석하여 최적의 결과를 제공한다.

일곱째, 이메일, 전화, 소셜 미디어 링크를 포함하여 여러 방법으로 연락할 수 있는 명확한 정보를 제공한다. 이메일에서 직접 통화나 미팅을 예약할 수 있는 링크를 포함하는 것을 고려한다. AI는 이메일 본문에 통합 가능한 클릭 가능한 연락처 링크를 생성한다. 또한, 수신자가 편리하게 사용할 수 있도록 이메일, 전화번호, 소셜 미디어 계정의 포맷을 자동 정리한다.

여덟째, 응답을 받지 못할 경우 언제, 어떻게 후속 조치를 취할지에 대한 전략을 계획한다. 후속 메시지를 초기 이메일과의 상호 작용에 기반하여 개인화한다. 생성형 AI는 초기 이메일에 대한 반응 데이터를 분석하여 후속 메시지를 작성한다. 개인화된 템플릿을 기반으로 "지난번 문의에 대한 추가 정보를 제공드립니다" 같은 적절한 후속 내용을 생성한다.

아홉째, 언어 및 문화적 감수성을 고려한다. 가능하다면 더 개인화된 접근을 위해 수신자의 언어로 이메일을 번역한다. 문화적 차이를 염두에 두고 내용이 적절하고 존중적인지 확인한다. AI는 자동 번역 기능과 문화적 감수성을 반영한 콘텐츠 검토 기능을 제공한다. 수신자의 언어와 문화적 배경에 맞춰 적절하고 예의 바른 문구를 추천한다.

열 번째, 국제 이메일 마케팅 법규와 규정을 준수하는 이메일을 보장한다. 수신자가 구독을 취소할 수 있는 쉬운 방법을 포함하여 그들의 선호를 존중한다. AI는 이메일 마케팅 규정을 분석해 GDPR, CAN-SPAM 등의 법규를 준수하도록 도와준다. 수신자에게 구독 취소 링크를 포함하거나 규정에 맞는 포맷으로 이메일을 작성한다.

(상 황)

해외 바이어들에게 우리 회사의 제품 홍보를 위한 이메일을 보낸다고 가정해 보자.

(질 문)

우리 회사는 세계 최초로 개발된 OOO를 적용한 제품을 개발했어. 이를 해외 바이어들에게 홍보하기 위한 영어 이메일을 작성해줘.

(답 변)

ChatGPT

Subject: Introducing Our Groundbreaking Product Powered by OOO Technology

Dear [Buyer's Name],

I hope this email finds you well. We are thrilled to introduce you to our latest innovation at [Your Company Name]. Our new product, powered by cutting-edge OOO technology, represents a significant leap forward in [industry/niche].

Developed as the world's first application of OOO technology, our product offers unparalleled benefits that we are eager to share with you:

1. Revolutionary Performance: Experience unparalleled performance and efficiency with our product, thanks to the groundbreaking OOO technology integrated into its design.
2. Enhanced Sustainability: Our commitment to sustainability is reflected in the use of OOO technology, which not only boosts performance but also minimizes environmental impact, aligning with your eco-conscious objectives.
3. Unmatched Reliability: Benefit from the reliability and durability of our product, engineered with OOO technology to deliver consistent results even in the most demanding conditions.

We firmly believe that our OOO-powered product can provide your business with a competitive edge in the global market. Whether you are seeking to improve efficiency, reduce environmental footprint, or enhance product reliability, our solution is tailor-made to meet your needs.

We are eager to discuss how our product can benefit your operations and contribute to your success. Please feel free to reach out to us with any inquiries or to schedule a demonstration.

Thank you for considering [Your Company Name] as your trusted partner. We look forward to the opportunity to collaborate with you and revolutionize your business with our OOO-powered product.

Best regards,

[Your Name]
[Your Position]
[Your Company Name]
[Contact Information]

질문을 영어가 아닌 한국어로 하여도 영어로 답변을 요구하면 영어로 답변을 제시해 준다. 물론 정확한 제품명이나 성능 등을 기재하지 않았으며, 담당자명도 기재를 하지 않았으므로, 제시된 답안의 초안을 수정하거나 추가해서 사용하면 된다.

3) 고객 클레임 해결을 위한 방안

(1) 인정하고 듣기

생성형 AI는 고객 클레임을 자동으로 분석하고 분류하여 어떤 유형의 문제인지 즉시 확인할 수 있다. 이를 통해 고객에게 빠르게 응답하고 문제를 인식하는 데 도움을 준다. 또한 AI 기반의 음성 인식 기술로 고객 대화를 실시간으로 기록하고 요약하여 놓칠 수 있는 세부 사항을 방지한다.

(2) 공감하고 사과하기

AI는 고객의 클레임 내용을 분석하여 공감과 사과 메시지를 생성할 수 있다. 상황에 맞는 진심 어린 문구를 추천하여 고객과의 신뢰를 높이는 데 도움을 줄 수 있다. 예를 들어, "불편을 겪게 해드려 정말 죄송합니다"와 같은 적절한 표현을 제공한다.

(3) 평가하고 조사하기

생성형 AI는 클레임 내용을 분석하고, 문제의 심각성을 자동으로 평가할 수 있다. 필요한 데이터를 빠르게 수집하고 관련 부서와 공유할 수 있는 보고서를 생성하여 효율적인 문제 해결 프로세스를 지원한다.

(4) 해결책 제공하기

생성형 AI는 유사한 과거 사례를 기반으로 가능한 해결책을 제안할 수 있다. 복잡한 문제의 경우 단계별 해결 방법과 예상 소요 시간을 고객에게 명확하게 설명할 수 있도록 지원한다.

07. 경쟁력을 키우는 이메일의 정보와 AI를 통한 전략

08. 인공지능을 활용한 전략적 계획 및 의사결정

09. 보고서 작성 효율화를 위한 AI

10. 전략적 마케팅 혁신에서 AI 프롬프트 디자인 활용

11. AI를 활용한 팩가뮛 응답 부석

12. 통계 및 데이터 분석을 위한 AI

13. 원활한 소통을 위한 AI

14. 비 제도와 규정 영어 및 평가 자동화를 위한 AI

15. 교육현장 혁신 극대화를 위한 AI 활용

(5) 조치 취하고 후속 조치하기

AI는 해결책 실행 상태를 추적하고, 미완료된 작업이 있는 경우 담당자에게 알림을 보낸다. 또한 후속 조치 이메일이나 메시지를 자동 생성하여 고객과 지속적으로 소통할 수 있도록 돕는다.

(6) 배우고 개선하기

생성형 AI는 클레임 데이터를 분석하여 문제의 근본 원인과 개선점을 도출한다. 이를 기반으로 고객 불만을 사전에 방지할 수 있는 개선 계획을 추천한다. 예를 들어, 제품 사용 가이드 보완이나 서비스 절차 변경을 제안할 수 있다.

(7) 문서화하고 검토하기

생성형 AI는 클레임과 해결 과정을 자동으로 문서화하고, 차후 검토를 위한 간결한 보고서를 작성한다. 또한 정기적으로 데이터를 검토하여 반복적인 문제를 파악하고, 서비스 품질을 개선하기 위한 인사이트를 제공한다.

이 방안들과 AI 기술을 결합하면, 고객 클레임 해결의 속도와 정확성이 향상된다. 이는 고객 만족도와 신뢰를 높이는 데 기여하며, 장기적으로 기업의 이미지와 충성도 유지에도 긍정적인 영향을 미칠 것이다.

(상 황)

우리는 과일을 전문적으로 판매하는 회사이다. 회사의 특성상 온라인 판매가 주로 이루어지고 있는데, 제품 배송시 파손으로 인한 클레임이 빈번한 편이다.

(질 문)

> 이번 설 명절에 사과와 배 선물세트를 받은 고객이 제품 파손으로 인한 클레임을 걸었다. 이에 따라 부분 환불, 전액 환불, 교환의 3가지 방법 중에서 가장 효과적인 방안이 무엇인지 추천해줘

(답 변)

일반적으로 고객의 클레임에 대해 해결방안이 무엇인지를 파악하는 것이 중요하다고 할 수 있다. 환불의 경우 전액인지 부분인지, 교환인지 등의 여부를 결정해야만 한다. 물론 경험이 많은 직원은 고객과 소통을 잘하겠지만, 경험이 부족한 직원의 경우에는 각 방안별로 장점과 단점을 잘 살펴보고 최적의 방안을 선택하는 것이 중요하다고 할 수 있다.

(질 문)

> 고객이 교환을 원하는데, 명절 특성상 설 명절 이전에 배송을 하지 못할것 같은데, 어떻게 설명하는 것이 좋을까?

(답 변)

ChatGPT

고객이 교환을 원하는 경우에 설 명절 전에 제품 배송을 보장하기 어려운 상황이라면 다음과 같이 설명할 수 있습니다:

"소중한 고객님께,

먼저 저희 [회사명] 제품을 선택해 주셔서 진심으로 감사드립니다. 고객님의 소중한 의견에 항상 귀기울이고 더 나은 서비스를 제공하기 위해 최선을 다하고 있습니다.

고객님이 요청하신 교환에 대해 저희는 최대한 신속하게 처리하고자 합니다. 그러나 설명절이 다가오고 있어서 고객님의 요청에 즉각적으로 응답해 드리기 어려운 점 양해 부탁드립니다.

제품 교환을 원하시는 고객님의 요청을 최우선으로 고려하여, 설 명절 이후 가장 빠른 시일 내에 제품을 교환해 드릴 것을 약속드립니다. 우선적으로 저희 팀에서 교환 처리에 대한 준비를 완료할 예정이며, 설 명절 이후로 가능한 빨리 제품을 배송해 드릴 것을 약속드립니다.

다시 한번 저희 제품을 선택해 주셔서 감사드리며, 고객님의 양해와 너그러운 이해를 부탁드립니다. 교환 처리에 관한 추가적인 문의나 도움이 필요하신 경우 언제든지 연락 주시기 바랍니다. 저희는 항상 고객님의 만족을 최우선으로 생각하고 최선을 다하겠습니다.

다시 한 번 감사드리며, 설 명절을 맞이하여 행복과 안락이 함께하시길 바랍니다.

고맙습니다.

[회사명]
[연락처 정보]"

이렇게 설명함으로써 고객에게 적절한 설명과 양해를 구하는 동시에, 교환 처리에 대한 노력을 보여줄 수 있습니다.

제시된 답변을 토대로 최적의 방안을 찾아서 고객에게 진심으로 사과하고 배송에 대한 부분을 설명해 오해가 없도록 하는 것이 필요하다.

3. 스케줄링 및 조정을 위한 AI 도구

여기에서는 스케줄링을 해주는 대표적인 10가지 도구 중에서 대표적인 몇가지만 소개하기로 한다. x.ai는 AI 기반의 개인 비서 서비스를 제공하고 있는데, 이 서비스는 미팅 일정 조율을 자동화하여 사용자가 일정을 관리하는 데 도움을 주고 있다. 사용자는 x.ai에 미팅을 예약하고자 하는 시간과 참석자의 이메일 주소를 제공하면, x.ai는 자동으로 이메일을 보내고 미팅 일정을 조율하고 설정하게 된다. 또한 x.ai는 참석자들의 일정을 고려하여 가능한 시간을 제안하고, 모든 참석자가 동의하는 최적의 시간을 찾아낸다.

Google Calendar는 스케줄링을 위한 AI 기능인 스케줄러를 제공하고 있는데, 사용자가 미팅 시간을 입력하면, 스케줄러가 사용자의 일정을 분석하여 가능한 시간을 자동으로 추천하게 된다. 또한 스케줄러는 참석자들의 일정을 고려한 최적의 시간을 찾아주고, 사용자에게 일정 초대장을 보내는 데 도움을 주고 있다. 이를 통해 사용자는 미팅 일정 조율에 소요되는 시간을 절약하고, 효율적으로 일정을 관리할 수 있도록 해준다.

Trello는 보드, 목록, 카드를 생성하여 작업과 마감일을 정리할 수 있는 프로젝트 관리 도구이다. 기본적인 기능은 무료로 사용이 가능하며, 보다 많은 프리미엄 기능을 사용하고자 한다면 업그레이드를 하여 유료로 사용하면 된다. Trello는 구글 아이디로 편하게 가입할 수 있다. 먼저 Trello에 가입을 하고 관련 보드를 만들면 된다.

이외에도 다른 스케줄링 도구인 Doodle이 있다. Doodle은 사용자가 투표 시스템을 사용하여 회의 또는 이벤트에 가장 적합한 시간을 쉽게 찾을 수 있도록 하는 온라인 일정 도구이다. 구글, 오피스 365, 아이클라우드 등의 이벤트와 캘린더를 연동하여 사용할 수 있다는 장점을 가지고 있다.

4. myGPTs 활용 지식 데이터베이스 구축

1) 지식 데이터베이스 시스템

지식 데이터베이스는 조직기업이 보유하고 있는 지식을 체계적으로 저장, 관리, 공유하기 위한 시스템 또는 플랫폼을 의미한다. 기업 내부 정보와 지식을 구조화하고 효율적으로 활용하기 위한 도구이며, 주로 텍스트, 이미지, 비디오 등 다양한 형식의 데이터를 수집 및 저장하여 조직 내부의 지식을 보다 쉽게 활용할 수 있도록 해준다.

조직기업에서 지식 데이터베이스를 구축하는 이유는 분산되어 있는 정보나 지식의 중앙화와 표준화, 지식 공유를 통한 협업 강화, 빠른 정보 검색과 활용, 기업 경쟁력 강화 등이 필요하기 때문이다. 기업이나 조직 내의 지식이 서로 분산되어 있는 경우, 중복된 정보가 발생할 수 있고, 일관성이 부족할 수 있는데, 기업에서 지식 데이터베이스를 구축함으로써 정보를 중앙화하고 표준화함으로써 이러한 문제를 해결할 수 있게 해준다. 또한 지식 데이터베이스를 통해 조직 내부의 지식을 공유하고 협업하는 문화를 조성할 수 있으며, 팀 간에 서로 지식의 교류와 공유를 촉진하여 업무 효율성을 향상시킬 수 있다.

지식 데이터베이스를 통해 필요한 정보를 빠르게 검색하고 활용할 수 있으며, 이를 통해 빠른 의사 결정이 이루어질 수 있다. 또한 조직 내부의 지식을 효과적으로 관리하고 활용하는 것은 기업의 경쟁력을 강화하는데 있어 매우 중요하며, 지식의 적절한 활용은 혁신과 창의성을 촉진하고 시장 변화에 빠르게 대응할 수 있는 능력을 키우게 해준다. 이에 조직기업에서는 지식 데이터베이스를 구축하여 기업의 생산성을 높이는 활동을 전개하고 있다.

예를 들면, 기업에서 기술 지식 데이터베이스를 구축하게 되면 기술 기반 기업에서는 제품 관련 기술 문서, 해결책, 오류 코드 등의 정보를 구축하여 기술 지식베이스를 형성하고 이를 통해 기술 지원팀이 고객 문제를 신속하게 해결하고 제품 개발에 필요한 정보를 공유할 수 있도록 해준다. 또한 마케팅 지식 데이터베이스 구축을 통해 마케팅 팀은 시장 조사 결과, 경쟁사 분석, 마케팅 전략 등의 정보를 수집하고 이를 통해 효과적인 마케팅 전략 수립과 실행에 필요한 정보를 공유하고 활용할 수 있도록 지원해 주는 역할을 수행하게 된다.

지식 데이터베이스는 조직 내부의 지식을 체계적으로 관리하고 활용하는 데 중요한 역할을 수행하며, 효과적인 구축과 활용을 통해 조직은 정보의 중앙화와 표준화를 실현하고, 지식 공유와 협업을 촉진하여 경쟁력을 강화할 수 있도록 해준다.

2) 생성형 AI 기반 지식 기반 시스템

생성형 AI를 사용하여 내부 지식 기반 시스템을 구축할 수 있다. 이를 통해 직원들은 문제 해결이나 업무 수행 시에 필요한 정보를 쉽게 검색하고 활용할 수 있으며, 외부 협업에서는 고객 서비스나 기술 지원에 활용될 수 있다.

LG CNS는 생성형 AI를 활용하여 기업 내부의 유용한 지식과 데이터를 찾는 AI를 활용한 지식관리 혁신Assetization with AI 서비스를 직원들에게 제공하고 있다. AI를 활용한 KM 혁신은 사내 임직원을 위한 업무용 AI챗봇 서비스로 업무에 필요한 지식을 찾기 위해 채팅 창에 자연어로 질의하면, 생성형 AI가 사내 데이터를 분석해 최적의 답변을 제공한다는 장점을 가지고 있다. 기존 방식사람이 정해 놓은 시나리오 기준으로 답변과 달리 방대한 데이터를 통해 AI가 직접 답변을 생성할 수 있도록 고도화됐다는 점이 특징이다.

또한 애저 오픈AI의 GPT-4를 적용하여 기업 내부 데이터 기반으로 답변을 하거나 답변 내용이 존재하지 않을 경우에는 외부 지식을 활용하여 답변하고 있다남혁우, 2023.

3) myGPTs를 활용한 지식 데이터베이스 구축

myGPTs를 활용하여 지식 데이터베이스를 구축하는 방법은 주제 및 범위 결정, 데이터 수집 및 정제, myGPTs 학습, 질문-응답 시스템 구축, 정확성 및 신뢰성 검증, 시스템 활용 및 유지 보수 순으로 구축할 수 있다.

(1) 주제 및 범위 결정

먼저 구축하고자 하는 지식 데이터베이스의 주제와 범위를 결정한다. 이는 데이터베이스가 어떤 종류의 정보를 포함하고 있을지, 어떤 분야에 초점을 맞출지를 결정하는 것을 의미한다.

(2) 데이터 수집 및 정제

선택한 주제와 범위에 맞는 데이터를 수집한다. 이때, 인터넷에서 웹 페이지, 블로그, 논문, 뉴스 기사 등을 크롤링하거나 이미 구축된 데이터베이스에서 필요한 정보를 추출한다. 수집된 데이터는 필요에 따라 정제하여 사용하기 쉬운 형식으로 변환한다.

(3) myGPTs 학습

수집된 데이터를 이용하여 myGPTs 모델을 학습시킨다. 이를 위해 데이터를 문장 또는 문단 단위로 나누어 모델에 입력으로 제공한다. 이 과정에서 myGPTs는 주어진 데이터를 분석하고 이해하여 지식을 습득하고 기억한다.

(4) 질문-응답 시스템 구축

학습된 myGPTs 모델을 활용하여 질문-응답 시스템을 구축한다. 사용자가 질문을 입력하면 myGPTs는 입력된 질문을 이해하고 관련 정보를 제공하는 답변을 생성한다. 이때, 원하는 정보를 정확하게 얻기 위해 입력된 질문을 명확하게 이해하는 것이 중요하다.

(5) 정확성 및 신뢰성 검증

구축된 질문-응답 시스템의 정확성과 신뢰성을 검증한다. 이를 위해 다양한 질문을 입력하여 생성된 답변을 검토하고 필요에 따라 수정하거나 보완하며, 사용자 피드백을 수집하여 시스템을 계속 개선한다.

(6) 시스템 활용 및 유지 보수

구축된 지식 데이터베이스와 질문-응답 시스템을 사용자에게 제공하고 활용한다. 시스템의 성능을 모니터링하고 필요에 따라 업데이트 및 유지 보수를 수행하여 시스템의 효율성을 유지한다.

4) myGPTs 활용 지식 DB 구축 실습

myGPTs를 활용하여 지식 데이터베이스를 만들어 보고자 한다. 우선 myGPTs를 사용하기 위해서는 유료로 가입을 해야 한다.

GPT-4 이상 버전으로 업그레이드해야 하며, 개인의 경우 월 20불, 팀의 경우는 월 25불을 내고 사용해야 한다. GPT-4에 가입한 것을 가정하고 설명하고자 한다.

① 먼저 좌측 중앙의 GPT 탐색을 클릭한다.

② +만들기를 클릭하면, GPT Builder가 열린다.

③ 참조 URL이나 관련 pdf파일을 업로드한다.

④ 이름과 프로필을 작성한다.

⑤ 상호 작용에 대한 질문을 한다.

어떻게 답변을 할 것인지? 어떠한 말투어조를 사용할 것인지? 답변을 하면 안되는 사항을 구체적으로 작성한다.

⑥ 마지막 단계에서는 대화를 종료하거나 마무리를 어떻게 할 것인지를 설정하면 된다.

5. 종합 정리

생성형 AI 프롬프트 디자인의 소통과 협업에 대한 혁명적인 변화로는 창의성 촉진, 시간 단축, 자원 활용 최적화, 다양성과 포용성 강화, 실시간 피드백 제공, 자동화된 작업 처리, 시장 응답력 향상 등이 있다.

AI를 활용한 내부 및 외부 협업, 팀 미팅 및 소통 지원 전략은 기업의 생산성과 혁신성을 높이는 데 중요한 역할을 수행하고 있다. 이러한 전략을 효과적으로 실행함으로써 기업은 경쟁력을 강화하고 글로벌 시장에서 성공을 거둘 수 있도록 지원해 준다.

※ 문제: 난이도 상(20분, 125점), 난이도 중(15분, 100점), 난이도 하(10분, 75점)

【실습 문제】

[문제 1] 신제품 개발이 목표인 두 팀(기획, 개발)의 갈등(난이도 하)

　　　출제 의도(테스트 내용): 텍스트 생성 기능 활용 역량

> [문제]
>
> 우리회사는 글로벌 시장 진출을 목표로 신제품을 개발하고자 한다. 그러나 기획팀과 개발팀의 이견차이로 인해 갈등이 발생을 하고 있다. 기획팀은 신제품에 XR 기술을 추가해야 한다고 생각하고 있으나 개발팀은 현재 기술을 더 발전시키는 것이 중요하다고 의견을 제시하고 있다. 특히 기획팀은 XR 기술이 미래가치를 담보하고 있다고 주장하고 있어 서로 의견이 조율되지 않고 있다. 이러한 상황에서 2024년 현재 XR 기술 현황과 시장 현황을 분석 및 전망해 보고 XR 기술이 향후 미래에 가치가 있다는 근거를 제시하고, 글로벌 시장을 선점하기 위해 어떠한 노력들이 필요한지 제시하시오.
>
> **산출물:** 아래 내용이 담긴 결과물(표)
>
> 1. 상황분석 및 원인 파악(상, 중, 하)
>
> 2. 판매예측(2025년)
>
> 3. 협력 및 파트너십 강화
>
> 단, 1) 상황분석 및 원인 파악(상, 중, 하), 2) 판매예측(2025년), 3) 협력 및 파트너십 강화에 대해 목적, 역할 등을 확인할 수 있도록 자세하고 명확하게 기술하시오.

[답안] 수험자가 아래와 같은 내용으로 AI 활용 과정과 결과물을 복사 혹은 작성, 제출

1) 사용 AI와 기능 및 도구

사용 AI: GPT-3.5, GPT-4 등

2) 생성형 AI를 활용하기 위한 기획 내용

[1단계] 상황 분석 및 원인 파악

- **프롬프트:** "2024년 현재 XR 기술 현황과 시장 현황을 분석 및 전망하고 이들 간의 상관관계를 밝혀 주세요."
- **목적:** 현재 XR 기술의 현황 면밀히 조사하고, 근본적인 문제점이 무엇인지를 파악한다.
- **역할:** XR의 기술과 시장현황 파악을 통한 원인 파악

[2단계] 판매 예측(2025년 전망)

- **프롬프트:** "현재 기술과 시장 분석을 바탕으로 XR 기술이 향후 미래가치가 있는지를 예측 및 판단해 주세요."
- **목적:** 미래 동향을 예측하고, 이를 바탕으로 사업 전략을 수립하기 위함이다.
- **역할:** XR 기술과 시장분석 전망과 미래 가치 예측

[3단계] 협력 및 파트너십 강화

- **프롬프트:** "XR 산업의 글로벌 경쟁력 강화를 위한 협력 및 파트너십 강화를 위한 전략에 대해 분석하고, 글로벌 시장을 선점하기 위한 방안을 구체적으로 제시해 주세요."
- **목적:** 글로벌 파트너십과 협력을 통해 한국 XR 산업의 글로벌 파트너십을 강화하고, 글로벌 시장 선점을 위한 방안을 모색한다.
- **역할:** 시장 다변화를 위한 글로벌 협력 및 파트너십 강화

3) 생성형 AI에의 프롬프트 입력 및 대화(피드백) 과정과 내용

[1단계] 상황 분석 및 원인 파악

[프롬프트] 2024년 현재 XR 기술 현황과 시장 현황을 분석 및 전망하고 이들 간의 상관 관계를 밝혀 주세요

⚙️ 2024년 현재, XR(Extended Reality)은 가상 현실(VR), 증강 현실(AR), 혼합 현실(MR)을 포함한 확장 현실 기술을 통칭하며, 다양한 산업에서 빠르게 발전하고 있습니다. 이 기술들은 게임, 엔터테인먼트, 교육, 헬스케어, 제조, 군사 훈련, 그리고 원격 협업 등 광범위한 분야에 적용되고 있습니다. 다음은 2024년 XR 기술 및 시장 현황과 전망을 분석하고, 이들 간의 상관관계를 설명한 내용입니다.

1. XR 기술 현황

XR 기술은 하드웨어, 소프트웨어, 콘텐츠 측면에서 지속적으로 발전하고 있습니다.

(1) 하드웨어

- **디스플레이 기술**: 2024년에는 고해상도 디스플레이와 경량화된 헤드셋이 보편화되었습니다. OLED, 마이크로LED 디스플레이가 더 선명한 화질과 색 재현을 제공하며, 사용자의 몰입도를 극대화하고 있습니다. 대표적인 기기는 메타의 Meta Quest 3, 애플의 Vision Pro, 그리고 마이크로소프트의 HoloLens 시리즈입니다.
- **센서 기술**: 카메라와 센서가 결합된 헤드셋과 컨트롤러는 손동작, 눈동자 추적, 표정 인식 등을 정밀하게 인식하여 사용자 경험을 더욱 실감나게 만듭니다.
- **경량화 및 착용감 개선**: 무게 감소와 무선 연결 기술이 발전하면서 사용자의 피로감을 줄이고 착용감을 크게 개선했습니다.

(2) 소프트웨어

- **플랫폼 통합**: 여러 XR 플랫폼들이 사용자를 위한 통합 생태계를 제공하고 있으며, 특히 메타버스 플랫폼은 XR 기술과 결합되어 소셜 미디어, 엔터테인먼트, 쇼핑 등을 가상 공간에서 체험할 수 있게 만들고 있습니다.
- **실시간 렌더링**: 5G와 클라우드 기술이 확산되어 실시간 렌더링이 가능해져, XR 경험이 더 원활하고 지연 시간이 줄어들었습니다. 이는 고사양의 XR 기기를 사용하지 않고도 고품질 경험을 제공하는 기반을 마련했습니다.

(3) 콘텐츠

- **게임과 엔터테인먼트**: XR 기술은 게임 산업에서 매우 중요한 역할을 하고 있습니다. 'Half-Life: Alyx' 같은 VR 게임이 큰 인기를 끌고 있으며, XR 기술을 활용한 새로운 형태의 상호작용 콘텐츠가 꾸준히 개발되고 있습니다.
- **교육 및 훈련**: 의료, 군사, 항공 등에서 XR은 현실감 있는 훈련 환경을 제공하여 안전하고 효과적인 교육 및 훈련을 가능하게 하고 있습니다.

2. XR 시장 현황

XR 시장은 2024년에도 급성장하고 있으며, 향후 몇 년 동안 더욱 빠르게 확대될 것으로 전망됩니다.

(1) 시장 규모

- 2024년 XR 시장 규모는 약 1,500억 달러를 상회할 것으로 예상되며, 연평균 성장률(CAGR)이 40%를 넘는 성장세를 보일 것으로 예상됩니다.
- 특히, VR과 AR 시장의 성장률은 각각 25%, 50%에 이를 것으로 보입니다. AR은 특히 산업 및 기업용 애플리케이션에서 강력한 성장을 전망하고 있습니다.

(2) 주요 산업 분야

- **게임 및 엔터테인먼트**: 여전히 XR 시장의 가장 큰 부분을 차지하고 있습니다. 게임 및 몰입형 엔터테인먼트 콘텐츠는 사용자의 지속적인 수요를 반영하며, 메타버스와의 결합을 통해 확장성을 극대화하고 있습니다.
- **헬스케어**: 가상 수술, 원격 진료, 환자 교육 등의 분야에서 XR이 혁신적인 해결책을 제공하고 있습니다. 특히, AR 기반 수술 가이드나 VR을 활용한 통증 관리 등이 대표적입니다.
- **교육 및 훈련**: XR은 시뮬레이션을 통해 실제와 유사한 환경을 제공하여 다양한 교육 및 훈련 목적에 적합합니다. 항공, 군사, 제조업 등의 분야에서 중요한 역할을 하고 있습니다.
- **원격 협업**: XR을 활용한 가상 회의와 협업 툴이 원격 근무 환경에서 널리 사용되고 있습니다. 이로 인해 공간의 제약 없이 실시간 협업이 가능해졌습니다.

(3) 시장 동향

- **대기업의 참여**: 메타(Meta), 애플(Apple), 구글(Google), 마이크로소프트(Microsoft)와 같은 주요 테크 기업들이 XR 시장에 적극적으로 투자하고 있으며, 이들의 경쟁이 기술 발전을 촉진시키고 있습니다.
- **메타버스와의 융합**: XR 기술은 메타버스의 중요한 기반 기술로 작용하고 있습니다. 사용자들은 XR 장비를 통해 메타버스 내에서 몰입감 있는 상호작용을 경험할 수 있으며, 이는 새로운 상업적 기회를 창출하고 있습니다.

3. XR 기술과 시장의 상관관계

XR 기술의 발전은 시장 성장을 가속화하는 핵심 요소이며, 양자 간의 상관관계는 밀접합니다.

(1) 기술 발전이 시장 성장에 미치는 영향

- **사용자 경험 개선**: 하드웨어와 소프트웨어 기술의 발전은 더 나은 사용자 경험을 제공함으로써 XR 시장의 성장에 직접적으로 기여하고 있습니다. 예를 들어, 고해상도 디스플레이와 저지연 통신 기술은 사용자 피로감을 줄이고 몰입감을 극대화하여 시장 수요를 증가시킵니다.
- **비용 절감**: 기술 발전을 통해 XR 장비의 생산 비용이 감소하면서, 기업과 소비자 모두 접근성이 향상되고 있습니다. 이는 XR 기술을 다양한 산업에 도입하는 데 중요한 역할을 하고 있습니다.

(2) 시장 수요가 기술 발전에 미치는 영향

- **다양한 요구사항**: XR 기술은 게임과 엔터테인먼트뿐만 아니라 헬스케어, 교육, 제조업 등 다양한 분야에서 활용되고 있어 각 산업의 요구에 맞춘 기술 발전이 이루어지고 있습니다. 예를 들어, 헬스케어 분야에서는 정밀한 AR 기반 의료 기기와 VR 수술 훈련 프로그램이 요구되고 있으며, 이러한 수요는 해당 기술의 발전을 촉진하고 있습니다.
- **콘텐츠 개발**: 시장이 성장함에 따라 더 많은 콘텐츠 개발이 요구되며, 이는 새로운 기술적 도전과 해결책을 요구합니다. 게임 산업은 XR 콘텐츠 수요가 많으며, 이로 인해 더 정교한 그래픽과 상호작용 기술이 개발되고 있습니다.

4. 전망

- **지속적 성장**: XR 기술의 발전과 산업 간의 융합은 앞으로도 지속적으로 성장할 것으로 전망됩니다. 특히 AR이 상업 및 산업 분야에서 더 빠르게 확산될 것으로 보이며, 소비자용 VR 장비 또한 점차 가벼워지고 몰입감을 극대화하는 방향으로 발전할 것입니다.
- **메타버스와의 연계 강화**: XR 기술은 메타버스와의 결합을 통해 더욱 중요한 역할을 할 것이며, 이를 바탕으로 새로운 형태의 비즈니스 모델이 등장할 것입니다.

[2단계] 판매 예측(2025년 전망)

[프롬프트] 현재 기술과 시장 분석을 바탕으로 XR 기술이 향후 미래가치가 있는지를 예측 및 판단해 주세요

> 현재 XR(Extended Reality) 기술의 발전과 시장 동향을 분석하면, XR 기술은 미래 가치가 매우 높다고 판단할 수 있습니다. 이를 예측할 수 있는 근거는 기술적 진보, 다양한 산업에서의 채택 확대, 그리고 메타버스와 같은 새로운 기술 환경과의 융합을 포함합니다. 향후 XR 기술의 미래 가치를 예측할 때 주목할 몇 가지 중요한 요인과 함께 이러한 기술적, 시장적 맥락을 분석해 보겠습니다.

1. 기술적 진보와 성숙도

(1) 하드웨어 성숙도

XR 기술은 하드웨어 성능과 사용자의 편의성에서 지속적으로 개선되고 있습니다. 향후 5~10년 동안 예상되는 기술 발전 방향을 보면, 다음과 같은 요소들이 미래 가치를 높일 것으로 보입니다.

- **디스플레이 해상도와 품질 향상**: OLED, 마이크로LED와 같은 디스플레이 기술의 발전은 더욱 사실적인 경험을 제공하고 있습니다. 이러한 기술들은 사용자의 몰입감을 극대화하여 다양한 산업에서 활용될 가능성을 증대시킵니다.
- **경량화와 무선화**: XR 헤드셋의 무게가 줄어들고, 배터리 성능과 무선 연결 기술이 향상되면서, XR 기기의 일상적 사용이 가능해지고 있습니다. 이는 대중화에 중요한 역할을 할 것입니다.

(2) 소프트웨어와 콘텐츠 발전

- **플랫폼 생태계의 확장**: XR 소프트웨어 플랫폼은 점점 더 통합적이고 개방적으로 변화하고 있습니다. 기업들은 메타버스와 같은 거대한 가상 공간을 구축하고, 이를 XR 장치와 연계하는 것을 목표로 하고 있습니다. 이와 같은 플랫폼의 성장은 더 많은 콘텐츠 개발자와 기업들을 끌어들이며, XR 생태계의 성장을 촉진합니다.
- **AI와 XR의 결합**: 인공지능(AI) 기술은 XR과 결합하여 더 정교한 상호작용과 사용자 맞춤형 경험을 제공할 수 있습니다. 예를 들어, AI 기반의 실시간 객체 인식, 음성 제어, 그리고 사용자 데이터 분석이 XR 경험을 더욱 향상시킬 것입니다.

2. 다양한 산업에서의 확장성

XR 기술은 이미 다양한 산업에 도입되고 있으며, 앞으로도 더 많은 산업에서 중요한 역할을 할 것으로 예상됩니다.

(1) 교육 및 훈련

교육과 훈련에서 XR 기술은 몰입감 있는 학습 환경을 제공하여 학습 효과를 극대화하고 있습니다. 특히, 군사 훈련, 의료 훈련, 항공 훈련 등의 분야에서는 현실감 있는 시뮬레이션을 통해 위험을 최소화하면서도 실제와 유사한 경험을 제공할 수 있습니다.

- 예를 들어, 의료 분야에서 수술 시뮬레이션이나 해부학 교육을 위한 VR은 이미 많은 병원과 교육 기관에서 도입되고 있습니다.

3. 시장 성장률과 경제적 잠재력

(1) 시장 성장률

2024년 XR 시장은 연평균 성장률(CAGR)이 약 40%에 달할 것으로 예측되고 있으며, 이는 기술 발전과 더불어 다양한 산업에서 XR의 도입이 빠르게 이루어지고 있음을 시사합니다. 특히 AR은 산업 분야나 소매업에서 강력한 성장을 기록할 것으로 예상되며, VR은 소비자 및 엔터테인먼트 분야에서 성장할 것입니다.

(2) 기술 투자

글로벌 테크 기업들(Meta, Apple, Google, Microsoft 등)이 XR 기술에 대규모 투자를 하고 있습니다. 이들은 XR을 차세대 컴퓨팅 플랫폼으로 인식하고 있으며, 각 기업들은 경쟁적으로 기술 개발에 박차를 가하고 있습니다. 특히 애플의 *Vision Pro* 같은 제품은 XR 기술의 가능성을 대중화하는 데 중요한 역할을 할 것입니다.

(3) 비즈니스 기회

- **새로운 비즈니스 모델**: XR 기술을 활용한 새로운 비즈니스 모델들이 계속해서 등장할 것입니다. 가상 상점, 가상 여행, 가상 교육 등 다양한 서비스가 소비자들의 일상에 스며들며 새로운 경제적 기회를 창출할 것입니다.
- **B2B 시장**: 기업 간 비즈니스(B2B) 분야에서도 XR은 혁신적인 기술로 자리잡을 가능성이 큽니다. 예를 들어, XR을 이용한 원격 유지보수, 교육, 그리고 디지털 트윈 기술을 활용한 효율성 향상은 큰 가치 창출이 가능합니다.

4. 결론: XR 기술의 미래 가치는 높은가?

종합적으로 판단할 때, XR 기술은 다양한 산업과 기술 발전에 의해 견인되는 높은 미래 가치를 가지고 있습니다. 하드웨어의 지속적인 발전, 소프트웨어 플랫폼의 성숙, 그리고 메타버스와 같은 새로운 기술 환경과의 융합은 XR의 채택을 더욱 가속화할 것입니다. 또한, 시장의 빠른 성장과 산업 전반에서의 적용 가능성은 XR이 단순한 트렌드가 아닌 지속적인 성장 가능성을 가진 기술임을 보여줍니다.

결론적으로, XR 기술은 미래 가치가 높은 혁신적 기술로, 앞으로도 더욱 많은 산업에서 채택되고 발전해 나갈 것으로 보입니다.

(2) 헬스케어

XR은 헬스케어 산업에서 상당한 가치를 가지고 있습니다. AR을 이용한 수술 가이드, VR을 통한 정신 건강 치료 및 물리 치료, 원격 진료 등의 분야에서 기술의 효율성이 입증되고 있습니다. 이 분야는 환자 치료의 질을 향상시키고, 의료 종사자들에게 새로운 훈련 도구를 제공할 것입니다.

- **정신건강 치료**: VR 기반의 심리 치료는 특히 PTSD(외상 후 스트레스 장애)와 같은 정신 건강 문제를 다루는 데 효과적입니다. 이는 인간의 정서적 반응을 보다 직접적으로 다루는 데 도움을 주며, 비용 효율적인 치료 방법으로 자리잡을 가능성이 있습니다.

(3) 엔터테인먼트 및 메타버스

게임 및 엔터테인먼트 분야는 XR 기술이 가장 널리 사용되고 있는 영역이며, 이는 향후에도 그 중요성을 유지할 것입니다. 특히 메타버스와의 결합을 통해 XR은 가상 공간에서 더 많은 사용자 경험을 제공하게 될 것입니다. 이는 단순한 놀이에서 벗어나, 쇼핑, 여행, 소셜 네트워킹, 심지어는 가상 직장까지 포함할 수 있습니다.

- **메타버스 연계**: XR 기술은 메타버스 내에서 사용자 경험을 더욱 몰입감 있게 만들어줄 수 있으며, 이는 앞으로의 디지털 경제와 상거래에서 중요한 요소가 될 것입니다. 가상 부동산, 가상 상점, 그리고 새로운 형태의 가상 서비스가 이러한 가치를 증명할 것입니다.

(4) 제조 및 원격 협업

산업 제조 분야에서 XR은 원격 협업, 설계 및 시뮬레이션에 크게 기여하고 있습니다. AR 기술을 통해 엔지니어들은 실제 기기나 공장을 시각화하여 오류를 줄이고 생산성을 높일 수 있으며, VR을 통해 전 세계의 협업자들이 가상의 회의실에서 실시간으로 작업을 공유하고 피드백을 제공할 수 있습니다.

- **디지털 트윈 기술**: XR은 디지털 트윈 기술과 결합하여 산업 장비의 유지 보수 및 운영 상태를 시각화하는 데 중요한 역할을 하고 있습니다. 이는 산업 현장의 생산성과 안전성을 크게 향상시킬 것입니다.

[3단계] 글로벌 협력 및 파트너십 강화

[프롬프트] XR 산업의 글로벌 경쟁력 강화를 위한 협력 및 파트너십 강화를 위한 전략에 대해 분석하고, 글로벌 시장을 선점하기 위한 방안을 구체적으로 제시해 주세요

XR(Extended Reality) 산업에서 글로벌 경쟁력을 강화하고 시장을 선점하기 위해서는 협력과 파트너십이 핵심적인 전략으로 작용될 수 있습니다. 이는 단순한 기술 개발을 넘어, 다양한 이해관계자 간의 협력과 공동의 혁신을 통해 글로벌 XR 생태계를 주도하고 시장에서 경쟁 우위를 확보하는 데 중요한 역할을 할 수 있습니다.

1. 협력 및 파트너십의 중요성
XR 산업의 발전은 하드웨어, 소프트웨어, 콘텐츠, 그리고 인프라를 통합하는 다각적인 접근이 필요합니다. 이와 같은 복합적 구조는 개별 기업이 독립적으로 시장을 주도하기 어렵게 만들며, 이를 해결하기 위한 전략적 협력과 파트너십이 중요해집니다.

(1) 기술적 통합과 상호 운용성 확보
XR은 하드웨어와 소프트웨어 플랫폼 간의 통합이 중요한 기술입니다. 다양한 장치, 운영체제, 개발 툴이 원활하게 상호 운용되기 위해서는 개방형 표준과 프로토콜이 필요하며, 이를 위해 기업 간의 협력이 필수적입니다.

- **상호 운용성 표준 개발:** 주요 글로벌 기업들이 공동으로 XR 장비 및 소프트웨어와의 상호 운용성을 확보하는 표준을 개발하는 것이 중요합니다. 예를 들어, 메타, 구글, 마이크로소프트, 애플 같은 기술 선도 기업들이 이러한 표준을 개발하기 위한 연합체를 구성하는 방식으로 상호 운용성에 대한 합의를 도출할 수 있습니다.
- **개방형 플랫폼 지원:** 독점적 기술을 배제하고 개방형 플랫폼을 지향하는 생태계 조성이 필요합니다. 이를 통해 더 많은 개발자가 XR 생태계에 참여할 수 있으며, 다양한 산업에 걸쳐 빠르게 기술이 확산될 수 있습니다.

(2) XR 콘텐츠 제작자와의 협력 강화
XR의 핵심 요소 중 하나는 콘텐츠입니다. 특히, 엔터테인먼트, 교육, 훈련 등에서 사용자 경험을 극대화하는 콘텐츠는 시장 경쟁력의 중요한 축입니다. 기술 기업은 콘텐츠 제작자와의 긴밀한 협력을 통해 혁신적인 콘텐츠를 개발하고, 글로벌 사용자들에게 매력적인 경험을 제공할 수 있습니다.

- **콘텐츠 크리에이터 생태계 지원:** XR 콘텐츠를 제작하는 독립 크리에이터, 스튜디오, 그리고 개발자들에게 기술적 지원, 개발, 툴, 그리고 자금 지원을 제공함으로써 생태계를 활성화할 수 있습니다. 이를 통해 글로벌 시장에서 XR 콘텐츠의 다양성과 품질을 높일 수 있습니다.
- **XR 콘텐츠 배급 파트너십:** 주요 플랫폼 기업은 콘텐츠 배급사와 협력하여 다양한 국가와 지역에서 현지화된 XR 콘텐츠를 제공하며, 현지 기업과의 협력 모델을 통해 콘텐츠의 문화적 적응력을 높일 수 있습니다.

(2) 메타버스와의 결합 전략
메타버스와 XR 기술은 서로 보완적인 관계를 맺고 있으며, XR 기술을 메타버스 생태계의 필수적인 부분으로 자리잡게 하는 전략이 필요합니다. 이는 메타버스 내에서 XR 기술의 활용도를 극대화하여 사용자가 더욱 몰입할 있는 경험을 하도록 하는 것을 목표로 합니다.

- **메타버스 플랫폼과의 통합:** 주요 메타버스 플랫폼과의 전략적 협력을 통해 XR 기술이 메타버스 생태계에서 중요한 기술로 자리잡도록 해야 합니다. 이를 위해 글로벌 XR 기업은 메타버스와 상호 연동이 가능한 하드웨어 및 소프트웨어 솔루션을 제공하고, 콘텐츠 제작 툴도 메타버스와 연동될 수 있도록 해야 합니다.
- **디지털 자산 및 경제 구축:** 메타버스와 XR 기술을 결합하여 가상 공간 내에서 디지털 자산(예: 가상 부동산, NFT, 가상 상품)과 경제 활동을 활성화할 수 있습니다. 이는 사용자가 XR 장비를 통해 메타버스에서 상호작용하고 경제 활동에 참여하도록 유도하는 중요한 전략입니다.

(3) 정부 및 연구 기관과의 협력
XR 기술의 발전을 가속화하기 위해 정부, 학계, 연구 기관과의 협력이 필요합니다. 이러한 협력은 특히 규제 환경의 완화, 기술 혁신 지원, 인프라 개발에 있어서 중요한 역할을 합니다.

- **정부 주도 혁신 프로그램:** 각국의 정부는 기술 혁신을 촉진하기 위해 연구 개발 지원금, 세제 혜택, 법적 규제 완화를 제공할 수 있습니다. XR 기업은 이러한 정부 프로그램을 적극 활용하여 새로운 기술을 연구하고, 산업화할 수 있는 기회를 모색할 수 있습니다.
- **공동 연구 개발(R&D):** 연구 기관 및 대학과의 협력을 통해 XR 기술의 핵심적인 기술 요소들을 연구하고, 이를 산업 전반에 적용할 수 있는 새로운 응용 프로그램을 개발할 수 있습니다. 이러한 협력은 글로벌 시장에서 기술적 경쟁력을 강화하는 데 도움이 될 것입니다.

(4) 글로벌 표준화와 규제 선도
XR 기술의 글로벌 확산을 촉진하기 위해서는 국제적인 표준화가 필요합니다. 이는 장치 간 상호 운용성, 콘텐츠 배포, 데이터 보안 및 프라이버시 등의 문제를 해결하는 데 중요한 역할을 합니다.

- **글로벌 표준화 기관 참여:** ISO(국제 표준화 기구)나 W3C(World Wide Web Consortium)와 같은 국제적인 표준화 기관에 적극적으로 참여하여 XR 기술 표준화 논의에 주도적인 역할을 할 수 있습니다. 이를 통해 자사 기술이 글로벌 표준으로 자리 잡도록 하고, 글로벌 시장에서 경쟁 우위를 확보할 수 있습니다.
- **데이터 보안 및 프라이버시 규제 준수:** XR 기술은 많은 개인 데이터를 처리하기 때문에 데이터 보안 및 프라이버시 규제가 중요한 문제로 부상하고 있습니다. 글로벌 시장에서 성공하기 위해서는 각국의 규제를 철저히 준수하고, 사용자 데이터 보호에 대한 신뢰를 구축해야 합니다.

(3) 산업 간 융합을 통한 혁신
XR 기술은 단일 산업이 아닌 다양한 산업에 적용될 수 있는 기술입니다. 따라서, 제조, 의료, 교육, 국방 등 여러 산업과 협력하여 XR 기술을 융합시키고 이를 새로운 혁신 기회로 활용하는 전략이 필요합니다.

- **산업별 맞춤형 솔루션 개발:** XR 기술은 다양한 산업에서 서로 다른 요구 사항을 가지고 있습니다. 기업은 각 산업별로 맞춤형 솔루션을 개발하기 위해 해당 산업 전문가 및 기업들과의 파트너십을 통해 기술 요구 사항을 명확히 이해하고 적용할 수 있는 전략적 파트너십을 구축해야 합니다.
- **파일럿 프로젝트 및 공동 연구:** 제조업, 의료, 교육 등의 산업에서 XR 기술의 도입을 위한 파일럿 프로그램을 공동으로 실행하고 연구 기관과의 협업을 통해 새로운 기술적 가능성을 검증하는 방식으로 산업 내에서의 혁신 기회를 모색할 수 있습니다.

2. 글로벌 시장을 선점하기 위한 구체적인 전략
글로벌 XR 시장에서 경쟁 우위를 확보하고 선도적 위치를 차지하기 위해서는 다음과 같은 구체적인 전략이 필요합니다.

(1) 지역별 맞춤형 전략
XR 기술의 적용 방식은 각 지역의 경제적, 문화적, 산업적 특성에 따라 차별화될 필요가 있습니다. 글로벌 시장을 선점하기 위해서는 지역별로 맞춤형 전략을 수립하는 것이 필수적입니다.

- **현지 파트너십:** 각 지역에서 강력한 현지 파트너와 협력하여 시장 진입 전략을 세워야 합니다. 예를 들어, 유럽, 아시아, 북미, 중동 등 지역별 주요 기업과 협력하여 현지 시장의 요구와 규제를 충족하는 XR 솔루션을 개발하고 제공할 수 있습니다.
- **문화적 적응:** 콘텐츠, 서비스 및 사용자 경험은 각 지역의 문화적 특성에 맞게 조정될 필요가 있습니다. 이는 현지화된 콘텐츠와 서비스를 제공함으로써 사용자에게 더욱 친숙한 경험을 제공하는 데 도움이 됩니다.

3. 결론: 글로벌 경쟁력 강화를 위한 통합적 접근 필요
XR 산업의 글로벌 경쟁력 강화를 위해서는 기술적 혁신, 콘텐츠 개발, 산업 간 협업, 그리고 규제와 표준화라는 다양한 측면에서 협력과 파트너십이 필수적입니다. 기업들은 기술 개발뿐만 아니라 글로벌 시장의 지역적 특성을 고려한 맞춤형 전략을 통해 시장을 선점할 수 있으며, 메타버스와 같은 새로운 기술 트렌드와 결합하여 XR 기술의 범위를 확장할 수 있습니다.

이러한 전략을 통해 글로벌 XR 시장에서 선도적인 위치를 차지하고, 장기적인 경쟁 우위를 확보할 수 있을 것입니다.

4) 작업 URL(Link 주소) :

https://chatgpt.com/c/670fc90d-aee0-800d-9d0b-5b0951e8403e

[문제 2] 글로벌 시장 선점을 위한 경쟁 기업 간 협업 전략(난이도 하)

출제 의도(테스트 내용): 텍스트 생성 기능 활용 역량

[문제]

A기업과 B기업은 친환경 자동차 시장에서 서로 경쟁을 하고 있다. 그러나 후발 주자인 C기업과 D기업의 추격이 만만치 않다. 이에 A기업과 B기업은 각자 보유한 기술들을 서로 결합하여 더 나은 친환경 관련 기술을 개발하고자 한다. 이를 위한 기업간 기술 협력 전략과 협력 전략이 성공하기 위한 구체적인 내용을 작성하라는 프롬프트를 기획하고 이에 대한 결과를 정리해 주세요.

산출물: 아래 내용이 담긴 결과물(표)

1. 경쟁사가 보유한 기술 결합시 강조해야 하는 사항 제시
2. 친환경 기술 결합을 위한 전략 제시
3. 협력 전략과 경쟁우위 확보를 통한 시장선점 전략 방안 제시

단, 1) 경쟁사가 보유한 기술 결합시 강조해야 하는 사항, 2) 친환경 기술 결합을 위한 전략 제시, 3) 협력 전략과 경쟁우위 확보를 통한 시장선점 전략 방안에 대해 목적, 역할 등을 확인할 수 있도록 자세하고 명확하게 기술하시오.

[답안] 수험자가 아래와 같은 내용으로 AI 활용 과정과 결과물을 복사 혹은 작성, 제출

1) 사용 AI와 기능 및 도구

사용 AI: GPT-3.5, GPT-4 등

2) 생성형 AI를 활용하기 위한 기획 내용

[1단계] 상황 분석

- **프롬프트**: "A기업과 B기업은 친환경 자동차 시장에서 서로 기술과 제품으로 경쟁하고 있으며, 후발 주자인 기업들의 추격이 만만치 않다. 이에 A기업과 B기업은 각자 보유한 기술들을 서로 결합하여 더 나은 친환경 관련 기술을 개발하고자 하는데, 경쟁사가 보유한 기술을 서로 결합시에 어떠한 점을 강조해야 하는지를 제시해 주세요"
- **목적**: 현재 친환경 자동차 시장의 현황을 면밀히 조사하고, 기술 결합시 방향과 강조해야 하는 점이 무엇인지 검토한다.
- **역할**: 친환경 자동차 기술과 시장현황 파악을 통한 방안 제시

[2단계] 친환경 기술 결합 전략

- **프롬프트**: "현재 친환경 자동차 기술과 시장 분석을 바탕으로 친환경 기술의 결합을 위한 전략에 대해 구체적으로 제시해 주세요."
- **목적**: 현재 기술과 시장을 파악하고, 이를 바탕으로 기술 결합 전략 방안을 수립하기 위함이다.
- **역할**: 친환경 자동차 기술 분석을 통한 기술 결합 전략 제시

[3단계] 기술협력 전략 방안

- **프롬프트**: "A기업과 B기업이 보유한 기술을 협력하기 위한 전략 방안에 대해 분석하고, 경쟁우위 확보를 통한 시장 선점 방안을 구체적으로 제시해 주세요."
- **목적**: 기술 협력을 통한 전략과 글로벌 시장 선점을 위한 방안을 모색한다.
- **역할**: 기술협력 전략 방안

3) 생성형 AI에의 프롬프트 입력 및 대화(피드백) 과정과 내용

[1단계] 경쟁사가 보유한 기술 결합시 강조해야 하는 사항

[프롬프트] A기업과 B기업은 친환경 자동차 시장에서 서로 기술과 제품으로 경쟁하고 있으며, 후발 주자인 기업들의 추격이 만만치 않다. 이에 A기업과 B기업은 각자 보유한 기술들을 서로 결합하여 더 나은 친환경 관련 기술을 개발하고자 하는데, 경쟁사가 보유한 기술을 서로 결합시에 어떠한 점을 강조해야 하는지를 제시해 주세요

> A기업과 B기업이 친환경 자동차 시장에서 기술을 결합하여 협력할 때, 성공적인 협업을 위해 다음과 같은 점들을 강조해야 합니다:
>
> **1. 상호 보완성**
> - 각 기업이 보유한 기술이 서로 어떻게 보완할 수 있는지를 명확히 정의해야 합니다. 예를 들어, A기업이 배터리 기술에 강점이 있고 B기업이 경량화 소재나 자율주행 시스템에 특화되어 있다면, 두 기술을 결합해 효율성과 성능을 극대화하는 방법을 논의할 수 있습니다.
>
> **2. 시너지 창출**
> - 두 기업이 기술 결합을 통해 단순한 합 이상의 가치를 창출할 수 있다는 점을 강조해야 합니다. 서로의 강점을 결합하면 혁신적인 제품을 개발하거나 더 높은 수준의 친환경 성능을 달성할 수 있음을 입증해야 합니다.
>
> **3. 기술 표준화 및 호환성**
> - 결합한 기술들이 산업 내에서 표준화된 방식으로 호환되도록 하는 것이 중요합니다. 호환성을 높임으로써 개발 비용을 절감하고, 시장에서 더 빠르고 효율적으로 제품을 출시할 수 있는 기반을 마련해야 합니다.
>
> **4. 지속 가능성 및 확장성**
> - 친환경 기술의 지속 가능성을 강조하고, 향후 확장 가능한 기술로 발전할 수 있는 기반을 다져야 합니다. 이는 두 기업이 기술을 결합해 장기적으로도 시장에서 경쟁 우위를 유지할 수 있음을 강조하는 데 중요합니다.
>
> **5. 지적 재산권 보호 및 이익 분배**
> - 기술을 결합할 때 각 기업의 지적 재산권을 보호하고, 개발된 기술에서 나오는 이익을 공정하게 분배할 수 있는 명확한 기준을 마련해야 합니다. 이를 통해 협업이 원활하게 이루어지고, 신뢰를 유지할 수 있습니다.
>
> **6. 시장 및 고객 요구 반영**
> - 기술 결합이 고객의 요구와 시장 트렌드를 반영하고 있다는 점을 강조해야 합니다. 특히, 친환경 자동차 시장은 빠르게 변화하고 있으므로, 고객이 원하는 고효율, 저탄소, 안전한 기술을 제공하는 것이 중요합니다.
>
> 이러한 요소들을 중심으로 두 기업이 협력한다면, 경쟁력을 강화하면서 후발 주자의 추격을 따돌리고 시장에서 앞서 나갈 수 있을 것입니다.

[2단계] 친환경 기술 결합을 위한 전략

[프롬프트] 현재 친환경 자동차 기술과 시장 분석을 바탕으로 친환경 기술의 결합을 위한 전략에 대해 구체적으로 제시해 주세요.

친환경 자동차 기술과 시장 분석을 바탕으로, A기업과 B기업이 경쟁 우위를 유지하며 기술을 결합할 수 있는 구체적인 전략을 다음과 같이 제시할 수 있습니다.

1. 배터리 기술 및 에너지 효율 최적화

- 전고체 배터리와 리튬이온 배터리가 친환경 자동차의 핵심 기술입니다. A기업이 배터리 수명, 충전 속도, 에너지 밀도에서 강점이 있고, B기업의 배터리 관리 시스템(BMS) 또는 배터리 충전 인프라 기술을 보유하고 있다면, 이 둘을 결합하여 배터리 효율을 극대화하고 안전성을 강화하는 것이 중요합니다.

  - **전략:** 두 기업은 배터리 관리 소프트웨어(BMS)와 고성능 배터리 하드웨어의 결합을 통해 충전 속도를 개선하고, 주행 거리를 연장하는 방식으로 시너지를 낼 수 있습니다. 또한, 스마트 충전 시스템과 같은 인프라를 함께 개발해 기술적 완성도를 높일 수 있습니다.

2. 차체 경량화 및 재생 가능 소재 개발

- 친환경 자동차에서 경량화는 에너지 효율을 극대화하기 위한 중요한 기술입니다. A기업이 경량 소재(알루미늄, 카본 파이버) 기술을 보유하고 있고, B기업이 재활용 소재나 바이오 기반 플라스틱 분야에서 강점이 있다면, 두 기업을 결합하여 탄소 배출을 줄이고 에너지 효율을 향상시킬 수 있습니다.

  - **전략:** 재생 가능하고 가벼운 소재를 활용해 자동차의 무게를 줄이면서 동시에 친환경성을 강조하는 마케팅 전략을 세울 수 있습니다. 특히 B기업의 재활용 소재 기술을 적용해 원가 절감과 함께 지속 가능성을 소비자에게 강조할 수 있습니다.

3. 자율주행 및 V2G(Vehicle-to-Grid) 기술 결합

- 자율주행 기술과 V2G 기술을 결합하는 것도 전략적으로 유리합니다. B기업이 자율주행 알고리즘과 센서 기술에서 경쟁력을 갖추고 있고, A기업이 전력 공유 및 V2G 기술을 개발 중이라면, 이를 결합해 에너지 효율을 극대화할 수 있습니다.

  - **전략:** 자율주행 차량이 주차 중일 때 V2G를 통해 전력을 그리드에 공급하는 기능을 탑재하여 차량의 활용도를 극대화할 수 있습니다. 이는 차량 소유자에게 전기요금을 절감하는 혜택을 제공하면서, 전력 공급에 기여하는 ESG(환경, 사회, 지배구조) 효과를 강조할 수 있습니다.

4. 수소 연료전지 기술과 하이브리드 시스템 결합

- 수소 연료전지 기술을 보유한 A기업과 전기 및 내연기관을 결합한 하이브리드 기술을 가진 B기업이 협력한다면, 장거리 주행을 위한 친환경 솔루션을 제공할 수 있습니다.

  - **전략:** 수소 연료전지 기술을 활용해 장거리 주행 시 탄소 배출을 줄이면서도, 전기차 충전 인프라가 부족한 지역에서는 하이브리드 시스템을 활용해 효율적으로 운행할 수 있는 시스템을 개발합니다. 이로 인해 인프라 부족 문제를 해결하면서 시장 경쟁력을 높일 수 있습니다.

5. 충전 인프라 및 스마트 그리드 기술 협력

- 전기차 시장의 성장은 충전 인프라와 긴밀하게 연결됩니다. B기업이 충전 인프라에 강점을 갖고 있고, A기업이 스마트 그리드 기술을 보유하고 있다면, 충전소 네트워크와 전력 배분 기술을 결합할 수 있습니다.

  - **전략:** 두 기업은 전기차의 충전 효율을 높이는 스마트 충전 시스템을 개발하고, 충전 중 전력 피크를 조절하는 방식으로 에너지 절감을 달성할 수 있습니다. 예를 들어, 전기차의 충전이 필요하지 않은 시간대에 전력을 저장하거나 재분배하는 시스템을 도입해 충전 비용을 절감할 수 있습니다.

6. OTA(Over-the-Air) 소프트웨어 업데이트 및 데이터 분석

- 친환경 자동차는 소프트웨어 최적화가 매우 중요합니다. A기업이 OTA 업데이트 시스템을 보유하고 있고, B기업이 자율주행 및 AI 기반 운행 데이터 분석에 강점이 있다면, 이 기술을 결합하여 차량 성능을 지속적으로 개선할 수 있습니다.

  - **전략:** 두 기업은 차량 운행 중 수집한 데이터를 실시간으로 분석하고, 이를 기반으로 소프트웨어 업데이트를 제공하는 시스템을 구축할 수 있습니다. 이를 통해 차량의 주행 효율성을 높이고, 자율주행 성능을 개선할 수 있습니다.

7. 친환경 인증 및 탄소 배출 절감 마케팅

- 두 기업은 협력을 통해 탄소 발자국 절감과 관련된 인증을 받고, 이를 마케팅 요소로 활용할 수 있습니다. 친환경 자동차는 단순히 성능뿐 아니라, 지속 가능성에 대한 소비자의 요구를 반영해야 하므로, 협력 제품이 환경 인증을 받는 것은 중요합니다.

  - **전략:** 기술 결합을 통해 만든 차량이 얼마나 친환경적인지 데이터 기반으로 입증하고, 이를 인증받아 소비자 신뢰를 강화합니다. 특히 유럽과 같은 엄격한 환경 규제를 준수할 수 있는 기술적 기준을 충족하는 것이 중요합니다.

8. 공동 R&D 센터 및 테스트베드 구축

- A기업과 B기업은 각각의 기술을 결합해 더 빠른 혁신을 이끌기 위해 공동 연구개발(R&D) 센터를 구축할 수 있습니다. 이를 통해 두 기업이 협력하여 새로운 기술 개발에 집중하고, 실험 및 테스트를 진행할 수 있습니다.

  - **전략:** 각 기업의 R&D 자원을 통합해 연구 개발을 가속화하고, 테스트베드에서 다양한 친환경 기술을 실험합니다. 이를 통해 시장에서 빠르게 변화하는 기술 수요를 충족할 수 있도록 협력할 수 있습니다.

이러한 전략을 통해 A기업과 B기업은 시장의 기술적 요구를 충족하고, 후발 주자들에 비해 기술적 우위를 유지할 수 있을 것입니다.

[3단계] 협력 전략과 경쟁우위 확보를 통한 시장선점 전략 방안

[프롬프트] A기업과 B기업이 보유한 기술을 협력하기 위한 전략 방안에 대해 분석하고, 경쟁우위 확보를 통한 시장 선점 방안을 구체적으로 제시해 주세요.

A기업과 B기업이 보유한 기술을 협력하여 경쟁우위를 확보하고 시장을 선점하기 위한 전략 방안을 단계별로 분석하고, 구체적인 실행 방안을 제시하겠습니다.

1. 기술 협력 방안 분석

A기업과 B기업이 보유한 기술은 각각 강점이 다르므로, 이들의 보완성을 극대화하는 협력 구조를 설계해야 합니다. 협력의 핵심 목표는 두 기업이 독자적으로 접근할 수 없는 기술적 혁신과 시장 영향력을 발휘하는 것입니다.

1.1. 기술적 강점 분석

- **A기업의 강점:** A기업이 배터리 기술(전고체 배터리, 고밀도 배터리) 또는 전력 효율화 기술에 강점을 가지고 있다고 가정.
- **B기업의 강점:** B기업이 자율주행 기술, 경량화 소재, 또는 전기차 충전 인프라 기술을 보유하고 있다고 가정.

1.2. 기술 결합 방식

- **배터리 효율 + 자율주행:** A기업의 배터리 기술과 B기업의 자율주행 기술을 결합하여 더 긴 주행 거리와 고도화된 자율주행 시스템을 개발. 배터리 효율성을 극대화한 자율주행 차량을 통해 고객의 핵심 요소인 충전 문제를 해결.
- **경량화 + 배터리 기술:** 경량화 소재 기술을 활용해 차량의 무게를 줄이고, 그 결과로 배터리 사용 시간을 연장. 이로 인해 에너지 효율을 높이는 동시에 성능 저하 없이 주행 거리를 증가.
- **충전 인프라 + V2G 기술:** 충전 인프라와 V2G(Vehicle-to-Grid) 기술을 결합하여 전력 그리드와 통합된 전기차 생태계를 구축. A기업의 전력 관리 기술과 B기업의 충전 인프라 기술을 연계하여 소비자에게 스마트 충전 솔루션을 제공.

2. 경쟁 우위 확보 전략

협력을 통해 A기업과 B기업이 경쟁 우위를 확보하는 방법은 시장 요구를 신속히 반영하는 기술적 우위와 지속 가능한 비즈니스 모델 구축에 있습니다. 이를 위한 전략은 아래와 같습니다.

2.1. 공동 연구개발(R&D) 및 특허 보호

- **전략적 협력 R&D 센터 설립:** 두 기업이 기술을 공동으로 개발하고 혁신을 가속화하기 위해 공동 R&D 센터를 설립합니다. 이를 통해 중복 투자나 연구 리소스 낭비를 방지하고, 개발 속도를 높입니다.
- **특허 공유 및 보호:** 협력한 기술에 대한 지적 재산권을 공동 소유하거나 협력 범위를 명확히 규정하여 각자의 이익을 보호합니다. 이로 인해 후발 주자들이 모방하기 어려우며 경쟁력을 확보할 수 있습니다.

2.2. 빠른 제품 출시 및 고객 맞춤형 솔루션 제공

- **속도 우위 확보:** 친환경 자동차 시장에서 기술 혁신을 바탕으로 제품을 빠르게 출시하여 시장을 선점합니다. 두 기업이 결합한 기술을 적용한 프리미엄 전기차 또는 장거리 자율주행 전기차를 신속하게 상용화하여 선도적 위치를 확보합니다.
- **고객 맞춤형 솔루션:** 다양한 소비자 요구(도심형 차량, 장거리 주행 차량 등)를 반영한 맞춤형 차량을 개발하여 시장에서 폭넓은 고객층을 타겟팅합니다. 이를 통해 충성 고객을 확보합니다.

2.3. 친환경 인증 및 지속 가능성 강조

- **친환경 인증 확득:** 기술 결합을 통해 탄소 배출 절감 효과를 극대화하고, 글로벌 친환경 인증을 확득합니다. 이를 통해 환경 규제가 강한 시장(유럽, 미국)에서 강력한 입지를 구축할 수 있습니다.
- **지속 가능성 강조:** 기술 협력을 통해 친환경 소재 사용을 극대화하고, 재활용 가능한 부품 및 배터리 기술을 개발하여 지속 가능성을 강조한 마케팅 전략을 수립합니다. 이는 소비자의 ESG 요구를 충족시키는 동시에 기업 이미지 개선에도 기여합니다.

2.4. 플랫폼 생태계 구축

- **스마트 플랫폼과 연결성 강화:** 자율주행 기술과 전기차 충전 인프라를 결합하여 차량의 데이터 플랫폼을 구축합니다. 이를 통해 소비자는 차량 상태 모니터링, 자율주행 업데이트, 스마트 충전 스케줄링 등의 통합 디지털 플랫폼을 누릴 수 있습니다.
- **V2G 및 스마트 그리드:** 전기차를 가정 및 도시의 전력망과 연결하는 V2G 기술을 통해 소비자는 전기를 공급하고, 이를 통해 수익을 창출하는 새로운 비즈니스 모델을 제공합니다. 이로써 고객에게 전기차의 경제적 이점이 확대됩니다.

2.5. 글로벌 시장 진출

- **글로벌 전략적 제휴:** 글로벌 자동차 제조업체 또는 전기차 충전 네트워크와의 전략적 제휴를 통해 주요 시장(유럽, 북미, 중국 등)에 진출합니다. 두 기업이 협력해 개발한 기술을 다양한 파트너와 협력하며 더 넓은 고객층을 공략합니다.
- **현지화 전략:** 각 시장의 법규와 소비자 요구를 반영한 맞춤형 차량을 출시해 글로벌 시장에서 빠르게 자리 잡습니다. 예를 들어, 유럽에서는 경량화와 배터리 효율성을 강조하고, 중국에서는 자율주행과 스마트 충전 솔루션을 내세우는 차별화 전략을 펼칠 수 있습니다.

```
3. 시장 선점 방안

3.1. 조기 진입 및 독점적 기술 제공
• 퍼스트 무버 전략: A기업과 B기업의 결합된 기술을 바탕으로 현재 친환경 자동차 시장에서 빠
  르게 기술 혁신 제품을 출시함으로써, 조기 진입자의 이점을 누립니다. 특히, 자율주행 및 고효
  율 배터리를 갖춘 차량을 선도적으로 제공해 독점적 위치를 차지합니다.
• 프리미엄 시장 공략: 고성능 배터리와 자율주행 기술을 결합한 프리미엄 전기차 모델을 먼저 출
  시하여 시장에서 혁신적인 이미지를 각인시키고, 고가치 고객층을 선점합니다.

3.2. 확장 가능한 비즈니스 모델 구축
• 모빌리티 서비스 플랫폼 개발: 자율주행 전기차를 기반으로 한 모빌리티 서비스(차량 공유, 자
  율주행 택시 등)를 통해 새로운 수익 모델을 창출합니다. A기업과 B기업이 개발한 기술을 활용
  한 서비스를 통해 고객 경험을 혁신적으로 변화시킵니다.
• 구독 서비스 및 유지보수 패키지 제공: 전기차의 유지보수, 소프트웨어 업데이트, 배터리 관리
  등을 구독형 서비스로 제공하여 차량 구매 이후의 장기적 고객 관계를 강화합니다.

3.3. 마케팅 및 브랜드 강화
• 친환경 브랜드 이미지: 기술 협력을 통해 탄소 배출 감소 및 에너지 효율을 강화한 친환경 자동
  차를 마케팅 전략의 중심에 둡니다. ESG(환경, 사회, 지배구조) 이슈에 민감한 글로벌 소비자들
  에게 매력적인 브랜드로 자리 잡습니다.
• 기술 혁신과 사용자 경험 강조: A기업과 B기업이 협력하여 만든 차량이 제공하는 우수한 사용
  자 경험(주행거리, 안전성, 스마트 기술)을 강조하고, 이를 마케팅 메시지로 활용합니다.

4. 결론
A기업과 B기업은 기술적 강점을 결합하여 시너지 효과를 극대화하고, 빠른 제품 출시와 혁신적인
솔루션을 제공함으로써 친환경 자동차 시장에서 경쟁 우위를 확보할 수 있습니다. 이를 통해 시장
선점을 위한 전략적 목표를 달성하고, 후발 주자의 추격을 따돌리는 동시에 글로벌 친환경 자동차
시장의 리더로 자리매김할 수 있습니다.
```

4) 작업 URL(Link 주소):

https://chatgpt.com/c/670fcc69-d5d0-800d-9eda-27f3f533041f

[문제 3] 건설현장 다국어 용어사전(난이도 하, 협업과 소통을 위한 AI)

출제 의도(테스트 내용): 표준어가 아닌 단어까지 이해하는 생성형AI의 다국어 언어 능력 활용

건설현장의 외국인 노동자가 차지하는 비율이 지나치게 높아지면서 발생하는 문제가 있다. 영어·중국어·베트남어·몽골어 등 다양한 언어가 사용되는 것을 넘어 작업반장마저 외국인으로 투입되고, 외국인 근로자가 절반을 차지하는 현장도 있다보니 의사소통에 손짓과 몸짓까지 동원되는 등 의사소통이 원활하지 않은 애로사항이 있다.

 이에 A건설사의 품질관리부서에서는 다양한 국적의 외국인 노동자 간의 건설용어 소통을 위해 다국어 건설용어 사전을 제작하고자 한다. A사는 기존에 아래와 같은 현장 일본식 용어 대비 한국어 사전을 가지고 있었다.

일본식 현장 용어	한국어	설명
갑빠	방수포	자재를 덮는 큰 포장
고데	흙손	쇠로 만든 흙손
빠루	쇠지렛대	못을 빼거나 형틀을 해체할 때 사용하는 큰 연장

위 사전을 확장하여 영어 중국어 베트남어 몽골어를 병기하고 그림까지 추가한 아래 다국어 용어사전의 빈칸을 채우도록 하라. (중국어, 베트남어, 몽골어로 바로 번역되지 않는 경우는 영어로 한번 번역한 후 해당 언어로 번역하는 것을 고려할 것)

현장용어	한국어	영어	중국어	베트남어	몽골어	그림
갑빠	방수포	Tarpaulin	防水布	bạt che	ус нэвтрүүлэх бус	
고데	흙손					
빠루	쇠지렛대					

위에서 제시된 문제(상황)를 해결할 방안을 생성형 AI를 활용하여 제시하시오. 단, 1) 생성형 AI를 활용하기 위한 기획 내용, 2) 생성형 AI에의 프롬프트 입력 및 대화(피드백) 과정과 내용, 3) 생성형 AI의 최종 결과물(해결 방안, 본인의 보완 및 수정 내용, 최종 해결 방안) 등을 확인할 수 있도록 자세하고 명확하게 기술하시오.

[답안] 수험자가 아래와 같은 내용으로 AI 활용 과정과 결과물을 복사 혹은 작성, 제출

1) 사용 AI와 기능 및 도구

사용 AI: GPT4

2) 생성형 AI를 활용하기 위한 기획 내용

  ① 역할: 건설사 현장품질 관리자

  ② 과제: 일본식 현장 건설용어를 한국어 영어 중국어 베트남어 몽골어와 비교하는 용
    어사전 제작

  ③ 목적: 다양한 국적의 외국인 노동자 간의 건설용어 소통

  ④ 전략: 기존의 현장 일본식 용어 사전을 확장하여 다국어 용어사전을 제작

  ⑤ 산출물: 용어2개에 대한 그림이 포함된 표 형식의 용어사전

3) 생성형 AI에의 프롬프트 입력 및 대화(피드백) 과정과 내용

(프롬프트) 일본식 건설현장 용어인 "고데"는 한국어로 "흙손"이야. 이를 영어로 먼저 번역한 후, 해당 영어를 참조하여 중국어/베트남어/몽골어로 번역하고 그림을 그려줘.4) 최종 결과물(생성형 AI의 해결 방안, 본인의 보완 및 수정 내용, 최종 해결 방안)

현장용어	한국어	영어	중국어	베트남어	몽골어	그림
고데	흙손	Trowel	泥刀	Bay trát	Шавар хийц	
빠루	쇠지렛대	Crowbar	撬棍	Cái đòn bẩy	Төмөр багаж	

5) 작업 URL(Link 주소):

https://chat.openai.com/c/204dcf53-1a0b-4bb1-b579-005690d97984

[문제 4] AI 솔루션의 해외진출 전략 개발(난이도 중)

출제 의도(테스트 내용): 생성형 AI 활용 아이디어 도출 및 정리 역량

> [문제]
>
> 우리 회사는 AI 솔루션을 개발하여 시장을 개척하여야 하는 상황이다. 국내보다는 글로벌 시장 공략을 위해 해외 전시회에 참석하고자 한다.
>
> 당신은 해외시장 개척단 단장으로서 프로모션을 위한 해외의 주요 전시회 목록을 도출한 다음, 비용 대비 최적의 전시회를 탐색하고 이를 위한 준비사항 및 전시회 주관 담당자에게의 이메일을 준비하시오. 세 번의(3 shots) 프롬프트를 통해 산출물을 도출하시오.
>
> 단, 1) 생성형 AI를 활용하기 위한 기획 내용, 2) 생성형 AI에의 프롬프트 입력 및 적절한 대화(피드백) 과정과 내용, 3) 생성형 AI의 최종 결과물(해결 방안, 본인의 보완 및 수정 내용, 최종 해결 방안) 등을 확인할 수 있도록 자세하고 명확하게 기술하시오.

[답안] 수험자가 아래와 같은 내용으로 AI 활용 과정과 결과물을 복사 혹은 작성, 제출

1) 사용 AI와 기능 및 도구

사용 AI: 클로드 3, 제미나이

* 참고사항: 생성형 AI 중 챗GPT는 전시회에 대한 상세한 정보를 얻기 위해서는 관련 사이트에 직접 방문하라는 코멘트만 해주었고, 코파일럿은 국내 전시회에 대해서만

반복적으로 제시해 문제 해결을 위한 적절한 대안을 얻을 수가 없었음. 이에 비해 클로드(claude.ai) 3과 제미나이는 본 문제 해결을 위한 대안을 적절하게 제공해 주었음. 한편 클로드 3 산출물을 복사할 경우, 표(table)는 스크롤 복사를 하는 것이 표의 원형을 다듬기에 더 편리했던 것도 참고 바람.

2) 생성형 AI 활용을 위한 기획 내용

① 목적: 회사의 AI 솔루션을 국제적으로 홍보하고, 잠재 고객 및 파트너와의 네트워킹 기회 확대

② 맥락: 해외 전시회의 특성과 참가자들의 배경을 고려하여 콘텐츠와 메시지 맞춤화

③ 역할: 해외 전시회 준비 도우미

④ 산출물:

ⓐ 주요 AI 솔루션 전시회 목록(전시회명, 일시, 장소, 규모, 예상비용, 기대효과)

ⓑ 전시회 중 비용대비 효과 최적 전시회 모색

ⓒ 전시회 참가를 위한 준비물과 전시회 주관 담당자에게 보낼 이메일 내용

⑤ 데이터: 별도의 데이터 없음

3) 생성형 AI에의 프롬프트 입력 및 대화(피드백) 과정과 내용

[프롬프트 1]

① 목적: 회사의 AI 솔루션을 국제적으로 홍보하고, 잠재 고객 및 파트너와의 네트워킹 기회 확대

② 맥락: 해외 전시회의 특성과 참가자들의 배경을 고려하여 콘텐츠와 메시지 맞춤화

③ 역할: 해외 전시회 준비 도우미

④ 산출물: 주요 AI 솔루션 전시회 목록(전시회명, 일시, 장소, 규모, 예상비용, 기대효과)

위에서 보는 바와 같이, 우리 회사는 AI 솔루션을 국제적으로 홍보하고 잠재 고객 및 파트너를 찾고자 합니다. 당신은 해외 전시회 준비 도우미로서, 해외의 주요 AI 관련 전시

회를 찾은(browsing) 다음, 주요 전시회 목록을 표로 정리해주세요. 이 표에는 한글로 전시회명(영문명), 일시, 장소, 규모, 예상비용, 기대효과 등을 포함해주세요. 확인을 위해 각 전시회 관련 사이트 정보도 주세요.

[클로드 3]

물론입니다. 요청하신 대로 주요 해외 AI 전시회 목록을 표로 정리하겠습니다.

전시회명 (영문명)	일시	장소	규모	예상비용 (전시부스)	웹사이트	기대효과
World AI Show Barcelona 2024	2024년 4월 2 ~ 3일	바르셀로나, 스페인	5,000+ 참가자 예상	€20,000 ~ €50,000	https://www.worldaisummit.com/barcelona/	유럽 지역 파트너사 발굴, AI 기술 트렌드 파악
AI Summit London 2024	2024년 6월 19 ~ 20일	런던, 영국	10,000+ 참가자 예상	£35,000 ~ £65,000	https://theaisummit.com/london/	영국/유럽 시장 진출 교두보, 글로벌 기업 네트워킹
AI Conference Las Vegas 2024	2024년 9월 24 ~ 26일	라스베이거스, 미국	예상 규모 미정	$50,000 ~ $100,000	https://www.aaai.org/Conferences/AAAI-24/	북미 시장 잠재 고객 발굴, AI 솔루션 홍보
World AI Summit Singapore 2024	2024년 11월 6 ~ 7일	싱가포르	3,000+ 참가자 예상	SGD 30,000 ~ 60,000	https://worldaisummit.com/singapore/	아시아 지역 비즈니스 기회 모색, 현지 파트너사 발굴

예상비용은 각 전시회 웹사이트의 안내를 참고하여 전시 부스 임차 비용으로 추정해보았습니다. 기대효과 란에는 해당 전시회 참가로 기대할 수 있는 효과를 지역별로 작성해보았습니다.

[프롬프트 2]

위에서 정리해준 전시회를 비교해볼 때, 비용 대비 성과(잠재고객 확보, 파트너와의 네트워킹 강화 및 미래 수익 창출)를 높이려면 어느 전시회를 참가하는 것이 좋을까요?

[클로드 3]

주어진 정보를 바탕으로 종합적으로 검토해볼 때, 비용 대비 가장 높은 성과를 기대할 수 있는 전시회는 'AI Summit London 2024'라고 판단됩니다.

주요 근거는 다음과 같습니다:

1. 규모

- 10,000명 이상의 참가자가 예상되어 많은 잠재 고객과 파트너사를 만날 기회가 있습니다.

2. 지역적 이점

- 영국과 유럽 시장 진출의 교두보 역할을 할 수 있습니다.
- 유럽 지역 기업들과의 네트워킹을 통해 사업 기회를 모색할 수 있습니다.

3. 예상 비용 대비 규모

- 예상비용 £35,000~65,000 수준으로 다른 전시회 대비 비교적 합리적입니다.
- 대규모 행사임을 감안하면 비용 대비 참가 효과가 높을 것으로 보입니다.

4. 글로벌 기업 네트워킹

- 세계 유수 AI 기업들이 참가하므로 협력 파트너 발굴 기회가 클 것으로 예상됩니다.

따라서 행사 규모, 영국/유럽 시장 진출 잠재력, 예산 대비 효과 등을 종합적으로 고려할 때 'AI Summit London 2024'가 가장 효과적일 것으로 판단됩니다.

[프롬프트 3]

그렇다면, 전시회 참가를 위한 준비물이 무엇인지를 정리해주고, 또한 전시회 주관 담당자에게 보낼 (영문) 이메일 내용을 정중하게 작성해주세요.

[클로드 3]

전시회 참가를 위한 주요 준비물은 다음과 같습니다:

1. 전시 부스 디자인 및 설치

- 회사 로고와 제품 이미지가 잘 드러나도록 디자인
- 브로셔, 제품 시연용 기기, 프로모션 물품 등 준비

2. 홍보 자료 준비

- 회사 및 제품/솔루션 소개 자료(카탈로그, 리플렛, 동영상 등)

- 참가자들에게 제공할 기념품이나 할인 쿠폰 등

3. 전시 요원 선발 및 교육

- 제품을 효과적으로 설명하고 질문에 대응할 수 있는 요원
- 회사 및 제품에 대한 사전 교육 필요

4. 바이어 및 파트너사 목록 작성

- 사전 네트워킹을 위해 만나고 싶은 바이어와 파트너사 리스트업
- 미팅 요청 및 일정 조율

5. 숙박 및 교통 수단 준비

- 전시회 기간 동안 체재할 숙박시설 예약
- 현지 교통편 확인 및 예약

다음은 전시회 주관사에 보낼 이메일 샘플입니다:

Subject: [AI World Convention 2024] Exhibitor Inquiry

Dear Esteemed Organizers of the AI World Convention,

Hello, I am [Name], the marketing manager at [Company Name], an AI solution company based in South Korea.

We are interested in exhibiting at the AI World Convention taking place from June 25th to 27th, 2024. We would like to showcase our innovative AI products and solutions to potential customers and partners.

Could you please provide us with detailed information regarding booth size, location, and costs for participation? Any guidelines or recommendations to prepare for the exhibition would also be greatly appreciated.

We look forward to receiving further details about your prestigious event and coordinating our participation alongside other companies striving for the advancement of AI technology worldwide.

Thank you for your assistance.

Sincerely,

[Name]
[Title]
[Company Name]

4) 최종 결과물(생성형 AI의 해결 방안, 본인의 보완 및 수정 내용, 최종 해결 방안)

ⓐ **주요 AI 솔루션 전시회 목록(전시회명, 일시, 장소, 규모, 예상비용, 기대효과) :** 앞의 분석 내용과 동일(지면 관계상 생략)

ⓑ **전시회 중 비용대비 효과 최적 전시회 모색 :** 앞의 분석 내용과 동일(지면 관계상 생략)

ⓒ **전시회 참가를 위한 준비물과 전시회 주관 담당자에게 보낼 이메일 내용 :** 앞의 분석 내용과 동일(지면 관계상 생략)

참고 문헌

- 남혁우(2023). LG CNS, 생성형 AI로 사내 유용한 데이터 즉시제공. ZDnet Korea https://zdnet.co.kr/view/?no=20231024161714
- 이미영(2020). SR2. 로자베스 모스 캔터 교수: 디지털 시대 경쟁력 확보 '5F' 전략. 동아비즈니스리뷰 288호
- 장성근(2014). 조직내 협력, 과정보다 결과가 중요하다. LG경영연구원
- 한인재(2012). 기업간 협업 성과, 사람 간 협업에 달려 있다, 동아비즈니스리뷰, 113호
- SIEMENS(2024). 생산 계획 및 스케줄링. SIEMENS.
- https://www.plm.automation.siemens.com/global/ko/industries/energy-utilities/owner-operator/production-planning-scheduling.html
- Lorelei(2023). 10 Best AI Scheduling Software: Options for Time Management, TopTut.com, https://www.toptut.com/ai-scheduling-software
- 이지은(2024). 플리토 "실시간 다국어 컨퍼런스용 통번역 서비스 출시됐다". 하이테크정보 https://www.hitech.co.kr/news/articleView.html?idxno=25674
- 유지한(2024). 인터넷 안 터져도 13개 언어 실시간 통역… AI폰 갤럭시S24 마법의 비밀. 조선경제 위클리 비즈.
- https://www.chosun.com/economy/weeklybiz/2024/01/25/2VP2EWZHPREHPNGEDZKWLRXVBI/
- 행정안전부(2021). 반갑다, 협업.

07 경영전략 기반 의사결정의 중요성, AI를 통한 의사 결정

08 인공지능을 활용한 전략적 계획 및 의사결정

09 보고서 작성의 효율화를 위한 AI

10 온라인 마케팅 혁신에서 AI 프롬프트 디자인 활용

11 AI를 활용한 평가지표 등급 부여

12 통계 및 데이터 분석을 위한 AI

13 협업과 소통을 위한 AI

14 법 제도와 규정 생성 및 평가 자동화를 위한 AI

15 글로벌 윤리 규범화를 위한 AI 활용

Chapter
14

법 제도와 규정(가이드라인) 생성 및 평가 자동화를 위한 AI

1. AI를 통한 법 제도 준수 및 리스크 관리 전략

이 장에서는 AI를 활용하여 법률 문서 작성, 제도 적용, 규정 준수 및 감사 대비 등에서 비즈니스 리스크를 최소화하는 방법을 다룬다.

특히 맞춤형 GPT 모델인 MyGPT를 구축하여 기업의 법적 및 규정 준수 요구 사항을 지원하는 방법에 초점을 맞추고자 한다. 이 과정에서 기업의 특정 요구사항, 업종 특성, 법적 요건을 반영하기 위한 데이터 수집 및 준비 단계부터 시작하며, 모델의 초기 설정과 사용자 정의 매개변수 조정 방법을 통해 기업이 자체적으로 생성형 AI를 개발하고 사용자의 요구에 맞게 조정하는 방법을 설명하고자 한다.

또한, 이 장에서는 목표 설정, 관련 데이터 수집, MyGPT 생성, 모델 훈련 및 검토 수정 등의 절차를 사례를 통해 소개하며, 이러한 절차를 통해 기업은 사내 규정, 제도 및 감사 업무 등에서 생성형 AI를 활용하여 생산성을 향상시킬 수 있을 것으로 기대한다.

최종적으로, 생성형 AI가 기업의 업무 자동화와 효율성을 높이는 방법을 탐구하며, 독자들로 하여금 내용을 심도있게 이해할 수 있도록 기업 컴플라이언스 관리를 위한 AI의 활용 실습 문제 형태로 제공한다.

2. 법 제도와 규정 준수의 이해

기업은 다양한 외부 법 제도와 내부 규정을 준수해야 한다. 이는 기업의 투명성, 책임성을 확보하고, 이해관계자들의 신뢰를 얻기 위해 필수적이다. 외부 법제도는 국가나 지역별로 제정된 법률, 규제, 지침 등을 말한다. 이러한 법제도는 기업의 운영, 재무 보고, 세금, 노동, 환경보호 등 다양한 측면을 규율한다.

특히 회계 및 감사 관련 법제도는 매우 중요하다. 기업은 일반적으로 인정된 회계원칙GAAP 또는 국제재무보고기준IFRS에 따라 재무 보고를 해야 한다. 이는 재무 상태와 운영 결과를 투명하게 보고하기 위한 것이다. 또한 기업은 소득, 부가가치세VAT, 법인세 등 다양한 세금에 대한 법률을 준수해야 한다. 이와 관련하여 대부분의 국가에서는 독립된 외부감사인에 의한 연간 재무제표의 감사를 요구한다.

한편, 기업 내부 규정은 조직 내에서 자체적으로 설정한 규칙이나 지침을 말한다. 이는 회사의 비전, 목표에 부합하며, 법적 요구사항을 충족시키기 위해 마련된다. 그 유형은 크게 세가지로 나뉜다. 첫째, 행동 강령은 직원의 행동 기준을 설정한다. 둘째, 근무 규정은 근로시간, 휴가, 복장 규정 등 근무 조건에 관한 규정이다. 셋째, 정보보안 정책은 기업 정보와 데이터를 보호하기 위한 정책이다. 이 외에도 많은 기업에서는 각 조직의 상황에 맞는 특화된 규정을 통해 조직 관리에 활용하고 있다.

3. 평가 업무의 중요성과 AI의 활용

1) 평가 업무의 중요성과 고려사항

직원 평가는 성과 관리의 핵심 요소로, 직원의 업무성과, 개발 필요성 및 경력 발전 가능성을 평가한다. 공정하고 객관적인 평가는 다음과 같은 이유로 중요하다.

첫째, 직원들이 자신의 성과가 공정하게 인정받는다고 느낄 때 더욱 동기를 얻고 업무에 집중한다. 둘째, 각자에 대한 강점과 약점을 명확하게 파악하여 개인과 조직의 성장을 촉진한다. 셋째, 평가 과정의 투명성은 직원과 경영진 간의 신뢰를 구축한다.

이와 같은 중요성에 따라 평가에 대한 시각은 매우 엄중하다. 즉 평가 결과가 조직과 개인에게 중요한 영향을 미치므로 평가 업무 수행시에는 다음과 같은 사항을 잘 고려해야 한다.

- **객관성:** 개인적 감정이나 선입견이 평가에 영향을 미치지 않도록 해야 한다.
- **투명성:** 평가 기준과 절차를 모든 직원에게 명확히 공개해야 한다.
- **일관성:** 모든 직원에게 동일한 기준을 적용해야 한다.
- **연속성:** 정기적인 피드백과 평가를 통해 지속적인 개선과 성장을 도모해야 한다.
- **개인화:** 개별 직원의 역할, 성과 목표에 맞춰 평가를 개인화해야 한다.

기업에서 외부 법제도와 내부 규정을 준수하는 것은 매우 중요하다. 특히, 공정하고 객관적인 직원 평가는 기업 문화를 강화하고, 직원의 성장과 조직의 발전을 촉진하는 데 필수적인 요소이다.

2) 평가 업무에의 AI 활용

생성형 AI는 직원의 성과 데이터를 분석하여 강점과 개선이 필요한 영역에 대한 개인화된 피드백을 생성할 수 있다. 이는 직원이 자신의 성장 경로를 명확하게 인식하고, 필요한 개발 영역에 집중할 수 있게 한다. 또한 생성형 AI는 직원의 경력 목표와 역량에 맞는 경력 발전 기회를 추천할 수 있다. 이는 직원의 장기적인 성장과 동기부여에 기여할 것이다.

AI는 평가 기준을 설정하고 이를 모든 직원에게 명확하고 일관되게 적용하는 데 도움을 줄 수 있다. 이는 평가 과정의 투명성을 높이고, 직원과 경영진 간의 신뢰를 구축하는 데 기여한다.

앞에서 평가 업무 수행시 고려사항을 살펴 보았는데, AI는 이를 잘 반영하는 데에 도움을 줄 수 있다.

첫째, 객관성을 확보할 수 있다. AI는 데이터 기반 결정을 내리므로, 개인적 감정이나 편견의 영향을 줄일 수 있다. 하지만, AI 시스템의 훈련 데이터에 내재된 편향을 주의해야 한다.

둘째, 연속적인 성과 관리가 가능해진다. 생성형 AI는 정기적으로 직원의 성과를 추적하고, 실시간으로 피드백을 제공할 수 있다. 이는 지속적인 개선과 학습을 촉진한다.

셋째, 개인화된 접근이 가능하다. AI는 각 직원의 업무성과, 선호도, 개인적 목표를 고려하여 맞춤형 평가와 피드백을 제공할 수 있다.

생성형 AI를 이용한 직원 평가와 성과 관리는 효율성, 공정성, 개인화를 제고하는 데 큰 잠재력을 가지고 있다. 그러나 AI 솔루션을 도입할 때는 기술의 한계와 윤리적 고려 사항을 충분히 이해하고, 직원의 개인정보 보호와 데이터 보안을 염두에 두어야 할 것이다.

4. GPT를 활용한 기업의 인사규정 작성

생성형 AI를 활용하면, 기업에서 필요로 하는 규정을 작성하는데 있어 효율성을 높일 수 있다. 여기에서는 MyGPT를 활용하여 특정 회사 문화와 산업 특성을 반영한 맞춤형 인사규정을 생성하는 방법을 알아보고자 한다. 먼저 주어진 회사의 기본 정보와 산업 특성에 대해 조사하고, 관련 법적 요구사항 및 표준 인사규정의 예시를 수집한다. 그런 다음 MyGPT를 이용하여 이 데이터를 바탕으로 인사규정 초안을 생성하고 생성된 규정을 검토하고 조직의 필요와 일치하도록 수정하는 절차로 진행한다. 그 과정을 살펴보면, 다음과 같다.

① 회사 및 산업 특성 조사

회사 정보 수집 단계에서는 회사의 비전, 미션, 조직 문화, 핵심 가치 등 기업 정체성에 대한 정보를 수집한다. 이때 회사가 족한 산업의 특성, 동향, 그리고 산업별 법적 요구사항을 별도로 조사하는 것도 필요할 수 있다.

② 법적 요구사항 및 표준 인사규정 수집

노동법, 고용법 등 해당 국가의 법적 요구사항과 업계 관련 법규를 리뷰하고 업계 내 다른 기업들의 인사규정 예시를 수집하여 벤치마킹하는 것이 시간을 단축시키고 또한 업계의 표준 인사규정 내용을 반영하는 방법이기도 하다.

③ MyGPT를 이용한 인사규정 초안 생성

수집한 회사 정보, 산업 특성, 법적 요구사항, 표준 인사규정 예시를 MyGPT 학습용 데이터 준비가 필요하다. MyGPT 모델을 초기 설정하면서, 회사의 특성과 산업 요구사항을 반영할 수 있도록 매개변수를 조정해야 할 것이다. 이제 MyGPT를 활용하여 초안을 생성하는데, 이 때, GPT 모델은 제공된 데이터를 기반으로 회사 문화와 산업 특성을 반영한 인사규정을 제안할 것이다.

④ 생성된 인사규정의 검토 및 수정

생성된 인사규정 초안을 바로 업무에 적용시키기 보다는 인사팀, 법무팀 등 관련 부서와 함께 면밀하게 내용을 검토하여 내용의 적절성을 평가해야 한다. 검토 과정에서 발견된 미흡한 부분이나 추가할 내용에 대해 MyGPT 모델을 재학습시키거나 수동으로 수정해야 하며, 수 차례의 수정 과정을 거쳐 최종 인사규정을 확정한다.

⑤ 적용 및 피드백

확정된 인사규정을 회사 내부에 공유하고 적용한다, 다만, 지속적인 피드백 수집 및 업데이트가 필요한데, 인사규정의 실행과정에서 발생하는 직원들의 피드백을 수집하고, 필요한 경우 인사규정을 지속적으로 업데이트를 한다브런치, 2021. 6.4

4. GPT를 활용한 기업의 인사규정 작성 **391**

이 가이드는 MyGPT를 활용하여 기업의 특성과 산업 특성을 반영한 맞춤형 인사규정을 생성, 검토 및 수정하는 전체 프로세스를 단계별로 안내할 것이다[표 14-1] 참조. 이를 통해 기업은 보다 효과적으로 인사규정을 관리하고 직원들의 만족도 및 업무 효율성을 향상시킬 수 있다김장호, 2023.

[표 14-1] MyGPT 활용 맞춤형 인사규정 개발 과정

단계	활동	설명
1	특성 조사	- 회사의 비전, 미션, 조직 문화 등 기본 정보 수집 - 해당 산업의 특성, 동향, 법적 요구사항 조사
2	자료 수집	- 노동법, 고용법 등 관련 법적 요구사항 리서치 - 다른 기업들의 인사규정 예시 수집 및 검토
3	초안 생성	- 수집된 데이터를 바탕으로 MyGPT 모델 준비 - 모델 초기 설정 및 사용자 정의 매개변수 조정 - 인사규정 초안 생성
4	검토 및 수정	- 생성된 인사규정 초안 검토 및 내용 평가 - 미흡한 부분 수정 및 최종 인사규정 확정
5	구현 및 피드백	- 확정된 인사규정 회사 내부에 공유 및 구현 - 직원 피드백 수집 및 인사규정 지속적 업데이트

1) 인사규정의 주요 내용

인사 및 취업규칙은 근로기준법에 따라 작성 시 반드시 포함되어야 할 12가지 필수 내용이 있으며, 근로기준법뿐 아니라 관계법령에 반하는 내용을 포함 시 해당 규정은 무효처리가 된다. 또한 [근로기준법 제94조]에 따라, 취업규칙을 새로 작성하거나 변경할 때에는 '근로자 의견 청취' 절차를 반드시 거쳐야 한다. 사업장에 노동조합이 있는 경우에는 해당 노동조합의 의견을 듣는 과정을 거쳐야 하며, 만약 노동조합이 없다면, 전체 근로자의 과반수의 의견을 들어야 한다. 이 과정을 거친 사업주는 [근로기준법 제97조]에 따라, 근로자의 의견을 기입한 서면을 첨부하여 노동부에 신고해야 하고, 또한, 취업규칙은 근로기준법에 의거하여 반드시 아래 내용이 포함되어야 한다.

[표 14-2] 인사 및 취업규칙의 필수 내용

분류	취업규칙 필수 작성 내용
근로시간 및 휴식	업무의 시작과 종료 시각, 휴게시간, 휴일, 휴가 및 교대 근로에 관한 사항
임금	임금의 결정, 계산, 지급방법, 임금의 산정기간, 지급시기 및 승급에 관한 사항
가족수당	가족수당의 계산, 지급 방법에 관한 사항
퇴직	퇴직에 관한 사항
퇴직급여	[근로자퇴직급여 보장법] 제8조에 따른 퇴직금, 상여 및 최저임금에 관한 사항
근로자 부담	근로자의 식비, 작업 용품 등의 부담에 관한 사항
모성보호 및 일가정양립	산전후휴가, 육아휴직 등 근로자의 모성보호 및 일, 가정 양립 지원에 관한 사항
교육시설	근로자를 위한 교육시설에 관한 사항
안전 및 보건	안전과 보건에 관한 사항 및 근로자의 성별, 연령 또는 신체적 조건 등의 특성에 따른 사업장 환경의 개선에 관한 사항
재해부조	업무상과 업무 외의 재해부조에 관한 사항
표창과 제재	표창과 제재에 관한 사항
기타	그 밖에 해당 사업 또는 사업장의 근로자 전체에 적용될 사항

2) MyGPT에 의한 인사규정 작성 실습

MyGPT 만들기를 통해서 기업 맞춤형 인사규정을 만들어 보면 다음과 같다.

우선 로그인후에 MyGPT의 Configure를 클릭 후에 사전에 준비한 셈플 인사규정을 업로드한다. 이제 이 셈플을 참조하고, 몇가지 기업 및 해당 산업의 특성을 반영하여 인사 규정을 만들어 달라고 명령어를 넣고 실행한다. 결과적으로 우측 창에 해당 내용이 도출되는 것을 볼 수 있다. 이때, 필수적으로 포함되어야 할 항목이나 내용을 사전에 입력하는 것도 좋을 것이다.

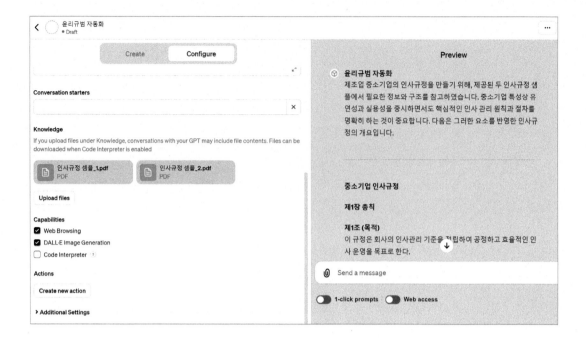

5. GPT를 활용한 보안 규정 작성

기업의 보안 요구사항과 정책의 수준이 다르기 때문에 이를 반영한 보안규정을 MyGPT 를 이용해 작성한다. 먼저 회사의 보안 관련 요구사항과 기존의 보안 정책 데이터를 수집하고, 보안 베스트 프랙티스 및 표준 보안 규정 사례를 확보한다. 이 정보를 바탕으로 MyGPT 로 보안규정 초안을 작성한 다음, 초안을 검토하여 회사의 실제 상황에 맞게 수정 및 개선하는 방식으로 진행한다.

<MyGPT로 생성한 정보보안 업무지침 샘플>　　　<챗GPT로 생성한 10가지 핵심 준수사항>

위에서 도출한 정보보안 업무지침을 근거로, 챗GPT를 활용해서 조심해야 할 정보보안 지침 10가지에 대해 제목과 내용을 포함하여 정리하면 [표 14-3]과 같다.

[표 14-3] 정보보안 지침의 주요 내용

제목	내용
네트워크 안정성	정보통신망의 안정적 운영을 위해 정기적인 시스템 점검과 보안 업데이트를 수행
침해사고 대응	해킹, 바이러스 등 정보침해사고 발생 시 즉각적 대응 및 이용자 통지 체계를 마련
접근 통제	불필요한 정보 접근을 방지하기 위해 접근권한 관리 및 감사 로그 기록을 유지
개인정보 보호	이용자의 개인정보는 최소한으로 수집하며, 목적 외 사용을 금지하고, 안전 보관
암호화	중요 데이터는 전송 및 저장 시 암호화하여 외부 유출로부터 보호
보안 교육	직원 및 이용자에게 정기적인 정보보안 교육을 실시하여 보안 의식을 강화
바이러스 방지	컴퓨터바이러스 방지 프로그램을 설치하고, 정기적으로 업데이트하여 시스템 보호
백업 및 복구	중요 데이터에 대한 정기적인 백업을 수행하고, 재난 발생 시 복구 계획을 수립
보안 감사	보안 정책의 효과성을 평가하기 위해 정기적인 보안 감사 및 취약점 분석을 실시
보호시스템 운영	침입차단시스템, 접근제어시스템 등 정보보호 시스템을 적절히 운영 및 관리

6. GPT를 활용한 기업 윤리가이드 작성

사내 윤리 가이드라인을 작성하는 것은 조직 내의 윤리적 행동 및 규범을 정의하고 전달하는 중요한 단계이다. 보통 사내 윤리 가이드라인은 조직의 가치관, 윤리 원칙, 행동 기준 등을 명확하게 제시하여 조직 구성원들이 이를 따를 수 있도록 돕는다.

사내 윤리 가이드라인을 작성할 때 고려해야 할 몇 가지 주요 사항은 다음과 같다.

첫째, 조직의 가치관 및 문화의 경우, 윤리 가이드라인은 조직의 핵심 가치관과 문화를 반영해야 한다.

둘째, 법적 요구사항 준수의 내용을 포함하도록 한다. 모든 윤리 가이드라인은 관련 법규 및 규정을 준수해야 한다.

셋째, 명확성과 일관성이다. 가이드라인은 명확하고 이해하기 쉬워야 하며, 일관된 메시지를 제공해야 한다.

넷째, 구체적인 예시를 포함하면 더욱 좋다. 일반적인 원칙을 설명하는 것 외에도 구체적인 상황에 대한 예시를 제공하여 실제 적용 가능성을 높여야 한다.

다섯째, 교육 및 의식 홍보가 중요하다. 윤리 가이드라인을 작성하는 것뿐만 아니라 조직 구성원들에게 이를 교육하고 홍보하는 것도 중요하다.

여섯째, 감시 및 감독을 통해 운영하고 고도화해야 한다. 윤리 가이드라인을 준수하는지 감시하고, 위반 사례에 대한 적절한 조치를 취할 수 있는 체계가 필요하다.

이러한 고려 사항을 바탕으로 사내 윤리 가이드라인을 작성하면 조직 내의 윤리적 행동과 문화를 강화하는 데 도움이 될 것이다. 이제 이러한 부분을 반영한 윤리가이드를 MyGPT를 이용해 작성한다. 먼저 회사의 윤리규정과 관련하여 요구사항과 기존의 정책 데이터를 수집하고, 참조할 수 있는 셈플을 수집해서 벤치마킹하는 절차로 작성한다. 아래는 참조할 수 있는 사례이다.

제2부 생성형 AI로 업무 자동화와 혁신

07. 경쟁력을 기반 의사결정
AI 도입, AI를 행동 연결 전략

08. 인공지능을 활용한
전략적 계획 및 의사결정

09. 보고서 작성 효율화를
위한 AI

10. 현대적 마케팅 측면에서
AI 프롬프트 디자인 활용

11. 사람을 활용한 평가자 및
업무 부여

12. 통계 및 데이터 분석을
위한 AI

13. 협업과 소통을 위한 AI

14. 뜨 제도와 기업 영어 및
평가 자동화를 위한 AI

15. 교육훈련 및 규범화를
위한 AI 활용

<MyGPT로 생성한 윤리가이드 샘플>

ChatGPT 4 ˅

윤리경영가이드(KCC) 샘플 2.pdf
PDF

윤리경영가이드(한화) 샘플 1.pdf
PDF

이 문서를 참조해서 윤리가이드를 한국어로 작성해

ChatGPT
이 문서는 KCC그룹의 윤리경영 실천지침을 담고 있으며, 임직원의 정직, 성실, 상호존중을 기반으로 한 업무수행 과정에서 발생할 수 있는 윤리적 갈등상황에 대한 의사결정과 행동의 기준을 제공합니다. 내용은 임직원의 책임과 의무, 고객에 대한 윤리, 경쟁사 및 협력업체에 대한 윤리, 임직원의 행동 원칙 등으로 구성되어 있으며, 금품수수, 상응 및 접대, 고객 정보 보호, 공정한 거래, 직무태만 및 관리감독 소홀 등 다양한 상황에서의 윤리적 지침을 포함합니다.

You
통합해서 목차와 내용을 작성해 ↓

<챗GPT로 생성한 윤리가이드 목차/내용>

ChatGPT
한화시스템과 KCC의 윤리경영 가이드를 통합하여 다음과 같은 목차와 내용으로 윤리가이드 초안을 제안합니다:

목차

1. **윤리경영의 기본 원칙**
   - 정직과 신뢰 기반의 업무 수행
   - 공정한 경쟁과 투명한 거래
   - 이해관계자와의 상호 존중과 협력
2. **임직원의 책임과 의무**
   - 개인정보 및 회사 자산 보호
   - 부정청탁 및 금품수수 금지
   - 정보보안 및 기밀 유지
3. **고객 및 파트너와의 윤리적 관계**
   - 고객 정보 보호와 서비스의 질 향상
   - 공급업체와의 공정한 거래
   - 경쟁사와의 건전한 경쟁
4. **직장 내 윤리**
   - 성희롱 및 직장 내 괴롭힘 금지 ↓

📎 Send a message

윤리 가이드가 작성되었다면, 이제 가이드라인의 운영 담당하는 기업의 법무팀 직원으로서 첨부한 윤리 가이드라인에서 중요한 윤리 위반행동 10개를 선정하여 표로 정리하고, 평가할 수 있도록 점수를 부여해서 실제로 직원의 다양한 행위에 대해서 윤리가이드의 평가를 자동화 해보도록 하자. 먼저 챗GPT에 윤리가이드를 업로드하고 아래와 같이 프롬프트를 작성한다.

[프롬프트] 윤리규범 가이드라인에서 중요한 윤리 위반행동 10개를 선정하여 표로 정리해줘

[ChatGPT]

윤리 위반 항목	내용
성실한 업무수행 위반	직무를 최선을 다해 정당한 방법으로 수행하지 않음
이해상충 문제의 해결 위반	회사와 이해가 상충되는 행위나 관계
회사 재산 및 정보의 보호 위반	회사의 유·무형 자산을 부적절하게 사용하거나 유출
선물 접대 등의 수수	개인적 목적으로 금품, 향응 또는 기타 편의 제공받거나 제공

구성원 간의 상호 존중 위반	동료 및 상하 간 존중하지 않거나, 차별 대우
고객만족 추구와 고객정보의 보호 위반	고객의 기대와 요구수준을 무시하거나 개인정보를 부적절하게 이용
경영정보의 작성과 공개 위반	회계정보를 왜곡하거나 숨김
공정한 거래와 경쟁 위반	공정거래 관련 법규 및 규정을 무시
부정청탁 및 금품 수수 금지 위반	부정청탁 및 금품 등 수수의 금지 관련 법률을 무시
안전 보건 환경에 대한 책임 위반	안전 보건 환경과 관련한 법규 및 국제협약을 무시

7. 모니터링 및 평가 자동화

상기 다양한 특정 비즈니스 시나리오를 선택하고, 이에 맞는 데이터셋을 준비한 다음, MyGPT 모델의 초기 설정을 구성하고, 사용자 정의 매개변수를 조정하면서 준비된 데이터셋으로 모델을 훈련시키고, 경영과정에서 발생하는 다양한 사례를 평가하는 부분을 포함한다.

실제 활용의 과정에서 모델의 성능을 점검하며 분석하고, 필요한 경우 훈련 과정을 조정하면서 최종적으로 모델을 검증하고, 실제 비즈니스 환경에서의 적용 가능성을 평가하는 과정을 반복하면서 고도화해 나간다.

이 부분에서는 MyGPT를 활용하여 실제 경영과정에서 모델을 훈련시키는 방법, 학습 데이터를 선택하고 처리하는 방법, 그리고 학습 과정 동안 모델의 성능을 평가하고 최적화하는 방법에 대해 설명할 것이다. 또한, 모델의 지속적인 모니터링과 성능 평가, 필요 시 모델을 업데이트하고 조정하는 방법에 대해서도 다루고자 한다.

1) 인사규정 관련, 직원의 징계와 포상 등 부합정도 판별 및 모니터링

기업에서 인사 징계와 포상 사례는 그 조직의 문화와 정책에 따라 다를 수 있다. 보통 인사 징계는 직원이 규정 또는 규칙을 어기거나 성과에 부적절한 영향을 미칠 때 발생하는데, 이는 경고, 정지, 해고 등 다양한 형태로 나타날 수 있다. 반면에 포상은 직원의 성과나 공헌에 대한 인정으로 주어지는데, 이는 보너스, 승진, 휴가 등으로 나타날 수 있다. 그리고 일반적으로 인사 징계는 직원의 부정행위나 성과 부적절한 영향을 교정하거나 예방하기 위해 취해지며, 이는 성과 부족, 규정 위반, 윤리적 위반 등 다양한 이유로 발생할 수 있다. 반면에 포상은 직원들에게 성과를 인정하고 동기부여를 하기 위해 주어지고, 성과, 창의성, 효율성 등 다양한 요소에 기반하여 부여될 수 있다. 기업에서는 인사 징계와 포상을 결정할 때 공정성과 일관성을 유지하기 위해 명확한 기준과 절차를 정의해야 한다. 또한 직원들에게 이러한 기준과 절차를 알리고 이행하는 것이 중요하다. 이러한 일련의 작업은 문의, 분석과 판단 및 실제 징계와 포상을 위한 위원회의 구성 등 상당한 절차와 작업의 비용과 시간이 소요되는데, 이때에도 GPT를 활용할 수있다.

아래는 징계 및 포상에 대한 판별이 이뤄지기 전에, 직원 혹은 관련부서에서 직접 GPT를 활용해서 사전에 인사규정 관련, 직원의 징계와 포상 등 부합정도 판별 및 모니터링 해볼 수 있도록 헀의 프롬프트 사용 사례를 보여주고 있다.

ⓢ ChatGPT
사내 인사 규정상 징계와 포상에 해당하는 사례를 제안하겠습니다. 이러한 사례들은 기업의 인사 관리 시스템에서 자주 볼 수 있는 예시들이며, 직원들의 행동과 성과를 평가하는 기준으로 사용될 수 있습니다.

징계에 해당하는 사례

1. **기밀 정보 유출**: 직원이 회사의 기밀 정보를 외부에 유출한 경우, 이는 회사의 이익과 보안에 중대한 위험을 초래할 수 있으므로 징계의 대상이 될 수 있습니다.
2. **근무 태만**: 직원이 지속적으로 늦게 출근하거나, 업무 시간에 개인 일을 처리하는 등 근무 태만을 보인 경우, 이는 징계 사유가 될 수 있습니다.
3. **직장 내 괴롭힘**: 동료 직원에 대한 괴롭힘, 따돌림, 또는 다른 형태의 부적절한 행동은 직장 내 긍정적인 환경을 해치므로 징계 대상이 됩니다.
4. **업무 지시 불이행**: 상사의 합리적인 업무 지시에 대해 반복적으로 따르지 않는 행위는 조직 내 규율과 질서를 해칠 수 있으며, 징계 사유가 될 수 있습니다.
5. **부정행위 및 사기**: 회사의 자산을 횡령하거나, 업무상의 거짓 정보를 제공하는 등의 부정행위는 심각한 징계 사유입니다.

ChatGPT

아래는 사내 인사 규정상 징계와 포상에 해당하는 사례를 정리한 표입니다.

구분	사례	설명
징계	기밀 정보 유출	회사 중요 정보를 외부에 누설하여 보안과 이익을 해침
	근무 태만	지속적으로 지각, 업무 중 개인 일 처리 등 태도가 부적절
	직장 내 괴롭힘	동료를 괴롭히거나 부적절하게 대해 직장 내 환경을 저해함
	업무 지시 불이행	상사의 합리적 지시를 반복하여 따르지 않아 조직 질서 해침
	부정행위 및 사기	회사 자산 횡령, 거짓 정보 제공 등으로 회사에 손실을 입힘
포상	탁월한 성과 달성	매출달성, 중요 프로젝트 성공 등 회사 목표 달성에 기여
	혁신적 아이디어 제안	생산성, 효율성 증가, 이익증대에 기여, 아이디어 제공
	팀워크 및 협력	팀 업무에서 리더십 발휘, 동료와의 협력 등 성공에 기여
	고객 만족도 향상	고객 서비스 향상, 고객 만족도 제고, 회사 이미지 개선

이 표는 직원들의 행동과 성과를 평가하는 기준으로 사용될 수 있으며, 각 사례는 사내 규정에 따라 다르게 적용될 수도 있을 것이다.

2) 보안규정에 대한 부합정도 판별 및 처리방안 탐색

챗GPT를 활용해서 기업에서 내부 보안 규정 위반을 점검하고 평가하는 방법에 대해 알아보도록 한다. 일반적으로 기업에서 보안점검을 위한 방법은 다음과 같습니다:

내부 보안 규정 위반을 점검하고 평가하는 방법에 대해 알아보겠습니다. 일반적으로 이를 위한 방법은 다음과 같습니다:

① **정기적인 보안 교육 및 인식 프로그램:** 직원들에게 보안 정책 및 절차를 교육하고, 내부 보안 정책에 대한 인식을 높이는 프로그램을 실시한다.

② **보안 감사:** 주기적으로 내부 보안 감사를 실시하여 보안 정책 및 절차를 준수하는지 여부에 대해서 점검한다.

③ **보안 모니터링 시스템**: 네트워크 및 시스템에서 이상 징후를 모니터링하는 시스템을 구축하고 사용한다.

④ **직원의 접근 제어 및 권한 관리**: 직원들의 접근 권한을 제한하고 감시하여 보안 위반을 방지한다.

⑤ **이벤트 로그 모니터링**: 시스템 및 네트워크 이벤트 로그를 모니터링하여 의심스러운 활동을 탐지하고 조사한다.

⑥ **보안 정책 준수 검토**: 보안 정책 및 절차를 정기적으로 검토하여 적용 여부를 확인한다.

⑦ **보안 인식 캠페인**: 직원들에게 보안 위험 및 예방에 대한 정보를 제공하고 인식을 높이기 위한 캠페인을 실시한다.

이러한 방법들을 통해 내부 보안규정 위반을 점검하고 평가할 수 있는데, 이 일련의 절차에서 부분적으로 챗GPT를 활용해서 업무를 간편하게 할 수 있다. 아래는 실제 사용해볼 수 있는 예시이다. 물론 기업에 따라 규정과 처리방법이 다를 수 있을 것이다한세억, 2020.

ChatGPT
사내 보안 규정 위반 사례와 해당 처리 방법을 정리한 표를 아래에 제공합니다.

위반 사례	설명	처리 방법
기밀정보 유출	직원이 실수나 의도적으로 회사의 민감한 정보를 외부에 공개	해당 직원에 대한 징계 조치, 유출 정보의 범위 파악 및 피해 최소화 조치, 보안 프로토콜 재검토 및 강화
비인가자 접근허용	직원이 비인가자에게 보안 구역이나 정보에 대한 접근을 허용	해당 직원에 대한 경고 또는 징계, 보안 교육 재실시, 접근 통제 시스템 강화
보안 소프트웨어 비활성화	직원이 보안 소프트웨어(바이러스 백신, 방화벽 등)를 비활성화	직원에 대한 경고 및 보안 교육, 보안 소프트웨어의 필수 활성화 정책 강화 및 모니터링
암호 정책 위반	직원이 약한 비밀번호를 사용하거나 비밀번호를 공유	해당 직원에 대한 경고 및 재교육, 강력한 비밀번호 정책 시행 및 정기적인 비밀번호 변경 요구
외부 기기 무단 연결	직원이 무단으로 개인 기기를 회사 네트워크에 연결	해당 직원에 대한 경고 또는 징계, 외부 기기 연결 정책 재고, 네트워크 보안 감사 및 모니터링 강화

3) 윤리가이드에 대한 부합정도 판별 및 처리방안 탐색

이번에는 챗GPT를 활용해서 기업에서 내부 윤리 가이드 위반을 점검하고 평가하는 방법에 대해 알아보도록 한다. 윤욱지, 구요한, & 장훌2023, 한정윤, 구예리, & 김수진2023 등의 연구는 이미 상세하게 챗GPT를 활용한 업무 자동화에 대한 사례를 다루고 있다. 아래는 기업에서 요구하는 윤리 가이드에 대한 평가와 직원 민원에 대한 평가, 판별 등에 대한 자동화 사례를 소개하고자 하며, 참고로 고용노동부2021. 2의 업종별 직무평가 도구 활용 사례집에서도 다양한 사례를 참조할 수 있다.

[프롬프트] 이제 각각에 1-5점을 부여하고 결과물을 표로 정리해.
[ChatGPT] 각 윤리 위반행동에 대해 1-5점의 평가를 부여하여 표로 정리했습니다. 점수는 위반의 심각성과 영향력을 기준으로 한다.

Anonymous
이제 각각에 1-5점을 부여하고 결과물을 표로 정리하자

ChatGPT
각 윤리 위반행동에 대해 1-5점의 평가를 부여하여 표로 정리했습니다. 점수는 위반의 심각성과 영향력을 기준으로 하였습니다:

번호	윤리 위반행동	점수 (1-5)
1	성실한 업무수행 위반	3
2	이해상충 문제의 해결 위반	4
3	회사 재산 및 정보의 보호 위반	5
4	선물 접대 등의 수수	4
5	구성원간의 상호 존중 위반	3
6	고객만족 추구와 고객정보의 보호 위반	5
7	경영정보의 작성과 공개 위반	5
8	공정한 거래와 경쟁 위반	4
9	부정청탁 및 금품 수수 금지 위반	5
10	안전 보건 환경에 대한 책임 위반	4

이제 이 가이드라인 점수표에 의거하여, 실제 직원들의 행위에 대해서 평가하고 표로 한 눈에 파악이 가능하도록 정리해 보자. 아래는 프로프트와 GPT 답변의 샘플이다김재봉, 2007.

Anonymous
이제 위의 표에 윤리가이드라인의 조항을 찾아서 표의 윤리위반행동 뒤, 점수 앞에 넣어서 결과 표를 만들어줘

ChatGPT
직원들의 문의 내용과 윤리가이드라인의 관련 조항을 결합하여 표를 업데이트했습니다:

이름	문의 내용	윤리 위반 (가이드라인 조항)	점수 (1-5)
박철순	휴가를 안쓰고 무단 외근	성실한 업무수행 위반 (제4조)	3
김해우	직원간에 폭언	구성원간의 상호 존중 위반(제8조)	3
소지상	경쟁사에 영업정보 전달	회사 재산 및 정보의 보호 위반 (제6조)	5
홍성철	협력사로부터 상품권 받음	선물 접대 등의 수수(제7조)	4
박순자	고객폭언에 폭언으로 응대	고객만족과 정보보호 위반 (제9조)	5
김철기	작업장의 안전 수칙 무시	안전보건환경 책임 위반(제13조)	4
박태순	영업이익 회계 정보 누락	경영정보의 작성과 공개위반 (제10조)	5
박수복	성희롱 가해자로 신고	구성원간의 상호 존중위반 (제8조)	3
김수홍	회식비를 과도하게 지출	성실한 업무수행 위반 (제4조)	3
공유선	협력사와 식사, 각자지불	문제 없음	-
강한상	업무비밀을 경쟁사에 전달	회사재산 및 정보보호 위반 (제6조)	5
도지양	퇴사하며 모든 자료 폐기	회사재산 및 정보보호 위반 (제6조)	5
주호영	고객에게 불친절하게 응대	고객만족과 고객정보보호 위반 (제9조)	5

6. 결론 및 시사점

이 장은 "법제도 및 규정 준수 최적화를 위한 AI 활용"에 대해 다루며, AI 기술을 통해 법률 문서 작성, 제도 적용, 규정 준수 및 감사 준비에서 비즈니스 리스크를 최소화하는 방법을 소개했다. 특히 맞춤형 GPT 모델인 MyGPT를 개발하여 기업의 법적 및 규정 준수 요구 사항을 효과적으로 충족시키는 방안을 제시했다.

MyGPT는 기업의 특정 요구사항, 산업 특성, 법적 요건을 반영하기 위해 데이터 수집 및 준비에서부터 시작하도록 제안했다. 이를 활용해 인사 규정을 맞춤화하고, 보안 규정 작성 및 윤리 가이드라인 설정과 같은 다양한 사례를 통해 AI의 적용 가능성을 탐구했다. 인사 규정 작성에서는 MyGPT가 회사의 비전, 미션, 조직 문화를 반영해 규정을 생성하고, 이를 검토 및 수정해 효율성을 높이는 방법을 설명했다.

보안 규정의 경우, 기업의 보안 요구사항과 기존 정책을 바탕으로 MyGPT가 초안을 작성하고, 보안 베스트 프랙티스를 반영해 지속적으로 개선하도록 했다. 윤리 가이드라인 설정에서는 법적 요구사항, 명확성, 교육 등 핵심 요소를 반영하여 조직 문화를 강화할 수 있는 방안을 제시했다.

또한, MyGPT는 인사 징계 및 포상 기준을 자동화하여 공정성과 일관성을 유지하며, 관리 부담을 줄이는 데 도움을 줄 수 있음을 강조했다. AI의 활용은 법적 환경에 신속히 적응하고 지속 가능한 경쟁 우위를 확보하는 데 중요한 역할을 할 수 있다. 종합적으로, MyGPT를 통한 맞춤형 솔루션 제공은 기업의 생산성 향상과 업무 자동화에 기여할 것으로 기대된다.

※ 문제: 난이도 상(20분, 125점), 난이도 중(15분, 100점), 난이도 하(10분, 75점)

【실습 문제】

[문제 1] 인사규정안에 대한 '근로자 의견 청취회' 개최 (난이도 하)

> 우리 기업은 인사규정을 새롭게 작성하여 직원들의 복무 지침으로 삼으려고 '근로자 의견 청취'를 개최하고자 한다.
>
> 위 상황에 대해 인사규정 초안과 다양한 사례를 챗GPT를 활용해서 작성하는데, 근로시간 및 휴식, 임금, 가족수당, 퇴직, 퇴직급여, 근로자 부담, 모성보호 및 일가정양립, 교육, 안전 및 보건, 재해부조, 표창과 제재 등에 대한 직원들이 실수로 범할 수 있는 위반 사례를 이해를 돕기 위하여 작성해 보시오.

[답안] 수험자가 아래와 같은 내용으로 AI 활용 과정과 결과물을 복사 혹은 작성, 제출

1) 사용 AI와 기능 및 도구

사용 AI: GPT-4

2) 생성형 AI를 활용하기 위한 기획 내용(난이도 하)

① 목적: 인사규정안에 대한 '근로자 의견 청취회' 준비자료 작성

② 맥락: 근로시간 및 휴식, 임금, 가족수당, 퇴직, 퇴직급여, 근로자 부담, 모성보호 및 일가정양립, 교육, 안전 및 보건, 재해부조, 표창과 제재 등에 대한 직원들이 실수로 범할 수 있는 위반 사례를 작성

③ AI의 역할: 직원이 실수로 범할 수 있는 위반 사례를 인사규정 내용에 근거하여 작성

④ 산출물: 위반 사례

⑤ 데이터: 별도의 데이터는 불필요

3) 생성형 AI에의 프롬프트 입력 및 대화(피드백) 과정과 내용

[프롬프트]

근로시간 및 휴식, 임금, 가족수당, 퇴직, 퇴직급여, 근로자 부담, 모성보호 및 일가정양립, 교육, 안전 및 보건, 재해부조, 표창과 제재 등에 대해 직원들이 실수로 범할 수 있는 10대 위반 사례를 이해를 돕기 위하여 작성하고, 이에 대해 참고할 수 있는 근거 자료를 찾아줘

[ChatGPT] 인사규정을 쉽게 위반할 수 있는 사례 10가지

1. 근로시간 및 휴식: 주 52시간 초과 근무, 휴식 미제공 [5].

2. 임금: 연차휴가수당 미지급 [2].

3. 가족수당: 적용 대상 오인으로 미지급.

4. 퇴직 및 퇴직급여: 퇴직금 평균임금 산정 오류 [1].

5. 근로자 부담: 부적절한 비용 부과.

6. 모성보호 및 일가정양립: 임산부에게 시간외근무 요구 [5].

7. 교육: 직무 관련 교육 기회 미제공.

8. 안전 및 보건: 작업장 안전 기준 미준수.

9. 재해부조: 재해 발생 시 적절한 지원 미제공.

10. 표창과 제재: 부당한 징계, 직장 내 괴롭힘 신고 후 해고 [3].

Sources

kr.linkedin.com - 실제사례: 근로감독과 사업주의 조치내용

doctorsnews.co.kr - 병·의원에서 실수하기 쉬운 노동법 위반 사례<3>

blog.naver.com - 근로기준법 위반 사례: 직장 내 괴롭힘 신고한 직원 해고

k-labor.co.kr - 4. 근로기준법의 적용여부 관련 사례

hani.co.kr - 초과 근무는 일상이었네…카카오, 근로기준법 '무더기 …

4) 최종 결과물(생성형 AI의 해결 방안, 본인의 보완 및 수정 내용, 최종 해결 방안)

(위의 GPT 답변과 유사)

5) 작업 URL(Link 주소):

https://chat.openai.com/c/db10d868-3506-4170-8581-cf6779ccbeb9

[문제 2] 직원의 포상규정 작성(난이도 하)

우리 기업은 아래 몇가지 조건을 감안하여 직원의 성과 극대화와 격려차원에서 새롭게 포상규정을 제정하려고 한다.

1. 중소기업의 규모, 자원 및 특성을 고려하여 간소화, 실용화 추구
2. 중소기업의 경우라서, 포상 절차와 관련된 관리 부담을 최소화
3. 직원들에게 동기를 부여할 수 있는 포상 체계를 구축

이러한 부분을 감안하여 챗GPT를 활용해서 포상규정과 행정 유의사항을 작성하시오.

[답안] 수험자가 아래와 같은 내용으로 AI 활용 과정과 결과물을 복사 혹은 작성, 제출

1) 사용 AI와 기능 및 도구

사용 AI: GPT-4

2) 생성형 AI를 활용하기 위한 기획 내용

① 목적: 포상규정을 작성

② 맥락: 중소기업임을 감안하여 적정한 포상규정을 직원 사기 진작

③ AI의 역할: 포상규정을 작성하고 포장 진행시 행정상 유의사항을 도출

④ 산출물: 포상규정과 유의사항

⑤ 데이터: 별도의 데이터는 불필요

3) 생성형 AI에의 프롬프트 입력 및 대화(피드백) 과정과 내용

[프롬프트]

1. 중소기업의 규모, 자원 및 특성을 고려하여 간소화, 실용화 추구

2. 중소기업의 경우라서, 포상 절차와 관련된 관리 부담을 최소화

3. 직원들에게 동기를 부여할 수 있는 포상 체계를 구축

이러한 부분을 감안하여 중소기업의 포상 규정을 정의 목적, 범위, 대상, 선정, 시기, 포상종류, 절차, 담당부서 등의 내용을 조, 항으로 구분해서 작성해

[ChatGPT] 중소기업을 위한 포상규정 제안

제1조 (목적) 이 규정은 회사의 인사정책의 일환으로 직원들의 성과와 기여를 인정하고 동기를 부여하기 위한 포상 체계를 정립함을 목적으로 한다.

제2조 (범위) 본 규정은 회사 내 모든 직원에게 적용되며, 모든 부서와 팀을 포함한다.

제3조 (대상) 포상 대상자는 회사의 모든 정규직, 계약직 직원으로 한다.

포상 대상에서 제외되는 경우는 징계 중이거나 징계 예정인 직원으로 한다.

제4조 (선정 기준)

- 성과 기준: 목표 달성률, 프로젝트 성공, 기타 회사에 기여한 실질적 성과.

- 행동 기준: 팀워크, 리더십, 혁신성, 회사 문화 기여도 등.

제5조 (시기)

- 정기 포상: 연 1회, 회계 연도 종료 후 실시.

- 비정기 포상: 특별한 성과나 기여가 인정될 경우 언제든지 실시 가능.

제6조 (포상 종류)

- 금전적 포상: 보너스, 상금 등.

- 비금전적 포상: 유급 휴가, 교육 기회, 공식 인정 등.

제7조 (포상 절차)

- 추천: 직속 상사 또는 동료 직원의 추천.

- 검토: 인사부에서 성과 및 기여도 검토.

- 승인: 최종 승인은 인사부와 최고경영자(CEO)가 공동으로 결정.

- 시상: 공식적인 시상식을 통해 포상 실시.

제8조 (담당부서)

- 인사부는 포상 프로그램의 전반적인 관리와 운영을 담당한다.

- 각 부서는 자체 포상 제도 운영 시 인사부와 협조한다.

제9조 (규정 개정)

- 본 규정에 대한 개정은 인사부의 제안과 최고경영자의 승인을 통해 이루어진다.

- 모든 개정 사항은 전 직원에게 공지되어야 한다.

제10조 (기타)

- 본 규정에 명시되지 않은 사항은 일반적인 인사 관리 규정을 따른다.

- 포상과 관련된 모든 문서와 기록은 인사부에서 관리한다.

〈주의사항〉 직원들이 포상 규정을 잘못 이해하여 실수할 수 있는 다음의 5가지 사례를 주의해야 합니다:

1. 포상 대상의 오해: 직원들이 포상 대상이 정규직에만 한정된다고 잘못 이해하고, 계약직이나 파트타임 직원들이 성과를 내도 포상 대상이 될 수 없다고 오해하는 경우[1].

2. 포상 기준의 혼동: 성과 기준과 행동 기준을 혼동하여, 단순히 목표 달성률만 높다고

해서 포상을 받을 수 있다고 잘못 이해하는 경우. 팀워크, 리더십 등의 행동 기준도 중요하다는 점을 간과할 수 있습니다[3].

3. 포상 절차의 오해: 포상 절차가 간단하다고 잘못 이해하고, 공식적인 추천과 검토 과정 없이 성과가 있으면 자동으로 포상 대상이 될 수 있다고 생각하는 경우[5].

4. 비정기 포상에 대한 잘못된 기대: 비정기 포상이 특별한 성과나 기여가 있을 때 언제든지 주어진다고 이해하고, 잦은 비정기 포상을 기대하는 경우. 실제로는 회사의 재정 상태나 운영 정책에 따라 달라질 수 있습니다[6].

5. 포상 종류의 잘못된 이해: 포상이 항상 금전적 보상으로만 이루어진다고 생각하는 경우. 유급 휴가, 교육 기회 등 비금전적 포상의 중요성을 간과할 수 있습니다[1].

이러한 사례들은 직원들이 포상 규정을 명확하게 이해하는 것이 중요함을 보여줍니다. 포상 규정에 대한 교육 및 커뮤니케이션을 강화하여 이러한 오해를 방지할 수 있습니다.

4) 최종 결과물(생성형 AI의 해결 방안, 본인의 보완 및 수정 내용, 최종 해결 방안)

(위의 GPT 답변과 유사)

5) 작업 URL(Link 주소):

https://chat.openai.com/c/2b8b9bb6-f377-4af6-8b82-a64188cabeea

[문제 3] 인사복무규정에 출장규정을 만들고, 출장비를 자동 계산하는 방법(난이도 중)

우리 기업은 인사규정에 출장에 대한 가이드라인을 만들고 출장비 계산을 자동화하려고 한다.

국외 출장규정을 위한 등급 분류 및 비용 배분 테이블은 아래와 같다.

1. 한국을 기준으로 해외 지역을 거리별로 5등급으로 구분

2. 각 등급별로 항공료, 숙박비, 일비를 차등하여 배분 (예시 : 아시아의 경우, 항공료 $700, 숙박비 $150, 일비 $50)

3. 등급 분류 기준은 일반적인 비행 시간과 거리를 고려하여 설정

이제 국외출장비 테이블을 ChatGPT로 만들고, 유럽을 5박6일 출장간다면, 출장비는 얼마인지 계산하시오.

[답안] 수험자가 아래와 같은 내용으로 AI 활용 과정과 결과물을 복사 혹은 작성, 제출

1) 사용 AI와 기능 및 도구

사용 AI: GPT-4

2) 생성형 AI를 활용하기 위한 기획 내용

① 목적: 출장비 규정 테이블 작성

② 맥락: 출장경비 테이블 작성과 출장경비 계산 자동화

③ AI의 역할: 출장경비 테이블을 작성하고 출장비 계산

④ 산출물: 출장비 테이블, 출장비 계산

⑤ 데이터: 별도의 데이터는 불필요

3) 생성형 AI에의 프롬프트 입력 및 대화(피드백) 과정과 내용

[프롬프트]

1. 한국을 기준으로 해외 지역을 거리별로 5등급으로 구분

2. 각 등급별로 항공료, 숙박비, 일비를 차등하여 배분 (예시 : 아시아의 경우, 항공료 $700, 숙박비 $150, 일비 $50)

3. 등급 분류 기준은 일반적인 비행 시간과 거리를 고려하여 설정

이러한 부분을 감안하여, 국외 출장규정을 만드는데, 한국을 기준으로 거리별로 해외 지역을 5등급으로 나누고, 항공료, 숙박비, 일비를 차등해서 배분한 테이블을 만들어 주세요.

[ChatGPT]

국외 출장규정을 위한 등급 분류 및 비용 배분 테이블을 아래와 같이 제안합니다. 이 테이블은 한국을 기준으로 해외 지역을 거리별로 5등급으로 나누고, 각 등급별로 항공료, 숙박비, 일비를 차등하여 배분합니다. 등급 분류 기준은 일반적인 비행 시간과 거리를 고려하여 설정하였습니다.

등급	지역 예시	항공료 (왕복)	숙박비 (1박당)	일비
1등급	아시아 근거리 (중국, 일본 등)	$700	$150	$50
2등급	아시아 원거리 (인도, 중동 등)	$1,000	$200	$70
3등급	유럽, 호주	$1,500	$250	$100
4등급	북미 (미국, 캐나다)	$2,000	$300	$150
5등급	남미, 아프리카	$2,500	$350	$200

[프롬프트]

위 테이블로 유럽을 5박 6일 간다면 출장비는 얼마인가?

[ChatGPT]

유럽 출장비 계산 (3등급 지역 기준)

항공료 (왕복): $1,500

숙박비 (1박당): $250 x 5박 = $1,250

일비: $100 x 6일 = $600

총 출장비: 항공료 + 숙박비 + 일비 = $1,500 + $1,250 + $600 = $3,350

따라서 유럽을 5박 6일 간 출장 가는 경우 예상 출장비는 대략 $3,350입니다. 이는 기본적인 계산이며, 실제 비용은 출장 시기, 항공 및 숙박 예약 상황, 현지에서의 추가 비용 등에 따라 변동가능

4) 최종 결과물(생성형 AI의 해결 방안, 본인의 보완 및 수정 내용, 최종 해결 방안)

(위의 GPT 답변과 유사)

5) 작업 URL(Link 주소):

https://chat.openai.com/c/0fd6c71e-2fe1-4f9a-8d00-80bbfda527b1

[문제 4] 연말정산 도우미 챗봇 (난이도 중, AI 플러그인과 확장 프로그램 활용법)

출제 의도(테스트 내용): myGPTs와 기존 데이터를 활용한 챗봇 서비스 개발

한국 기업의 연말정산을 지원하기 위한 효율적이고 사용자 친화적이며 지식이 풍부한 "연말정산 도우미" 챗봇 서비스를 개발하고자 합니다.

우리 회사는 중견기업으로 매년 약 100명의 신규채용이 이루어 지는데, 경력직과 신입직 관련 없이 수시채용을 하다보니, 인사팀이 일괄적인 직무교육을 실시하기가 매우 어려운 상황입니다. 그렇기에 매년 말 연말정산 시즌에 신규채용자 들을 대상으로 별도의 설명회를 개설하기는 거의 불가능합니다. 이에 우리 회사는 '연말정산 챗봇' 서비스를 임직원 들에게 출시하고자합니다. 이 서비스의 목적은 아래와 같은 반복적인 연말정산 Q&A를 효율화하고 매년 바뀌는 연말정산 세금 제도를 놓치지 않고 가이드 하는 것입니다.

- 어떤 유형의 교육비를 공제받을 수 있는지?
- 신용카드로 지출한 도서, 공연티켓, 박물관·입장료를 공제받을 수 있는지?
- 신용카드로 지출한 안경구입비를 공제받을 수 있다면 얼마나 공제받을 수 있는지?

다음의 파일 4종과 Open AI의 myGPTs로 이용하여 연말정산 상담 챗봇서비스를 개발하시오.

< PDF파일 데이터 >

- 2022년 연말정산 신고안내(책자)

- 2022년 연말정산 Q&A(게시용)

- 2022년 귀속 키워드연말정산(게시용)

- 2022년 귀속 주요 공제 항목별 계산사례(게시용)

위에서 제시된 문제(상황)를 해결할 방안을 생성형 AI를 활용하여 제시하시오. 단, 1) 생성형 AI를 활용하기 위한 기획내용, 2) 생성형 AI에의 프롬프트 입력 및 대화(피드백) 과정과 내용, 3) 생성형 AI의 최종 결과물(해결 방안, 본인의 보완 및 수정 내용, 최종 해결 방안) 등을 확인할 수 있도록 자세하고 명확하게 기술하시오.

[답안] 수험자가 아래와 같은 내용으로 AI 활용 과정과 결과물을 복사 혹은 작성, 제출

1) 사용 AI와 기능 및 도구

사용 AI: myGPTs

2) 생성형 AI를 활용하기 위한 기획 내용

① 역할: 기업 인사팀 연말정산 담당자

② 과제: 신입직원 들에 대한 연말정산 상담 서비스

③ 목적: 연말정산 세제 변화 즉시 대응 및 연말정산 업무 효율화

④ 배경: 반복적인 Q&A 효율화 및 매년 바뀌는 직장인 연말정산 세제 대응

⑤ 산출물 포맷: 연말정산 상담 이력

⑥ 산출물 분량: A4 기준 상담 1건당 반페이지 이하

⑦ 산출물 형식: 대화형 상담 결과

(MyGPTs 개발) ChatGPT – myGPTs – Create a GPT – Configure 에 입력

① Name: "My Year-End Tax"

② Description: "연말정산 상담 서비스"

③ Instruction: 아래의 영문을 입력

 * 참고: 24년1월, 현재버전의 myGPTs는 instruction에 영어로 입력할 경우 더 좋은 결과를 보임

한글	영문
이제 부터 한국 기업의 연말정산 담당자로서 대답해줘. 신입직원 들에 대한 연말정산 상담이 너의 할일이야. 반복적인 연말정산 Q&A를 효율화하고 매년 바뀌는 연말정산 세제를 놓치지 않고 가이드 해주고자 해. 첨부한 pdf를 기반으로 한국어로 답해주고, 여기에 없을 경우는 답변을 생성하지 말고 모르겠다고 답변하도록 해 1. 역할 : 기업 인사팀 연말정산 담당자 2. 과제 : 신입직원 들에 대한 연말정산 상담 서비스 3. 목적 : 연말정산 세제 변화 즉시 대응 및 연말정산 업무 효율화 4. 배경 : 반복적인 Q&A 효율화 및 매년 바뀌는 직장인 연말정산 세제 대응 5. 산출물 포맷 : 연말정산 상담 이력 6. 산출물 분량 : A4 기준 상담 1건당 반페이지 7. 산출물 형식 : 대화형 상담 결과	From now on, answer the questions as a year-end tax preparer for a Korean company. Your job is to provide year-end tax counseling to new employees. You want to streamline repetitive year-end tax Q&As and guide them through the year-end tax system that changes every year. Provide answers based on the attached PDF in Korean, and if it's not here, don't create an answer, just say you don't know. 1. Role: Year-end settlement manager in a corporate HR team 2. task: Year-end settlement counseling service for new employees 3. Purpose: Immediately respond to changes in the year-end settlement tax system and streamline year-end settlement work 4. Background: Efficiency of repetitive Q&A and response to the tax system for year-end settlement of employees that changes every year 5. output format: year-end settlement consultation history 6. Deliverable : Half a page per consultation on A4 size 7. deliverable format: Interactive consultation results

④ Conversation starters

 - "어떤 유형의 교육비를 공제받을 수 있는지?"

 - "신용카드로 지출한 도서, 공연티켓, 박물관·입장료를 공제받을 수 있는지?"

- "신용카드로 지출한 안경구입비를 공제받을 수 있다면 얼마나 공제받을 수 있는지?"

⑤ Knowledge: 아래 pdf 파일을 업로드
 - 2022년 연말정산 신고안내(책자).pdf
 - 2022년 연말정산 Q&A(게시용).pdf
 - 2022년 귀속 키워드연말정산(게시용).pdf
 - 2022년 귀속 주요 공제 항목별 계산사례(게시용).pdf

⑥ Capabilities: 'Web Browsing' 에만 체크

(프롬프트1) 내 연봉이 5000만원인데 소득이 없는 배우자의 의료비가 연간 기준으로 얼마 이상인 경우 연말정산으로 돌려 받을 수 있어?

(ChatGPT1) 연봉 5000만원인 경우, 소득이 없는 배우자를 위해 지출한 의료비는 연간 최대 700만원까지 인정됩니다. 하지만 의료비 세액공제를 받기 위해서는 총급여액의 3%를 초과하는 금액에 대해서만 가능합니다. 즉, 5000만원의 3%인 150만원을 초과하는 금액에 대해 공제받을 수 있습니다. 예를 들어, 의료비가 200만원이라면, 150만원을 초과하는 50만원에 대해 세액공제를 받을 수 있습니다.

(프롬프트2) 편의점에서 신용카드로 껌을 좀 많이 샀는데, 이것을 연말정산으로 돌려 받을 수 있을까?

(ChatGPT2) 편의점에서 신용카드로 구매한 껌에 대해 연말정산으로 돌려받을 수 있는지 여부는 신용카드 사용금액 소득공제에 달려 있습니다. 신용카드 사용금액에 대한 소득공제는 총급여의 25%를 초과하는 경우에만 가능합니다. 구체적인 상황(예: 총 급여액, 신용카드를 통한 총 지출액 등)에 따라 공제 여부가 결정되므로, 개별적인 상황을 고려하여 계산해야 합니다. 단, 편의점에서의 소액 구매가 총 급여의 25%를 넘는 큰 금액

에 이르지 않는 한, 이러한 소액 구매만으로는 공제를 받기 어려울 수 있습니다.3) 생성형 AI에의 프롬프트 입력 및 대화(피드백) 과정과 내용

4) 최종 결과물(생성형 AI의 해결 방안, 본인의 보완 및 수정 내용, 최종 해결 방안)

5) 작업 URL(Link 주소):

https://chat.openai.com/g/g-7np7NC6DP-my-year-end-tax

참고 문헌

- 고용노동부(2021. 2). 업종별 직무평가 도구 활용 사례집

- 김장호(2023). 생성형 AI 를 활용한 무역서신 작성에 관한 연구. e-비즈니스연구, 24(7), 317-333.

- 김재봉(2007). 양벌규정과 기업처벌의 근거. 법학논총, 24(3), 31-48.

- 브런치(2021. 6. 4). 중소규모 회사의 시스템(체계) 구축하는 방법,

- 윤욱지, 구요한 & 장흘(2023). 챗 GPT 를 활용한 자기소개서 평가 성능 및 업무자동화 가능성에 대한 연구. 조직과 인사관리연구, 47(4), 27-51.

- 한세억(2020). 디지털 전환시대의 정부업무평가 혁신: AI 의 적용가능성과 한계. 학술대회 발표논문집, 73-90.

- 한정윤, 구예리 & 김수진(2023). 챗 GPT 를 활용한 맞춤형 피드백 생성 및 효과 분석. 교육정보미디어연구, 29(4), 1123-1151.

07. 경험했던 기존 의사결정의 접점, AI를 통한 전환점

08. 인과관계를 활용한 전략적 계획 및 의미결정

09. 보고서 작성 효율화를 위한 AI

10. 먼저막 마케팅 측면에서 AI 프롬프트 디자인 활용

11. AI를 활용한 영가 위험 부담

12. 통계 및 데이터 분석을 위한 AI

13. 협업과 소통을 위한 AI

14. 업무 프로세스, 가정 영가 위험 개가기준화를 위한 AI

15. 교육훈련 효과 극대화를 위한 AI 활용

Chapter
15

교육훈련 효과 극대화를 위한 AI 활용

1. AI 기반 교육훈련 극대화에 관한 통찰

1) 디지털 전환과 교육훈련의 중요성

디지털 전환Digital Transformation은 전 세계적으로 기업과 조직의 운영 방식을 크게 변화시키고 있다. 인공지능AI, 빅데이터, 클라우드 컴퓨팅과 같은 기술이 발전하면서 업무 방식이 자동화되고 있으며, 이에 따라 교육훈련의 필요성도 더욱 강조되고 있다. AI 기술의 발전은 새로운 직무 요구사항을 만들어내고 있으며, 직원들의 기술적 역량을 신속하게 강화하는 것이 중요해지고 있다.

특히 AI와 자동화의 급속한 확산은 기존의 업무 수행 방식을 변화시키고 있으며, 직원들은 이러한 변화에 맞춰 새로운 역량을 습득해야 하는 상황에 직면해 있다. 이에 따라 조직 차원에서 신기술을 습득하고 이를 업무에 활용할 수 있는 교육훈련이 필수 요소로 자리 잡고 있다.

이러한 배경에서 Upskill과 Reskill의 필요성도 부각되고 있다. Upskill은 현재 직원들에게 새로운 기술을 학습하게 하여 기존 업무를 더 잘 수행할 수 있도록 돕는 것이며, Reskill은 직무 전환을 위해 새로운 기술을 습득하게 하는 것이다. 이 두 가지 모두 디지털 전환과 AI 기술 발전에 적응하기 위해 필수적인 과정이며, 이를 통해 직원들은 변화하는 비즈니스 환경에서 생존하고 성장할 수 있다.

2) 조직에서의 교육훈련 목표와 효과 극대화의 필요성

조직에서의 교육훈련은 직원의 역량을 강화하고 기업의 지속적인 성장을 도모하기 위한 중요한 수단이다. 교육훈련의 주요 목적은 직원들이 직무에서 높은 성과를 낼 수 있도록 역량을 향상시키고, 조직 내 목표와 전략을 달성하는 데 기여하는 것이다. 구체적으로 교육훈련은 다음과 같은 기대효과를 가진다.

첫째, 교육훈련은 직원의 업무 수행 능력을 강화함으로써 업무 효율성과 효과성을 높이는 데 기여한다. 체계적인 교육훈련은 직무에 필요한 기술과 지식을 습득하게 하여, 업무 중 발생할 수 있는 오류를 줄이고 생산성을 높일 수 있다.

둘째, 교육훈련은 직원의 만족도를 향상시키고, 조직에 대한 충성도와 유지율을 높일 수 있다. 교육훈련은 직원들에게 성장하고 있다는 느낌을 제공하며, 이는 조직에 대한 긍정적인 감정을 형성하는 중요한 요인으로 작용한다.

셋째, 교육훈련은 조직의 지속 가능성을 위해 필수적이다. 빠르게 변화하는 비즈니스 환경에서 조직은 신기술과 변화에 신속히 적응해야 한다. 교육훈련을 통해 직원들의 기술적 역량을 강화하고 새로운 업무 환경에 대한 적응력을 높임으로써 조직은 변화 속에서도 안정적으로 운영될 수 있다. 이러한 점에서 교육훈련은 기업의 경쟁력을 유지하고 지속 가능한 성장을 이루는 데 중요한 전략적 요소이다.

교육훈련 효과를 극대화하기 위해서는 학습 목표의 명확화, 실습 중심의 학습 설계, 학습자 피드백 수렴 등 다양한 활동이 필수적이다. 이러한 활동을 통해 학습자의 참여를 극대화하고 학습 결과가 실제 업무에 적용될 수 있도록 설계해야 한다. 디지털 전환의 흐름 속에서 AI와 같은 기술을 활용한 교육훈련이 활성화되면서 조직은 보다 효율적이고 효과적인 교육을 제공할 수 있는 기회를 가지게 되었다.

2. 교육훈련 효과 극대화를 위한 기초

1) 교육훈련 효과 극대화 프로세스

교육훈련의 효과를 극대화하기 위해서는 체계적인 프로세스를 설계하고, 각 단계에서의 주요 활동을 명확히 하는 것이 중요하다. 교육훈련 프로세스는 학습 목표 설정에서부터 학습 평가 및 피드백까지 일련의 단계를 포함하며, 각 단계별 주요 활동은 다음과 같다.

- **학습 목표 설정**: 학습 목표를 명확하게 설정하여 학습자에게 기대되는 결과를 구체적으로 정의한다. SMART 원칙구체적, 측정 가능, 달성 가능, 관련성, 시간 제한을 적용하여 학습 목표를 설정하고, 학습자에게 목표의 중요성을 설명하여 학습 동기를 부여한다.

- **학습 설계 및 개발**: 학습 자료를 개발하고, 실습과 같은 학습 활동을 포함하여 학습 내용을 설계한다. 실습 중심의 학습 설계를 통해 학습자가 이론을 실제로 적용해 볼 수 있는 기회를 제공하며, 다양한 학습 스타일에 맞춘 콘텐츠텍스트, 비디오, 퀴즈 등를 활용하여 학습자의 참여를 촉진한다.

- **학습 전달 및 실행**: 강의, 토론, 시뮬레이션 등을 통해 학습 내용을 전달하고 학습자가 적극적으로 참여하도록 유도한다. 학습자가 적극적으로 참여할 수 있도록 상호작용적인 학습 환경을 조성하고, 실시간 질의응답과 토론을 통해 학습 몰입도를 높인다. 역할극 및 시나리오 기반 학습을 통해 학습자의 경험을 강화한다.

- **학습 평가 및 피드백**: 학습 성과를 평가하고, 부족한 부분에 대한 맞춤형 피드백을 제공한다. 학습 성과를 측정할 수 있는 다양한 평가 도구테스트, 프로젝트, 과제 등를 활용하고, 개별 학습자에게 맞춤형 피드백을 제공하여 학습 성과를 개선하도록 한다. 실시간 피드백 시스템을 도입하여 학습자가 즉각적인 개선 기회를 얻도록 지원한다.

[표 15-1] 교육훈련 프로세스와 주요 활동 및 전략

단계	주요 활동	효과적 수행 전략
학습 목표 설정	학습 목표 명확히 설정	SMART 원칙 적용, 학습자에게 목표 설명
학습 설계 및 개발	학습 자료 개발, 실습 활동 포함	실습 중심 설계, 다양한 학습 스타일 콘텐츠 제공
학습 전달 및 실행	강의, 토론, 시뮬레이션 통한 학습 진행	상호작용적 학습 환경 조성, 시나리오 기반 학습 활용
학습 평가 및 피드백	학습 성과 평가, 맞춤형 피드백 제공	다양한 평가 도구 활용, 실시간 맞춤형 피드백 제공

2) 최근 교육훈련에서 부상하는 도전과제와 기존 방식의 한계

최근의 급격한 기술 발전과 업무 환경 변화는 교육훈련에 새로운 도전과제를 제시하고 있으며, 기존 교육훈련 방식의 한계도 더욱 명확해지고 있다. 교육훈련 분야의 주요 도전과제와 한계는 다음과 같다.

- **빠르게 변화하는 기술 환경에서 기존 교육훈련의 한계**: 기술의 급속한 발전은 기존의 일방적인 강의 중심 교육 방식으로는 대응하기 어렵다. 현재의 교육훈련 방식은 학습자들이 최신 기술을 습득하고 빠르게 변화하는 환경에 적응하는 데 있어 많은 제약이 있다.
- **AI 도입에 따른 직무 변화 대응의 어려움**: AI와 자동화 기술의 확산으로 인해 기존 직무가 변화하거나 사라지는 경우가 많아졌으며, 이에 따라 새로운 직무에 맞는 교육훈련이 필수적이다. 그러나 기존의 교육훈련 프로그램은 이러한 변화된 직무 요구를 반영하는 데 한계를 보이고 있다.
- **맞춤형 학습의 부재와 학습 성과 추적의 어려움**: 대부분의 기존 교육훈련은 모든 학습자에게 동일한 내용을 제공하기 때문에 개별 학습자의 역량이나 필요를 반영하지 못하고 있다. 또한, 교육훈련 후 학습 성과를 체계적으로 추적하는 시스템이 부족하여, 학습 효과를 높이는 데 한계가 있다.
- **학습자의 학습 참여 저하와 비효율적인 학습 경험**: 일방향적인 강의 방식은 학습자의 학습 참여를 저하시킬 수 있으며, 학습 효과 역시 떨어지는 경향이 있다. 특히, 개인의 학습 스타일과 요구에 맞지 않는 교육 방식은 학습 동기를 저하시켜 비효율적인 학습 경험을 초래한다.

이와 같은 도전과제들을 극복하기 위해서는 AI와 같은 최신 기술을 활용한 새로운 교육훈련 접근법이 필요하다. AI는 맞춤형 학습 제공, 학습자 참여도 증대, 실시간 피드백 제공 등을 통해 기존 방식의 한계를 보완하고, 교육훈련의 효과를 극대화할 수 있는 가능성을 제공한다.

3. 교육훈련 효과 극대화를 위한 AI 활용

AI는 교육훈련에서 맞춤형 학습 제공, 실시간 피드백, 최신 정보 반영 등의 측면에서 큰 효과를 발휘하고 있다. 특히 AI의 고도화된 기능은 학습자의 개별 학습 경험을 더욱 향상시켜 교육훈련의 효과를 극대화하는 데 중요한 역할을 한다.

교육훈련 프로세스 전반에 걸쳐 AI는 다양한 방식으로 활용될 수 있으며, 각 단계별로 효과적인 도입 방안을 고려할 수 있다.

- **학습 목표 설정**: AI를 활용해 데이터 기반으로 학습 목표를 설정하고 목표 달성 가능성을 예측할 수 있다. 예를 들어, 과거의 학습 데이터를 분석하여 학습자별 목표 달성 가능성을 예측하고, 이에 맞는 학습 경로를 제안할 수 있다.
- **학습 설계 및 개발**: 학습 콘텐츠를 자동으로 생성하고, 이를 학습자의 특성과 요구에 맞춰 개인화할 수 있다. AI는 텍스트, 이미지, 동영상 등의 콘텐츠를 학습자 맞춤형으로 제공하여 학습 효과를 높인다. 예를 들어, 기술 습득을 위한 학습 시나리오를 자동으로 생성하고, 이를 바탕으로 실습 활동을 설계할 수 있다.
- **학습 전달 및 실행**: 시뮬레이션 기반 학습과 실시간 피드백 제공을 통해 학습자는 실제 상황을 가상으로 경험하며 학습할 수 있다. ChatGPT와 같은 AI 도구는 학습자에게 다양한 시나리오를 제공하고, 그에 따른 피드백을 실시간으로 제공하여 실습 학습의 효과를 높인다. 예를 들어, 고객 응대 시나리오에서 AI가 학습자의 답변에 대해 적절한 피드

백을 제공하고, 추가적인 상황 변화를 제시하는 방식으로 실습을 진행할 수 있다 .

- **학습 평가 및 피드백**: AI는 학습 평가를 자동화하고 학습 성과를 분석하여 학습자에게 실시간 피드백을 제공한다. AI는 학습자의 진행 상황을 분석해 성과를 시각적으로 보여주고, 개선이 필요한 부분에 대해 구체적인 피드백을 제공한다. 예를 들어, 학습자가 제출한 과제를 분석하여 자동으로 평가하고, 구체적인 개선 사항을 제시하는 방식으로 학습자의 성장을 돕는다.

[표 15-2] AI를 활용하는 접근 방법의 개요와 실제 사례

프로세스	AI 활용 접근 방법	실제 사례	참고문헌
학습 목표 설정	- 데이터 기반 목표 설정 지원 - 학습자별 목표 달성 가능성 예측 및 맞춤형 목표 제안	IBM Watson은 학습자의 과거 학습 데이터, 직무 경험, 역량 평가 결과 등을 분석하여 개인별 학습 목표 설정을 지원하고, 목표 달성 가능성을 예측하여 맞춤형 학습 경로를 제시	Qin & Kochan, 2020
학습 설계 및 개발	- 학습 콘텐츠 자동 생성 및 개인화 - 텍스트, 이미지, 동영상 등 맞춤형 콘텐츠 제공	Khan Academy는 AI를 활용하여 학습자의 수준, 학습 스타일, 선호도 등을 분석하고, 이를 기반으로 개인에게 최적화된 학습 콘텐츠와 경로를 제공	Hooshyar, 2022
학습 전달 및 실행	- 시뮬레이션 기반 학습 제공 - 실시간 피드백 제공 및 상황 변화 시뮬레이션	Walmart는 VR 기술과 AI를 결합하여 고객 응대, 재고 관리 등의 직무 훈련 시뮬레이션을 제공합니다. AI는 학습자의 행동을 분석하고 실시간 피드백을 제공	Morozova (n.d.)
학습 평가 및 피드백	- 학습 평가 자동화 - 학습 성과 분석 및 개선 사항 피드백 제공	Pearson은 AI를 활용하여 학습자의 에세이, 코딩 과제 등을 자동으로 평가하고 개인별 피드백을 제공합니다. 또한, 학습 데이터 분석을 통해 학습자의 강점과 약점을 파악하고 개선 방안을 제시	Pearson (n.d.)

AI를 활용한 교육훈련은 기존의 단순 강의식 교육을 넘어, 실습과 피드백을 중시하는 방향으로 변화하고 있다. 이를 통해 학습자는 더욱 몰입도 높은 학습 경험을 제공받고, 학습 효과도 극대화될 수 있다. 특히, 실시간 피드백과 맞춤형 학습 경로 제공은 학습자가 자신의 속도와 필요에 맞춰 학습을 진행할 수 있게 해준다. 이는 조직의 인적 자원 개발과 지속 가능한 성장을 지원하는 중요한 요소로 작용한다.

4. 최근 업데이트 기능을 활용한 생성형 AI의 교육훈련 강화 방안

디지털 기술의 발전과 함께 교육훈련 분야에서도 AI를 활용한 혁신적인 방법이 활발히 도입되고 있다. 특히 생성형 AI는 학습자 맞춤형 피드백, 시각적 학습 자료 생성, 실시간 정보 제공 등의 기능을 통해 교육훈련의 효과를 극대화할 수 있는 다양한 가능성을 제공한다. 생성형 AI를 교육훈련에 활용하면 학습자의 참여도와 몰입도를 높이고, 개별 학습 목표와 필요에 맞춘 맞춤형 교육을 제공할 수 있으며, 실습 중심의 학습을 통해 성과를 강화할 수 있다.

2024년 이후 업데이트된 ChatGPT의 주요 기능들은 이러한 생성형 AI의 교육훈련 활용을 더욱 확장하고 강화할 수 있는 가능성을 열어준다. ChatGPT o1 Preview, o1 Mini, Search 기능, 그리고 ChatGPT 4.0 with Canvas 등 최신 기능들은 교육 자료 생성과 실시간 피드백을 한층 개선하여, 시각 자료 생성과 최신 정보 반영을 통해 교육의 질을 높이는 데 기여하고 있다.

ChatGPT의 주요 업데이트 기능들은 각기 다른 방식으로 교육훈련의 질을 높이는 데 기여하고 있다. 아래 표는 2024년 이후 업데이트된 ChatGPT 기능들과 이를 교육훈련에 어떻게 활용할 수 있는지 간략히 설명한 것이다.

[표 15-3] 2024년 이후 업데이트된 ChatGPT 기능

ChatGPT 기능	주요 특징	교육훈련 분야 활용 방안
ChatGPT o1 Preview	- 복잡한 문제 해결과 논리적 추론 능력 - 다양한 분야에 대한 고도화된 답변 제공	- 심화 학습 지원, 프로그래밍 및 과학적 탐구에 활용
ChatGPT o1 Mini	- 경량화된 모델로 빠른 응답 속도 제공 - 시나리오 기반 학습 및 실시간 피드백 지원	- 모바일 학습 지원, 시뮬레이션 학습 및 실시간 질의응답 제공
Search 기능 통합	- 실시간 웹 검색 기능 - 출처 명시를 통해 정보 신뢰성 향상	- 최신 자료 반영, 정보 탐색 및 출처 검증 능력 강화
ChatGPT 4.0 with Canvas	- 별도의 편집 창 제공 및 실시간 협업 기능 - 글쓰기와 코딩 작업에 특화된 다양한 편집 도구 지원	- 글쓰기 및 코딩 교육 지원, 실시간 피드백을 통한 문서 및 코드 공동 작성, 고급 편집 도구로 콘텐츠 품질 향상

ChatGPT의 최신 업데이트 기능들은 교육훈련 분야에서 맞춤형 학습, 시각적 자료 생성, 실시간 정보 탐색 등을 통해 학습 효과를 강화하고 있다. 특히 학습자의 개별 목표와 수준

에 맞춘 맞춤형 학습과 실시간 피드백을 제공하여 학습자의 참여도와 성과를 높이고 있다. 이를 통해 학습자는 자신의 속도와 필요에 맞게 학습을 진행할 수 있다.

- **실시간 피드백과 맞춤형 학습**: 프로그래밍과 언어 학습에서 ChatGPT는 실시간으로 코드 오류나 문법 문제를 검토하고, 적절한 피드백을 제공하여 학습자가 즉각적으로 개선할 수 있도록 지원한다. 예를 들어, 코딩 실습 중 발생한 오류에 대해 단계별 수정 방법을 제시하거나, 작문에서 어색한 표현을 개선하는 방식으로 학습의 질을 높이고 있다.

- **시각적 자료와 편집 기능을 통한 실습 강화**: ChatGPT 4.0 with canvas는 다이어그램, 그래프 등 시각 자료를 생성하고 텍스트나 코드를 직접 편집할 수 있는 기능을 제공하여 학습자가 개념을 쉽게 이해할 수 있도록 돕는다. 예를 들어, 의료 교육에서는 심폐소생술 절차를 시각화하여 시뮬레이션하고, 글쓰기와 코딩 교육에서는 문법 검사, 디버깅 기능을 통해 학습자 스스로 텍스트와 코드를 수정할 수 있게 한다.

- **실시간 정보 검색을 통한 최신 자료 활용**: Search 기능은 실시간 웹 검색을 통해 최신 정보를 학습자에게 제공함으로써 교육 콘텐츠의 시의성과 신뢰성을 높이고 있다. 예를 들어, 비즈니스 교육에서는 최신 산업 동향을 실시간으로 업데이트하여 학습자에게 제공하고, 국제 정치학 수업에서는 최신 뉴스 자료를 활용하여 글로벌 이슈를 분석할 수 있도록 돕는다.

이와 같이 ChatGPT의 맞춤형 피드백, 시각적 자료 생성, 최신 정보 검색 기능은 교육훈련의 효과를 극대화하며, 학습자의 몰입도와 이해도를 높이는 데 중요한 역할을 하고 있다.

5. 프로세스별 AI 활용 범위와 프롬프트 디자인 설계 예시

여기에서는 교육훈련 극대화를 위한 각 프로세스에서 생성형 AI를 어떻게 활용할 수 있는지에 대해 설명하고, 가상의 기업을 상정하여 해당 프로세스에서 자주 사용될 수 있는 대표적인 프롬프트 설계 예시를 제시한다.

07. 경험하는 기후 인식공연: 없으면, 사람에 앞선 정보

08. 인재개발을 활용한 전략적 계획 및 의사결정

09. 보고서 작업 효율화를 위한 AI

10. 연간적 마케팅 전략에서 AI 프롬프트 디자인 활용

11. AI를 활용한 평가무 위한 부여

12. 통계 및 데이터 분석을 위한 AI

13. 협업과 소통을 위한 AI

14. 바른 제도와 규정 언어 및 평가기준을 위한 AI

15. 교육전 효과 극대화를 위한 AI 활용

> **가상 기업: "글로벌 테크 (GlobalTech)"**
> GlobalTech는 IT 서비스와 소프트웨어 개발을 주력으로 하는 글로벌 기업으로, 사내 직원들의 기술 역량 강화를 위해 체계적인 교육훈련 프로그램을 운영하고 있다. 직원들의 능력을 극대화하고 교육 효과를 높이기 위해 AI를 활용한 맞춤형 학습과 자동화된 피드백 시스템을 도입하고자 한다.

1) 학습 목표 설정

- **AI 활용 범위**: AI는 각 학습자의 과거 학습 성과와 패턴을 분석하여 데이터 기반으로 맞춤형 학습 목표를 지원한다. 학습 목표는 SMART 원칙구체성, 측정 가능성, 달성 가능성, 관련성, 시간 제한에 맞게 설정되며, 학습자가 도전적이면서도 실현 가능한 목표를 성취할 수 있도록 자동으로 설계된다.
- **프롬프트 설계 예시:**
  - **프롬프트**: "직무별 데이터 분석 결과에 따라, 직원이 향후 3개월간 달성해야 할 프로그래밍 실력 목표를 설정해 주세요. 목표 설정 시 SMART 원칙에 맞춰 성취 가능하면서도 도전적인 목표를 제시해 주고, 목표를 달성하는 데 필요한 학습 시간과 실습 문제를 자동으로 추천해 주세요."
  - **자동화의 이점**: AI가 직원 개개인의 역량과 학습 패턴을 자동으로 분석하여 목표를 제시함으로써, 인사 담당자가 일일이 목표를 설정하는 번거로움을 줄일 수 있다. 또한, 개인별 목표가 자동화되므로 관리의 일관성과 효율성을 높일 수 있다.

2) 학습 설계 및 개발

- **AI 활용 범위**: AI는 맞춤형 학습 콘텐츠를 생성하고, 다양한 학습 스타일에 맞춘 텍스트, 이미지, 동영상 등의 자료를 제공할 수 있다. 이를 통해 개별 학습자의 필요에 맞는 실습과 학습 자료를 자동화하여 제공한다.

- **프롬프트 설계 예시:**
  - **프롬프트**: "중급 개발자 수준의 데이터 분석 실습 콘텐츠를 생성해 주세요. 텍스트 설명, 다이어그램, 실습 코드 예제를 포함하고, 학습자의 진도에 맞춰 점진적으로 난이도가 증가하도록 설계해 주세요. 실습 중 오류가 발생할 경우 AI가 단계별로 수정 방법을 제공하도록 설정해 주세요."
  - **자동화의 이점**: AI가 개별 직원의 수준에 맞춰 실습 콘텐츠를 자동으로 생성하고 제공하므로, 교육 담당자의 콘텐츠 개발 시간을 절약할 수 있다. 실시간 피드백과 오류 수정 가이드를 자동화함으로써, 학습자의 자율적 학습이 가능해진다.

3) 학습 전달 및 실행

- **AI 활용 범위**: AI는 시뮬레이션 기반 학습을 제공하고, 학습자가 학습 과정 중 발생하는 질문에 실시간으로 답변할 수 있는 피드백 기능을 제공할 수 있다. 이를 통해 실전 경험이 필요한 직무 교육에서 효과적인 학습 환경을 조성할 수 있다.
- **프롬프트 설계 예시:**
  - **프롬프트**: "서버 장애 대응 상황을 시뮬레이션으로 구성하고, 직원이 장애를 해결하는 과정을 단계별로 수행할 수 있도록 안내해 주세요. 각 단계에서 발생할 수 있는 오류에 대해 AI가 실시간 피드백을 제공하고, 올바른 절차를 시각적으로 표시하여 학습자가 올바르게 이해할 수 있도록 해 주세요."
  - **자동화의 이점**: 시뮬레이션 기반 학습을 자동화하여, 복잡한 장애 상황을 실전처럼 체험할 수 있게 하고, AI가 실시간으로 피드백을 제공함으로써 교육 담당자가 수동으로 제공하던 피드백과 코칭 작업을 크게 줄일 수 있다.

4) 학습 평가 및 피드백

- **AI 활용 범위**: 학습자의 성과를 자동으로 평가하고, 분석을 통해 맞춤형 피드백을 제공할 수 있다. 이를 통해 학습자는 자신의 강점과 약점을 즉각적으로 파악하고, 개선 방안

을 학습에 반영할 수 있다.

- **프롬프트 설계 예시:**
  - **프롬프트**: "학습자가 작성한 Python 코드를 분석하여 성능과 효율성을 평가하고, 개선 사항을 제안해 주세요. 코드의 실행 시간, 메모리 사용량, 효율성을 기준으로 평가하고, 학습자가 개선할 수 있는 구체적인 수정 방안을 제시해 주세요. 또한, 학습자의 코드 작성 스타일을 분석하여 장단점을 피드백해 주세요."
  - **자동화의 이점**: AI가 학습자의 코드를 자동으로 평가하고 피드백을 제공함으로써, 교육 담당자가 일일이 코드 평가를 수행하지 않아도 된다. 코드 평가가 자동화되면 평가 과정에서의 일관성이 확보되며, 학습자가 즉각적인 피드백을 받아 실력을 빠르게 향상시킬 수 있다.

이와 같은 프로세스를 통해 기업은 교육훈련 과정의 반복적인 업무를 줄이고, 자동화된 시스템을 통해 직원들이 실시간으로 피드백과 맞춤형 학습 콘텐츠를 제공받도록 할 수 있다. 이는 교육의 질을 높이고, 학습자의 실질적인 성과 향상을 도모하는 데 기여할 수 있다.

6. [실습] 프로세스별 프롬프트 디자인 결과 도출

지금부터는 5장에서 각 프로세스별로 제시한 프롬프트 설계 예시 중 일부를 실제 실습하는 과정을 보여주고자 한다. 예시로 제시한 프롬프트가 대부분 여러 요소를 포함하고 있어 단계별로 접근하는 것이 최적의 결과를 도출하는 데 도움이 될 수 있다. 그래서 단계별 접근을 통해 AI가 각 단계에 대해 구체적이고 심층적인 답변을 생성할 수 있도록 단계별 접근 예시와 전제조건 및 필요 데이터를 정의 후 실제 구동 아웃풋을 보여주고자 한다.

1) 학습 목표 설정 분야 실습 예시

> "직무별 데이터 분석 결과에 따라, 직원이 향후 3개월간 달성해야 할 프로그래밍 실력 목표를 설정해 주세요. 목표 설정 시 SMART 원칙에 맞춰 성취 가능하면서도 도전적인 목표를 제시해 주고, 목표를 달성하는 데 필요한 학습 시간과 실습 문제를 자동으로 추천해 주세요."

이 프롬프트는 학습 목표 설정, 목표 달성 계획, 학습 시간 및 실습 문제 추천 등 여러 요소를 포함하고 있어, 단계별로 접근하는 것이 최적의 결과를 도출하는 데 도움이 될 수 있다. 단계별 접근을 통해 AI가 각 단계에 대해 구체적이고 심층적인 답변을 생성할 수 있으며, 필요한 세부 조건을 세팅하고 조정할 수 있다.

(1) 단계별 접근 프롬프트 예시

- **단계 1:** "직무별 데이터 분석 결과를 바탕으로, 직원이 향후 3개월간 달성할 프로그래밍 실력 목표를 SMART 원칙에 맞추어 설정해 주세요."
- **단계 2:** "단계 1에서 설정된 목표를 달성하기 위해 필요한 주당 학습 시간과 전체 학습 시간을 제안해 주세요."
- **단계 3:** "단계 1의 목표를 달성하기 위해 필요한 실습 문제나 학습 자료를 추천해 주세요. 난이도별로 학습 내용을 구분하여 제시해 주세요."

(2) 필요 데이터

프롬프트를 실행하기에 앞서, AI가 최적의 학습 목표와 계획을 설정하기 위해 다음과 같은 정보가 필요하다.

- **직원의 현재 프로그래밍 실력 수준:** 초급, 중급, 고급으로 구분하여 AI가 목표 수준을 설정할 수 있도록 한다.
- **직무별 필수 역량:** 해당 직무에서 필요한 기술 스택과 기술 수준예: Python, 데이터 분석 능력 등을 정의한다.

제2부 생성형 AI로 업무 자동화와 혁신

07. 정형화된 기준 의사결정에 의존, AI를 통한 역량 강화

08. 인과관계를 활용한 전략적 계획 및 의사결정

09. 보고서 작성 효율화를 위한 AI

10. 전략적 마케팅 촉진에서 AI 프롬프트 디자인 활용

11. AI 시대를 위한 평가 위 등급부여

12. 통계 및 데이터 분석을 위한 AI

13. 협업과 소통을 위한 AI

14. 변화 제도와 기업 역량 위 평가 가중치를 위한 AI

15. 교육훈련 효과와 규제화를 위한 AI 활용

• **과거 학습 성과 및 평가 데이터**: 직원의 과거 학습 속도, 학습 성취도 등을 바탕으로 목표 설정의 참고자료로 사용할 수 있다.

• **학습 가능한 시간과 환경**: 주당 학습 가능한 시간과 학습 환경에 대한 정보예: 온사이트 실습 가능 여부 등도 필요하다.

(3) 주의사항 및 고려사항

프롬프트를 제시할 때 아래와 같은 주의사항이나 고려사항을 제시해주면 AI가 도출하는 결과물이 기대에 더 부합할 수 있다.

• **SMART 원칙 준수**: 목표가 구체적이고 측정 가능하며, 실현 가능하고, 관련성이 있으며 시간 제한이 있는지 확인한다.

• **성취 가능성과 도전성의 균형**: 목표가 너무 높거나 낮지 않도록 조정한다. 목표가 지나치게 높으면 학습자에게 부담이 될 수 있으며, 너무 낮으면 학습 효과가 떨어질 수 있다.

• **학습 스타일 및 개인 선호도 고려**: 학습자가 실습을 선호하는지, 이론을 선호하는지에 따라 학습 자료나 방법을 달리 제안할 필요가 있다.

• **자동화된 실습 문제 추천의 난이도 조정**: 학습자가 너무 어려운 문제에 도전하지 않도록 난이도를 점진적으로 높이는 방식으로 문제를 추천하는 것이 좋다.

(4) 실습

가상기업인 GlobalTech 설정에 맞춰, 가상 데이터를 활용해 학습 목표를 설정하는 세부 프롬프트를 단계별로 설계하면 다음과 같다. 아래의 각 단계에서는 가상 데이터를 예시로 제시하며, AI가 구체적인 결과를 도출할 수 있도록 세부적인 프롬프트와 조건을 제공한다.

[단계 1] 학습 목표 설정 (SMART 원칙에 따른 목표 설정)

• **프롬프트**: "GlobalTech의 데이터 분석가 직무에서, 직원 A의 향후 3개월간 프로그래밍 실력 목표를 SMART 원칙에 맞춰 설정해 주세요. 목표는 구체적이고 성취 가능하며, 도전적인 목표가 되도록 해주세요."

- 데이터

- **직무**: 데이터 분석가

- **현재 프로그래밍 실력 수준**: 중급

- **필수 기술 스택**: Python 중급, SQL 초급, 데이터 시각화 도구

- **과거 학습 성과**: Python 기본 문법 숙지, 기본 SQL 쿼리 작성 가능

- **학습 가능 시간**: 주당 5시간 온사이트 학습 환경 제공

답변:

GlobalTech의 데이터 분석가 직원 A의 향후 3개월간 프로그래밍 실력 목표를 SMART 원칙에 맞추어 설정하였습니다. 목표는 구체적이고 성취 가능하면서도 도전적인 수준으로 제시됩니다.

학습 목표 (SMART 원칙 적용)

1. **Specific (구체성)**: 직원 A는 Python을 사용하여 데이터 분석 프로젝트를 독립적으로 수행할 수 있는 실력을 갖추고, SQL에서 고급 쿼리를 작성할 수 있는 능력을 익히는 것을 목표로 합니다.

2. **Measurable (측정 가능성)**: Python을 활용해 실제 데이터셋으로 분석 프로젝트를 완료하고, SQL에서 중급 이상의 쿼리 작성 능력을 검증할 수 있는 실습 문제를 최소 10개 이상 해결합니다.

3. **Achievable (성취 가능성)**: 현재 중급 수준의 Python과 초급 수준의 SQL 실력을 갖추고 있으며, 주당 5시간의 학습 시간이 확보된 상황을 고려하여 설정한 목표입니다.

4. **Relevant (관련성)**: 데이터 분석 직무에서 Python과 SQL은 핵심 기술 스택으로, 이 목표는 직무와 밀접하게 관련되어 있습니다.

5. **Time-bound (시간 제한)**: 이 목표는 3개월 이내에 달성해야 합니다.

최종 학습 목표

"직원 A는 3개월 이내에 Python을 활용하여 데이터 분석 프로젝트를 독립적으로 수행할 수 있으며, SQL에서 중급 이상의 쿼리 작성 능력을 갖추어 데이터베이스에서 복합적인 정보를 추출하고 분석할 수 있다."

목표 달성을 위한 학습 세부 내용

1. **Python 심화 학습**: 데이터 분석에 필요한 Pandas와 NumPy 라이브러리 사용법을 익히고, 실제 데이터셋을 활용한 전처리 및 분석 실습

2. **SQL 중급 및 고급 학습**: SQL JOIN, 서브쿼리, 집계 함수 등의 중급 쿼리 작성 능력을 습득하여 복잡 쿼리를 통해 데이터 분석을 수행할 수 있도록 훈련

3. **데이터 시각화 도구**: Matplotlib와 Seaborn을 사용하여 분석 결과를 시각적으로 표현하는 방법 학습

주별 학습 계획 (주당 5시간 기준)

- **1-4주차**: Python 심화 학습 (주당 3시간), SQL 중급 학습 (주당 2시간)

- **5-8주차**: 데이터 시각화 학습 (주당 3시간), 고급 SQL 학습 (주당 2시간)

- **9-12주차**: Python과 SQL을 활용한 데이터 분석 프로젝트 수행 (주당 5시간)

이 목표는 직원 A의 현재 실력과 학습 가능 시간을 고려하여 설정되었으며, 주차별 학습 계획을 통해 점진적으로 실력을 쌓아갈 수 있도록 구성되었습니다.

[단계 2] 목표 달성을 위한 학습 시간 및 계획 제안

- **프롬프트**: "단계 1에서 설정된 목표를 달성하기 위해 직원 A가 주당 투자해야 할 학습 시간과 전체 학습 계획을 제안해 주세요. 학습 계획은 Python 심화와 SQL 고급 학습에 중점을 두고 주차별로 나눠 주세요."

- **가상 데이터 예시**

- **목표**: Python 데이터 분석 프로젝트 독립 수행 및 SQL 고급 쿼리 작성 능력 향상

- **학습 가능 시간**: 주당 5시간

답변:

목표 달성을 위한 학습 시간 및 주별 학습 계획

GlobalTech의 데이터 분석 직원 A가 주당 5시간을 학습에 투자할 수 있는 상황을 고려하여, Python 심화와 SQL 고급 학습에 중점을 둔 3개월(12주) 학습 계획을 제안합니다. 학습 계획은 목표 달성에 필요한 핵심 내용을 주차별로 나누어 체계적으로 구성했습니다.

주별 학습 계획

1. **1-4주차: Python 심화 학습 및 SQL 중급 학습**
   - **Python 학습 (주당 3시간)**: Pandas와 NumPy 라이브러리를 활용한 데이터 정제 및 분석 기법 습득
     - **세부 내용**: 데이터프레임 생성, 데이터 필터링 및 정렬, 결측값 처리 등 데이터 전처리와 기본 분석 방법 학습
   - **SQL 학습 (주당 2시간)**: SQL의 중급 기능 학습 (JOIN, 집계 함수, 서브쿼리)
     - **세부 내용**: 복잡적인 데이터 쿼리를 작성하고, 테이블 간 결합을 통해 데이터를 통합하는 방법을 습득

2. **5-8주차: 데이터 시각화 학습 및 고급 SQL 학습**
   - **Python 데이터 시각화 (주당 3시간)**: Matplotlib와 Seaborn을 활용하여 다양한 시각화 도구 사용
     - **세부 내용**: 히스토그램, 박스플롯, 산점도 등 다양한 그래프 작성법과 시각적 데이터 표현 기법 학습
   - **SQL 고급 학습 (주당 2시간)**: 고급 SQL 기능 (윈도우 함수, 복합 서브쿼리) 학습
     - **세부 내용**: 윈도우 함수와 서브쿼리를 활용해 복잡한 데이터 요건을 처리하고 분석할 수 있는 기술 습득

2. **5-8주차: 데이터 시각화 학습 및 고급 SQL 학습**
   - **Python 데이터 시각화 (주당 3시간)**: Matplotlib와 Seaborn을 활용하여 다양한 시각화 도구 사용
     - **세부 내용**: 히스토그램, 박스플롯, 산점도 등 다양한 그래프 작성법과 시각적 데이터 표현 기법 학습
   - **SQL 고급 학습 (주당 2시간)**: 고급 SQL 기능 (윈도우 함수, 복합 서브쿼리) 학습
     - **세부 내용**: 윈도우 함수와 서브쿼리를 활용해 복잡한 데이터 요건을 처리하고 분석할 수 있는 기술 습득

3. **9-12주차: Python과 SQL을 활용한 데이터 분석 프로젝트 수행**
   - **Python 및 SQL 실습 (주당 5시간)**: 실제 데이터셋을 사용하여 데이터 수집, 정제, 분석, 시각화를 포함한 프로젝트 수행
     - **세부 내용**: Python을 통해 데이터 전처리 및 분석을 수행하고, SQL을 사용해 필요한 데이터를 쿼리로 추출하여 프로젝트를 완성. 결과물을 시각화하여 보고서 형태로 정리

요약

이 계획은 직원 A가 중급 수준의 Python과 SQL 실력을 고급 수준으로 발전시킬 수 있도록 주차별 학습 목표와 학습 시간을 체계적으로 분배했습니다. 초기에는 Python과 SQL의 중급 학습에 중점을 두고, 이후 데이터 시각화와 SQL 고급 기능을 익힌 후, 마지막으로 실제 프로젝트 수행을 통해 목표 달성에 필요한 실질적인 역량을 갖출 수 있도록 구성하였습니다.

[단계 3] 실습 문제와 학습 자료 추천

- **프롬프트**: "단계 1의 목표를 달성하기 위해 필요한 실습 문제나 학습 자료를 추천해 주세요. Python 심화 학습과 SQL 고급 쿼리 작성 연습에 필요한 자료를 난이도별로 구분하여 제공해 주세요."
- **가상 데이터 예시**
- **목표**: Python 데이터 분석 프로젝트 수행 능력, SQL 고급 쿼리 작성
- **직무 요구 수준**: Python 심화, SQL 고급

답변:

GlobalTech의 데이터 분석 직원 A가 Python 심화 학습과 SQL 고급 쿼리 작성 능력을 목표로 설정하였으므로, 이 목표 달성을 위한 중급~고급 수준의 실습 문제와 학습 자료를 추천합니다. 난이도별로 필요한 학습 자료를 단계적으로 구분하여 제시합니다.

Python 실습 문제 및 학습 자료 (중급에서 고급으로 도약)

1. **중급 문제**
   - **내용**: Pandas와 NumPy를 활용하여 데이터 전처리 (결측값 처리, 중복 데이터 제거) 및 데이터 분석 수행
   - **목표**: Python을 활용한 데이터 정제 및 기본 분석 능력 강화
   - **추천 자료**:
     - **Kaggle 데이터셋** (https://www.kaggle.com/datasets) - 다양한 실제 데이터셋을 활용한 전처리 및 분석 실습 가능.
     - **"Python for Data Analysis" - Wes McKinney 저서** - 데이터 정제와 분석 기초 개념을 제공.

2. **고급 문제**
   - **내용**: 다양한 데이터셋을 결합하여 복잡적인 분석을 수행하고, Matplotlib와 Seaborn을 활용해 시각적으로 결과를 표현
   - **목표**: 복잡한 데이터셋을 다루고 분석 결과를 시각화할 수 있는 능력 배양
   - **추천 자료**:
     - **Matplotlib 및 Seaborn 공식 튜토리얼**
       (https://matplotlib.org/stable/tutorials/index.html,
       https://seaborn.pydata.org/tutorial.html) - 다양한 시각화 기법과 응용을 익히는 데 유용.
     - **"Python Data Science Handbook" - Jake VanderPlas 저서** - 심화 데이터 분석 및 시각화 예제 포함.

SQL 실습 문제 및 학습 자료 (중급에서 고급으로 도약)

1. **중급 문제**
   - **내용**: SQL JOIN 및 GROUP BY 문을 활용하여 다중 테이블에서 데이터 결합 및 집계 수행
   - **목표**: SQL을 통해 다양한 테이블에서 데이터를 추출하고 분석하는 능력 향상
   - **추천 자료**:
     - **SQLZoo 연습 문제** (https://sqlzoo.net/) - 다양한 SQL 쿼리를 연습하고 실제 데이터베이스 문제 해결.
     - **Mode Analytics SQL 튜토리얼** (https://mode.com/sql-tutorial/) - SQL 기본에서 중급까지 학습 가능.

2. **고급 문제**
   - **내용**: 서브쿼리와 윈도우 함수를 사용하여 복잡한 데이터 분석 문제 해결
   - **목표**: SQL의 고급 기능을 활용해 복잡적이고 심층적인 데이터를 다룰 수 있는 능력 배양
   - **추천 자료**:
     - **SQLBolt 고급 쿼리 연습** (https://sqlbolt.com/) - SQL 고급 개념 및 윈도우 함수 활용 예제 제공.
     - **"SQL for Data Analysis" - Cathy Tanimura 저서** - 고급 SQL 쿼리 작성과 데이터 분석 기법 설명 포함.

이 실습 문제와 자료를 통해 직원 A는 Python과 SQL에서 중급 수준을 넘어 고급 분석 능력을 갖추게 될 것입니다. 각 자료와 문제는 실습을 통해 실제 직무에서 요구하는 복잡한 데이터 분석을 수행할 수 있도록 도와줍니다.

07 업무에 기술 이해로운 영업은 AI를 통합하여 연습 전략

08 인공지능을 활용한 전략적 계획 및 의사결정

09 보고서 작성 효율화를 위한 AI

10 연차적 마케팅 전문가를 위한 AI 고급프롬프트 디자인 활용

11 AI를 활용한 평가기술 등급 부여

12 통계 및 데이터 분석을 위한 AI

13 협업과 소통을 위한 AI

14 뛰어 채도와 구성 역량 및 평가 기준을 향상을 위한 AI

15 재무관리와 손익 극대화를 위한 AI 활용

2) 학습 전달 및 실행 분야 실습 예시

> "서버 장애 대응 상황을 시뮬레이션으로 구성하고, 직원이 장애를 해결하는 과정을 단계별로 수행할 수 있도록 안내해 주세요. 각 단계에서 발생할 수 있는 오류에 대해 AI가 실시간 피드백을 제공하고, 올바른 절차를 시각적으로 표시하여 학습자가 올바르게 이해할 수 있도록 해 주세요."

이 프롬프트는 서버 장애 대응 상황의 시뮬레이션을 통해 학습자가 단계별 문제 해결 절차를 경험하도록 설계되었다. 이를 통해 학습자가 장애 상황에서 필요한 절차를 자연스럽게 익히고, 발생할 수 있는 오류에 대한 실시간 피드백을 통해 정확한 해결 방법을 습득할 수 있도록 돕는다. AI를 활용한 학습 전달과 실행 과정은 훈련 과정을 효율화하고, 학습자의 교육 경험을 심화시키며 훈련 효과를 극대화하는 것을 목표로 한다. 여기서는 단순한 문제 해결을 넘어, 자동화 가능한 영역을 발견하여 자동화된 프로세스를 구축하는 방법을 실습해 본다.

(1) 자동화 가능 영역

교육 훈련 과정에서 AI를 활용하여 학습 전달 및 실행 프로세스를 자동화함으로써, 학습자의 학습 경험을 더욱 몰입감 있고 효율적으로 만들 수 있다. AI 기반 자동화는 학습자가 실습 과정에서 발생하는 다양한 문제를 실시간으로 감지하고 해결하도록 지원하여, 학습자가 자율적으로 문제 해결 능력을 기를 수 있게 한다. 이를 통해 교육 담당자의 개입을 최소화하면서도 학습의 몰입도와 교육 효과를 극대화할 수 있다. 아래는 AI를 활용하여 자동화할 수 있는 주요 영역들에 대한 개요이다.

- **실시간 피드백 제공**: AI는 학습자가 실습 과정에서 발생하는 오류를 즉각적으로 감지하고, 실시간 피드백을 제공함으로써 학습자가 오류를 인지하고 바로 수정할 수 있도록 돕는다. 이 자동화는 학습자가 스스로 문제를 해결할 수 있는 기회를 제공하며, 학습자가 실수를 통해 학습 내용을 깊이 이해할 수 있게 한다.

예시: 학습자가 코드 오류나 절차 오류를 범할 때, AI가 해당 오류를 인식하고 적절한 해결 방안을 실시간으로 제안하여 학습자가 즉시 수정할 수 있게 지원

• **단계별 시뮬레이션 제공**: AI는 시뮬레이션 기반 학습 환경을 구축하여 학습자가 직무와 유사한 문제 상황을 단계별로 경험할 수 있도록 한다. AI가 자동화된 시나리오를 제공하며 학습자는 문제를 해결하는 실습을 통해 직무 수행 능력을 강화하게 된다. 단계별로 진행되는 시뮬레이션은 학습자가 문제 해결 능력을 체계적으로 배양할 수 있게 한다.

예시: 학습자가 서버 장애나 시스템 오류와 같은 문제를 단계별로 해결하는 시뮬레이션을 경험하여, 실제 업무 환경에서의 문제 해결 능력을 강화

• **시각 자료 제공**: AI는 학습자가 실습 과정에서 각 단계의 절차를 이해하기 쉽도록 시각 자료다이어그램, 흐름도 등를 자동으로 생성하여 제공한다. 시각 자료를 통해 학습자는 복잡한 절차나 문제 해결 흐름을 직관적으로 파악할 수 있으며, 이를 통해 학습 이해도를 높일 수 있다.

예시: 학습자가 서버 장애 대응 절차를 수행할 때 각 단계별로 다이어그램을 제공하여, 전체 절차의 흐름을 한눈에 파악할 수 있게 함

교육 훈련 담당자가 도출된 자동화 가능 영역을 추진하기 위해서는 아래와 같은 전제조건, 필요 데이터, 주의사항에 대해 인지 및 준비가 필요하다.

(2) 전제조건

• **기술 인프라 준비**: 자동화된 시뮬레이션과 AI 기반 피드백 시스템을 구현하려면 충분한 서버 성능과 안정적인 네트워크 환경이 필요하다. 이를 위해 AI와 시뮬레이션 시스템을 지원할 수 있는 클라우드 또는 사내 인프라를 갖추어야 한다.

• **AI 모델과 MyGPTs 환경 설정**: 학습 목적에 맞게 AI 모델과 MyGPTs를 설정하고 사

용자 맞춤화해야 한다. 특히 서버 로그 분석과 피드백 자동화와 같은 작업에 최적화된 생성형 AI 모델의 성능과 기능을 확보하는 것이 중요하다.

- **학습자 프로필과 역량 분석**: 학습자의 현재 수준과 경험을 파악하여 맞춤형 피드백을 제공할 수 있도록 준비해야 한다. 예를 들어, 학습자가 초급인지 중급인지에 따라 피드백의 수준과 난이도를 조정할 필요가 있다.

(3) 필요 데이터

- **서버 로그 데이터**: 서버 장애 시뮬레이션을 위해 실제 장애 사례에 해당하는 로그 데이터를 준비해야 한다. 가상의 데이터를 사용하는 경우, 실제 업무와 유사한 로그 패턴과 오류 메시지를 포함하도록 설계하는 것이 중요하다.

- **문제 해결 절차 및 매뉴얼**: 서버 장애 대응 절차와 매뉴얼을 기준으로 각 단계별로 문제 해결 방법과 오류 대응 방법을 준비해야 한다. 이를 통해 AI가 정확한 피드백과 가이드를 제공할 수 있다.

- **피드백 데이터셋**: 각 단계에서 학습자가 직면할 수 있는 오류 유형과 이에 대한 피드백을 정리한 데이터셋을 구축한다. 이를 기반으로 AI가 적절한 피드백을 자동화하고 MyGPTs에서 학습자에게 필요한 정보를 제공할 수 있다.

- **시각 자료 템플릿**: 절차 및 흐름을 시각적으로 표현할 수 있는 템플릿이나 다이어그램 형식을 미리 준비하여, AI가 시각 자료 생성 시 일관성 있는 형식을 유지하도록 지원한다.

(4) 주의사항 및 고려사항

- **데이터 보안과 개인정보 보호**: 실제 서버 로그 데이터에는 민감한 정보가 포함될 수 있으므로, 로그 데이터를 익명화하거나 중요한 정보를 제거하는 등의 보안 조치가 필요하다. AI 학습에 사용되는 데이터도 보안 요구사항에 맞춰 관리해야 한다.

- **AI 피드백의 정확성 검토**: AI가 제공하는 피드백이 정확하고 실제 업무 절차와 일치하는지 사전에 검토해야 한다. 잘못된 피드백이 제공될 경우 학습자의 혼란을 초래할 수 있으므로, 테스트 단계에서 피드백의 정확성을 충분히 검토하고 조정해야 한다.

- **학습자의 기술 수준과 이해도 고려**: 학습자의 기술 수준에 따라 자동화된 피드백과 시

각 자료의 내용이 적절히 조정될 수 있어야 한다. 초급 학습자에게는 간단한 피드백을 제공하고, 고급 학습자에게는 심화 피드백을 제공하여 학습 효과를 극대화한다.

- **학습 몰입도 유지**: 자동화된 피드백과 시뮬레이션이 학습자에게 과도한 정보나 피드백을 제공하여 몰입도를 떨어뜨리지 않도록 주의해야 한다. 필요할 때만 피드백을 제공하거나 학습자가 스스로 오류를 파악할 기회를 주는 등 몰입도를 유지하는 방식으로 설계한다.

- **시각 자료의 이해도 검증**: 생성된 시각 자료가 학습자가 절차와 문제 해결 흐름을 이해하는 데 실질적으로 도움이 되는지 확인해야 한다. 복잡한 시각 자료는 오히려 이해를 방해할 수 있으므로, 단순하면서도 명확한 다이어그램이 적절하다.

- **AI 모델의 지속적인 학습 및 업데이트**: 서버 장애 패턴이나 문제 해결 절차는 시간이 지남에 따라 변화할 수 있다. 따라서 AI 모델도 새로운 사례와 데이터를 학습하여 최신 문제 해결 방안을 반영하도록 주기적으로 업데이트하는 것이 중요하다.

(5) 실습

이 실습은 교육훈련 담당자가 학습 과정에서 발생하는 오류에 대해 AI 기반의 실시간 피드백 시스템을 구축하여 학습자에게 즉각적인 지원을 제공하는 것을 목표로 한다. 교육 담당자는 아래 단계별 지침을 따라, AI를 활용하여 실시간 피드백 자동화 시스템을 설정하고 운영할 수 있다.

[단계 1] 사전 준비 및 환경 설정

- **필수 라이브러리 설치**: 실시간 피드백 제공에 필요한 라이브러리와 도구들을 설치한다. 예시로 openai 라이브러리가 필요하다면 다음 명령어를 실행한다.

```
pip install openai pandas
```

- **API 키 준비**: OpenAI API 키를 생성하여 시스템에 설정한다. API 키는 OpenAI 계정에서 발급받을 수 있으며, 안전하게 보관하여 사용한다.

```
import openai
openai.api_key = "YOUR_API_KEY"
```

[단계 2] 로그 데이터 수집 및 오류 유형 정의

- **학습 로그 데이터 정의**: 학습자가 실습 과정에서 발생할 수 있는 일반적인 오류 메시지 예시를 준비한다. 예시로 코딩 실습에서 발생할 수 있는 구문 오류, 연결 오류 등의 메시지를 설정한다.

- **가상 로그 데이터 예시:**

```
log_data = [
    "[ERROR] 2024-11-12 10:23:15 Syntax error in code line 5",
    "[WARNING] 2024-11-12 10:30:45 High memory usage detected",
    "[ERROR] 2024-11-12 10:33:10 API connection timeout"
]
```

- **오류 유형 분류**: 수집된 로그 데이터를 분석하여 오류 유형을 분류한다. 예를 들어, 구문 오류, 연결 오류, 메모리 오류 등으로 분류하여 각 유형에 맞는 피드백을 제공할 수 있도록 준비한다.

[단계 3] AI 피드백 생성 함수 설정

- **AI 프롬프트 설계**: AI에게 오류 메시지에 대한 해결 방법을 제안하도록 하는 프롬프트를 설계한다. 예를 들어, 특정 오류 메시지를 입력하면 해당 오류를 해결하기 위한 절차를 AI가 제안하도록 한다.

- **프롬프트 예시:**

```python
def generate_feedback(log_message):
    prompt = f"다음 오류 메시지에 대한 해결 방법을 제안해 주세요:\n\n{log_message}"
    response = openai.Completion.create(
        engine="text-davinci-003",
        prompt=prompt,
        max_tokens=50
    )
    return response.choices[0].text.strip()
```

- **함수 테스트:** 오류 메시지를 입력하여 `generate_feedback` 함수가 올바르게 작동하는지 테스트한다. 오류 유형에 맞는 피드백이 정확하게 제공되는지 확인한다.

[단계 4] 실시간 피드백 시스템 구축

- **실시간 피드백 제공 코드 작성:** 로그 데이터를 실시간으로 분석하여, 오류 메시지가 발생할 때마다 `generate_feedback` 함수를 통해 피드백을 자동으로 제공하도록 코드를 작성한다.

- **코드 예시:**

```python
for log in log_data:
    if "[ERROR]" in log:
        feedback = generate_feedback(log)
        print(f"오류 메시지: {log}")
        print(f"피드백: {feedback}\n")
```

- **시스템 테스트:**
  - 여러 가지 오류 상황을 시뮬레이션하여 실시간 피드백 시스템이 모든 오류 유형에 대해 적절한 피드백을 제공하는지 확인한다.
  - 오류가 발생할 때마다 AI가 즉각적으로 피드백을 제공하고, 학습자가 이를 통해 문제를 해결할 수 있도록 지원한다.

[단계 5] 학습자 피드백 수집 및 시스템 개선

- **피드백 수집**: 학습자들에게 실시간 피드백 시스템 사용에 대한 피드백을 수집한다. 피드백 시스템의 정확성, 응답 속도, 적절성에 대한 의견을 듣고 개선 방향을 모색한다.

- **시스템 개선**:
  - 학습자의 피드백을 바탕으로 시스템을 개선한다. 예를 들어, 추가적인 오류 유형을 시스템에 반영하거나, 피드백 제공 속도를 최적화하는 등의 작업을 진행한다.
  - 필요한 경우, 새로운 오류 패턴과 그에 따른 피드백을 업데이트하여 시스템을 더욱 완벽하게 만든다.

이 프로세스를 통해 교육훈련 담당자는 학습자에게 실시간으로 피드백을 제공하는 자동화된 시스템을 구축할 수 있다. 학습자는 실습 중 발생하는 오류에 대해 즉각적인 도움을 받아 학습 경험이 향상되며, 교육 담당자는 반복적인 피드백 제공 작업에서 벗어나 교육의 효율성을 높일 수 있다.

7. 교육훈련 극대화를 위한 생성형 AI 활용의 유의사항

교육훈련 과정에서 생성형 AI를 활용하는 것은 학습 경험을 혁신적으로 향상시키고, 교육 효과를 극대화할 수 있는 강력한 도구로 작용할 수 있다. 그러나 AI를 교육훈련에 적용하는 과정에서 고려해야 할 중요한 유의사항들이 존재한다. 이 장에서는 데이터 프라이버시와 보안, 알고리즘 편향성, 인간의 최종 결정 필요성, 모델의 지속적 관리와 업데이트 등 AI 활용의 유의사항을 다룬다.

먼저, 데이터 프라이버시와 보안이 중요한 고려 사항이다. AI를 활용한 교육훈련에서 개인 정보 보호와 보안은 반드시 지켜져야 할 원칙이며, 안전한 데이터 관리를 위해 법적 규제를 준수하는 것이 필수적이다. 예를 들어, 학습자의 개인 데이터를 수집하고 이를 기반으로 맞춤형 피드백을 제공하는 경우, 데이터의 비식별화, 암호화 및 접근 제한이 필수적이다. 데이터 프라이버시가 확보되지 않으면 학습자의 신뢰가 저하될 수 있으므로, AI 시스템 내에서 안전한 데이터 관리 방안을 마련해야 한다.

또한, **알고리즘 편향성 관리**가 필요하다. 다양한 소스의 데이터를 사용하여 AI 모델을 학습시키는 경우, 데이터 편향이 존재할 가능성이 있다. 편향된 데이터를 바탕으로 학습한 AI는 특정 그룹에 불공평한 결과를 제공할 수 있으므로, 데이터 소스의 다양성을 확보하고 편향성을 최소화하는 전략이 필요하다. 공정한 교육훈련을 위해 AI 모델의 결과가 특정 성별, 인종, 배경 등에 편향되지 않도록 지속적인 검토와 조정이 중요하다.

더불어, 인간의 최종 결정 필요성을 간과해서는 안 된다. AI는 많은 정보를 분석하고 결과를 제공할 수 있지만, 최종 결정은 여전히 인간이 내려야 하는 영역이 존재한다. 예를 들어, AI가 학습자의 성취도를 평가하는 경우, 이 결과는 참고자료로 활용하고 최종적인 피드백이나 학습 방향 결정은 교육 담당자가 맡는 것이 바람직하다. 이는 복잡하고 민감한 결정 상황에서 AI의 판단이 오류를 발생시킬 수 있는 가능성을 줄이고, 교육에 대한 책임을 인간이 최종적으로 부담하게 하여 공정성을 보장할 수 있다.

AI 모델의 **지속적인 업데이트와 유지 관리**도 필수적이다. AI 기술은 급격히 발전하고 있으므로 최신 정보를 반영할 수 있도록 AI 모델의 학습과 업데이트가 정기적으로 이루어져야 한다. 예를 들어, 교육 훈련에서 활용되는 AI 모델이 최신 데이터를 학습하지 않는다면, 변화하는 교육 요구나 학습자의 수준을 제대로 반영하지 못할 수 있다. 따라서 AI 성능을 정기적으로 검토하고 개선 방안을 마련하여 교육 환경에 최적화된 상태를 유지하는 것이 중요하다.

이와 같은 유의사항을 고려하여 AI를 교육훈련에 적용함으로써, 학습자의 신뢰를 유지하고 공정하고 안전한 교육 환경을 조성할 수 있다. AI의 장점을 최대한 활용하되, 이를 통제하고 관리하는 방안을 마련함으로써 교육훈련의 효과를 극대화할 수 있을 것이다.

※ 문제: 난이도 상(20분, 125점), 난이도 중(15분, 100점), 난이도 하(10분, 75점)

【실습 문제】

[문제 1] 맞춤형 AI 교육 기획(난이도 중)

　　　출제 의도(테스트 내용): 텍스트 생성 기능 활용 역량

[문제]

우리 회사는 기업 대상 물품 유통 중소기업이다. 규모는 작지만, 경리, 총무, 인사, 설비 관리, 마케팅 기획, B2B 영업, 고객응대 등 다양한 부서로 구성되어 있다. 각 부서에 근무하는 직원들에게 생성형 AI 교육을 시행하고자 한다. 직원들은 각기 다른 부서에서 근무를 하므로 해당하는 직무에 맞는 교육이 필요할 것이다. 이런 상황에서 당신은 인사팀장으로서 각 직무에 맞는 맞춤형 AI 교육 기획안을 수립하시오.

산출물 : 아래 내용이 담긴 기획안(표)

1. 각 직무별 생성형 AI 교육이 필요한 정도(상, 중, 하)

2. 각 직무별 생성형 AI 활용 프롬프트 디자인 교육 내용

3. AI 교육 후 각 직무별 실제 업무에 활용하는 역량과 관련되는 평가방법

단, 1) 생성형 AI를 활용하기 위한 기획 내용, 2) 생성형 AI에의 프롬프트 입력 및 적절한 대화(피드백) 과정과 내용, 3) 생성형 AI의 최종 결과물(해결 방안, 본인의 보완 및 수정 내용, 최종 해결 방안) 등을 확인할 수 있도록 자세하고 명확하게 기술하시오.

[답안] 수험자가 아래와 같은 내용으로 AI 활용 과정과 결과물을 복사 혹은 작성, 제출

1) 사용 AI와 기능 및 도구

사용 AI: GPT-3.5, GPT-4 등

2) 생성형 AI를 활용하기 위한 기획 내용

① 목적: 직무별 맞춤형 생성형 AI 교육기획 안 도출

② 맥락: 회사의 생성형 AI 도입을 통한 전사적 업무 생산성 향상을 위한 직원들의 맞춤형 AI 교육 추진 및 교육 효과성 창출

③ AI의 역할: '경리, 총무, 인사, 설비관리, 마케팅 기획, B2B 영업, 고객응대' 등 각 직무별 특성을 고려한 맞춤형 AI 교육 대안 제공

④ 산출물: 각 직무별 생성형 AI 교육이 필요한 정도(상, 중, 하)를 정리한 표

⑤ 데이터: 별도의 데이터 불필요

3) 생성형 AI에의 프롬프트 입력 및 대화(피드백) 과정과 내용

[프롬프트]

① 목적: 직무별 맞춤형 생성형 AI 교육기획 안 도출

② 맥락: 회사의 생성형 AI 도입을 통한 전사적 업무 생산성 향상을 위한 직원들의 맞춤형 AI 교육 추진 및 교육 효과성 창출

③ AI의 역할: '경리, 총무, 인사, 설비관리, 마케팅 기획, B2B 영업, 고객응대' 등 각 직무별 특성을 고려한 맞춤형 AI 교육 대안 제공

④ 산출물: 아래 내용이 담긴 기획안(표)

1. 각 직무별 생성형 AI 교육이 필요한 정도(상, 중, 하)

2. 각 직무별 생성형 AI 활용 프롬프트 디자인 교육 내용

3. AI 교육 후 각 직무별 실제 업무에 활용하는 역량과 관련되는 평가방법

나는 회사의 인사팀장으로서 직무별 맞춤형 생성형 AI 교육 기획안을 작성해야 합니다. 우선 각 직무별 생성형 AI 교육이 필요한 정도(상, 중, 하)를 판별하여 표로 정리해주세요.

[ChatGPT]

기반으로 한 직무별 생성형 AI 교육 필요성 평가 표를 제공하겠습니다. 이 표는 각 직무의 특성과 AI를 활용할 수 있는 범위를 기준으로 합니다.

직무	교육 필요성	근거
경리	상	재무 보고서, 비용 분석, 예산 관리 자동화 등 AI를 통한 데이터 처리 및 분석의 효율성 증대 필요
총무	중	문서 자동 생성, 재고 관리, 일정 관리 등의 업무에 AI 활용 가능, 하지만 인간의 판단 여전히 중요
인사	상	이력서 분석, 교육 자료 개발, 직원 만족도 조사 분석 등 인사 업무의 다양한 측면에서 AI 활용 가능
설비관리	중	설비 유지보수 일정 관리, 고장 예측 등 AI를 활용한 데이터 분석으로 효율성 향상 가능, 실제 수리 작업은 인간 필요
마케팅 기획	상	시장 분석, 고객 행동 분석, 콘텐츠 생성 등 마케팅 전략 수립 및 실행에서 AI의 역할 극대화
B2B 영업	중	고객 데이터 분석, 맞춤형 제안서 작성 등에서 AI 활용 가능, 그러나 인간의 관계 구축 및 협상 능력 여전히 중요
고객응대	상	자주 묻는 질문 자동화, 고객 문의 분석, 맞춤형 응대 방안 제안 등에서 AI 활용하여 서비스 품질 및 효율성 향상 가능

이 표는 각 직무에 맞는 생성형 AI 교육의 필요성을 평가한 것으로, 구체적인 교육 내용과 평가 방법은 직무의 세부적인 업무 과정과 목표를 더 깊게 분석하여 결정해야 합니다. 이는 교육을 통해 각 직무의 특성을 살려 AI 기술을 효과적으로 활용할 수 있는 역량을 개발하는 데 중점을 둘 것입니다.

[프롬프트] 각 직무별로 생성형 AI를 이용하기 위한 어떤 프롬프트 디자인 교육이 필요한 가요? 표로 정리해주세요.

[ChatGPT]

각 직무별로 필요한 생성형 AI 활용을 위한 프롬프트 디자인 교육 내용을 아래 표에 정리했습니다. 이 교육은 직원들이 자신의 업무에 AI를 효과적으로 적용할 수 있도록 다양한 활용 사례와 기술적 접근 방법을 제공하는 데 중점을 둡니다.

직무	프롬프트 디자인 교육 내용
경리	- 재무 보고서 자동 생성을 위한 데이터 입력 및 분석 요청 프롬프트 작성 방법 - 비용 추적 및 예산 분석을 위한 프롬프트 최적화 기법
총무	- 사무용품 재고 관리 및 주문 자동화 프롬프트 설정 - 회사 내부 행사 및 일정 관리를 위한 효율적인 프롬프트 디자인
인사	- 이력서 및 면접 평가 자동화 프롬프트 개발 - 직원 교육 자료 및 만족도 조사 분석 프롬프트 작성 방법
설비관리	- 설비 고장 예측 및 유지보수 일정 계획을 위한 데이터 분석 프롬프트 - 안전 점검 및 위험 평가 보고서 생성 프롬프트 설계
마케팅 기획	- 시장 트렌드 분석 및 소비자 행동 분석을 위한 질문 프롬프트 - 창의적인 마케팅 캠페인 아이디어 생성을 위한 프롬프트 개발
B2B 영업	- 맞춤형 제안서 및 프레젠테이션 자료 생성 프롬프트 - 고객 데이터 분석을 통한 판매 기회 도출 프롬프트 설계
고객응대	- 고객 문의 자동 응대 및 자주 묻는 질문(FAQ) 생성 프롬프트 - 고객 피드백 분석 및 서비스 개선 제안 프롬프트 작성

이 표는 각 직무의 구체적인 요구와 업무 특성을 고려하여 생성형 AI를 활용할 수 있는 프롬프트 디자인 교육의 기본 방향을 제시합니다. 실제 교육 과정에서는 이 프롬프트들을 더욱 세분화하고, 실습을 통해 다양한 시나리오에서의 적용 방법을 탐색할 수 있도록 할 것입니다.

[프롬프트] 각 직무별 AI교육 후 실제 업무에 활용하는 역량과 관련되는 평가방법에 대해서 표로 정리해주세요.

[ChatGPT]

각 직무별로 AI 교육을 받은 후 실제 업무에 활용하는 역량과 이를 평가하기 위한 방법을 아래 표에 정리했습니다. 이 평가 방법은 교육의 효과를 측정하고, 직원들이 AI를 업무에 효과적으로 적용하고 있는지를 확인하는 데 목적이 있습니다.

직무	역량	평가방법
경리	- 재무 보고서 자동 생성 및 분석 능력 - 비용 관리 및 예산 분석의 효율성	- 생성된 보고서의 정확도 및 완성도 평가 - 비용 절감 및 예산 관리 효율성 측정
총무	- 자동화 프로세스를 통한 업무 효율성 - 일정 관리 및 재고 관리 최적화	- 업무 처리 시간 단축 및 오류 감소율 측정 - 재고 정확도 및 관리 효율성 평가
인사	- 채용 프로세스 자동화 및 최적화 - 직원 교육 및 만족도 개선	- 채용 시간 및 비용 절감 효과 분석 - 직원 만족도 조사 및 교육 효과 분석
설비관리	- 고장 예측 및 유지보수 계획 최적화 - 안전 점검 효율성 향상	- 유지보수 비용 절감 및 고장 감소율 측정 - 안전 점검 보고서의 완성도 및 실시간 대응 능력 평가
마케팅 기획	- 시장 분석 및 소비자 행동 이해 - 창의적인 캠페인 아이디어 생성	- 시장 분석 보고서의 깊이 및 정확도 평가 - 캠페인 성공률 및 창의성 평가
B2B 영업	- 맞춤형 제안서 작성 및 고객 데이터 분석 - 판매 기회 식별 및 전략 수립	- 제안서의 맞춤화 정도 및 고객 반응 분석 - 판매 성공률 및 고객 만족도 측정
고객응대	- 고객 문의 자동 응대 및 만족도 향상 - 고객 피드백 분석 및 대응 전략	- 응대 시간 단축 및 고객 만족도 증가율 - 피드백 분석의 깊이 및 대응 전략의 효과성

이 평가 방법들은 각 직무별로 AI 교육의 성과를 명확하게 측정하고, 교육 이후의 업무 향상을 도모하기 위한 것입니다. 평가는 정량적 데이터 분석과 질적인 피드백을 모두 포함하여 종합적으로 이루어져야 합니다. 이를 통해 AI 교육 프로그램의 지속적인 개선과 업무 프로세스의 최적화를 추진할 수 있습니다

4) 최종 결과물(생성형 AI의 해결 방안, 본인의 보완 및 수정 내용, 최종 해결 방안)

위의 GPT 답변과 유사(지면 관계상 내용 생략)

5) 작업 URL(Link 주소):

https://chat.openai.com/c/8f6148e3-1e31-431f-a4cb-f8f7d1233e63

[문제 2] 생성형 AI 역량평가 결과 보고서 작성(난이도 상)

출제 의도(테스트 내용): GPT-4의 데이터 분석 기능 활용 역량

[문제]

상황: KS주식회사는 원가 절감 및 생산성 향상을 위해 직원들에게 생성형 AI 교육을 실시하고, 생성형 AI 활용 역량에 대한 실기시험(test)을 실시하였다. 당신은 인사교육 팀장으로서 이 교육 참여 결과와 역량테스트 성적을 합산하여 상대평가한 다음, 인사 고과에 반영할 전 직원의 생성형 AI 활용 역량평가 결과 보고서를 작성해야 한다.

이를 위해 직원들의 AI 역량평가 총점(교육 및 시험 테스트 성적 합산)에 대해 [표 1]에서 제시된 상대평가 기준으로 A+, A, B+, B, C 등급을 부여하고, 등급이 부여된 직원들의 사번 순으로 생성형 AI 역량평가 결과와 대응방안 보고서를 제시하시오.

[표 2]와 같이, 각 개인의 교육 점수는 이론(theory education) 및 실기(practical training) 교육시간당 2점씩을 부여하여 40점으로 정하고, 이 점수에 역량테스트 성적(AI competency test score)을 합산하여 각 개인의 총점을 산출한다. 각 개인의 등급은 각 개인의 총점을 기준으로 [표 1]과 같이 상대평가로 정한다.

[표 1] 직원별 상대평가 등급 부여 기준

상대평가 기준	상위 15%	16~35%	36~65%	66~85%	하위 15%
등급	A+	A	B+	B	C

[표 2] 교육 및 역량평가 결과 배점 기준

개인별 역량평가 총점	교육 점수(시간당 2점)	역량테스트 점수
100	40	60

단, 답안에는 1) 생성형 AI를 활용하기 위한 기획 내용, 2) 생성형 AI에의 프롬프트 입력 및 적절한 대화(피드백) 과정과 내용, 3) 생성형 AI의 최종 결과물(필요시, 본인의 보완 및 수정 내용, 최종 해결 방안 등 포함) 등을 확인할 수 있도록 자세하고 명확하게 기술하시오.

[답안] 수험자가 아래와 같은 내용으로 AI 활용 과정과 결과물을 복사 혹은 작성, 제출

1) 사용 AI와 기능 및 도구

사용 AI: GPT-4

2) 생성형 AI를 활용하기 위한 기획 내용

① 목적: 직원들의 AI 교육 및 활용 역량 시험 성적을 취합한 상대평가 결과 보고서 작성

② 맥락: 원가절가 및 생산성 향상을 위한 경영진의 지시에 의해 직원들의 AI 활용 역량 향상 정도를 평가하여 인사고과에 반영 필요

③ 역할: 인사교육팀장으로서 경영진에 직원들의 역량평가 결과 보고

④ 산출물: 직원들의 AI 활용 역량평가 결과를 상대평가하여 정리한 내용

⑤ 처리순서: 직원들의 개인별 역량평가 총점 산출 → 상대평가 기준에 의해 직원별 상대평가 등급 부여 → 그 결과를 사원번호 순으로 정리 → 교육과 역량테스트와의 관계 등 결과 분석 정리 → 보고서 초안 작성

⑥ 개인별 총점 산출 방법: 각 개인의 교육 점수에 대해 이론(theory education) 및 실기(practical training) 교육시간당 2점씩을 부여하여 40점으로 정하고, 이 점수에 역량테스트 성적(AI competency test score)을 합산하여 각 개인의 총점을 산출

⑦ 개인별 등급 부여 기준

상대평가 기준	상위 15%	16~35%	36~65%	66~85%	하위 15%
등급	A+	A	B+	B	C

⑧ 데이터: AI 역량평가 결과(엑셀)

3) 생성형 AI에의 프롬프트 입력 및 대화(피드백) 과정과 내용

[프롬프트]

① 목적: 직원들의 AI 교육 및 활용 역량 시험성적을 취합한 상대평가 결과 보고서 작성

② 맥락: 원가절가 및 생산성 향상을 위한 경영진의 지시에 의해 직원들의 AI 활용 역량 향상 정도를 평가하여 인사고과에 반영 필요

③ 역할: 인사교육팀장으로서 경영진에 직원들의 역량평가 결과 보고

④ 산출물: 직원들의 AI 활용 역량평가 결과를 상대평가하여 정리한 내용

⑤ 개인별 총점 산출 방법: 각 개인의 교육 점수에 대해 이론(theory education) 및 실기(practical training) 교육시간당 2점씩을 부여하여 40점으로 정하고, 이 점수에 역량테스트 성적(AI competency test score)을 합산하여 각 개인의 총점을 산출

⑥ 데이터: 첨부된 AI 교육_평가결과_데이터(엑셀)

안녕하세요? 위의 내용과 첨부된 데이터를 참고하여 직원들의 개인별 역량평가 총점을 산출해주세요. 직원들의 역량평가 총점을 표로 정리해주세요.

[ChatGPT]

Used Python

직원들의 AI 활용 역량평가 결과를 상대평가하여 정리한 결과는 다음과 같습니다:

직원 번호	총점
152102	84
161011	93
145123	87
162106	80
140642	77
....	....
202142	93

이 표는 각 직원의 이론 및 실기 교육 점수(시간당 2점)와 AI 역량시험 점수를 합산하여 만든 것입니다. 이론 및 실기 교육 점수의 최대 점수는 40점입니다. 위 표는 모든 직원의 총점을 보여줍니다. 완전한 목록은 데이터 파일을 참조하시면 됩니다.

데이터 파일 copy 결과

	Employee_No	Total_Score
1	152102	84
2	161011	93
3	145123	87
4	162106	80
5	140642	77
6	153419	82
7	161058	93
8	141843	92
9	170476	90
10	182103	73
11	176502	81
12	191010	76
13	188122	69
14	192126	76
15	179642	70
16	184109	92
17	211058	89
18	201843	89
19	158476	92
20	188903	96
21	155202	81
22	161054	80
23	148923	83
24	186106	72
25	182642	79
26	193419	67
27	161556	61
28	201843	94
29	220476	90
30	202103	58
31	200401	99
32	202142	93

[프롬프트]

개인별 등급 부여 기준

상대평가 기준	상위 15%	16~35%	36~65%	66~85%	하위 15%
등급	A+	A	B+	B	C

위의 개인별 등급부여 기준을 토대로 전 직원에 대해 상대평가를 하고 이에 대한 등급을 부여해 직원번호 순으로 표로 정리해주세요. 상대평가 기준을 반영할 때 소수점은 반올림하여 등급을 부여해주세요.

[ChatGPT]

상대평가 기준에 따라 부여된 직원별 등급을 직원번호 순으로 정리한 결과는 다음과 같습니다:

직원 번호	총점	등급
140642	77	B
141843	92	A
145123	87	B+
148923	83	B+
152102	84	B+
153419	82	B+
155202	81	B+
158476	92	A
161011	93	A
161054	80	B+
161058	93	A+
161556	61	C
162106	80	B+
170476	90	A
176502	81	B+
179642	70	C
182103	73	B

182642	79	B
184109	92	A
186106	72	B
188122	69	C
188903	96	A+
191010	76	B
192126	76	B
193419	67	C
200401	99	A+
201843	89	B+
201843	94	A+
202103	58	C
202142	93	A
211058	89	B+
220476	90	A

이 표는 각 직원의 총점을 기준으로 상대평가 등급을 할당한 것입니다. 소수점 반올림을 통해 등급 부여 기준을 조정했습니다. 완전한 목록은 데이터 파일을 참조하시면 됩니다.

[프롬프트]

점수 산정 결과를 토대로 교육과 역량 시험 성적과의 관계를 분석하여 인사이트와 대응 방안을 제시해주세요.

4) 최종 결과물(생성형 AI의 해결 방안, 필요시, 본인의 보완 및 수정 내용 포함)

** 직원별 총점 및 등급 결과 **

직원 번호	총점	등급
140642	77	B
141843	92	A
145123	87	B+
148923	83	B+
152102	84	B+

153419	82	B+
155202	81	B+
158476	92	A
161011	93	A
161054	80	B+
161058	93	A+
161556	61	C
162106	80	B+
170476	90	A
176502	81	B+
179642	70	C
182103	73	B
182642	79	B
184109	92	A
186106	72	B
188122	69	C
188903	96	A+
191010	76	B
192126	76	B
193419	67	C
200401	99	A+
201843	89	B+
201843	94	A+
202103	58	C
202142	93	A
211058	89	B+
220476	90	A

** 분석 결과 인사이트와 대응 방안 **

인사이트:

교육 참여도와 시험 성적의 상관관계: 교육 이론 및 실습 시간이 높은 직원들이 대체로 높은 시험 성적을 기록한 경향이 있습니다. 이는 교육 프로그램의 효과성을 시사하며, 교육이 역량 강화에 기여한다는 것을 보여줍니다.

교육의 질과 균등성: 일부 직원들은 높은 교육 시간에도 불구하고 상대적으로 낮은 성적을 보여주었습니다. 이는 교육 내용의 이해도나 개인별 학습 효과에 차이가 있음을 나타냅니다.

개인별 학습 스타일의 다양성: 동일한 교육을 받았음에도 불구하고 개인별 성적 차이가 큰 것으로 보아, 학습 스타일이나 속도의 차이가 존재할 수 있습니다.

대응 방안:

개인별 맞춤형 교육 제공: 직원들의 학습 스타일과 속도를 고려한 맞춤형 교육 프로그램을 제공하여 개인별 역량을 극대화할 수 있습니다. 예를 들어, 학습 속도가 느린 직원을 위한 추가 지원이나 멘토링 프로그램을 마련할 수 있습니다.

실질적 역량 강화를 위한 교육 내용 개선: 교육 내용을 실무 중심으로 조정하거나 실제 업무 상황에서의 적용을 강조하여 교육의 효과를 높일 수 있습니다.

피드백 기반의 교육 프로그램 개선: 직원들로부터 정기적인 피드백을 수집하여 교육 프로그램을 지속적으로 개선하고, 다양한 학습 요구를 충족시킬 수 있도록 조정합니다.

성과와 교육 사이의 연계 강화: 교육 프로그램과 직무 성과 간의 연계를 강화하여 교육의 동기를 부여하고, 실질적인 업무 개선으로 이어질 수 있도록 합니다.

정기적인 역량 평가 및 개선: 정기적인 역량 평가를 통해 교육의 효과를 측정하고, 필요한 경우 교육 방식이나 내용을 조정하여 지속적인 개선을 도모합니다.

5) 작업 URL(Link 주소):

https://chat.openai.com/c/c850e97d-2901-4383-bdd7-2f9b8080c1e1

[문제 3] 직원별 격려금 산정(난이도 상)

출제 의도(테스트 내용): 데이터 분석 기반 엑셀 기능 활용 역량

성공(주) B2B영업팀은 직원들의 노고를 격려하기 위해 엑셀 시트의 직원별 근무내용을 토대로 연말 격려금을 지급하고자 한다. 다음 조건으로 지급할 엑셀 함수식을 구해, 엑셀(데이터 파일)의 개인별 격려금을 산출하여 직원 데이터와 함께 직원별 산출 격려금 내역(표)를 제출하시오.

1. 조건:

- 직급=5이고 근속년수>=5년, 또는 직급=4이고 근속년수>=7년, 또는 직급=3이고 근속년수>=9년 또는 근무성적>=90 또는 성과급=0 이면, 격려금 100만원 지급

- 직급=5이고 근속년수=3년이상, 또는 직급=4이고 근속년수=5년이상, 또는 직급=3이고 근속년수=7년이상, 또는 근무성적>=80 이면, 격려금 70만원 지급

그렇지 않으면, 격려금 50만원 지급

2. 주의사항: GPT의 엑셀 데이터 인식 오류가 잦아 오답이나 시간 소요가 예견되므로, 프롬프트 작성 시, 정확한 행열의 위치에 대한 내용 제시가 필요함

예) 산출 대상인 사원번호는 3열부터 시작됨. 계산을 위한 함수식의 첫 번째 조건인 직급은 B열에 있음 등

단, 1) 생성형 AI를 활용하기 위한 기획 내용, 2) 생성형 AI에의 프롬프트 입력 및 적절한 대화(피드백) 과정과 내용, 3) 생성형 AI의 최종 결과물(해결 방안, 본인의 보완 및 수정 내용, 최종 해결 방안) 등을 확인할 수 있도록 자세하고 명확하게 기술하시오.

[답안] 수험자가 아래와 같은 내용으로 AI 활용 과정과 결과물을 복사 혹은 작성, 제출

1) 사용 AI와 기능 및 도구

사용 AI: GPT-3.5, GPT-4 등

2) 생성형 AI를 활용하기 위한 기획 내용

① 목적: 정확한 직원별 격려금 산출

② 맥락: 엑셀 파일에 있는 직원들의 근무 내용(데이터)을 토대로 연말 격려금을 차별적으로 책정하고자 AI의 데이터 분석 기능 사용

③ AI의 역할: 직원들의 근무 내용을 토대로 엑셀의 격려금 산출 함수식 도출

④ 산출물: 직원들의 근무 기록 및 해당 직원들의 격려금 산출 내역표(엑셀에서 복사)

④ 데이터: 직원별 근무성적 및 격려금 산정 근거(엑셀)

3) 생성형 AI에의 프롬프트 입력 및 대화(피드백) 과정과 내용

[프롬프트]

① 목적: 정확한 직원별 격려금 산출

② 맥락: 엑셀 파일에 있는 직원들의 근무 내용(데이터)을 토대로 연말 격려금을 차별적으로 책정하고자 AI의 데이터 분석 기능 사용

③ AI의 역할: 직원들의 근무 내용을 토대로 엑셀의 격려금 산출 함수식 도출

④ 산출물: 직원들의 근무 기록 및 해당 직원들의 격려금 산출 내역표(엑셀에서 복사)

⑤ 데이터: 직원별 격려금 산정 데이터(엑셀)

⑥ 격려금 산출 조건:

- 직급=5이고 근속년수>=5년, 또는 직급=4이고 근속년수>=7년, 또는 직급=3이고 근속년수>=9년 또는 근무성적>=90 또는 성과급=0 이면, 격려금 100만원 지급

- 직급=5이고 근속년수=3년이상, 또는 직급=4이고 근속년수=5년이상, 또는 직급=3이고 근속년수=7년이상, 또는 근무성적>=80 이면, 격려금 70만원 지급

　그렇지 않으면, 격려금 50만원 지급

　⑦ 주의사항: GPT의 엑셀 데이터 인식 오류가 잦아 오답이나 시간 소요가 예견되므로, 행과 열의 위치를 정확하게 확인 필요

　　- 산출 대상인 사원번호는 3열부터 시작

　　- 계산을 위한 함수식의 첫 번째 조건인 직급은 B열에 있음

나는 B2B영업팀장으로서 직원들의 근무내용을 토대로 격려금을 산출하고자 합니다. 첨부된 엑셀 파일의 직원별 근무 데이터, 격려금 산정 조건표와 위의 조건을 기준으로 각 직원별 격려금을 산출하기 위한 엑셀의 산출식을 제시해주세요. 행과 열의 위치를 정확히 확인하고 식을 제시해주세요.

[ChatGPT]

엑셀 파일을 확인해 본 결과, 직원들의 근무 데이터와 격려금 산정 조건표가 포함되어 있습니다. 이 데이터를 바탕으로 격려금을 산출하기 위한 엑셀의 산출식을 만들어 보겠습니다.

직원별 격려금 산출 조건에 따르면, 우리는 다음과 같은 조건들을 확인할 수 있습니다:

직급=5이고 근속년수>=5년, 또는 직급=4이고 근속년수>=7년, 또는 직급=3이고 근속년수>=9년 또는 근무성적>=90 또는 성과급=0 이면, 격려금 100만원 지급

직급=5이고 근속년수=3년이상, 또는 직급=4이고 근속년수=5년이상, 또는 직급=3이고 근속년수=7년이상, 또는 근무성적>=80 이면, 격려금 70만원 지급

그렇지 않으면, 격려금 50만원 지급

엑셀에서 적용할 수 있는 산출식은 IF 함수를 사용하여 다음과 같이 설정할 수 있습니다. 이 식은 각 직원의 정보가 담긴 행에 대해 적용됩니다. 엑셀의 셀 위치에 맞추어 식을 설명하면 다음과 같습니다:

직급은 B열에 있습니다.

근속년수는 C열에 있습니다.

근무성적은 D열에 있습니다.

성과급은 E열에 있습니다.

격려금은 F열에 계산하여 입력됩니다.

따라서, F열(격려금)에 들어갈 수식은 아래와 같습니다. 이 수식은 F2 셀부터 시작하여 각 직원에 대해 아래와 같이 입력됩니다.

excel Copy code

```
=IF(OR(AND(B2=5, C2>=5), AND(B2=4, C2>=7), AND(B2=3, C2>=9), D2>=90,
E2=0), 1000000, IF(OR(AND(B2=5, C2>=3), AND(B2=4, C2>=5), AND(B2=3,
C2>=7), D2>=80), 700000, 500000))
```

이 식은 다음과 같이 작동합니다:

첫 번째 IF 조건을 통해, 첫 번째 조건들(직급과 근속년수의 조합, 근무성적, 성과급)이 만족되는지 검사합니다. 만약 이 조건들 중 하나라도 참이라면, 격려금으로 100만원을 지급합니다.

첫 번째 조건이 거짓일 경우, 두 번째 IF 조건을 통해 두 번째 조건들을 검사합니다. 이 조건들 중 하나라도 참이라면, 격려금으로 70만원을 지급합니다.

두 번째 조건 또한 거짓일 경우, 기본 격려금으로 50만원을 지급합니다.

이 수식을 각 직원별로 적용하여, 직원별 격려금을 산출할 수 있습니다.

[엑셀 작업]

엑셀 수식을 복사(copy)하여 엑셀의 F3셀에 입력, 첫 번째 직원의 격려금 계산 후 드래그 하여 모든 직원의 격려금 산출 → 계산식, 금액 확인 후 전체 직원 데이터와 격려금 복사

4) 최종 결과물(생성형 AI의 해결 방안, 본인의 보완 및 수정 내용, 최종 해결 방안)

결과물: 직원별 산출 격려금 내역

직원번호	직급	근속연수	근무성적	성과급	격려금
22301	5	2	95	20	1,000,000
23320	5	3	85	0	1,000,000
18390	5	4	89	10	700,000
16356	5	5	75	20	1,000,000
19323	4	7	86	20	1,000,000
14423	4	4	92	10	1,000,000
15456	4	4	79	20	500,000
17357	3	9	80	20	1,000,000
18876	3	8	87	10	700,000
19675	3	6	90	20	1,000,000
18990	2	9	86	20	700,000
18121	1	10	79	10	500,000

5) 작업 URL(Link 주소):

https://chat.openai.com/c/0458139c-0ccf-4abe-a600-7fb0ee099351

[문제 4] AI 활용 역할극 방식의 교육 진행(난이도 상)

출제 의도(테스트 내용): MyGPT 활용 교육 콘텐츠 생성 및 평가 역량

A는 민원서비스 교육을 담당하는 공무원으로, 매년 민원처리 품질개선을 위한 노력의 일환으로 역할극 상황 연습을 진행해왔다. 그러나 이 방식은 실제와 같은 다양한 상황을 충분히 모사하기 어렵고, 참여할 수 있는 직원 수에 한계가 있어 교육의 효과가 제한적이었다. 이에 A는 기술의 발전을 활용하여 교육 방법을 개선하기로 결정한다. GPT와 같은 인공지능을 활용하여 더 실제적이고 포괄적인 민원서비스 교육을 진행하고자 한다.

이를 위해, A는 기존에 사용되던 민원 서비스 매뉴얼을 myGPT에 업로드해 GPT를 학습시키고, myGPT를 통해 교육 대상 공무원이 다양한 민원 상황에 대응하는 연습을 할 수 있게 하는 것이다.

아래는 민원 상황이다.

상황 설명: 민원인은 지역 공원에서 자녀와 즐거운 시간을 보내려 했으나, 최근 발생한 폭풍으로 인해 공원 내 놀이터 시설이 심각하게 파손된 것을 발견하였다. 이로 인해 자녀가 놀이터에서 놀 수 없게 되어 실망감을 감추지 못하고 있으며, 민원인은 이에 대해 매우 불만이 있으며 신속한 복구를 요구하기 위해 민원 서비스에 연락을 취하였다.

민원인과 공무원과의 가상의 대화를 진행한 후 잘한 점과 개선점, 종합의견을 담은 보고서를 작성하시오.

[답안] 수험자가 아래와 같은 내용으로 AI 활용 과정과 결과물을 복사 혹은 작성, 제출

1) 사용 AI와 기능 및 도구

사용 AI : GPT-4, myGPT

2) 생성형 AI를 활용하기 위한 기획 내용

① 민원서비스 매뉴얼(PDF)을 업로드 후 myGPT 기능을 활용해 가상의 민원인 생성

② 위에서 도출한 내용들을 가지고 시나리오별 민원 해결

3) 생성형 AI에의 프롬프트 입력 및 대화(피드백) 과정과 내용

아래와 같이 myGPT를 구성한다.

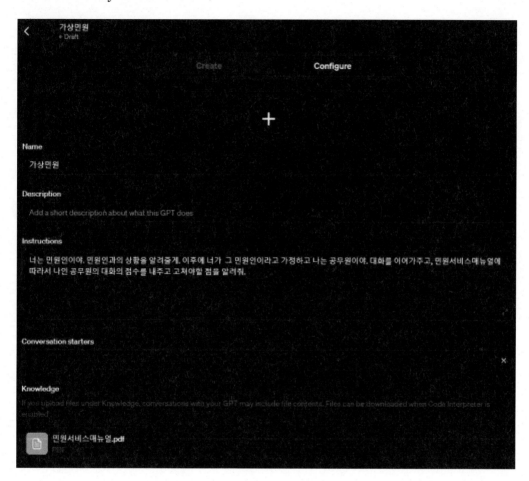

프롬프트:

민원 상황 설명: 민원인은 지역 공원에서 자녀와 즐거운 시간을 보내려 했으나, 최근 발생한 폭풍으로 인해 공원 내 놀이터 시설이 심각하게 파손된 것을 발견하였다. 이로 인해 자녀가 놀이터에서 놀 수 없게 되어 실망감을 감추지 못하고 있으며, 민원인은 이에 대해 매우 불만이 있으며 신속한 복구를 요구하기 위해 민원 서비스에 연락을 취하였다.

너는 이 민원인이고 나는 이 민원인을 상대하는 공무원이야. 가상의 대화를 시작하자.

공무원: 안녕하세요. 어떤 일로 오셨나요?

GPT:

민원인: 안녕하세요. 저는 최근의 폭풍으로 인해 지역 공원의 놀이터 시설이 심각하게 파손된 문제를 해결해 주셨으면 합니다. 우리 아이를 포함해 많은 아이들이 이 놀이터를 이용하는데, 현재 상태는 너무나도 위험하고 아이들이 놀기에 전혀 적합하지 않습니다. 빠른 시일 내에 복구 작업을 진행해 주실 수 있나요?

프롬프트:

네, 그러시군요. 어디 공원이죠?

GPT:

민원인: 서초구에 위치한 선림공원입니다. 아이들이 자주 놀러 가는 곳인데, 이번 폭풍으로 인해 놀이터 시설이 크게 손상되었어요. 가능하다면, 얼마나 시간이 걸릴지와 어떤 조치를 취할 수 있는지도 알려주시면 감사하겠습니다.

프롬프트:

네, 선림공원에 어떤 놀이터 시설이 파손되었을까요? 어디가 파손된지 알아야 어떤 조치가 필요한지, 시간은 얼마나 걸리는지 알 수 있습니다.

GPT:

민원인: 놀이터의 주요 파손 부위는 그네와 미끄럼틀입니다. 그네는 폭풍으로 인해 체인이 끊어지고, 몇몇 좌석도 손상되었어요. 미끄럼틀은 일부가 심하게 휘어지고 구조적으로 안전하지 않은 상태입니다. 아이들이 이용하기에는 너무 위험한 상황이에요.

프롬프트:

아, 그렇군요. 미끄럼틀과 그네는 공원관리과에서 담당하고 있습니다. 제가 담당자에게 민원을 전달하겠습니다. 담당자가 소요시간을 알려 드릴겁니다.

GPT:

민원인: 네, 알겠습니다. 담당자에게 민원이 전달될 수 있도록 조치해 주셔서 감사합니다. 혹시 어느 정도 시간이 소요될지와 어떤 과정을 통해 진행될지 구체적으로 안내받을 수 있을까요? 그리고 저에게 연락이 올 때까지 어떻게 진행 상황을 알 수 있는지도 궁금합니다.

프롬프트:

그것도 담당자가 진행합니다. 진행상황은 담당자가 알려드릴 겁니다.
여기까지 대화하고 이 공무원의 대화 점수와 고쳐야 할 점을 knowledge를 통해 찾아줘.

GPT:

이 공무원의 대화 점수는 10점 만점에 6점입니다. 대체로 적절한 응대를 하였으나, 몇 가지 개선할 점이 있습니다.

장점

민원인의 문제에 대해 구체적인 정보를 요청하여 문제 해결을 위한 첫 단계를 잘 진행했습니다.
담당 부서에 민원을 전달하겠다고 하여 적절한 조치를 취하기 위한 절차를 밟았습니다.

개선할 점

경청과 공감 부족: 민원인의 불편함과 실망감에 대한 공감 표현이 부족했습니다. 민원서비스 매뉴얼에 따르면, 경청과 공감은 민원인과의 긍정적인 관계 구축의 기초입니다. "많이 불편하셨겠어요"와 같은 공감 표현을 추가하는 것이 좋습니다.

구체적인 정보 제공 부족: 민원 처리 과정이나 예상되는 시간에 대한 구체적인 정보 제공이 부족했습니다. 민원인이 언제쯤 결과를 기대할 수 있는지, 어떤 절차를 거치는지에 대한 설명이 필요합니다. "담당자가 진행 상황을 알려드릴 것입니다"보다는, 가능한 한 구체적인 시간대나 절차의 개요를 제공하는 것이 더 도움이 됩니다.

적극적 해결 방안 모색: 민원인의 문제에 대한 적극적인 해결 방안 제시가 필요합니다. 예를 들어, "담당자가 소요시간을 알려드릴 것입니다"라는 대신, "저희가 바로 담당 부서에 연락하여 신속하게 상황을 파악하고 개선할 수 있도록 하겠습니다. 처리 과정에서 발생하는 모든 업데이트를 꼭 알려드리겠습니다"와 같은 더 적극적이고 구체적인 대응이 필요합니다.

종합 의견

이 공무원은 기본적인 민원 응대 절차를 따랐지만, 민원인의 입장에서 더욱 친절하고 구체적인 정보 제공이 필요합니다. 민원인과의 소통에서 공감과 적극적인 문제 해결 의지를 보여주면 더 높은 만족도를 이끌어낼 수 있을 것입니다.

4) 최종 결과물(생성형 AI의 해결 방안, 본인의 보완 및 수정 내용, 최종 해결 방안)

보고서: 공무원 민원 응대 평가

잘한 점:
문제 해결을 위한 정보 요청: 민원인의 문제에 대해 구체적인 정보를 요청하여 문제 해결의 첫 단계를 잘 진행했습니다.
적절한 조치의 약속: 담당 부서에 민원을 전달하겠다고 하여, 적절한 조치를 취하기 위한 절차를 밟았습니다.

개선할 점:

경청과 공감 부족: 민원인의 불편함과 실망감에 대한 공감 표현이 부족했습니다. "많이 불편하셨겠어요"와 같은 공감 표현을 추가하는 것이 필요합니다.

구체적인 정보 제공 부족: 민원 처리 과정이나 예상되는 시간에 대한 구체적인 정보 제공이 부족했습니다. 가능한 한 구체적인 시간대나 절차의 개요를 제공해야 합니다.

적극적 해결 방안 모색 부족: 민원인의 문제에 대한 적극적인 해결 방안 제시가 필요합니다. 예를 들어, "저희가 바로 담당 부서에 연락하여 신속하게 상황을 파악하고 개선할 수 있도록 하겠습니다"와 같은 대응이 필요합니다.

종합 의견:

이 공무원은 기본적인 민원 응대 절차를 따랐으나, 민원인의 입장에서 더욱 친절하고 구체적인 정보 제공, 경청과 공감 표현이 필요합니다. 민원인과의 소통에서 공감과 적극적인 문제 해결 의지를 보여주는 것이 더 높은 만족도를 이끌어낼 수 있습니다.

참고 문헌

- 김용성 (2024), 생성형 AI는 교육을 어떻게 바꿀까?, 기술과 혁신 2024년 3/4월호 Vol.464.

- 삼일 PwC 경영연구원 (2024), 초개인화 학습의 혁명이 시작된다 : 에듀테크,.

- Anastasia Morozova, Walmart and VR training, https://www.jasoren.com/walmart-vr-training/

- Armstrong, M. (2020). "Armstrong's Handbook of Human Resource Management Practice." Kogan Page.

- Bersin, J. (2018). "Building an Adaptable Workforce: A Strategic Approach to Training." Deloitte Review.

- Deloitte Insights. "The Rise of Digital Transformation." https://www2.deloitte.com/global/en.html

- Deviprasad, S., Madhumithaa, N., Vikas, I. W., Yadav, A., & Manoharan, G. (2023). The Machine Learning-Based Task Automation Framework for Human Resource Management in MNC Companies. Engineering Proceedings, 59(1), 63.

- Fei Qin and Thomas A. Kochan (2020), The Learning System at IBM: A Case Study

- Gartner. "Impact of AI on Workforce Training." https://www.gartner.com/en

- Harvard Business Review. "How Training Boosts Employee Engagement." https://hbr.org/

- Hooshyar, Danial, et al. (2022). *Artificial intelligence in education: A systematic review of the literature.* Computers & Education: Artificial Intelligence, 3, 100081.

- Noe, R. A. (2017). "Employee Training & Development." McGraw-Hill Education.

- OECD. (2022). "Skills for a Digital World." https://www.oecd.org/skills/

- Pearson, Automated Scouring, https://www.pearsonassessments.com/large-scale-assessments/k-12-large-scale-assessments/automated-scoring.html

- Sylvie Beatrice, E(2024). Employee Training and Development in the Age of Automation.

- Timely (2024), 훈련 및 개발 분야의 AI: 20가지 실제 적용 사례, https://time.ly/ko/blog/ AI-훈련-및-개발-20가지-실제-적용-사례/,

- Wesche, J. S., & Handke, L. (2024). Digitisation and automation in training and development: a meta-review of new opportunities and challenges. Personnel Review, 53(3), 771-790.

- World Economic Forum. (2021). "The Future of Jobs Report." https://www.weforum.org/reports/the-future-of-jobs

[부록] 각 장의 실습문제 관련 데이터 파일

[부록] 실습문제 관련 데이터 목록

(첨부파일은 광문각 홈페이지(http://www.kwangmoonkag.co.kr/)에서 자료실의 관련 게시글 링크 또는 판권의 QR코드 또는 옆의 QR코드를 사용해 구글드라이브에서 다운로드하여 사용)

8장 문제 1 ABC Motors(CVS)

8장 문제 2 Football data 2022_2023 데이터(CVS)

9장 문제 2 와인 선호도 조사 결과(엑셀)

9장 문제 3 2023년 영업실적(엑셀)

10장 문제 3 한국민속촌 홍보 데이터

11장 문제 1 직장 내 성희롱 예방 교육 자료(리플렛)

11장 문제 2 자소서사례 1

11장 문제 2 자소서사례 2

11장 문제 2 자소서사례 3

11장 문제 2 자소서사례 4

11장 문제 2 자소서 기재항목

11장 문제 3 평가대상자 1 자기소개서

11장 문제 4 평가대상자 2 자기소개서

11장 문제 4 평가대상자 3 자기소개서

11장 문제 4 평가대상자 4 자기소개서

14장 문제 4 2022년 귀속 주요 공제 항목별 계산사례(게시용)

14장 문제 4 2022년 귀속 키워드 연말정산(게시용)

14장 문제 4 2022년 연말정산 Q&A(게시용)

14장 문제 4 2022년 연말정산 신고안내(책자)

15장 문제 2 AI 역량 평가 결과(엑셀)

15장 문제 3 직원별 근무성적 및 격려금 산정 근거(엑셀)

15장 문제 4 민원서비스별 매뉴얼

저자소개

노규성

(사)한국소프트웨어기술인협회 회장

한국생성형AI연구원 원장

前 한국생산성본부 회장

前 한국디지털정책학회 회장

前 선문대학교 경영학과 교수

강송희

경희대학교 객원교수

前 현대자동차 책임연구원

前 소프트웨어정책연구소 선임연구원

권정인

상명대학교 계당교양교육원 교수

前 성균관대학교 소프트웨어학과 초빙교수

前 명지대학교 객원조교수

김민철

제주대학교 경영정보학과 교수

영국 써리대학교(U. of Surrey) 박사

前 SK텔레콤 마케팅기획팀 근무

김준연

한중과학기술협력센터 센터장

前 소프트웨어정책연구소 책임연구위원

前 한양대학교 국제학대학원 겸임교수

김홍민

사단법인 한국통신판매사업자협회 회장

서울벤처대학원대학교 교수

(주)저스트아이디어 대표

재능대학교 스토리텔링 연구소장

박강민

소프트웨어정책연구소 선임연구원

前 KAIST 박사(미래전략대학원)

박경혜

충남대학교 경영학부 교수

한국정보기술응용학회 부회장

前 정보통신산업진흥원(NIPA) 비상임이사

박성택

(재)천안과학산업진흥원 전략기획본부장

前 선문대학교 SW융합학부 교수

前 성균관대학교 경영학과 초빙교수

박정아

숭실대학교 베어드학부대학 컴퓨터그래픽

ADOBE ACP 겸임교수

前 글로벌사이버 대학교 글로벌 문화예술대학

겸임교수

前 아미가알앤씨 콘텐츠기획제작 본부장 / 제이콤

CM Planner/PD

안성진

성균관대학교 사범대학 컴퓨터교육과 교수

前 한국정보과학교육연합회 의장

前 KIST/SERI 연구원

유호석

소프트웨어정책연구소 산업정책연구실 실장

前 KT플랫폼 매니저/KTds 연구소 매니저

前 삼성전자/삼성SDS 정보전략 과장

이승희

국립금오공과대학교 경영학과 교수

한국디지털정책학회 회장

대한산업경영학회 수석부회장

이웅규

백석대학교 혁신융합학부 교수

가상현실융합경제학회 회장

前 경북디지털트윈진흥협회 부회장

임기흥

제주대 아시아공동체 연구센터 특별연구원

한국산학협동연구원 부원장

前 한국생산성본부 책임연구위원

前 광주여자대학교 서비스경영학과 교수

정종기

(주)얼라이언스코리아 대표

한국인공지능인재개발원 원장

前 대통령직속 정책기획 국정자문위원(디지털분과)

前) 한국오라클 비즈니스 총괄 대표

AI를 몰라도 AI로 돈 벌 수 있다

생성형 AI [개정판]
프롬프트 디자인
실무

프롬프트 디자이너 1급 자격 필독서

1판 1쇄 발행   2024년   4월   5일
2판 1쇄 발행   2025년   1월   2일

저자   한국생성형AI연구원
펴낸이   박정태
편집이사   이명수   감수교정   정하경
편집부   김동서, 전상은
마케팅   박명준, 박두리   온라인마케팅   박용대
경영지원   최윤숙

펴낸곳   주식회사 광문각출판미디어
출판등록   2022. 9. 2 제2022-000102호
주소   파주시 파주출판문화도시 광인사길 161 광문각 B/D 3층
전화   031-955-8787   팩스   031-955-3730
E-mail   kwangmk7@hanmail.net
홈페이지   www.kwangmoonkag.co.kr

ISBN   979-11-93205-44-0   93000
가격   30,000원

※ [부록] 실습문제 데이터 파일과
   최신 자료는 QR 코드 링크로
   확인 가능합니다.